van den Hövel

Richterliche Arbeitstechnik

Richterliche Arbeitstechnik

einschließlich Beweisaufnahme und Beweiswürdigung

von

Dr. Markus van den Hövel

Vorsitzender Richter am Landgericht

6., neu bearbeitete Auflage 2021
des von Egon Schneider begründeten Werkes

Verlag Franz Vahlen München

Zitiervorschlag: *van den Hövel* Arbeitstechnik S.

www.vahlen.de

ISBN Print 978 3 8006 6580 8
ISBN E-Book 978 3 8006 6766 6

Wilhelmstraße 9, 80801 München
Satz, Druck und Bindung: Druckerei C. H. Beck, Nördlingen
(Adresse wie Verlag)
Umschlaggestaltung: Martina Busch,
Grafikdesign, Homburg Kirrberg

CO_2 neutral
vahlen.de/nachhaltig

Gedruckt auf säurefreiem, alterungsbeständigem Papier
(hergestellt aus chlorfrei gebleichtem Zellstoff)

Vorwort

Seit dem Erscheinen der 5. Auflage sind inzwischen über acht Jahre vergangen, so dass es wieder Zeit für eine Neubearbeitung ist. Der Schwerpunkt der Neuauflage liegt nunmehr zum einen in der Überarbeitung des **„richterlichen Selbstverständnisses“**. Das Handeln der Gerichte ist seit 2020 insbesondere durch die „Corona-Krise“ mit ihren zahlreichen Rechtsverordnungen der Exekutive in besonderer Weise in den Fokus der Öffentlichkeit gerückt. Je nach Betrachtungsweise werden Urteile, die einzelne Corona-Schutzmaßnahmen bestätigen oder aufheben, beklatscht oder massiv kritisiert, jedes Amtsgericht kann durch die bloße Entscheidung über eine Ordnungswidrigkeit – Verstoß gegen eine „Corona-Maßnahme“ – plötzlich eine ungeahnte Aufmerksamkeit auf sich ziehen, die sonst regelmäßig nur großen spektakulären Prozessen oder Verfassungsentscheidungen vorbehalten ist. Die „gestandene Richterpersönlichkeit“ ist somit mehr denn je aufgerufen, trotz vorgefertigter öffentlicher Meinung unabhängig zu bleiben, dem Druck von allen Seiten des Meinungsspektrums standzuhalten und nur dem Recht und Gesetz verpflichtet zu bleiben. Gerade Berufsanfänger und junge Kollegen und Kolleginnen sind hier vor besondere Herausforderungen gestellt. Wichtig ist es, sich dieser Verantwortung bewusst zu werden. Dies soll in der Neuauflage besonders akzentuiert werden.

Zum anderen wird die **elektronische Akte (e-Akte)** – insbesondere in den ersten beiden Kapiteln – thematisiert, die sich für Richter und ebenso für Rechtsreferendare in der praktischen Arbeit zunehmend auswirkt. In dem Kapitel über **„Die Hauptverhandlung in Strafsachen“** wird die Neuregelung des § 244 StPO sowie der Vorschriften über die Ablehnung eines Richters wegen Befangenheit dargestellt. Soweit erforderlich wurden die übrigen Kapitel überarbeitet bzw. aktualisiert und um praktische Tipps ergänzt.

Der Schwerpunkt der Neuauflage liegt weiterhin in der Vermittlung der täglich erforderlichen „richterlichen Arbeitstechnik“. Die vielfältigen Fragen zur Beweisaufnahme und Beweistechnik wurden verstärkt auf Praxisrelevanz, insbesondere bei den sich nahezu täglich stellenden Fragen zum Anscheinsbeweis, ausgerichtet. Auch die an Bedeutung gewinnende (?) „Videokonferenz“ anstatt der bisherigen mündlichen Verhandlung als „Präsenzveranstaltung im Gerichtssaal“ wird thematisiert.

Gerade den Berufsanfängern im richterlichen Dienst soll der Einstieg in die Berufsarbeit erleichtert werden; das Buch zeigt Wege auf, wie die tägliche Arbeit eines Richters bzw. einer Richterin effizient und erfolgreich bewältigt werden kann, um dem Ziel und Berufsethos gerecht zu werden, bei aller Beachtung von Form und Technik materiell überzeugende Entscheidungen zu fällen.

Im Übrigen gelten die Grundsätze der 4. Auflage unverändert weiter; insoweit darf aus deren Vorwort zitiert werden:

„Die Grundlagenvermittlung, d.h. die Darstellung der Methodik steht im Vordergrund, nicht die Auflistung juristischer Kasuistik. Wer gelernt hat, Probleme strukturiert zu erfassen, kann Einzelfallwissen bzw. Rechtsprechungsnachweise schnell den entsprechenden Kommentaren entnehmen; dieses Buch ersetzt keinen Kommentar für Einzelfragen, sondern versucht, die erforderliche Systematik zur Beherrschung einer effizienten richterlichen Arbeitsweise einschließlich der Beweiswürdigung zu vermitteln. Einige wenige, aber gleichermaßen einprägsame sowie markante Beispielsfälle aus meiner Gerichtspraxis dienen dazu, die jeweils angesprochene Grundproblematik richterlichen Arbeitens zu verdeutlichen und praxistaugliche Tipps und Hinweise zur effizienten Problemlösung zu vermitteln.

Das sorgfältig ausgearbeitete, detailreich untergliederte Sachregister verhilft zum schnellen Auffinden einzelner Themen und Problempunkte."

Bochum, im Juni 2021 *Markus van den Hövel*

Inhaltsverzeichnis

Abkürzungsverzeichnis

a. A.	anderer Ansicht
AaG	Abschrift an Gegner
a. a. O.	am angegebenen Ort
Abs.	Absatz
AE.	Akteneinsicht
a. E.	am Ende
AG	Amtsgericht
Alt.	Alternative
Anm.	Anmerkung
arg e	Argument aus
Aufl.	Auflage
AV	Allgemeine Verfügung
Az.	Aktenzeichen
BAK	Blutalkoholkonzentration
BeckRS	Beck-Rechtsprechung (beck-online)
Beschl.	Beschluss
BGB	Bürgerliches Gesetzbuch
BGH	Bundesgerichtshof
BGHZ	Entscheidungssammlung des BGH in Zivilsachen
BRAGO	Bundesgebührenordnung für Rechtsanwälte
b. u. v.	beschlossen und verkündet
BVerfGG	Gesetz über das Bundesverfassungsgericht
bzw.	beziehungsweise
ca.	circa
DAR	Deutsches Autorecht
DG	Dienstgericht
DGH	Dienstgerichtshof
d. h.	das heißt
DRiG	Deutsches Richtergesetz
DRiZ	Deutsche Richterzeitung
EB	Empfangsbekenntnis
EGZPO	Einführungsgesetz zur ZPO
etc.	et cetera
ff.	fortfolgende
ggf.	gegebenenfalls
GKG	Gerichtskostengesetz
GVG	Gerichtsverfassungsgesetz
h. M.	herrschende Meinung
Hs.	Halbsatz
i. d. R.	in der Regel
i. d. S.	in dem Sinne
i. H. v.	in Höhe von
incl.	inclusive
i. S. d.	im Sinne des/der
i. V. m.	in Verbindung mit

Jura	Zeitschrift für die Juristische Ausbildung
Kfz	Kraftfahrzeug
KG	Kommanditgesellschaft/Kammergericht
LG	Landgericht
LM	Lindenmaier/Möhring, Nachschlagewerk des Bundesgerichtshofes in Zivilsachen
NJW	Neue Juristische Wochenschrift
NJW-RR	NJW-Rechtsprechungs-Report Zivilrecht
Nr.	Nummer
n. v.	nicht veröffentlicht
NZV	Neue Zeitschrift für Verkehrsrecht
OLG	Oberlandesgericht
OLGR	OLG-Report
PKH	Prozesskostenhilfe
Pkw	Personenkraftwagen
pp.	und so weiter (lat. perge, perge)/der gebührende Titel sei vorausgeschickt (lat. praemissis praemittendis)
Rn.	Randnote/Randnummer
s.	siehe
S.	Satz, auch: Seite
s. o.	siehe oben
sog.	sogenannte
Str.	Straße
StVG	Straßenverkehrsgesetz
StVO	Straßenverkehrsordnung
u. m. A.	urschriftlich mit Akte
u. v. m.	und vieles mehr
VersR	Versicherungsrecht
vgl.	vergleiche
VOB	Verdingungsordnung für Bauleistungen
Voraufl.	Vorauflage
VRS	Verkehrsrechts-Sammlung
VVG	Versicherungsvertragsgesetz
WM	Zeitschrift für Wirtschafts- und Bankrecht, Wertpapiermitteilungen
Wv.	Wiedervorlage
z. B.	zum Beispiel
zfs	Zeitschrift für Schadensrecht
ZPO	Zivilprozessordnung
zT	zum Teil, (oder als Verfügung): zum Termin
ZU	(förmliche) Zustellung

Literaturverzeichnis

Rechtsprechungszitate und Zeitschriftenaufsätze sowie Abhandlungen in Festschriften sind im Text bibliographisch genau angeführt.

Arntzen	Arntzen, Psychologie der Zeugenaussage, 5. Aufl. 2011
BLHAG/*Bearbeiter*	Baumbach/Lauterbach/Hartmann/Anders/Gehle, Zivilprozessordnung, 79. Aufl. 2021
Bürkle	Bürkle, Richterliche Alltagstheorien im Bereich des Zivilrechts, 1984
Meyer-Goßner/Schmitt	Meyer-Goßner/Schmitt, StPO, 64. Aufl. 2021
MüKoZPO/*Bearbeiter*	Krüger/Rauscher (Hrsg.), Münchener Kommentar zur Zivilprozessordnung, 5. Aufl. 2017 und 6. Aufl. 2020
Palandt/*Bearbeiter*	Palandt, Bürgerliches Gesetzbuch, 80. Aufl. 2021
Pieper/Breunung/Stahlmann	Pieper/Breunung/Stahlmann, Sachverständige im Zivilprozess, 1982
Saenger/*Bearbeiter*	Saenger, Zivilprozessordnung (Handkommentar), 9. Aufl. 2021
Schellhammer	Schellhammer, Die Arbeitsmethode des Zivilrichters, 18. Aufl. 2019
Schmidt-Räntsch	Schmidt-Räntsch, Deutsches Richtergesetz, 6. Aufl. 2009
Schneider Arbeitstechnik	Schneider, Richterliche Arbeitstechnik, 3. Aufl. 1991
Schneider Beweis	Schneider, Beweis und Beweiswürdigung, 5. Aufl. 1994
Stein/Jonas/*Bearbeiter*	Stein/Jonas, Zivilprozessordnung, 22. Aufl. 2005
Thomas/Putzo/*Bearbeiter*	Thomas/Putzo, Zivilprozessordnung, 42. Aufl. 2021
van den Hövel Zivilrechts-AG-Trainer	van den Hövel, Der Trainer in der Zivilrechts-AG, 1. Aufl. 2010
van den Hövel Tenorierung	van den Hövel, Die Tenorierung im Zivilurteil, 8. Aufl. 2020
Werner/Pastor	Werner/Pastor, Der Bauprozess, 17. Aufl. 2020
Zöller/*Bearbeiter*	Zöller, Zivilprozessordnung, 33. Aufl. 2020

Einleitung

Der Richter/die Richterin* steht als Berufsanfänger(in) vor der Schwierigkeit, nach langer theoretischer Ausbildung, Abitur und Studium sowie Referendariat nunmehr die tägliche Arbeit der richterlichen Berufs*praxis* bewältigen zu müssen. Trotz aller langwierigen Ausbildung fühlt man sich gerade am Anfang nicht selten hilflos und vollständig überfordert mit all den Akten, die einem nunmehr täglich präsentiert werden; die gesamte jahrelange Ausbildung scheint plötzlich vergessen. Man fängt vermeintlich von vorn an; all das liegt im Wesentlichen daran, dass neben mangelnder Erfahrung in praktischer Berufstätigkeit vor allem die Dezernats-, Verfügungs- und Sitzungsarbeit fremd erscheint. Man hat zu Beginn der Probezeit das Gefühl, es sei leichter, eine Akte juristisch zu bearbeiten und ein Urteil abzusetzen als eine sachgemäße Verfügung zu treffen.

Aber: auch die Dezernatsarbeit ist natürlich erlernbar, vor allem bei weitem nicht so schwierig, wie es anfangs scheint. Erforderlich ist jedoch, dass man es dem jungen Richter so leicht wie möglich macht und ihm zugleich ein gewisses „Zeitmanagement" vermittelt, damit er die Arbeit quantitativ – anfangs ein großes Problem (!) – und qualitativ bewältigen kann. Aufgrund seiner Verantwortung und Vielfalt macht der Richterberuf bei aller Arbeit aber auch am Anfang durchaus Spaß, wenn einige Grundregeln der Arbeitsweise und Zeiteinteilung beherzigt werden; hierzu soll dieses Buch weiterhelfen. Je schneller der Berufsanfänger lernt, „die Akten vom Tisch zu bringen" und eine effiziente Arbeitstechnik anzuwenden bzw. diese im Laufe der Zeit weiter zu verbessern, umso wahrscheinlicher ist es, dass er mit seiner Zeit gut/besser zurechtkommt und nicht mut- und lustlos wird. Belastet, vielleicht sogar überlastet ist bekanntlich jeder Richter unter Berücksichtigung des sogenannten Pensenschlüssels; gerade der junge Richter leidet aber erfahrungsgemäß bei Beginn seiner richterlichen Tätigkeit besonders stark unter der vermeintlich übermäßigen Belastung.

Es ist inzwischen vielfach üblich, zudem sinnvoll, den neu eintretenden Assessor zumindest in den ersten zwölf Monaten in einer Kammer eines Landgerichts in den Richterberuf einzuführen. Das Kollegialsystem bietet nach außen den erforderlichen Schutz, der junge Richter hat die Möglichkeit, sich mit älteren Kollegen zu beraten und Fragen zu stellen. Der Kammervorsitzende vermag ihm Hinweise und Ratschläge, insbesondere zur Kammerübung, zu geben. Die Beisitzer können bei allgemeinen oder Dezernatsfragen helfen. Die meisten Anfängerfehler werden im Kollegium „korrigiert", bevor es zur Verkündung einer Entscheidung kommt. Es ist die sicherste Form des „learning by doing".

Allerdings gibt es auch den unmittelbaren Berufsanfang beim Amtsgericht, meiner Erfahrung nach bei den Präsidial-Amtsgerichten, die dann regelmäßig erfahrene Richterkollegen als Ansprechpartner bzw. „Coaches" den Berufsanfängern zur Seite stellen. Ich will dieses Verfahren nicht abschließend bewerten, letztlich ist der Berufsanfänger aber in seiner täglichen Arbeit und Entscheidung auf sich allein gestellt, denn das Aktenstudium obliegt nur ihm, mag er auch noch so gut beraten sein. Ich persönlich würde weiterhin das Modell, zunächst in der dargestellten Weise in das Kammersystem des Landgerichts einzusteigen, bevorzugen. Aber natür-

* Aus Gründen der Lesbarkeit wird im Text das generische Maskulinum gewählt, personenbezogene Angaben beziehen sich stets auf Angehörige aller Geschlechter.

lich ist meine Meinung insoweit durch meine eigenen – positiven – Erfahrungen geprägt.

Meines Erachtens sollte die Einführungszeit beim Landgericht mindestens zwei Kammern umfassen, damit der Berufsanfänger wirklich – kammerübergreifende – Gemeinsamkeiten, aber auch Unterschiede feststellen kann, um die im Vergleich als beste erkannten Arbeitsweisen für sich zu übernehmen.

Erst danach sollte der Einsatz beim Amtsgericht erfolgen. Auch wenn der Proberichter inzwischen erste und wertvolle Berufserfahrung gesammelt hat, steht er nunmehr allein vor seinem Dezernat und muss in eigener Verantwortung und ohne die Möglichkeit einer Beratung mit Kollegen *desselben Spruchkörpers* Entscheidungen treffen. Insoweit verweise ich auf meine obigen Ausführungen zum Berufseinstieg: auch wenn er sich mit Kollegen besprechen kann, so bleibt er doch allein in seiner Entscheidung, vor allem der Einzige, der die Akten des konkreten Falles kennt. Und wenn man „Pech“ hat – und das ist in dieser Stage nicht selten –, erhält man nicht das am besten verwaltete, perfekt aufgeräumte, sondern vermutlich viel eher das in Unordnung geratene, vielleicht sogar völlig überlastete Dezernat. Die „Sahnehäubchen“ sichern sich nämlich nicht selten die dienstälteren, schon länger bei dem Gericht beschäftigten Richterkollegen. Insoweit muss man aber nicht am Schicksal verzweifeln, das Problem ist nicht singulär, nahezu jeder Berufsanfänger muss da einmal durch, die Zeiten ändern sich aber auch wieder.

Gegen einen Einsatz in einer Spezialkammer spricht nichts – im Gegenteil: hier erfährt der Anfänger gerade noch das Kollegialsystem (vgl. § 348 Abs. 1 Nr. 2 ZPO), ohne sofort und nahezu ausschließlich als Einzelrichter auftreten zu müssen. Juristisch einarbeiten in die anfänglich ungewohnte richterliche Tätigkeit muss er sich ohnehin; warum nicht – auch – im Baurecht, Bankrecht, Versicherungsrecht, Arzthaftungsrecht etc.? Am besten ist die „Obhut“ in einer „proberichtererfahrenen“ Zivilkammer, die die Eingewöhnungsschwierigkeiten des Berufsanfängers kennt und diesen professionell – mit der erforderlichen Ruhe und Gelassenheit sowie der gebotenen Hilfestellung – begegnet.

§ 1. Die methodische, zeitsparende Arbeitsweise – das richterliche „Time-Management“

I. Die Einarbeitung

Der erfahrene Richter sollte in der Lage sein, Lebensvorgänge rasch, umfassend und treffsicher zu erfassen und zudem juristisch zutreffend zu bewerten. Insoweit ist methodisches Arbeiten für die tägliche praktische Arbeit unerlässlich. Jede Wissenschaft hat ihre Methode; wer sie nicht beherrscht, beherrscht seine Wissenschaft nicht. Die prägnanteste Auswirkung bleibt die Relationstechnik als Mittel zur Erfassung des Sach- und Streitstands sowie zur Beurteilung der Rechtslage im Wege der Subsumtion des Tatsachenstoffes unter die juristische Norm, sei sie anspruchsbegründend (für den Kläger) oder anspruchsvernichtend, -hindernd bzw. -hemmend (für den Beklagten). Ergibt sich somit bei einem Vergleich der angeprüften anspruchsbegründenden Norm und des gewürdigten Sachverhaltes Deckungsgleichheit zwischen Anspruchsvoraussetzungen und bewiesenem Sachverhalt, ergibt sich der Schluss der Begründetheit der Klage. Ohne diese Schlussfolgerung ist die Klage unbegründet.

Bei der Auslegung selbst wird der Richter den Wortlaut im üblichen Wortverständnis, die Gesetzesmaterialien oder den Systemzusammenhang beachten. Insbesondere hat der Richter auch die **Plausibilität** des Parteivortrags zu würdigen; dies kommt gelegentlich zu kurz, indem jeder bestrittene Vortrag – mag er noch so sinnlos bzw. aberwitzig sein – nicht selten als „erheblich“ erachtet wird. Das Gericht hat aber nicht nur Beweise zu würdigen, sondern auch Erklärungen und Prozessverhalten der Parteien selbst (vgl. Zöller/*Greger* ZPO § 286 Rn. 14; vgl. → § 8 II. 7.). Dabei führt selbstredend nicht der ungewöhnliche Lebenssachverhalt zur Bewertung als „unerheblich“; entscheidend ist vielmehr, ob ein Vortrag im Hinblick auf die eigenen Parteiinteressen und etwaiges Vorverhalten in sich stimmig und nachvollziehbar ist!

Selbstverständlich sind stets ausschließlich sachliche Erwägungen anzustellen, soweit erforderlich Literatur und insbesondere herrschende Rechtsprechung zur juristischen Problemlösung zu Rate zu ziehen, die Praktikabilität und die Billigkeit der Lösung zu prüfen, ggf. auch verfassungsrechtliche Aspekte – Grundrechtsschutz! – zu bedenken, etc.

Nur derjenige, der methodisch sicher ist, findet den kürzesten Weg zur Fallentscheidung. Er wird keinen überflüssigen Beweis erheben, er wird nicht auf das Geratewohl im Schrifttum wühlen, um „etwas zu finden“, er wird nicht über Rechtsfragen Beweis erheben und Beweisfragen nicht mit rechtlichen Überlegungen zu lösen trachten, er wird auch nicht abstrakt die Rechtslage ergründen, sondern den konkreten Antrag als Arbeitsgrundlage verstehen; er wird zunächst systematisch den Sachverhalt erfassen und sodann die rechtliche Lösung anhand des in den Anträgen artikulierten Parteibegehrens erarbeiten.

Neben der materiell-rechtlichen Anspruchsgrundlagen-Arbeit dürfen natürlich auch nicht Zulässigkeitsfragen der Klage vergessen werden; diese sind vorab kurz zu überdenken, insbesondere im Hinblick auf die örtliche und/oder sachliche Zuständigkeit. Der Streitwert ist stets zu beachten, nicht immer sind Streitwertangaben in Klageschriften zutreffend – namentlich, wenn es sich nicht um bezifferte Geldleistungen handelt (z.B. Ansprüche auf Auskunft, Herausgabe von Gegenständen, Auflassung und/oder Eigentumsumschreibung, Nacherfüllung bzw. Mängelbeseitigung, etc.)!

Zu Beginn jeder Arbeit steht allerdings die Frage der **eigenen** Zuständigkeit für diese Akte! Den Geschäftsverteilungsplan des Gerichts und des eigenen Spruchkörpers sollte man im eigenen Interesse beherrschen!

Dass am Anfang richterlicher Tätigkeit viel Einarbeitungszeit erforderlich ist, muss nicht abschrecken. Aller Anfang ist bekanntlich schwer. Wie viel Zeit man dagegen dauerhaft für die Bewältigung der Akten benötigt, hängt wesentlich von einem selbst ab.

II. Die Arbeit mit Fachliteratur

Vernünftige, gute Arbeit setzt – auch – gute Hilfsmittel voraus. Die Ausstattung des Richters mit der erforderlichen Fachliteratur ist von Gericht zu Gericht sehr unterschiedlich. Häufig muss gerade der Berufsanfänger mit älteren Auflagen vorliebnehmen oder erhält manches Fachbuch für seinen Dienstschreibtisch überhaupt nicht. Dann bleibt – neben der Möglichkeit, via Internet an die maßgebliche Rechtsprechung zu gelangen – nur der Gang in die Gerichtsbibliothek oder ggf. zum Vorsitzenden, der i. d. R. mit der für die Kammer wichtigsten Literatur ausgestattet sein dürfte. Zum Zwecke effizienter Arbeit sollte man deshalb seinen „Forschungsbedarf“ nach Möglichkeit bündeln, um nicht für jede Frage einzeln und mehrmals am Tag in die Bücherei zu laufen. Im Übrigen empfiehlt es sich, die wichtigsten Bücher auch privat zu Hause zu haben, um eben auch dort arbeiten und ggf. ein Problem klären zu können. Was die wichtigsten Kommentare und Fachbücher jeder Kammer sind, wird man schnell, ggf. durch Nachfrage, feststellen können. Derartige Investitionen sind finanziell aufwändig, ersparen aber nachhaltig gerade die am Anfang so knappe Zeit und sind deshalb sehr lohnenswert. Es muss für die Heimbibliothek nicht immer der neueste Kommentar sein; entscheidend ist die Nachschlagemöglichkeit, etwa während der Abfassung eines Votums bzw. Urteils in der häuslichen Ruhe. So kann man zu Hause nämlich weiterarbeiten und am nächsten Tag im Gericht anhand der aktuellen Auflage und ggf. anhand der zitierten Rechtsprechung sein Ergebnis rasch und problemlos verifizieren. Ohne Nachschlagemöglichkeit und Klärung einer entscheidenden Rechtsfrage hätte man aber ggf. zu Hause überhaupt nicht seine Arbeit effizient beenden können. Man kann somit in der Tat durch die richtige Auswahl an Büchern – gerade auch für die Heimbibliothek – erheblich Zeit gewinnen.

Empfehlenswert ist es auch, wenn der Richter eine Fachzeitschrift bezieht und sich über die aktuelle Rechtsprechung der ihn bzw. sein Aufgabengebiet betreffenden Rechtsfragen informiert.

Weiterhin sollte jeder junge Richter, wenn eine in der Literatur streitige Rechtsfrage zu klären ist, in seiner Kammer nachfragen, ob es insoweit eine gefestigte, „ständige“ Rechtsprechung gibt. Eine derartige kurze Nachfrage erspart häufig sehr viel Zeit des (mühsamen) Literaturstudiums, und der Berufsanfänger weiß überdies, in welcher „Lösungsspur“ er sich mit seinem Votum befinden soll.

III. Die schriftliche Arbeit

Eine weitere wichtige Frage stellt sich am Anfang: wie viel schreibe ich, wie lang muss ein Votum, ein Beschluss, ein Urteil sein?

Viele Kollegen schreiben heute Voten, Beschlüsse und Urteile selbst mit dem PC. Ein gutes Votum sollte immer schon die Grundlage des Urteils bilden, namentlich im Hinblick auf den Tatbestand, aber durchaus auch in Bezug auf die wesentlichen, im Votum allerdings ggf. nur kurz skizzierten Rechtsgedanken, die späteren Entscheidungsgründe. Gelegentlich führen aber Urteile inhaltlich auch über das Votum hinaus, sind noch komplexer, wenn etwa eine schwierige Beweiswürdigung bzw. eine Auseinandersetzung mit einem fachfremden Gutachten erfolgen muss. Häufig konzipiert man dann am PC gewissermaßen Satz für Satz, indem man zunächst anfängt, im Detail zu formulieren, um festzustellen, „ob sich das Urteil in der vorgestellten Weise überhaupt schreiben“ lässt. Dies ist im – schwierigen – Einzelfall sicherlich empfehlenswert; darüber hinaus – bei den „Durchschnittsfällen“ je nach Umfang und Schwierigkeit – sollte man sich aber durchaus die Routine des Diktierens verschaffen. Diktieren muss man üben!

Anfangs ist das Diktiergerät sehr ungewohnt und wird häufig sogar als besonders zeitaufwändig empfunden, weil man den Text nicht vor Augen hat, holprig diktiert, etwas vergessen hat, zum Zwecke des Einfügens zurückspulen muss, etc. Gleichwohl ist das Diktat als wesentlicher Faktor der Zeitersparnis nicht zu unterschätzen: gerade wenn das Votum die gebotene Kürze aufweist und somit im PC nicht „eins zu eins“ übernommen werden kann, dient es gleichwohl als Grundlage des Urteilsdiktats, vorausgesetzt, das Votum ist qualitativ in Ordnung und hat die *maßgeblichen* tatsächlichen und rechtlichen Fragen jedenfalls kurz bzw. stichwortartig thematisiert. Dann kann es effizient als Leitfaden für das Urteil verwendet werden; arbeitet man die „Stichworte“ des Votums systematisch nacheinander ab, ist auch die Gefahr, dass man etwas vergisst, nicht allzu groß. Überdies lässt sich ein Satz auch am Ende des Diktats problemlos „nachschieben“, wenn man nur kurz anführt, wohin genau er gehört. Da auch die Service-Einheiten/Schreibkanzleien der Gerichte inzwischen nahezu vollständig über PC verfügen, ergibt sich auch insoweit keine unzumutbare Mehrarbeit.

Auch längere Beschlüsse sollten sogleich diktiert werden; es ist völlig unsinnig, diese zeitraubend mit der Hand abzufassen, da sie ohnehin geschrieben werden müssen, um den Parteien bzw. Parteivertretern zugeleitet zu werden! Die Justiz braucht vor allem den Kopf der Richter, nicht deren Hände. Das Votum schreibt man selbst, das Urteil praktischerweise nur dann, wenn das Votum im PC jedenfalls überwiegend als Urteil verwertbar ist. Das geht dann wiederum schneller als komplett alles neu zu diktieren. Rubrum und Tenor kann man sich sparen; sie können im PC-Zeitalter auch von der Service-Einheit schnell ergänzt werden. Im Zweifel ist das Rubrum ohnehin im PC der Geschäftsstelle schon abgespeichert.

IV. Die Effizienz der Arbeit

Neben aller juristischer Fachkenntnis und der Problematik, wie man den konkreten Fall zutreffend löst, sollte immer auch die Frage nach dem „Time-Management“ gestellt werden, d. h. wie man den Fall *zutreffend, zugleich aber methodisch und zeitsparend effizient* löst. Denn die Zeit im täglichen Berufsleben reicht nicht, jede Akte als Hausarbeit anzusehen! Man muss lernen, eine Akte schnell und effizient – ohne Qualitätseinbuße – zu bearbeiten. Das entscheidende Kriterium ist somit niemals Quantität, sondern das Erlernen der Routine, durch zielorientierte Methodik einen Fall effizient zu erfassen und klar aufzubereiten. Im Regelfall sind die Probleme eines Falles, der ja vom Leben geschrieben und nicht vom Prüfungsamt als

Hausarbeit mit manierierten Problemstellungen konzipiert wird, limitiert; sie herauszufinden und auf den „Punkt“ zu bringen, d.h. klar zu benennen, ist die Schwierigkeit, aber zugleich auch die Chance! Nur wer „vereinfachen“ und das relevante Problem vom Ballast des Aktenvortrags zu befreien vermag – d.h. das Problem gerade auch gegenüber den Parteien und ihren Rechtsvertretern transparent macht –, kann überzeugen; ein gutes, ja das „tragende“ Argument braucht nicht umständlich seitenlang dargelegt, überdies nicht mit zudem wenig überzeugenden Hilfsargumenten weiter begründet zu werden! Ist der Rechtsstreit tatsächlich und rechtlich klar herausgearbeitet, kann er entweder einem Vergleich zugeführt werden, weil alle Beteiligten verstehen, worum es geht (!) oder jedenfalls entsprechend klar, kurz und geordnet entschieden werden.

Durch die vorgenannten Hinweise zum Time-Management soll der Berufsanfänger verhindern, gerade am Anfang in dem Richterberuf, dessen Arbeitsanfall stetig steigt, überfordert zu werden. Dies hat mit guten Examensnoten nichts zu tun. Deshalb ist es in jedem Fall empfehlenswert, den jungen Richter zunächst nur mit einem halben, jedenfalls einem reduzierten Dezernat arbeiten zu lassen. Das erleichtert den Berufseinstieg, verhindert Frustration und hilft damit letztlich dem gesamten Kollegium; denn der überforderte Richter ist weder sich noch anderen eine Hilfe. Ein völlig überlastetes Dezernat mit unzähligen aufgeblähten, nicht professionell bearbeiteten Akten ist erfahrungsgemäß nur mit äußerst großer Kraftanstrengung wieder in den Griff zu bekommen. Die Alternative, oberflächlich und unsorgfältig zu arbeiten, ist nicht besser. Deshalb sollte der Proberichter im gerichts- und kammereigenen Interesse mit Augenmaß sukzessive in die richterliche Arbeit(sbelastung) eingeführt werden. Auch Einzelrichtersachen sollten erst nach einer gewissen Erfahrung in Kammersitzungen übertragen werden, zudem in tatsächlich und rechtlicher Hinsicht überschaubar sein. Mit zunehmender Erfahrung und Einarbeitung ist eine Steigerung und Anpassung an das übliche Arbeitspensum nach einigen Monaten im Regelfall ziemlich problemlos möglich. Im Übrigen ist ein überforderter Richter auch Parteien und Anwälten nicht zuzumuten!

Die Tätigkeit des Zivilrichters am Landgericht lässt sich in drei Arbeitsbereiche aufgliedern: das Dezernat, die Terminsvorbereitung, d.h. die Abfassung der Voten, und die Terminsnachbereitung, d.h. die Abfassung der Beschlüsse und Urteile. Dem Anfänger fällt es erfahrungsgemäß schwer, diesen drei Gebieten gleichermaßen gerecht zu werden und zeitgleich die hinreichende Sorgfalt zu widmen. Nicht selten hinkt gerade zu Beginn das eine oder das andere nach. Man muss lernen, seine Zeit entsprechend einzuteilen, vorausschauend zu arbeiten, langwierige Akten rechtzeitig vor dem Termin zu votieren, um nicht in Zeitnot zu geraten. Über die „dicken Schinken“ seines Dezernats sollte man sich rechtzeitig informieren, um sich die Vorbereitungszeit einteilen zu können. Nimmt man sich die erforderliche Zeit und Ruhe, dann ist auch eine solche, unangenehm wirkende „dicke“ Akte zu bewältigen. Sollte trotzdem einmal das Zeitmanagement nicht zur Bewältigung sämtlicher richterlicher Aufgaben reichen, so muss man auf jeden Fall die Urteilsfristen einhalten! Die Fristversäumnis ist so ziemlich das Einzige, was man dem Richter vorhalten kann – und zwar in Beurteilungen in Personalakten, die kaum wieder korrigierbar sind! Insbesondere im Vergleich zu anderen Kollegen kassiert man die entscheidenden Minuspunkte. Also, ohne wenn und aber – Urteilsfristen sind einzuhalten, und wenn das Wochenende – im Einzelfall – dran glauben muss!

Auch die Sitzungsvorbereitung durch die Erstellung der Voten ist natürlich eine wichtige Aufgabe – den Kammervorsitzenden sollte man nicht verärgern; insoweit aber kann man einmal eher „improvisieren“, insbesondere nach Rücksprache und

Erläuterung der *besonderen* Belastung im Ausnahmefall, und ein Votum zum Zwecke des Zeitgewinns entsprechend kurz abfassen! Die meiste „Luft" hat man noch beim Dezernat: ob dieses einmal zwei oder drei Tage liegen bleibt, ist nicht so wichtig. Ein schnelles Durchblättern der Akten zeigt, ob Eilsachen darunter sind. Aber all dies darf selbstredend kein Dauerzustand werden! Wer dauerhaft die vorgenannten Tätigkeiten nicht zeitgerecht zu erledigen versteht und ständig in Rückstand gerät, ist für den Richterberuf nicht geeignet!

Stets falsch ist es, vorübergehende Zeitnot durch geringere Sorgfalt ausgleichen zu wollen. Wer ein Aktenstück unsorgfältig bearbeitet, hat es überhaupt nicht bearbeitet. Ihm bleibt nicht erspart, später die versäumte Arbeit doch noch einmal insgesamt nachzuholen. Und so erweist sich dann die frühere oberflächliche Arbeit als unnütz und zeitvergeudet. Lieber in der schriftlichen Arbeit sich kurz, aber präzise (!) fassen. Ein kurzes Urteil mit klarem Gedankengang überzeugt eher als seitenlange verschachtelte Ausführungen! Dies gilt gleichermaßen für jedes Votum. Seitenlange Wiederholungen des Sachverhalts helfen insbesondere dem Vorsitzenden, der sich rasch in die Terminsakte einarbeiten will, nicht weiter. Aber auch umständliche, zeitraubende Zwischenverfügungen oder Anschreiben an Anwälte und Parteien sind zu unterlassen; allenfalls mag ein kurzer Hinweis auf die Unschlüssigkeit des Vortrags pp. bzw. auf die Erforderlichkeit ergänzenden Vortrages erfolgen. Die meisten Fragen lassen sich jedoch mit wenig Zeitaufwand in der mündlichen Verhandlung durch eine bloße Frage an die anwesenden Anwälte bzw. Parteien klären. Der Anfänger ahnt meist nicht, wie unverhältnismäßig der Arbeitsaufwand ist, der nötig ist, um eine mitgeschleppte Unklarheit später auszuräumen. Man nehme beispielsweise den häufigen Fall, dass der Zinsanspruch nach Zinsbeginn oder Zinshöhe nicht hinreichend dargelegt ist. Dies kann man natürlich – theoretisch – durch Hinweis, rechtliche Erläuterung und Erwiderung des Anwalts mit Stellungnahmefrist des Gegners zeitaufwändig schriftlich klären, ggf. sogar im Urteil die Klage wegen des zu weitgehenden Zinsantrages teilweise abweisen und dies eingehend schriftlich begründen. In der mündlichen Verhandlung hingegen genügt ein kurzer Hinweis, und der Prozessbevollmächtigte ändert in 99,99 % aller Fälle sein Zinsbegehren entsprechend ab, der Zeitaufwand fällt überhaupt nicht ins Gewicht!

Erfolgen im Verlaufe des Rechtsstreites Teilzahlungen durch den Beklagten, so ändert man den Antrag ohne großen Hinweis dahingehend ab, dass z. B. der Kläger nunmehr beantragt, den Beklagten zu verurteilen, *„an ihn 10.000,– EUR zu zahlen, abzüglich am ... gezahlter 2.500,– EUR"*.

Damit ist in der Praxis klar, dass der Kläger hiermit eine Teilerledigungserklärung abgibt, die – bleibt sie einseitig – als Antrag, die Erledigung des Rechtsstreits in Höhe von 2.500,– EUR festzustellen, auszulegen ist. Schließt sich der Beklagte an, so liegt eine übereinstimmende Erledigungserklärung vor (vgl. § 91a ZPO).

Diese Beispiele zeigen, dass die wichtigste und schwierigste Arbeit des Zeitmanagements nicht das Sitzen, Verhandeln, Beweiserheben oder Abfassen der Urteile, sondern das „Denken" ist! Dieser anstrengenden Tätigkeit sollte man nicht durch Geschäftigkeit auszuweichen versuchen. Letztlich darf man nicht vergessen, dass der Richterberuf viel kreative Freiheit in sich birgt; diese innere und äußere Freiheit braucht man auch, um einen Rechtsstreit so zu erfassen, dass man – über die eigentlich juristische Problemlösung mittels der geschriebenen Gesetze hinaus – den Parteien eine brauchbare Lösung aufzeigen kann, mit der beide Seiten „leben" können. Das bloße Urteil mag juristisch brillant sein, ist aber „schwarz" oder „weiß", das Leben und die Wahrheit des Falles bewegen sich meistens irgendwo dazwischen im

„Graubereich“ – so grau, wie die Aktendeckel eben selbst sind! Die juristische Kenntnis bzw. Beurteilung des Sachverhalts ist vielfach nur die Vorstufe zur ganzheitlichen Problemerfassung und -bewältigung des Falles!

Die Qualität eines Richters beurteilt sich – wie ein kluger Vorsitzender es einmal ausgedrückt hat – nicht nach der Glätte seines Hosenbodens. Bewahren Sie sich also schon als junger Richter Ihre Selbstständigkeit im Denken und Arbeiten.

V. Die Routinearbeit

Ein erheblicher Zeitgewinn tritt ein, wenn man sich rasch die Routinearbeit erleichtert und mit der Formular- und Verfügungstechnik des eigenen Spruchkörpers vertraut macht. Auch hier gilt: *learning by doing.* Gleich in den ersten Tagen nach Dienstantritt sollte man sich deshalb vergewissern, welche Formulare die Kammer für welche Vorgänge benutzt. Oft liegen auch die Formularschätze des Vorgängers im Schreibtisch. Diese Standard-Formulare erleichtern die Arbeit: zum einen ersparen sie schlicht Schreibarbeit, zum anderen das immer neue Nachdenken über gleiche, formalisierte Vorgänge, jedenfalls wenn sie – im Regelfall – vollständig sind und sich bewährt haben. Dies lässt sich wiederum am besten durch Nachfragen bei erfahrenen Kammermitgliedern klären. So gibt es im wesentlichen Formulare für den frühen ersten Termin, den Fortsetzungs- oder Haupttermin, die Anordnung des schriftlichen Vorverfahrens, für die Weiterleitung der Akten an den Sachverständigen, für Fristen und Belehrungen nach Eingang eines Sachverständigengutachtens, für das selbstständige Beweisverfahren, für einstweilige Verfügungen, i.d.R. auch „Kopfbögen“ für Voten, zur raschen Erfassung der Parteien und ihrer Bevollmächtigten, der Anträge, der Geladenen, der Zeugen und Sachverständigen und des Streitwerts.

Andere Formalitäten lernt man kennen, wenn man beim Durchlesen der Akten auf die Verfügungen des Vorgängers bzw. des Vorsitzenden achtet. Dabei erfasst man auch am schnellsten, ob und was sinnvoll zu verfügen ist. Da der Berichterstatter häufig die Akten zeitlich vor dem Vorsitzenden vorgelegt bekommt, hat es sich eingespielt, dass er gewisse Verfügungen vorbereitet, so dass der Kammervorsitzende z.B. nur noch den konkreten Termin zur mündlichen Verhandlung einzusetzen und zu unterschreiben braucht. Ein solches Verfahren ist vielfach sehr sinnvoll, weil der Berichterstatter ohnehin die Akten bei Vorlage durch die Geschäftsstelle anschaut. Hat er aber die Gedankenarbeit bis zur notwendigen Verfügung geleistet, so wäre es unrationell, die Akten dem Vorsitzenden ohne Erklärung ins Fach legen zu lassen. Dieser müsste den bereits vollzogenen Denkweg wiederholen, während er sich so auf eine kurze Kontrolle beschränken kann.

Es gibt auch Verfügungen, die nicht mehr gerichtsintern wirken, sondern gerade der Weiterleitung an ein anderes Gericht dienen, etwa im Fall der Vorlage der Akte an das Beschwerdegericht. Bei sofortigen Beschwerden, denen das Beschlussgericht nicht abhilft, leitet die Kammer die Akten häufig mit folgender Verfügung an das Beschwerdegericht weiter:

U.m.A. (= Urschriftlich mit Akten)
dem Oberlandesgericht
in …
zur Entscheidung über die sofortige Beschwerde vom …,
Bl. … GA (= Gerichtsakten),
gegen den Beschluss vom …, Bl. … GA,

sowie den Nichtabhilfebeschluss vom ..., Bl. ... GA,
vorgelegt.

..., den ...
Landgericht,
... Zivilkammer
Der Vorsitzende/Der Berichterstatter

Nicht immer werden die Blattzahlen zur Beschwerde und angegriffenen Entscheidung in der o.g. Weise mitgeteilt. Das sollte indes geschehen, da es dem Beschwerdegericht die Übersicht erleichtert. Oft sind die Beschwerdeakten sehr umfangreich, enthalten mehrere Beschlüsse, manchmal sogar desselben Datums, und zahlreiche Eingaben des Beschwerdeführers. Dann dient die Angabe der Blattzahlen der Klarheit und hilft dem Beschwerderichter, nicht in umfangreichen Akten zunächst den Beschwerdegegenstand suchen zu müssen, sondern sofort die relevanten Stellen nachschlagen zu können. Es sollte sich um eine selbstverständliche Hilfe unter professionell arbeitenden Kollegen handeln.

Mit den gedruckten Formularen und den üblichen Verfügungsformeln ist die ungleich wichtigere juristische Arbeit natürlich nicht getan. Wer aber mit seiner Aktenarbeit schnell und zügig fertig werden und Zeit für die eigentliche richterliche Arbeit gewinnen will, sollte eben gerade die Arbeiten, die sich ständig wiederholen, aber auch permanent neues Nachdenken und neue Schreibarbeit erfordern, so zu formalisieren verstehen, dass man Zeit gewinnt, sich mit den wirklich wesentlichen – juristischen – Fragen zu beschäftigen. Im Laufe der Zeit erkennt man mit fortschreitender Routine, dass die Verfügungstechnik, die anfänglich breiten Raum einnimmt, in der Tat zwar erforderlich, aber gleichwohl eine rein untergeordnete Tätigkeit darstellt.

VI. Die elektronische Akte

Der junge Richter/die junge Richterin wird zunehmend in seiner/ihrer Tätigkeit mit der sogenannten „Elektronischen Akte" arbeiten müssen, vgl. § 298a Abs. 1 ZPO. Diese wird sukzessive an allen Gerichten eingeführt, spätestens ab dem 1. Januar 2026 werden die Prozessakten elektronisch geführt, § 298a Abs. 1a (bzw. ab 2026: Abs. 1) ZPO. Die Einführung elektronischer Formulare ist in § 130c ZPO vorgesehen. Damit einhergehend werden die Schriftsätze der Anwälte als elektronische Dokumente – mit qualifizierter elektronischer Signatur oder mit Signatur auf „sicherem Übermittlungsweg" – bei Gericht eingereicht (§ 130a Abs. 3 und 4 ZPO), ab dem 1. Januar 2022 besteht die Nutzungspflicht, § 130d ZPO. Die gerichtlich zu erstellenden Dokumente, etwa Urteile und Beschlüsse, sind in Kompensation der handschriftlichen Unterzeichnung ebenso mit einer qualifizierten elektronischen Signatur zu versehen, § 130b ZPO, für entsprechende Ausfertigungen von als elektronisches Dokument vorliegenden Urteilen gilt die zusätzliche Vermerkpflicht gemäß §§ 317 Abs. 3 i.V.m. 298 Abs. 3 ZPO. Die Zustellung elektronischer Dokumente mit „elektronischer Beglaubigung" ist in § 169 Abs. 4 und 5 ZPO näher geregelt.

Insgesamt ändert aber die Umstellung von „Papier" auf „EDV" an der grundsätzlichen richterlichen Arbeitsweise wenig; insoweit soll hier auch keine weitere Vertiefung erfolgen. Allenfalls dürfte eine zeitliche Entspannung eintreten, weil eine Akte nunmehr auch parallel bearbeitet werden kann; der Vorsitzende braucht nicht erst mit seinem vertieften Aktenstudium zur Vorbereitung auf den Verhandlungstermin zu beginnen, wenn er die Akte nach Bearbeitung durch den Berichterstatter erhält, sondern kann in freier Zeiteinteilung schon flexibel in bzw. mit der Akte arbeiten. Der Berichterstatter gewinnt dadurch auch Bearbeitungszeit, wenn er nicht die Akte vorzeitig zur Terminsvorbereitung an den Vorsitzenden abgeben muss. Ebenso entfallen „lästige“ Zeiten der Aktenabwesenheit durch Akteneinsicht oder durch Weitergabe an Referendare. Auch diese greifen elektronisch auf den Akteninhalt zu, hindern aber nicht die Bearbeitung durch den Berichterstatter bzw. Vorsitzenden. Ob in der täglichen Arbeit die elektronische Akte am Bildschirm tatsächlich auch schneller und leichter zu erfassen ist als die herkömmliche Akte in Papierform, die man sich „erblättert“, wird die Zukunft zeigen; ich selbst bezweifele das, weil sich mir persönlich die vertraute Akte in Papierform durch rasches Vor- und Zurückblättern „auf einen Blick“ und damit schneller erschließt – insbesondere im Hinblick darauf, was auch „überblättert“ werden kann und was wichtig ist und benötigt wird. Hierbei möchte ich selbstredend nicht in Abrede stellen, dass gerade durch die Suchfunktion am PC schnell die wesentlichen Bestandteile der elektronischen Akte erfasst werden können.

§ 2. Die Dezernatsarbeit und Verfügungstechnik

I. Die Dezernatsarbeit

Der Proberichter bzw. die Proberichterin hat zu Beginn der richterlichen Tätigkeit in der Regel die größten Probleme mit der Verwaltung des Dezernats, namentlich mit der Problematik, wie mit den Akten zu verfahren ist, die einem zugetragen werden, ohne der konkreten Terminsvorbereitung zu dienen; erfahrungsgemäß bereiten in den ersten Tagen bzw. Wochen der Berufstätigkeit die für den nächsten Verhandlungstermin zum Zwecke der Votierung vorgelegten Akten häufig weniger Kopfschmerzen als diejenigen Akten, von denen man nicht weiß, wie man mit ihnen sachgerecht verfahren soll.

Die Votentechnik und das Erkennen juristischer Probleme und deren Aufarbeitung im Votum traut man sich durchaus zu; das ist jedenfalls keine unbekannte Arbeit, die Dezernatsarbeit hingegen ist „die große Unbekannte“, wirkt in aller Regel völlig fremd, selbst wenn man im Referendariat vielleicht einmal – unter Aufsicht – zur Dezernatsarbeit hinzugezogen worden sein sollte. Insoweit ist man als Anfänger unsicher. Man hat die Sorge, etwas falsch zu verfügen bzw. nicht zu erkennen, welche Verfügung wirklich sachgerecht ist, zumal man die Akte und den ihr zugrunde liegenden Fall schließlich nicht kennt. Überdies hat man nicht die Zeit, zunächst jede vorgelegte Akte eingehend zu studieren. Dies ist aber auch nicht erforderlich!

Deshalb sollen die nachfolgenden Tipps weiterhelfen.

- Es gibt keinen Grund zur Panik – jeder Richter, jede Richterin hat einmal angefangen und hatte dieselben Probleme; das Dezernatsproblem löst sich jedoch – überwiegend – in vier bis sechs Wochen; danach mag es immer noch einmal Schwierigkeiten im Einzelfall mit einer Akte geben, das Grundprinzip der Verfügungstechnik hat man dann aber verstanden.
- Bis zur Erlangung der „Routine“ gilt: *learning by doing und asking!* Jede Akte, die einem vorgelegt wird, liest man „von hinten“: es macht nämlich keinen Sinn, sich eine Akte mühevoll zu erarbeiten, um auf der letzten Seite zu erfahren, dass der Kläger die Klage zurücknimmt, der Beklagte den Anspruch anerkennt, eine Partei – lediglich – die Verlängerung einer Schriftsatzfrist beantragt, der Vorschuss für eine Beweisaufnahme (Zeugen- bzw. Sachverständigenanhörung) eingezahlt worden ist oder aber die Akte lediglich zur Streitwertfestsetzung oder etwa bloß zur – dritten – Unterschrift vorgelegt wird.
- Soweit man Akten als Einzelrichter – dies gilt entsprechend auch für die spätere Zeit beim Amtsgericht – erstmalig vorgelegt bekommt, ohne dass diese schon vom Vorsitzenden gesichtet worden sind – es handelt sich somit um Akten, die keine Kammersachen sind –, sollte der Anfänger von vornherein darauf achten, zunächst seine *Zuständigkeit* zu prüfen:
  - Ist das Gericht überhaupt sachlich/örtlich zuständig? Es ist kurz festzustellen, ob „Streitwert“ und „Gerichtsort“ passen, überdies, ob nicht etwa das Arbeitsgericht zuständig ist.
  - Ist die angerufene Kammer – intern – zuständig? Diese Frage lässt sich durch den Geschäftsverteilungsplan klären. Hieraus ergibt sich die gerichtsinterne

Zuständigkeit, somit welche Buchstaben oder welche Spezialmaterien welcher Kammer zugewiesen sind und wie in Zweifelsfällen zu verfahren ist.
- Bin gerade *ich* zuständig? Dies ist die Frage nach dem sogenannten Berichterstatter, der die Akte zu bearbeiten, also durch das Votum vorzubereiten und nach dem Termin ggf. durch die Abfassung eines Beschlusses bzw. des Urteils nachzubearbeiten hat. Diese Aufgabenverteilung erfolgt kammerintern, i.d.R. nach den (End-)Ziffern des Aktenzeichens. Insoweit sollte man hierauf zunächst immer achten: es leuchtet ein, dass die Arbeit einer Kammer auf die einzelnen Richter bzw. auf die sogenannten Berichterstatter verteilt werden muss, in der Regel nach den Endziffern des Aktenzeichens vor der Jahreszahl, z.B.:

der Vorsitzende bearbeitet (als Berichterstatter) die (End-)Ziffern 1 und 2,
der stellv. Vorsitzende die (End-)Ziffern 3, 5, 7 und 9,
die zwischen zwei Kammern „geteilte" Richterin X die (End-)Ziffern 4 und 6
und der Berufsanfänger – zunächst – nur die (End-)Ziffern 8 und 0.

Im Hinblick auf die immer enger werdende Personaldecke muss man aber heutzutage auch damit rechnen, sofort ein volles Dezernat zu erhalten (um beim Beispiel zu bleiben: wenn es eben die *Richterin X* in der Kammer nicht gibt).

Wird somit die Akte 365/13 vorgelegt, so bedeutet das nicht nur, dass es sich um Neueingang 365 im Jahre 2013 handelt, sondern auch, dass man sich entspannt zurücklehnen kann: diese Akte gehört nicht zum eigenen Dezernat, das eben – nur – die Endziffern 8 und 0 aufweist; folglich hat man eigene Arbeit in eigener Verantwortung nicht zu investieren. Vermutlich muss man nur einen schon von dem jeweiligen Berichterstatter abgefassten Beschluss unterschreiben, d.h. die sog. dritte Unterschrift leisten.

Soweit eine Akte mit dem Aktenzeichen des eigenen Dezernats (z.B. 28/13) vorgelegt wird, gilt nachhaltig der schon genannte Grundsatz, die Akte von hinten (nach vorn) zu lesen, insbesondere auf die letzte Verfügung zu achten. Daran erkennt man, wann – und i.d.R. warum – die Akte grundsätzlich wieder vorgelegt worden ist:
- zum Termin, also zur Terminsvorbereitung zwecks Erstellung eines Votums;
- nach Ablauf einer Frist – zur Stellungnahme, zur Einzahlung eines Vorschusses pp.; ggf. ist nunmehr ein (Beweis-)Beschluss zu erlassen.

Im Übrigen ist darauf zu achten, ob in der Sache schon Termin zur mündlichen Verhandlung anberaumt worden ist – schnell feststellbar durch den Blick oben auf den Aktendeckel: es gilt der Leitspruch, dass „die terminierte Akte nicht weh tut"! Denn diese muss i.d.R. – nur und erstmals – zum Termin umfassend vorbereitet, d.h. votiert werden; im Übrigen aber wird die Akte meistens nur vorgelegt, weil es einen neuen Posteingang gegeben hat, d.h. eine Partei einen Schriftsatz verfasst hat: i.d.R. ist dann nur zu verfügen, dass der Gegner die Abschriften erhält, häufig mit „AaG" *(Abschrift an Gegner)* abgekürzt. Einer inhaltlichen Überprüfung bzw. einer Bearbeitung bedarf der Schriftsatz – so wie die gesamte Akte – noch nicht; die Vorbereitung erfolgt sinnvollerweise – wie schon erwähnt – erst zum Termin. Der Schriftsatz ist nur kurz darauf durchzusehen, ob er Anträge enthält, über die noch vor dem Termin zu entscheiden ist, z.B. einen Antrag auf Bewilligung von Prozesskostenhilfe. Darüber hinaus sollte man – jedenfalls wenn der Schriftsatz offensichtlich neuen bzw. umfangreichen Sachvortrag enthält – der Gegenpartei eine Stellungnahmefrist setzen, die natürlich rechtzeitig vor dem Termin ablaufen muss (!), um zu verhindern, dass die Replik erst einen Tag vor dem Termin eingeht. Weiterhin ist lediglich zu verfügen, dass die Wiedervorlage der Akte „zum Termin" erfolgen soll; insoweit kann man sich auf die Abkürzung „z.T." beschränken. Insgesamt betrachtet, verursacht die bereits terminierte Akte wenig zeitlichen Aufwand im Rahmen der Dezernatsarbeit; deshalb bin ich auch „Fan“ des frühen ersten Termins. Neben der Möglichkeit der schnellen Verfahrenserledigung macht die terminierte Akte nur im Rahmen der Terminsvorbereitung, nicht aber im laufenden Dezernat „Arbeit“; und die Zeit für die Terminsvorbereitung kalkuliert man entsprechend dem Terminskalender, diese Zeit für die Terminsvorbereitung ist vorgesehen.

Erhält man hingegen eine *nicht* terminierte Akte, so muss man bei jeder Vorlage und jedem neuen Schriftsatz prüfen, wie man das Verfahren fördern kann, ob man die Terminierung anregen oder als Einzelrichter selbst verfügen soll, ob und welche Zeugen zu laden sind pp. Weil man nicht immer die Zeit hat, jede vorgelegte Akte sofort derartig umfassend zu bearbeiten, findet man in nicht terminierten Akten häufig zum reinen Selbstschutz vor Arbeitsüberlastung bloße, objektiv sinnlose „Aufschubverfügungen“: „*Abschrift an Gegner zur Stellungnahme binnen drei Wochen, Wiedervorlage in vier Wochen*“. In vier Wochen bzw. nach Eingang des weiteren Schriftsatzes verfügt man entsprechend; die Akte wird immer dicker und unübersichtlicher. Man scheut sich bzw. hat wenig Zeit, neben der übrigen Arbeit und den ohnehin wöchentlich für die Verhandlungstermine zu erstellenden Voten auch die noch nicht terminierten Akten wirklich einmal intensiv durchzuarbeiten, um sachgerecht entscheiden zu können, wie weiter zu verfahren ist. – Wenn man als Einzelrichter beim Landgericht oder (später) beim Amtsgericht selbst über Fragen der Terminierung zu entscheiden hat, so gilt als Richtschnur: Möglichst rasch, in der Regel nach Eingang der Klage, sollte terminiert werden, die dünne Akte schmerzt am wenigsten. Zugleich mit dem (frühen) ersten Termin einschließlich vorausgehender Güteverhandlung (vgl. § 278 Abs. 2 ZPO) sollte dem Beklagten eine Frist zur Klageerwiderung gemäß § 275 Abs. 1 ZPO gesetzt werden; in der Regel empfehlen sich drei Wochen (vgl. näher → II. 3.). Aber auch Altbestände an Akten sind am besten mit konsequenter Terminierung aufzufangen; nur so lässt sich die in die Akte zu investierende Arbeitszeit sinnvoll kanalisieren. Das persönliche Erscheinen der (Natural-)Parteien sollte zur Klärung des Sach- und Streitstands, aber auch zur Erörterung von Vergleichs- bzw. Konfliktlösungsvorschlägen stets angeordnet werden (vgl. näher → § 7).

Wenn man ausnahmsweise zum schriftlichen Vorverfahren, z.B. bei Verkehrsunfällen und Klagen auf Mietzins bzw. Räumung greift, ist darauf zu beachten, ob bereits in der Klageschrift der Antrag auf Erlass eines Versäumnisurteils enthalten ist (vgl. § 331 Abs. 3 ZPO); andernfalls sollte der Kläger auf die Unterlassung hingewiesen werden. Die Belehrung des Beklagten nach § 276 Abs. 2 ZPO darf nicht fehlen; diese dürfte aber in den von der Geschäftsstelle abzufassenden Anschreiben enthalten sein (vgl. näher → 3.). Muss aufgrund der eingehenden Klageerwiderung Haupttermin anberaumt werden, sollte auch dies schnellstmöglich geschehen ohne ein in der Regel wenig hilfreiches Hin- und Her-Schreiben der Anwälte, die aktenfüllend, zumeist aber nicht hilfreich zur Aufhellung des Sachverhalts sind; sie vergrößern nur massiv und unnötig den Arbeitsaufwand. Kennt man nunmehr die Vorträge beider Parteien, kann man die Sache – zeitnah (!) – fördern: soweit möglich sollten jetzt die erforderlichen Beweise erhoben werden, in der Regel durch Ladung der relevanten Zeugen und/oder Sachverständigen. Die Einholung des Vorschusses sollte nicht vergessen werden; ohne Vorschuss erfolgt die Abladung!

Im Übrigen sollte der junge Richter (bzw. die junge Richterin) die Angst davor verlieren, einen Fehler zu begehen. Zum einen kommen Fehler immer einmal vor; zum anderen kann man diese sämtlich korrigieren. Und in der Regel merkt auch eine gute und erfahrene Geschäftsstelle, mit der man ein bestmögliches Verhältnis pflegen sollte (!), wenn eine Verfügung im Einzelfall keinen Sinn macht oder man z. B. vergessen hat, einen Schriftsatz der anderen Partei zuzuleiten.

Deshalb sollte sich der Proberichter gleich bei Beginn seiner Tätigkeit an einer Zivilkammer von seiner Geschäftsstelle erklären lassen, wie dort die Akten bearbeitet und wohin sie geleitet werden, wenn eine Verfügung auszuführen ist. Erfahrungsgemäß erleichtert es die Arbeit im Dezernat, wenn der Berichterstatter weiß, was mit den Akten geschieht, die seine Verfügungen enthalten. Ebenso sollte er offen ansprechen, wann bzw. wie rechtzeitig vor dem Termin die Terminsakten – die bekanntlich zu votieren sind – vorgelegt werden; im Übrigen sollte man auch vorausschauend planen und sich die „dicken", unangenehmen Akten schon frühzeitig vorlegen lassen, um genügend Zeit zu haben, sich schon einmal in den Sach- und Streitstand einzulesen. Eine Akte, die man bereits kennt bzw. schon einmal angelesen oder überflogen hat, ist deutlich schneller und besser zu bearbeiten, als wenn man diese in einer „Einmal-Handlung" blitzschnell erfassen und zutreffend votieren muss, weil die Zeit drängt. Zudem vermeidet man die Panik, eine unangenehme Akte binnen kürzester Zeit, z. B. innerhalb eines Tages komplett erfassen und votieren zu müssen, weil man auch noch andere Akten zum Termin votieren muss und sich die Zeit nicht richtig eingeteilt hat. Das richtige Zeitmanagement ist deshalb unerlässlich und hilft dabei, gerade für den Berufsanfänger sich allmählich die das Berufsleben nachhaltig erleichternde Routine anzueignen.

Die Geschäftsstelle führt entweder einen „Kammer-Kalender" über die Verhandlungstermine oder aber speichert – zunehmend mehr – die Termine im Computer, überdies, was mit den Akten jeweils geschieht und wo sie sich gerade befinden. Somit lässt sich leicht feststellen, wann in einer bestimmten Sache ein Verhandlungstermin ansteht. So kann man für sich selbst planen, an welchen Verhandlungstagen viele eigene Sachen anstehen und an welchen weniger. Hat man eine ruhigere Woche, so sollte man sich jedenfalls die Akten der Folgewoche(n) schon einmal durchlesen und gedanklich erfassen; ich habe diese Erfahrung unzählige Male gemacht und mache sie heute noch, deshalb kann man das gar nicht häufig genug betonen: eine schon einmal durchgelesene Akte erschließt sich beim nächsten Lesen wesentlich schneller als beim erstmaligen Erfassen! In der Zwischenzeit hat das menschliche Gehirn nämlich im Unterbewusstsein schon angefangen, den Fall aufzunehmen, zu speichern und zu durchdenken.

Im Übrigen sollte man sich mit der Aufgabenverteilung innerhalb der Rechtspflege vertraut machen und die Begriffe „Geschäftsstellenbeamter", „Rechtspfleger" und „Kostenbeamter" in ihrer „Funktion" verstehen, nicht aber als beamtenrechtliche Laufbahngruppen. Am besten lässt sich dieses in einer ruhigen Stunde anhand einer erledigten Akte feststellen, in der das Wechselspiel der Aufgaben von Geschäftsstelle, Richter, Rechtspfleger und Kostenbeamter deutlich wird.

II. Die Verfügungstechnik

1. Die Grundsätze

Anhand einiger wesentlicher Grundsätze soll das Prinzip der Verfügung, vor allem der Verfügung mit Sinn und Verstand, die das Verfahren fördert, erläutert werden.

Vorab gilt – schon aus verfassungsrechtlichen Gründen: Unterrichten Sie jede Partei bzw. deren Prozessbevollmächtigte von Ihren Verfügungen; das gebietet der Anspruch der Parteien auf rechtliches Gehör (Art. 103 Abs. 1 GG). Es erleichtert zudem allen Beteiligten die Übersicht über den jeweils aktuellen Stand des Verfahrens.

Vermeiden Sie den größten Fehler der Dezernatsarbeit, irgendetwas – Überflüssiges – zu verfügen, nur damit man etwas getan bzw. vermeintlich die Akte bearbeitet hat.

Akten beizuziehen ist sinnvoll, aber nur, wenn sogleich eine verfahrensfördernde Maßname verfügt wird, z.B. eine Stellungnahmefrist oder eine Terminierung. Es macht keinen Sinn, eine Akte viele Monate einfach „hängen zu lassen", weil z.B. irgendwelche Akten nicht zu beschaffen sind oder aber eine Stellungnahme nicht eingeht. Insoweit ist es unsinnig, immer wieder an die Erledigung zu erinnern. Wenn eine ausreichend lange Frist zur Stellungnahme gesetzt worden ist – i.d.R. sollte diese drei Wochen nicht unterschreiten –, dann ist nach deren Ablauf das Verfahren zügig weiter zu fördern. Wenn ein Rechtsanwalt in dieser Frist nicht erwidern kann, obwohl er noch Stellung nehmen will, dann wird er ohnehin um Fristverlängerung bitten, um nicht den Ausschluss seines Vorbringens wegen Verspätung zu riskieren. Diesem Verlängerungsantrag gibt man i.d.R. statt, soweit nicht klar erkennbar (!) taktisch nur auf Zeit gespielt wird.

Zur Verfahrensbeschleunigung sollten immer ausreichend lang bemessene Fristen gesetzt werden; auch bei der bloßen Weitergabe eines Schriftsatzes an die andere Partei sollte entsprechend verfahren werden, will man verhindern, dass einen Tag vor dem Termin noch einmal umfassend schriftsätzlich vorgetragen wird. Ist somit ein Rechtsanwalt oder eine Partei aufgefordert worden, sich innerhalb einer bestimmten Frist zu erklären oder eine Urkunde vorzulegen usw., dann braucht er bzw. sie nicht daran erinnert zu werden, dass er bzw. sie aufgefordert worden ist. Bei anwaltlicher Vertretung sollte eine derartige Frist nie weniger als drei Wochen betragen (s.o.). Insoweit ist nämlich zu beachten, dass der Anwalt den Hinweis des Gerichts zunächst – ggf. im Postwege – an seine Partei weiterleiten muss. Sodann ist ein Termin zu vereinbaren, um die erbetene Stellungnahme zu besprechen. Diese muss anschließend verfasst und dem Gericht zugeleitet werden. Das kostet Zeit und ist vielfach im büromäßigen Betrieb des Anwalts nicht unter drei Wochen zu schaffen.

Nach fruchtlosem Ablauf der Frist ist die Sache so weiter zu bearbeiten, als könne die gewünschte Erklärung nicht abgegeben oder die angeforderte Urkunde nicht vorgelegt werden. Das bedeutet unter Umständen, dass eine abschlägige Entscheidung zu treffen ist. Das Recht auf Gehör ist gewahrt, da Gelegenheit zur Stellungnahme gegeben worden ist. Nutzt eine Partei diese Möglichkeit nicht, dann geht das zu ihren Lasten.

Von vornherein ist bei allen Eingängen darauf zu achten, ob sie Sachanträge enthalten, die zu bescheiden sind; es reicht dann nicht aus, nur die „Abschrift an den Gegner – mit Stellungnahmefrist von 3 Wochen" zu verfügen. So gehen häufig Schriftsätze ein, die sich eingangs als Klageschrift bezeichnen, auch den Erfordernissen des § 253 ZPO entsprechen, am Ende jedoch den weiteren Antrag enthalten, dem Kläger Prozesskostenhilfe zu bewilligen. I.d.R. dürfte es sich dann – nur – um einen Prozesskostenhilfeantrag handeln, wobei die Klageschrift lediglich der Begründung dieses Antrages dient und die Klage nur für den Fall der Bewilligung der Prozesskostenhilfe erhoben werden soll. In diesem Fall ist vorab über das „PKH-Gesuch" zu entscheiden; d.h. es erfolgt keine förmliche Zustellung der Klageschrift im Rahmen des frühen ersten Termins oder des schriftlichen Vorverfahrens, sondern zunächst ist nur die einfache – nicht die beglaubigte (!) – Abschrift der Klage dem Antragsgegner, d.h. dem späteren Beklagten, formlos zur Stellungnahme binnen zwei, besser: drei Wochen zu übermitteln. Erst wenn nach Fristablauf der Klagepartei auf Grund hinreichender Erfolgsaussicht ihrer Klage Prozesskostenhilfe zu bewilligen ist, erfolgt die übliche Vorgehensweise nach §§ 275 oder 276 ZPO, verbunden mit der förmlichen Zustellung der Klageschrift.

Es empfiehlt sich in Zweifelsfragen, den „kleinen" Dienstweg zu beschreiten, d.h. das Telefon zu benutzen und Fragen im unmittelbaren Gespräch mit dem Anwalt zu klären; das ist effizienter, als jede Kleinigkeit, ja jedes „Mini-Problem" umständlich und zeitraubend auf dem Schriftwege zu erledigen. Die Vorteile sprechen für sich: Einmal bekommt der Berichterstatter auf seine Anfrage „sofort" eine Antwort und er kann bei der Dezernatsarbeit unter Umständen sogleich den nächsten Schritt tun. Zum anderen ist es erfahrungsgemäß sehr viel klärender, sich über eine Frage zu unterhalten, als darüber zu korrespondieren. Drittens wird die Geschäftsstelle durch dieses Verfahren entlastet, viertens auch jede Anwaltskanzlei, die sich auch über jeden nicht geschriebenen Schriftsatz freut! Gerichtsakten werden im Übrigen auch nicht schöner dadurch, dass sie mit allen möglichen Verfügungen und Vermerken vollgeschrieben werden. Bei einem Telefongespräch erübrigt sich das alles. Es kommt lediglich ein kurzer Vermerk über das Ergebnis des Telefonats in die Akten.

Selbst Vergleiche lassen sich mitunter am Telefon vorbereiten. Es schadet nicht, Vergleichsvorstellungen des Gerichts vorab fernmündlich zu unterbreiten; dann kann auch der Anwalt bis zum Termin mit seiner Partei abklären, ob der Vorschlag in Betracht kommt. Auch wenn der Anwalt am Telefon signalisiert, dass der Vorschlag inakzeptabel sei, klärt dies die Sachlage und erspart unnötige Arbeit.

Gerade durch diese Form der unmittelbaren Kontaktaufnahme wird die Gefahr von Missverständnissen, die gelegentlich beim bloßen Schriftverkehr aufkommen können, nahezu gegen Null reduziert.

Durch ein Telefonat verliert ein Richter auch nicht die gebotene Distanz und Unparteilichkeit; natürlich dürfen keine Geheimgespräche unter Umgehung der anderen Partei geführt werden; es sollte deshalb die andere Partei stets hiervon in Kenntnis gesetzt werden.

Weiterhin empfiehlt es sich, Schriftstücke, die sofort – i.d.R. noch rechtzeitig vor dem Verhandlungstermin – übermittelt werden sollen, per FAX zu übersenden; dann entsteht nahezu kein Zeitverlust!

Im Übrigen ist darauf zu achten, dass Verfügungen gleichermaßen **knapp** wie **präzise** und Missverständnisse möglichst ausgeschlossen sind. Vielschreiberei – das „Bemalen" der Akten – ist tunlichst zu vermeiden; sie vergeudet Zeit, und zwar sowohl die eigene wie die der Mitarbeiter, und ist niemals erforderlich!

Bei der sprachlichen Abfassung der Verfügungen ist – wie bei allen schriftlichen Äußerungen eines Richters – unbedingt darauf zu achten, dass sie deutlich lesbar sind. Ist eine Verfügung zeitnah auszuführen, so sollte die Geschäftsstelle sie auch problemlos lesen können, ohne ständig nachfragen zu müssen. Außerdem erfreut die kurze, knappe Verfügung; auch der schriftliche richterliche Hinweis ist kein Urteil! Er kann knapp gehalten werden und inhaltlich die entscheidende Kurzinformation für die Parteien bzw. deren Anwälte enthalten. Außerdem sollte die Verfügung sprachlich klar sein; sie hat Außenwirkung, muss somit verstanden werden können! Es macht z.B. keinen Sinn, eine Verfügung ohne präzise Zeitangabe zu verfassen:

V. (Abkürzung für „Verfügung")

1. AE. dem SV Oberschlau
   (B. b. Bl. 57 GA; 1.500,– EUR; 3 Monate)
2. N. v. 1. an PV
3. Wv.: nach Eingang

Diese Verfügung ist in Ziff. 1. und 2. gar nicht schlecht. Die zunächst unverständlichen Abkürzungen enthalten auf kürzestem Raum das Maximum an erforderlicher Information. Im Einzelnen:

Zu 1.: Es wird verfügt, dass der Sachverständige **A**kten**E**insicht (AE) erhält, überwiegend inzwischen in elektronischer Form. Soweit Gerichtsakten noch ausschließlich in Papierform bestehen, sind sie dem Sachverständigen (**SV**) zu übersenden. Ggf. kann dem Gutachter ein Aktendoppel zur Verfügung gestellt werden. Insoweit versteht sich von selbst, dass dies zum Zwecke der Erstellung eines Sachverständigengutachtens erfolgt. Damit der Sachverständige seinen „Arbeitsauftrag" schnell erfassen kann und nicht herumrätseln muss, worüber sich sein Gutachten verhalten soll, wird auf den Beweisbeschluss (**B.b.**) auf Bl. 57 der elektronischen Gerichtsakten (GA) verwiesen.

Im Übrigen steht ein – von dem Gericht zuvor angeforderter – Kostenvorschuss in Höhe von 1.500,– EUR zur Verfügung. Der Sachverständige weiß damit, dass er das Gericht benachrichtigt, wenn der Vorschuss nicht ausreichen sollte.

Das Gutachten soll nach Möglichkeit innerhalb der nächsten drei Monate erstellt werden; auch insoweit wird sich der Sachverständige melden, wenn er einen längeren Zeitraum benötigen sollte. Sofern das Gutachten – noch – in Papierform anzufertigen sein, sollte auch angegeben werden, wie viele Exemplare einzureichen sind (z. B. 3-fach).

Zu 2.: „**N**achricht von **1**) an **P**arteivertreter"

Die Parteivertreter – die Anwälte – werden über die Übersendung der Akten an den Sachverständigen informiert.

Zu 3.: Die Verfügung zu Ziff. 3.) ist jedoch misslungen; natürlich werden die Akten nach dem Eingang des Gutachtens vorgelegt bzw. der Richter elektronisch erinnert. Akten werden *immer* nach jedem neuen Eingang dem Richter vorgelegt; das muss nicht verfügt werden! Die Frage ist nur, welche Fristen*kontrolle* erfolgen soll! Wenn der Gutachter sich zwei Jahre Zeit lässt, würde die Akte – ohne sonstigen Eingang – nicht mehr vorgelegt werden, somit schnell in Vergessenheit geraten. Der Richter, der sich selbstredend nicht jedes Verfahren seines Dezernats merken kann, vor allem nicht die länger nicht betriebenen bzw. vorgelegten Verfahren, würde mangels Vorlage der Akten bzw. der elektronischen Erinnerung hierzu den Gutachter nicht zur Beachtung der Fristen anhalten.

Deshalb ist zur effizienten Verfahrensförderung zwingend eine Wiedervorlagefrist zu verfügen. Der Gutachter hat vorliegend drei Monate Zeit; häufig überschreitet er diese geringfügig, weil das durchaus rechtzeitig bearbeitete Gutachten noch schriftlich abgefasst, vervielfältigt und übersandt werden muss. Deshalb empfiehlt sich eine längere Wiedervorlagefrist, etwa von vier Monaten. Geht das Gutachten vorher ein, wird die Akte ohnehin sofort (elektronisch) vorgelegt; ist das Gutachten aber nach Ablauf der verfügten Wiedervorlagefrist noch nicht eingegangen, kann nunmehr nach Überschreiten des „Toleranzrahmens" der säumige Gutachter aufgefordert werden, ggf. unter Setzung einer Ausschlussfrist, nunmehr zügig sein Gutachten zu erstellen.

Schließlich ist zu beachten, dass die Geschäftsstelle auch nur mit einer klaren Fristverfügung die Akte bearbeiten, d. h. in das entsprechende Fristenfach legen bzw. elektronisch verwalten kann. Die Zeitangabe „Wiedervorlage: nach Eingang" lässt sich aber beim besten Willen nicht im Kalender – weder handschriftlich noch elektronisch – unterbringen. Keiner weiß, wann mit dem Eingang des Sachverständigengutachtens zu rechnen ist und was zu tun ist, wenn es nicht zeitnah eingeht.

2. Einige Einzelfragen

– *Die Fristenkontrolle*

Wiedervorlagefristen müssen sinnvoll bemessen, die Zeitspanne, in der etwas geschehen soll, angemessen sein. Fehlen z.B. im PKH-Prüfungsverfahren noch Belege (§ 118 Abs. 2 S. 2 ZPO), so sollten diese mit Fristsetzung von zwei oder drei Wochen und einer um eine Woche länger bemessenen Wiedervorlagefrist angefordert werden. Wenn nach Ablauf dieser Wochenfristen die Unterlagen nicht da sind, kann das Gesuch abgelehnt werden. Manchmal lassen die Fristsetzungen geradezu eine Ängstlichkeit des noch unerfahrenen Berichterstatters erkennen. Wenn ein Verfahren z.B. gemäß § 148 ZPO ausgesetzt ist, weil der Ausgang eines anderen, vorgreiflichen Rechtsstreits abgewartet werden soll, dann ist es sinnlos, Fristen von wenigen Wochen oder jeweils einem Monat zu setzen. Das führt nur zu einer unnötigen ständigen Wiedervorlage, ohne die Sache selbst zu fördern. Es empfiehlt sich dann, Sechs-Monatsfristen zu verfügen, nach deren Ablauf die Akte statistisch zunächst als „Erledigung" erfasst wird, aber selbstredend wieder neu eingetragen wird, wenn das Verfahren fortgesetzt wird. Fristsetzungen sollten konsequent betrieben werden. Es ist insbesondere sinnlos, einer Partei zur Vorlage von Urkunden oder zur Abgabe von Erklärungen Ausschlussfristen zu setzen, sich dann aber nach fruchtlosem Ablauf dieser Ausschlussfristen nicht daran zu halten und etwa erneute Aufforderungen mit Fristsetzungen zu verfügen. Hat man eine durchaus großzügig bemessene Frist festgelegt und wird sie nicht eingehalten, ohne eine Fristverlängerung zu beantragen, dann ist im Regelfall eine Entscheidung zu treffen; soweit das im Einzelfall nicht möglich sein sollte, ist die Akte auf die Sechs-Monatsfrist zu legen und zählt nach deren Ablauf als erledigtes Verfahren!

– *Zustellungen*

Für die Bewirkung von Zustellungen ist bekanntlich die Geschäftsstelle verantwortlich. Übertrieben ist es, alle hinausgehenden Anfragen oder Hinweise mit „EB" (Empfangsbekenntnis, § 174 Abs. 1 ZPO) oder „ZU" (Zustellung durch die Post, § 176 Abs. 1 ZPO) zu verfügen. Soweit dies nicht nach § 270 ZPO (immer wieder übersehen!) gesetzlich vorgesehen ist, etwa bei der Erhebung der Klage (§ 253 Abs. 1 ZPO), handelt es sich dabei in aller Regel um eine lediglich kostenerhöhende und Mehrarbeit verursachende Maßnahme, mit der keine verfahrensfördernden Vorteile verbunden sind. Soweit Fristen gesetzt werden, empfiehlt sich jedoch die förmliche Zustellung zur Fristenkontrolle.

Bei der Einhaltung von Fristen ist es vereinfachend auch möglich, kein „EB" zu verfügen, sondern die Frist durch die Übermittlung per FAX sicherzustellen (vgl. § 174 Abs. 2 ZPO).

Zunehmend wird die Zustellung elektronischer Dokumente gemäß § 174 Abs. 3 ZPO i.V.m. 130a Abs. 4 ZPO – Zustellung „auf einem sicheren Übermittlungsweg" (elektronische Postfächer) an die Prozessbevollmächtigten erfolgen.

– *Die Akteneinsicht*

Bei Anfragen Dritter wegen Ausfertigungen aus den Akten oder wegen Aktenübersendung hilft die Vorschrift des § 299 ZPO weiter. Die Parteien und Prozessbevollmächtigten dürfen die Prozessakten stets einsehen und sich aus ihnen durch die Geschäftsstelle Ausfertigungen, Auszüge und Abschriften erteilen lassen. Derartige Anfragen erledigt der Berichterstatter.

Keine Partei und kein Rechtsanwalt haben dagegen einen Rechtsanspruch darauf, dass die Akten übersandt werden; gleichwohl kann einer solchen Bitte entsprochen werden, namentlich, wenn der Rechtsanwalt als zuverlässig bekannt ist. Insoweit sollte dies mit dem Vorsitzenden abgeklärt werden.

Wenn dritte Personen um Akteneinsicht bitten, ist nach § 299 Abs. 2 ZPO für die Bewilligung allein der „Vorstand des Gerichts" zuständig, beim Landgericht also der Landgerichtspräsident. Wird Akteneinsicht bewilligt, so gilt das nur für die Hauptakten. Etwaige Beiakten einzusehen, ist nicht gestattet, sofern nicht auch dies ausdrücklich erlaubt wird. Keine Dritten im Sinne des § 299 Abs. 2 ZPO sind natürlich die mit der Sache befassten höheren Gerichte. § 299 Abs. 2 ZPO ist überdies dann nicht maßgebend, wenn Rechts- oder Amtshilfe zu leisten ist. Nach § 156 GVG gilt dies für alle Gerichte untereinander, nach Art. 35 GG für alle Behörden des Bundes und der Länder wechselseitig.

Zunehmend wird die Akteneinsicht bei elektronischer Aktenführung durch Bereitstellung des Inhalts (Zugriff auf besondere Plattform oder durch USB-Stick) erfolgen, § 299 Abs. 3 ZPO.

– *Das Beiziehen von Akten*

Es ist stets sinnvoll, Akten beizuziehen, die einen Zusammenhang mit dem zu bearbeitenden Verfahren besitzen. Dies gilt bei Verkehrsunfällen für die Akten der Ordnungsbehörde, ggf. der Staatsanwaltschaft, wenn ein Strafverfahren eingeleitet worden ist. Dies gilt – zwingend – für die Akten des vorangegangenen selbstständigen Beweisverfahrens, das ja zur Beweisaufnahme des laufenden streitigen Verfahrens wird, § 493 Abs. 1 ZPO! Das gilt aber auch für Akten aus Alt- bzw. Vorverfahren, wenn die Parteien schon zuvor Rechtsstreitigkeiten geführt haben.

– *Fazit*

Die vorstehenden Hinweise zur Dezernatsarbeit sind nicht vollständig, sondern sollen das Gespür dafür wecken, wie man sein Dezernat effizient führt und den Aktenumlauf möglichst gering hält. Schnell und ordentlich kann man Akten nur dann bearbeiten, wenn diese selbst ordentlich geführt sind. Es ist deshalb darauf zu achten, dass von allen handgeschriebenen Beschlüssen und auch von längeren handgeschriebenen Verfügungen – die es aber nur ausnahmsweise geben sollte (!) – Leseabschriften zu den Akten gelangen. In der Regel reicht es aus, die Geschäftsstelle hierauf einmal hinzuweisen. Von den Parteien eingereichte Unterlagen, Fotos etc. gehören in eine Hülle, die mit in die Akten eingeheftet wird. Dafür hat die Geschäftsstelle zu sorgen. Der Berichterstatter sollte darauf achten, dass derartige Unterlagen, unter denen sich oft wertvolle und unersetzliche Urkunden befinden, eingeheftet werden. Ggf. ist ein separater Anlagenband anzulegen.

Die zunehmende elektronische Aktenführung wird manche Informationsbeschaffung erleichtern; es stellt sich jedoch die Frage, ob die Erfassung aller möglichen abrufbaren Informationen via Bildschirm tatsächlich eine Erleichterung der täglichen Arbeit ist.

Abschließend sei noch einmal darauf verwiesen: die – möglichst umgehend – terminierte Akte schmerzt nicht bei der Dezernatsarbeit: sie ist die „dankbarste" Akte des Dezernats, da sie i. d. R. keine Einarbeitung in die Sache erfordert, es sei denn, im seltenen Einzelfall wäre ein Sachantrag vorrangig zu bescheiden (z. B. ein Antrag auf PKH). Die umfassende Bearbeitung der bereits terminierten Akte erfolgt erst im vorgesehenen Zeitplan der Vorbereitung auf den Verhandlungstermin!

3. Einige wichtige Verfügungsmuster

– *Früher Erster Termin (mit vorheriger Güteverhandlung)*

Von der Möglichkeit, rasch nach Eingang der Klage zu terminieren, sollte aus den unter I. dargestellten Gründen überwiegend Gebrauch gemacht werden. Als Beispiel – nicht als Dogma – diene das nachfolgende Verfügungsformular. Es bezieht sich – originär – auf ein Verfahren vor dem Landgericht, ist aber auch für die Verfügung des amtsgerichtlichen Verfahrens verwendbar.

Diese Verfügung ist darüber hinaus für alle Terminierungen, also auch in späteren Stadien des Zivilverfahrens verwendbar.

............../................

Verfügung

1. (Früher erster) Termin zur mündlichen Verhandlung vor der Kammer/dem Einzelrichter mit vorgeschalteter Güteverhandlung wird bestimmt auf den

.... Uhr, Saal C 147 / C 47.

oder:
((Eine Güteverhandlung erscheint erkennbar aussichtslos zu sein)).

2. D. Beklagten wird zur schriftlichen Klageerwiderung eine Frist von .... (drei) ...... Wochen gesetzt.
Werden Verteidigungsmittel in der Klageerwiderung nach Ablauf der hierfür gesetzten Frist vorgebracht, so lässt sie das Gericht nur zu, wenn nach seiner Überzeugung ihre Zulassung die Erledigung des Rechtsstreits nicht verzögern würde oder die Verspätung genügend entschuldigt wird. Verspätete Rügen, die die Zulässigkeit der Klage betreffen, lässt das Gericht nur zu, wenn die Verspätung genügend entschuldigt wird.

3. Zu diesem Termin wird zur Aufklärung des Sachverhalts das persönliche Erscheinen

☐ der Parteien – mit Zusatz: a), b), c)
☐ des Geschäftsführers der Klägerin / der Beklagten
☐ des/r Klägers/in zu ...... mit Zusatz: a), b), c)
☐ der Beklagten zu ...... mit Zusatz: a), b), c)

angeordnet.

Zusätze:

a) Es genügt, wenn einer von Ihnen mit Vollmacht erscheint.
b) Es genügt, wenn ein sachkundiger, vergleichsbevollmächtigter Vertreter erscheint, der auch der PV sein kann.
c) Es genügt fernmündliche Rufbereitschaft.

4. Gem. § 273 ZPO wird vorbereitend angeordnet:

a) die Ladung der folgenden Zeugen:

.... Bl........
.... Bl........
.... Bl........
.... Bl........

Beweisthema:

....
....
....

b) die Ladung des Sachverständigen

.... Bl........

Der/Die Zeuge(n)/Sachverständige wird/werden sofort geladen, jedoch wieder abgeladen, wenn nicht binnen 3 Wochen jede Partei für den/die von ihr benannten Zeuge(n)/Sachverständigen jeweils Auslagenvorschüsse i. H. v...... EUR einzahlt/einzahlen, also d. Kl. insgesamt....... EUR und d. Bekl. insgesamt .... EUR.

Auslagenverzichtserklärungen befreien.

5. Den Parteien / D. Kl. / D. Bekl. wird aufgegeben, innerhalb von ...... Wochen substantiiert darzulegen

....
....
....
....

folgende Unterlagen einzureichen:

....
....
....
....

6. Folgende Akten zur Information beiziehen:

....
....
....
....

7. Laden

a) Bekl. mit begl. und einf. Abschrift der Klageschrift/ des Schriftsatzes vom .... sowie begl. Abschrift von 1., 2., 3., 4., 5. mit Belehrung über Anwaltszwang und die Folgen der Versäumnis, einen Anwalt zu bestellen, wie Formblatt ZP 72a bzw. ZP 272a **ZU**

b) Kläger-PV mit Nachricht von 1., 2., 3., 4., 5. mit Abschrift des Schriftsatzes vom..................... zur Stellungnahme binnen ..... Wochen **EB**

c) Bekl.-PV mit Nachricht von 1., 2., 3., 4., 5. mit begl. Abschrift der Klageschrift / des Schriftsatzes vom .... zur Stellungnahme binnen ..... Wochen **EB**

d) Parteien wie unter 2.)

e) Zeugen mit Beweisthema gemäß 4. a).

f) Sachverständigen mit Zusatz:

....
....
....
....

8. Herrn / Frau Berichterstatter (BE) z. K.

9. Wv.: z. T. / Herrn / Frau BE in ... Wochen / ... Monaten / z. T.

..........., den ....

Das ....gericht, ...

Der Vorsitzende / Die Vorsitzende / Der Einzelrichter / Die Einzelrichterin

– *Schriftliches Vorverfahren*

Soll nach dem Eingang der Klageschrift nicht sofort (früh) terminiert, sondern zunächst das schriftliche Vorverfahren gemäß § 276 ZPO durchgeführt werden, empfiehlt sich die nachfolgende Verfügung:

.............../............

Verfügung

1. **Klageschrift an Bekl. / Bekl.-PV**
gemäß ZP 74 zustellen **EB / ZU**

mit **Zusatz** – soweit nicht gestrichen –:

a) Die Frist zur **Verteidigungsanzeige** beträgt zwei Wochen.
Die **Klageerwiderungsfrist** beträgt weitere ..... Wochen.

b) Es wird gebeten, binnen ... Wochen mitteilen, ob einer Entscheidung der Sache durch den Einzelrichter Gründe entgegenstehen und eine Übertragung auf die Kammer gewünscht wird.

c) Es wird darauf hingewiesen, dass eine Zuständigkeit der Kammer für Handelssachen begründet sein könnte. Wird Abgabe beantragt?

2. **Nachr. v. 1.) an Kläger-PV mit Zusatz:**

Wird Antrag auf Erlass eines Versäumnisurteils im schriftlichen Vorverfahren gestellt?

3. **Wv.: ....**Wochen nach ZU/EB

.............., den ....

Das ....gericht, ...

Der Vorsitzende / Die Vorsitzende / Der Einzelrichter / Die Einzelrichterin

– *Beauftragung des Sachverständigengutachtens*

Soll nach Erlass des Beweisbeschlusses und Eingang des Vorschusses ein Sachverständiger mit der Erstellung eines schriftlichen Gutachtens beauftragt werden, empfiehlt sich die nachfolgende Verfügung:

............/............

Verfügung

1. U. m. A. und .... Beiakten **zu**
dem Sachverständigen..
und Anforderung des Gutachtens (mit Vordruck .....)
mit Zusatz:

- Sie erhalten ..... Bände Hauptakten mit Beiakten ....
- Beweisbeschluss vom ....
- Eingang des Gutachtens bis zum ....
- durch Vorschuss gedeckte Vergütung ....
- Gutachten dreifach/fünffach erbeten.

2. Nachricht von 1. an Kl.-PV und Bekl.-PV

3. Retentfrist: .... (3/6 Monate)

........................., den ....

Das ....gericht, ...

Der Vorsitzende / Die Vorsitzende / Der Einzelrichter / Die Einzelrichterin

– *Eingang des Sachverständigengutachtens*

Nach Eingang des Gutachtens haben die Parteien Gelegenheit zu etwaigen Einwendungen bzw. Ergänzungsfragen. Insoweit empfiehlt sich die nachfolgende Verfügung:

............/...........

Verfügung

1. **Sachverständigen-Gutachten an Kl.-PV und Bekl.-PV** **EB**

mit Beschluss:

In pp.
wird für Einwendungen gegen das Gutachten, Ergänzungsfragen und weitere Beweisanträge sowie den Antrag auf Ladung des Sachverständigen zur mündlichen Erläuterung seines Gutachtens eine ***Ausschlussfrist von ...... (drei) Wochen gesetzt (§§ 411 Abs. 4; 296 Abs. 1, 4 ZPO).***

Eine Ladung des Sachverständigen unterbleibt in der Regel, wenn der Antrag verspätet gestellt wird oder rechtsmissbräuchlich ist. Letzteres ist anzunehmen, wenn die Notwendigkeit einer Anhörung nicht oder unsubstantiiert begründet wird (vgl. *BGH* NJW 1994, 1286 f.). Zur Vermeidung von Rechtsnachteilen empfiehlt es sich deshalb, die dem Sachverständigen zu stellenden Fragen konkret zu formulieren.

......................, den ....

...................gericht.

....

2. **Liquidation prüfen und anweisen**

(Vermerk: Die Abrechnung und der Stundenaufwand sind i. O. / nicht i. O:

....

3. **Wv.: .... (3) Wochen nach EB (Termin)**

..................., den ....

Das ....gericht, ...

Der Vorsitzende / Die Vorsitzende / Der Einzelrichter / Die Einzelrichterin

– *Vorschuss für die Beweisaufnahme*

Wird der Vorschuss für die Beweisaufnahme, insbes. für das Sachverständigengutachten nicht fristgerecht eingezahlt, empfiehlt sich der Erlass eines Beschlusses zur Setzung einer Ausschlussfrist; Beschluss und Verfügung lassen sich in einem Formular kombinieren:

........../...........

Verfügung

1. Beschluss:

In pp.
wird der Klagepartei / der Beklagtenpartei
zur Einzahlung des Zeugen/Sachverständigenvorschusses eine Ausschlussfrist von
.... ***(2) Wochen gesetzt (§§ 356, 379 ZPO).***

Nach fruchtlosem Ablauf der Frist wird das Beweismittel nur noch benutzt, wenn nach der freien Überzeugung des Gerichts das Verfahren dadurch nicht verzögert wird (§ 356 ZPO). Zur Vermeidung von Rechtsnachteilen empfiehlt es sich deshalb, die Einzahlungsfrist in jedem Fall zu wahren.

...................., den ....

........gericht.

....

2. Beschluss an Ast.-(PV) und Ag-(PV) **EB/ZU**

3. Wv.: ....(3) Wochen nach EB/ZU (Vorschuss? Termin?)

..................., den ....

Das ....gericht, ...

Der Vorsitzende / Die Vorsitzende / Der Einzelrichter / Die Einzelrichterin

– *Die Erledigung des Rechtsstreits*

Erklärt die Klagepartei den Rechtsstreit – zunächst einseitig – für erledigt, hängt es vom Verhalten der Beklagtenpartei ab, ob eine Kostenentscheidung nach § 91a ZPO möglich wird oder aber der Rechtsstreit als Feststellungsklage, gerichtet auf „Feststellung, dass der Rechtsstreit in der Hauptsache erledigt ist", fortzusetzen ist. Nicht nur der ausdrückliche Anschluss an die Erledigungserklärung des Klägers, sondern auch schon das Schweigen der Beklagtenpartei nach entsprechender Belehrung ermöglicht die Entscheidung durch einen bloßen Kostenbeschluss nach § 91a ZPO. Es empfiehlt sich die nachfolgende Verfügung:

........../...........

Verfügung

1.) Schreiben an Bekl. (PV) mit Abschrift des Schriftsatzes vom .... **EB/ZU**

In pp.
hat die Klagepartei den Rechtsstreit in der Hauptsache für erledigt erklärt. Es ist deshalb nur noch über die Kosten des Rechtsstreits zu entscheiden. Das Gericht entscheidet hierüber unter Berücksichtigung des bisherigen Sach- und Streitstandes nach billigem Ermessen durch Beschluss, wenn Sie der Erledigungserklärung der Klagepartei nicht innerhalb einer Notfrist von zwei Wochen seit der Zustellung dieses Schriftsatzes widersprechen (§ 91a Abs. 1 S. 2 i. V. m. S. 1 ZPO).

2. Nachricht von 1.) an Kl.-(PV))

3. Wv.: 2 Wochen nach ZU / EB

....................., den ....

Das ....gericht, ...

Der Vorsitzende / Die Vorsitzende / Der Einzelrichter / Die Einzelrichterin

– *Einstweiliges Verfügungsverfahren*

Grundsätzlich sollte nach dem Eingang der Antragsschrift auf Erlass der einstweiligen Verfügung zur mündlichen Verhandlung terminiert werden. Die meisten Zivilrechtsstreitigkeiten sind nicht derart eilig, dass nicht ein, z. B. innerhalb einer Woche anberaumter mündlicher Verhandlungstermin mit beiden Parteien abgewartet werden sollte. Nur in wenigen Fällen, in denen existenzielle Eingriffe in die Rechtssphäre einer Partei ein Abwarten unzumutbar erscheinen lassen, etwa, wenn ein Vermieter dem Mieter den Zutritt zu seiner Wohnung versperrt oder Strom und Wasser abdreht, etc. sollte sofort ein Titel zur Wiederherstellung des status quo ante geschaffen werden. Insoweit hilft die nachfolgende Verfügung:

........../...........

Verfügung

1. Beschluss:

In pp. (volles Rubrum)
wird im Wege der einstweiligen Verfügung, deren Voraussetzungen von dem Antragsteller dargetan und glaubhaft gemacht worden sind, wegen Dringlichkeit des Falles ohne vorherige mündliche Verhandlung gemäß §§ 935, 940 ZPO angeordnet:

- einrücken wie Bl............. GA (in Klammern).
- Der Antragsgegner trägt die Kosten des Verfahrens.
- Der Streitwert wird auf .... EUR festgesetzt.

2. Beschluss an Ast.-(PV)) **EB/ZU**

3. Kosten

......................., den ....

Das ....gericht, ...

Der Vorsitzende / Die Vorsitzende / Der Einzelrichter / Die Einzelrichterin

– Das selbstständige Beweisverfahren

Mit dem selbstständigen Beweisverfahren wird ein Zivilrichter relativ häufig konfrontiert. Mit der richtigen Verfügung ist der Arbeitsaufwand überschaubar:

………../………..

Verfügung

1. Beschluss:

In dem selbstständigen Beweisverfahren pp.
wird gemäß §§ 485 ff. ZPO angeordnet:

I. Es soll Beweis erhoben werden über folgende Fragen:
- einrücken wie Bl.…………GA (in Klammern).
- einrücken wie Anlage ………………………………
- durch Einholung eines schriftlichen Sachverständigengutachtens.
- durch ………………………………………………………………………………

II. Zum Sachverständigen wird bestellt:
………………………………………………………………………………………………..

III. Die Einholung des Gutachtens ist davon abhängig, dass der Antragsteller binnen …. (3) Wochen nach Zugang des Beschlusses einen Auslagenvorschuss in Höhe von ……………………….EUR bei der Gerichtskasse einzahlt.

…………………., den ……………………………………

………gericht.

……………………………… ……………………………… ………………………………

2. Beschluss an Ast.-(PV) und Ag-(PV) **EB/ZU**

3. Wv.: …….(3) Wochen nach EB/ZU (Vorschuss? Beauftragung?)

…………………., den …………………………

Das ………gericht, …………………….

Der Vorsitzende / Die Vorsitzende / Der Einzelrichter / Die Einzelrichterin

§ 3. Die Einarbeitung in die richterliche Tätigkeit

Aller Anfang ist bekanntlich schwer! Die Einarbeitung lässt sich nicht theoretisch erlernen oder befördern; es gilt der Grundsatz, dass man durch nichts besser als durch die tägliche Praxis und die allmählich einsetzende Erfahrung lernt („learning by doing"). Wer sich auch am Anfang seiner Berufstätigkeit das Denken nicht abgewöhnt, überlegt und entschlossen arbeitet, wird die Schwierigkeiten rasch bewältigen.

Alles Lernen beginnt mit Fragen!

Auch die älteren Kollegen, mit denen der junge Richter zusammenkommt, wenn er seinen Dienst antritt, haben einmal – ohne Berufserfahrung – angefangen und ebenfalls „nachgefragt". Ebenso soll auch heute der Anfänger seine Kollegen fragen. Die anderen Beisitzer und der Vorsitzende geben ihm gerne die nötigen Ratschläge und Auskünfte. Insbesondere dem Kammervorsitzenden ist es lieber, dass der junge Richter sich bei ihm – **vor** der Verfügung, vor der Arbeit – Rat holt, statt selbstständig etwas falsch zu machen. Dann muss im Nachhinein „repariert" werden und häufig verdoppelt sich die anschließende Arbeit! Das Fragen ist also gewissermaßen eine legitime Befugnis des Anfängers. Er sollte sie nützen, ohne sie zu missbrauchen, d.h. er sollte niemals andere mit Fragen behelligen, solange er nicht selbst versucht hat, das Problem zu ergründen und eine Lösung zu finden. In vielen Fällen hilft auch bloßes Nachdenken weiter, um die sachlich gebotene Verfügung zu treffen; es sollte aber nicht sinnlos lange Zeit verschwendet werden, die man dringend für die eigentlich juristische Arbeit benötigt. Es ist deshalb zu empfehlen, die Verfügung zunächst vorzuformulieren und die – kurze – Rücksprache zur Klärung zu verwenden, ob die Verfügung und damit der ihr zugrunde liegende Gedankengang zutreffend ist, darüber hinaus vollständig und zudem auch weitere Besonderheiten mitbedacht worden sind – i.d.R. hat nämlich jede Kammer ihren individuellen Verfügungsstil und eine dementsprechende Verfahrenspraxis nebst eigener Verfügungsformulare etc., die der Berufsanfänger nicht a priori kennen kann!

Zur Abklärung und Eingewöhnung in die Kammerpraxis dienende Fragen, die ein Einzelproblem betreffen, sind stets sachgerecht und werden in aller Regel auch gerne und freundlich beantwortet. Natürlich darf diese Vorgehensweise nicht dazu führen, dass gewissermaßen die gesamte richterliche Arbeit überprüft bzw. von einem anderen Kollegen gemacht werden soll. Trotzdem gilt: Besser eine Frage zu viel als eine zu wenig!

Dringend abzuraten ist natürlich von der allgemeinen Frage, was denn mit dieser Akte zu geschehen habe. Auch von dem Berufsanfänger kann und muss verlangt werden, dass er das konkrete Problem erkennt und beschreiben kann, ohne dass ein Dritter sich selbst die Akte komplett selbst erschließen muss.

Soweit es sich um schwierige **Tatsachen**- oder auch **Rechts**fragen handelt, die ggf. – je nach Sichtweise – ein zeitaufwändiges, Alternativlösungen präsentierendes Votum bedingen, macht eine Zwischenberatung Sinn, um die Meinung der Kammer bzw. des Kammervorsitzenden zu erfragen. Ist z.B. auch die Kammer nach Kenntnis des entscheidungsrelevanten Sachverhalts der Auffassung, die Klageforderung sei verjährt, so braucht der Berichterstatter zahlreiche weitere Probleme des Falles nicht mehr zeitaufwändig zu thematisieren, sondern kann die ohnehin knappe Zeit mit anderen Arbeiten verbringen. Ist umgekehrt die Kammer der Auffassung, der Anspruch sei nicht verjährt, muss sich der Berichterstatter zwar mit den anderen Einwendungen auseinandersetzen, kann dafür aber jedenfalls die Verjährungsproblematik verkürzen.

In der Regel ist jeder souverän arbeitende Vorsitzende an einer derartigen raschen Klärung interessiert, erleichtert es ihm selbst die Einarbeitung in die Akte und erspart überdies Nachberatungen. Zudem ist jeder daran interessiert, dass seine Beisitzer nicht unnötig und zeitverschwenderisch arbeiten, sondern effizient und mit den Akten rechtzeitig „klarkommen".

Im Übrigen muss jeder die für ihn beste Methode der möglichst raschen Einarbeitung selbst herausfinden. Dazu gehört sicherlich, sich gerade zu Anfang besonders gründlich mit dem Inhalt seiner Akten und deren rechtlicher Beurteilung zu beschäftigen. Dies ist nicht in dem Sinne zu verstehen, dass man später oberflächlich werden soll; die zunehmende Routine erleichtert aber auch das rasche Erfassen des *wesentlichen* Akteninhalts und seiner Anlagen(bände). Wie schon dargestellt, ist für die übliche *Dezernats*arbeit das vollständige Lesen der Akten nicht erforderlich. Erforderlich ist die verfahrensfördernde Maßnahme, nicht die materiell- und prozessrechtliche Erfassung; niemand, und erst recht nicht der Berufsanfänger, kann gewissermaßen an einem Tag alle Akten, die ihm zugetragen werden und folglich der Bearbeitung bedürfen, derart umfassend erfassen. Es leuchtet ein, dass dies bei den i. d. R. gebotenen Standardverfügungen, etwa die Abschrift des eingegangenen Schriftsatzes dem Gegner zukommen zu lassen (sog. „AaG"-Verfügung), auch nicht notwendig ist. Gleichwohl sollte der Anfänger stets bestrebt sein, möglichst viel aus einem einzigen Bearbeitungsgang herauszuholen und den Aktenvorlegungsgrund umfassend zu erledigen, um die Akte nicht wegen desselben Grundes noch einmal vorgelegt zu bekommen, weil eine Verfügung für die Geschäftsstelle und/oder auch die Parteien bzw. ihre Vertreter unklar war.

Darüber hinaus bleibt es jedem selbst überlassen, ob die eigentliche juristische Bearbeitung der Akten, insbesondere die Abfassung von Voten, Beschlüssen und Urteilen, über die reine, i. d. R. tägliche, Dezernatsarbeit hinaus eher im Dienstzimmer oder im häuslichen Arbeitszimmer erfolgt. Im Gericht muss man eher mit Störungen rechnen: das Telefon klingelt, die Geschäftsstellenbeamten kommen und gehen, ebenso die Kollegen etc. Auf der anderen Seite wird gerade der Anfänger erfahrungsgemäß eine höhere Präsenz im Gericht aufweisen als der erfahrenere Kollege, um etwa die Bibliothek – ggf. online – aufzusuchen oder sich zu beraten etc. Es ist deshalb nicht zwingend anzuraten, gerade die wichtigen Akten zum Votieren mit nach Hause zu nehmen; jeder muss und wird insoweit seinen eigenen Stil finden. Die „gewohnte und freundlichere" Atmosphäre des heimischen Arbeitszimmers kann sowohl ablenken als auch die erforderliche Ruhe vermitteln. Dass die zu bearbeitenden Akten einschließlich ihrer Anlagen der gründlichen Bearbeitung bedürfen, muss nicht ausdrücklich erwähnt werden. Es mag auch empfehlenswert sein, sich zu jedem Aktenstück, das zur mündlichen Verhandlung kommt, einen Merkzettel anzufertigen, auf dem die Ergebnisse des Durcharbeitens konzentriert festgehalten werden.

Es kann auch bei fleißiger und gewissenhafter Arbeit im Einzelfall immer einmal vorkommen, dass der Anfänger mit der Arbeitsmenge kurzfristig nicht mehr zurechtkommt, weil in einer Woche überdurchschnittlich viele und/oder unangenehme, schwierige Akten zu bearbeiten, überdies noch Urteile fristgerecht zu verfassen sind etc. Insoweit wird deutlich, dass auch und gerade der Berufsanfänger seinen Terminkalender im Griff haben muss, um vorausschauend votieren und derartige Engpässe vermeiden zu können. Gelegentlich vorkommende „Horror-Wochen“ mit massiver Arbeitsbelastung verlieren ihren Schrecken, wenn der Berufsanfänger – nach Möglichkeit – schon rasch und sukzessive die Akten vorzeitig votiert, jedenfalls schon einmal sorgfältig durchliest, da auf diese Weise die Votierung der bereits bekannten Akten wesentlich schneller erfolgen kann.

Wenn trotz aller vorausschauenden Arbeitseinteilung sich einmal das „Land-unter“-Gefühl breit macht, dann sollte man nicht zur Oberflächlichkeit neigen, um die Arbeit zu bewältigen; der Leistungsabfall wird eher kritisch aufgenommen. Es ist in diesem Fall wesentlich besser, offen mit dem Vorsitzenden zu sprechen und die besondere Belastung in dieser Woche zu verdeutlichen. Nicht immer ist sich ein Vorsitzender darüber im Klaren. Jedenfalls die allermeisten Vorsitzenden werden dafür Verständnis haben und eine pragmatische Lösung finden. Es versteht sich von selbst, dass im Übrigen die Leistung stimmen sollte und man nicht regelmäßig über eine derartige Überlastung klagen sollte; das würde nur die eigene Eignung für den Richterberuf in Frage stellen!

Gerade in den ersten Monaten macht es durchaus Sinn, sich Aktenstücke, die man etwa zum Votieren vorgelegt bekommt, auch im Hinblick auf die dort getroffenen Verfügungen, Entscheidungen und den bürotechnischen Ablauf (Kostenanforderung, Kosteneinzahlung, Ladungen usw.) anzusehen. Dadurch bekommt man am schnellsten einen Überblick über den Gang des internen Verfahrens, der einem die Unsicherheit und den übermäßigen Respekt vor den Akten nimmt und – unauffällig – die Kammerübung verdeutlicht.

All dies sind Grundregeln des „Learning by doing“; man stellt in der täglichen Praxis mit ihren unzähligen Tatsachen- und Rechtsproblemen rasch fest, welche Wissenslücken vorhanden sind. Durch die Einarbeitung in die einzelnen Akten und deren jeweiligen Problemfelder kann man diese sukzessive reduzieren, so dass sich jedenfalls die Standardprobleme im Laufe der Zeit mehr und mehr erschließen; darüber hinaus gilt der Grundsatz, dass der Richter jeden Tag seines Berufslebens dazu lernt, denn immer wieder tauchen Probleme auf, mit denen man in dieser Weise bislang noch nicht konfrontiert worden ist. Routine und Spannung der immer wieder neuen Fälle bilden die reizvolle Synthese des Richterberufes.

Losgelöst von der jeweils zu bearbeitenden Akte ist m. E. allenfalls bedingt zu weiterem Lernen in der Freizeit anzuraten. Sicherlich ist es begrüßenswert, wenn der junge Richter auch rasch mit den Vorschriften über die Bemessung und die Festsetzung des Streitwertes, mit den Bestimmungen zum Kostenentscheidungsrecht und zur vorläufigen Vollstreckbarkeit sowie mit dem Arrest- und einstweiligen Verfügungsverfahren etc. vertraut wird. Aber man kann und soll es nicht erzwingen: die Einarbeitung in die Akten kostet Zeit und Kraft, so dass auch Phasen der Regeneration erforderlich sind, um „den Kopf wieder freizubekommen“. Das gesamte wünschenswerte juristische Wissen lässt sich ohnehin niemals vollständig aneignen; wer das mit Macht versucht, verzweifelt und ist nicht mehr „frisch“ für das gebotene Tagesprogramm an Aktenbewältigung. Man lernt schon genug – und durch nichts besser (!) als durch die tägliche Erfahrung mit Rechtsfällen. Neue Rechtsgebiete erschließt man sich grundsätzlich von Fall zu Fall, wobei es empfehlenswert ist, sich zuvor einen generellen Überblick über die Rechtsmaterie zu verschaffen, um die Problematik besser einordnen zu können. Allerdings wird dies schon aus Zeitgründen weder stets möglich noch erforderlich sein.

Es soll keine Panik aufkommen: die vorgenannten Anregungen sind lediglich Tipps, in möglichst rascher Zeit seine Arbeitseffizienz zu verbessern. Nicht alles aber wird der Anfänger sofort richtig machen und umsetzen können, das wäre ein

Wunder! Der junge Richter wird beim Einarbeiten – auch – Fehler begehen, nicht jede Akte wird im prozessualen und materiell-rechtlichen Sinn optimal gefördert bzw. bearbeitet. Jeder Mensch, der arbeitet und aktiv ist, macht Fehler, davor ist niemand gefeit, erst recht nicht der Anfänger! In der Kammer wird man deshalb durch die erfahrenen Kollegen „aufgefangen", man arbeitet gewissermaßen nicht ohne Netz und doppelten Boden. Im Übrigen gilt: Fehler sind dazu da, aus ihnen zu lernen und diese zu korrigieren und von Mal zu Mal, gewissermaßen von Akte zu Akte, seine Arbeitseffizienz zu verbessern. Im Zivilrecht ist ja ohnehin meistens eine „Reparatur" möglich. Diese sich vergrößernde Erfahrung steigert zugleich die Arbeitseffizienz und reduziert die Arbeitszeit. Das wiederum schafft Freiräume, sich juristisch weiterzubilden, zu spezialisieren, etc. All dies ist ein langer Prozess, bei dem viel Geduld erforderlich ist. Man muss das akzeptieren und ruhig bleiben.

§ 4. Das Votum

Es dürfte gängiger Praxis entsprechen, dass der Berufsanfänger in der ordentlichen Gerichtsbarkeit zunächst einer Zivilkammer eines Landgerichts zugewiesen wird. Insoweit erwarten ihn Kammersitzungen; das anfängliche Proberichterdezernat ist gemäß § 348 Abs. 1 S. 2 Nr. 1 ZPO Kammerdezernat. Unabhängig davon, ob die Kammer als Spezialkammer – etwa für Arzthaftungs-, Bank- oder Bausachen – ohnehin viele ihrer Verfahren tatsächlich noch als „Kammer" mit drei Berufsrichtern erledigt (vgl. § 348 Abs. 1 S. 2 Nr. 2 ZPO) oder aber überwiegend durch ihre Einzelrichter tätig wird und auch den Berufsanfänger gemäß § 348a Abs. 1 ZPO sofort als Einzelrichter arbeiten lässt, wird er die Terminsakten votieren müssen: entweder für sich oder aber für den Vorsitzenden!

Es mag in der Theorie darüber gestritten werden, ob ein Richter verpflichtet ist, Voten zu erstellen (vgl. *Schneider* Arbeitstechnik S. 39/40). Faktisch jedenfalls habe ich es ausschließlich so erlebt, dass der Vorsitzende Voten als selbstverständlich erwartet hat, mag auch vereinzelt der Hinweis erfolgt sein, man votiere letztlich für sich, nicht für ihn.

Das Votum soll kurz sein.

Das Votum darf nicht nur, es soll – sinnvollerweise – kurz sein, es soll ja den „Fahrplan" der Akte darstellen – und nicht die ganze Fahrstrecke! Die Akte ist tatsächlich und rechtlich sinnvoll, gewissermaßen „auf einen Blick" zu erfassen, nicht langatmig zu wiederholen. Nur dann sind Voten in der Sache sinnvoll, wenn sie das komprimierte Ergebnis einer ordentlichen Bearbeitung der Terminsakte darstellen; zumindest sollte das die Zielrichtung sein. Hierzu gehört es, dass man den Sachverhalt kurz (!) erfasst und den Fall auch rechtlich „in den Griff" bekommt, indem man – wiederum kurz – die rechtliche Lösung nebst ihrer Probleme bzw. den für möglich erachteten Lösungsweg skizziert. Das Votum ist keine Examens-Hausarbeit und keine Dokumentation vermeintlichen Fleißes, sondern der **Steckbrief** der Akte in tatsächlicher und rechtlicher Hinsicht; er erleichtert das Verfahren im Termin, weil man auf einen Blick sieht, inwieweit rechtliche Hinweise zu erfolgen haben und welche Fragen zur Sachverhaltsaufklärung an die Parteien zu stellen sind. Überdies ist er der Leitfaden der Erörterung des Sach- und Streitstands und der rechtlichen Problematik. Ist schließlich ein Urteil zu verfassen, bereitet dieses umso geringere Schwierigkeiten, je besser die Terminsvorbereitung durch das Votum erfolgt ist. Noch einmal: das Votum zeichnet sich nicht durch Länge, sondern durch Kürze aus. Es macht keinen Sinn, den verschachtelten Sachverhalt im Detail nachzuerzählen, insbesondere sämtliche Pro- und Kontra-Argumente der Parteien zu 30 streitigen Rechnungspositionen aufzuführen; das hilft nicht weiter, die Akte rasch zu erfassen. Vielmehr ist die Kernproblematik in tatsächlicher und rechtlicher Hinsicht darzustellen. Dies möge ein **Beispiel** verdeutlichen:

Der Kläger verlangt von dem Beklagten Werklohn für Dachdeckerarbeiten. Die Auftragserteilung erfolgte schriftlich am … (Bl. … GA = Gerichtsakte), das Abnahmeprotokoll datiert vom … (Bl. … GA). Der Kläger stellte unter dem (Datum) dem Beklagten …,– EUR in Rechnung (Bl. … GA). Der Beklagte zahlte am …,– EUR; den offenen Restbetrag von …,– EUR klagt der Kläger vorliegend ein.

Die Parteien streiten einerseits über 30 Rechnungspositionen. Streitpunkte sind z. T. die abgerechneten Massen und Stundenansätze (Pos. 1 bis 10, 15 bis 20), z. T. ist die Leistungserbringung überhaupt streitig (Pos. 11–14), z.T. wird über die Angemessenheit des Einheitspreises gestritten (Pos. 21–30). Überdies rügt der Beklagte acht Mängel und beruft sich wegen seines Anspruchs auf Nacherfüllung auf ein Zurückbehaltungsrecht.

Dieses Beispiel zeigt, dass ein komplexer Sachverhalt mit verschiedenen rechtlichen Erwägungen durchaus kurz und damit schnell erfassbar darzustellen ist. Im Rahmen der rechtlichen Würdigung sind dann die Problempunkte einzeln abzuhandeln, beginnend mit den Grundlagen des Anspruchs. Insoweit sind im Beispielsfall das Rechnungsvolumen und die erbrachten Leistungen (Aufmaße, Stunden, Einheitspreise) zu klären, ggf. ist Beweis zu erheben. Im Hinblick auf die „Gegenrechte" des Auftraggebers wegen der gerügten Mängel kann ggf. eine Übersicht (z.B. Excel-Tabelle) geboten sein, hilfreich ist jedenfalls die Bildung gemeinsamer Problemgruppen, soweit diese rechtlich gleich zu bewerten sind: es müssen z.B. nicht alle Mängel in epischer Breite aufgeführt werden, wenn für alle gleichermaßen gilt, dass insoweit Beweis durch ein Sachverständigengutachten einzuholen ist. Soweit etwa die Beweislast unterschiedlich ist (wenn z.B. die Mängel 1–3 bereits im Abnahmeprotokoll gerügt worden sind, verbleibt insoweit die Beweislast für ein mangelfreies Werk beim Bauhandwerker als Auftragnehmer, vgl. *Werner/Pastor* Rn. 3140), fasst man diese Mängel zusammen; im Hinblick auf die übrigen Mängel 4–7, die im Abnahmeprotokoll noch nicht gerügt worden sind, ist dann nur kurz auszuführen, dass insoweit – nach der Abnahme – der Auftraggeber beweisbelastet ist.

Im Hinblick auf Mangel 8 ist z.B. darzustellen, dass die Abnahme in Kenntnis dieses Mangels erfolgt ist, Nacherfüllung somit nicht mehr verlangt werden kann, § 640 Abs. 2 BGB.

Grundsätzlich gilt: das Votum sollte alle relevanten Probleme ansprechen, ggf. mit Beifügung der relevanten Rechtsprechung und einen Lösungsvorschlag anbieten, damit der Vorsitzende erkennt, welche Meinung der Berichterstatter hierzu vertritt. Es soll nicht der Oberflächlichkeit das Wort geredet werden, sondern der gedanklichen Klarheit. Gerade diese lässt sich aber i.d.R. nur dann erzielen, wenn ein Problem „auf den Punkt" gebracht wird. Das ist durchaus arbeitsintensiv, denn die Hauptarbeit liegt in der gedanklichen Leistung, nicht in der Schreibarbeit. Das Votum soll für den Berichterstatter selbst eine relevante Arbeitsgrundlage sein, überdies dem Vorsitzenden schnell zu der Erkenntnis verhelfen, ob man rechtlich auf „einer Linie" ist, somit eine große Beratung nicht mehr erforderlich ist; andernfalls ist es sinnvoll, sich noch vor dem Termin abzustimmen, ggf. sich auch mit dem „dritten Mann/der dritten Frau" der Kammer auf eine einheitliche Linie zu verständigen. Gerade das kurze, inhaltlich aber klar strukturierte Votum hilft weiter, erleichtert dem Vorsitzenden – und dem Berichterstatter gleichermaßen – die Arbeit und wird deshalb auch als gut empfunden.

Ich habe mehrfach Beisitzer gehabt, die auch in komplexen Bausachen, sog. „Punkte"-Sachen, in der Lage waren, auf wenigen, selten mehr als drei Seiten die rechtliche Bewertung darzustellen, so dass man auf einen Blick erfassen konnte, wo die für die Beurteilung relevanten Verträge und Korrespondenzschreiben in der Akte enthalten waren, überdies auf welchen Überlegungen der Lösungsvorschlag basierte. Die gute, nachvollziehbare und deshalb überzeugende Begründung bedarf keiner vielschichtigen Argumentation bzw. diverser Hilfsüberlegungen. Muss man mit diesen operieren, sollte man sein Ergebnis lieber noch einmal überdenken. Es gibt selbstredend auch Ausnahmen und Fallgestaltungen, die in ihrer tatsächlichen und rechtlichen Komplexität ein mehrseitiges Votum erfordern; aber auch insoweit dürften 20 Seiten schon das sinnvolle Maximum darstellen; jedenfalls im Regelfall sollte man sich bei gut durchdachter und strukturierter Arbeit auf wenige, aber aussagekräftige Seiten beschränken.

§ 5. Der Vergleich, die gütliche Beilegung des Rechtsstreits

I. Die Bedeutung des Vergleichs

Schon bei der ersten Beschäftigung mit einem Aktenfall ist neben der rechtlichen immer auch die wirtschaftliche Seite des Streites zu bedenken. Eine gute, Vertrauen gewinnende Rechtsprechung muss lebensnah sein, Jura ist kein Selbstzweck. Das formal-rechtlich zutreffende Urteil ist keineswegs immer das beste Ergebnis, da es letztlich nur Schwarz/Weiß-Lösungen präsentieren kann, obwohl das Leben eher bunt, manchmal auch grau ist und die Wahrheit häufig „in der Mitte" liegt, jedenfalls nicht einseitig nur bei der einen oder anderen Partei (vgl. im Einzelnen *Schellhammer* Rn. 512). Das Urteil kann nur berücksichtigen, ob der Beweis im juristisch korrekten Sinne erbracht oder aber nicht erbracht worden ist, das Gericht muss im Urteil die unpräzise formulierte, objektiv mehrdeutige Vertragsklausel entweder für noch ausreichend und damit vollständig wirksam oder aber für vollständig unwirksam erachten: gewissermaßen 51 % geben den Ausschlag für die eine oder andere Lösung, obwohl tatsächlich doch einiges – um im Zahlenbild zu bleiben: vielleicht sogar 49 % – auch für die andere Darstellung spricht. Wird in der Beweisaufnahme aber der Vollbeweis nicht geführt, fällt diese Seite eben vollständig weg. Derartige Urteile mögen professionell-juristisch brillant sein, sind aber materiell-rechtlich gleichermaßen unbefriedigend. Derartigen Aspekten, dass die Wahrheit häufig differenzierter als das „Ja oder Nein" im Urteil ist, trägt der Vergleich Rechnung. Das Urteil entscheidet zudem nur über den konkreten Streitgegenstand (vgl. *Schellhammer* Rn. 512); im Vergleich hingegen können darüber hinaus durch ihn nicht nur die konkret gestellten Anträge i. S. d. § 308 Abs. 1 ZPO, sondern sinnvollerweise auch andere bzw. weitergehende Streitpunkte mitgeregelt werden, etwa um absehbaren nachfolgenden Streit zu vermeiden. Eine ungenaue, immer wieder zu Streit führende Vertragsregelung kann z. B. für die Zukunft klargestellt und neu formuliert werden. Wenn die Parteien über eine (vertragliche) Verpflichtung streiten, kann es Sinn machen, über eine Beendigung des Vertragsverhältnisses nachzudenken u. v. m. Der wirtschaftlich schwachen Partei, die im Urteil zur Zahlung „ohne wenn und aber" verurteilt würde, kann man mit Ratenzahlungen den Vergleich schmackhaft machen und ihre Zahlungsbereitschaft steigern; dies kommt dann auch dem Gläubiger zugute, der nicht ins Ungewisse hinein vollstrecken muss. Ggf. ist sogar bei pünktlicher Zahlung der finanzschwachen Partei an einen „Rabatt" zu denken; auch dies beflügelt den wirtschaftlich um sein Überleben kämpfenden Schuldner und sichert dem Gläubiger jedenfalls eine gewisse Befriedigung seiner Forderung, zudem zeitnah und ohne Vollstreckung. Überdies beendet der Vergleich den Rechtsstreit, schont die Nerven der Parteien und verhindert höhere, zur vollständigen Sachaufklärung des Falles erforderliche Kosten, wenn etwa ohne gütliche Einigung ein kostenaufwändiges Sachverständigengutachten einzuholen wäre.

Oft ist es deshalb die wirtschaftlich vernünftigste Lösung, einen Rechtsstreit zu vergleichen. Auch der junge Richter sollte sich in dieser friedenstiftenden Aufgabe versuchen. Nicht umsonst soll der Richter in jeder Situation gemäß § 278 Abs. 1 ZPO auf eine gütliche Beilegung des Rechtsstreites oder einzelner Streitpunkte bedacht sein (vgl. *Schreiber* Jura 2012, 23 ff.). Viele Prozesse gelangen an den Richter, obwohl sie besser gar nicht erst begonnen hätten; und deshalb sollten sie wenigstens möglichst schnell und möglichst früh wieder beendet werden, bevor eine unübersehbare Kostenlawine auf die Parteien zurollt. Frieden zu stiften, ist allerdings eine Kunst, die noch schwieriger ist als diejenige, das Recht zu finden (*Weber* DRiZ 1957, 236). Eine gütliche Beilegung des Rechtsstreites setzt voraus, dass der Richter klar den wesentlichen Sach- und Streitstand in tatsächlicher und juristischer Hinsicht herausgearbeitet hat und den Parteien vermitteln kann, warum und worum denn eigentlich gestritten wird. Dabei stellt sich immer wieder heraus, dass der „Streitgegenstand" häufig nur prozessuales Streitobjekt ist, der wirkliche Grund des Streits zwischen den Parteien hingegen woanders und tiefer zu suchen ist. Es ist vielleicht aber auch nur ein unbedeutender Anlass gewesen, der bei einer Partei den Entschluss ausgelöst hat, jetzt die andere Seite vor Gericht zu bringen. Manchmal ist die treibende Kraft der Prozessführung vielleicht auch nur das Gefühl, ein schlechtes Geschäft gemacht zu haben oder der Verdacht, hintergangen worden zu sein. Das will der Betroffene nicht auf sich sitzen lassen, damit wird er vielleicht subjektiv nicht fertig. Er braucht das Gericht und dessen Entscheidung in seiner emotional eingeengten Vorstellung vielleicht nur als Selbstbestätigung oder aber auch, um Klarheit in seiner eigenen Beurteilung zu gewinnen, mag diese auch von der Auffassung des Gerichts abweichen. Der Richter wird somit häufig auch gewissermaßen als Schiedsrichter, gelegentlich gar als Therapeut, tätig.

Aber auch, wenn die Sach- und Rechtslage eindeutig ist, kann ein Vergleichsgespräch sinnvoll sein. Der voraussichtliche Sieger kann durchaus ein Interesse daran haben, den Rechtsstreit schnell und ohne Urteil bzw. ohne ein langwieriges Berufungsverfahren zu beenden. Das tatsächlich geleistete Bargeld ist besser als der Weg der mühsamen, zudem im Erfolg völlig ungewissen Vollstreckung. Oft kann bereits ein gewisses Nachgeben den Gegner dazu motivieren, sich das fehlende Geld anderweitig zu beschaffen und jedenfalls diesen Betrag pünktlich, zumindest zeitnah, zu zahlen. Ein persönlicher Streit kann insbesondere bei den im Wirtschaftsleben tätigen Parteien, die letztlich im wechselseitigen Interesse auch zukünftig gemeinsam weiter Geschäfte miteinander betreiben wollen, auf diese Weise beseitigt werden, denn der Vergleich kennt keinen klassischen Gewinner, keinen klassischen Verlierer, jede Partei kann ihr Gesicht wahren (vgl. *Schellhammer* Rn. 513). Der Versuch, einen Rechtsstreit gütlich beizulegen, lohnt sich also in den allermeisten Fällen. Etwas anderes mag in der Tat ausnahmsweise dann gelten, wenn die Parteien eine für sie bedeutsame Rechtsfrage verbindlich geklärt erhalten möchten.

Im Übrigen muss man sich vor Augen halten, dass auch erfolglos verlaufende Vergleichsgespräche für eine spätere Entscheidung durchaus wertvoll sein können. Bei solchen zwanglosen Erörterungen des Sach- und Streitstandes kommt manches heraus, das sonst nicht vorgetragen würde; vieles erscheint gelegentlich in einem ganz anderen Licht. Der Grund dafür, dass eine Partei zur vergleichsweisen Beilegung des Rechtsstreites nicht bereit ist, verweist vielleicht auf den nunmehr klargewordenen eigentlichen Kern des Rechtsstreits.

Bevor der Richter mit den Parteien in ein Vergleichsgespräch eintritt, sollte er sich darüber vergewissern, ob diese am Versuch der gütlichen Beilegung des Prozesses – überhaupt oder zurzeit – interessiert sind. Es kommt immer wieder vor, dass die Parteien zunächst kategorisch einen Vergleich ablehnen, etwa um Stärke zu zeigen. Dann sollte der Richter nicht sofort „aufgeben", sondern den Sinn und die beidseitigen Vorteile einer möglichen Vergleichsregelung beiden Parteien verdeutlichen. Erst wenn kein Argument fruchtet – auch das kommt natürlich vor –, sollte man den Rechtsstreit im formal-juristischen Sinne betreiben, Beweise erheben pp., um über die gestellten Anträge entscheiden zu können.

Während des Vergleichsgespräches ist es oberstes Gebot, bei aller zu wahrenden Unabhängigkeit Verständnis für die Parteien aufzubringen. Der Richter muss sich auf ihre persönlichen und finanziellen Schwierigkeiten einstellen. Er muss vor allem auch bemüht sein, eine entspannte Atmosphäre zu schaffen. Das wird in erster Linie dadurch erreicht, dass die Parteien ausreden dürfen. Für sie steht bei jedem Prozess viel auf dem Spiel. Viele Parteien führen in ihrem Leben nur einen einzigen Rechtsstreit, dieser hat eine ganz besondere Bedeutung und ist emotional überaus belastend. Er ist vielleicht seit geraumer Zeit Familienthema Nummer 1. Immer wieder ist darüber gesprochen und diskutiert worden. Die Unsicherheit des Prozessausganges und die Ungewohntheit der Gerichtsatmosphäre belastet beide Parteien, die emotionale Spannung hat sie stark sensibilisiert. Um halbwegs objektiv denken und diskutieren zu können, muss der Gefühlsstau, der „Frust", mit dem sie zum Gerichtstermin erscheinen, erst einmal abgebaut werden. Sie müssen das, was sie auf dem Herzen haben, artikulieren dürfen – auch wenn es schon aus den Akten bekannt, zudem unsachlich und zunächst etwas aggressiv sein mag und sich in Vorwürfen an die andere Partei erschöpft. Der Richter selbst sollte in jedem Fall die Ruhe bewahren und besonnen bleiben, selbst wenn es zu arg wird und die Verwendung anstößiger Redewendungen die Überhand zu gewinnen droht. Er wird dann ruhig, freundlich, aber bestimmt mit den Parteien reden und die Kampfhähne trennen. Das kann auch so geschehen, dass er sich kurzfristig zum direkten Zuhörer einer Partei macht, deren Vorwürfe anhört und damit die andere Partei in der Rolle der Herausgeforderten entlastet. Ist der emotionale Überdruck, der vielfach zu Beginn eines Vergleichsgespräches steht, ausgeglichen, haben also die Parteien „die Luft abgelassen" und gewinnt *das Gehirn wieder Platz,* dann entsteht allmählich die Möglichkeit, sich auf die Sache selbst zu konzentrieren, möglichst ohne Hast und Eile. Ein Vergleich braucht Zeit; diese sollte man sich und den Parteien zum Zwecke einer friedlichen Einigung – darum geht es bei der Beendigung eines Rechtsstreits – geben (vgl. *Schellhammer* Rn. 519). Die Parteien brauchen weiterhin Verständnis und Geduld. In der Regel sind sie ungeübt darin, sachlich zu argumentieren, d.h. das Wesentliche vom Unwesentlichen zu unterscheiden. Nicht selten ist sogar das rechtlich Unwesentliche für den Streit aus der Sicht der Parteien ausschlaggebend! Das muss der Richter erkennen und gerade in solchen Fällen bemüht sein, beiden Parteien eine Brücke zu bauen, über die sie zueinander finden können. Er wird mit ihnen zu erörtern haben, ob denn gerade dieser unwesentliche Kernpunkt den Streit vor Gericht lohnt, ob sie nicht wirtschaftlicher denken sollten und in der alsbaldigen Beendigung des Zeit und Kraft raubenden Prozesses nicht der wesentlich größere Vorteil liegt etc.

Im Übrigen gilt, dass auch durchaus einmal ein Scherz oder eine auflockernde Bemerkung – allerdings nicht auf Kosten der Parteien – angebracht sein kann und dies manchmal eine einzigartig entkrampfende und friedenstiftende Wirkung hat. Sie löst nicht nur die Spannung der Parteien, sondern zudem die nicht selten sterile Atmosphäre des Gerichtssaales auf, lässt den Richter menschlicher – nicht so entrückt – erscheinen und begründet häufig das Vertrauen der Parteien in ihn, dass hinter dem Richtertisch ein Mensch sitzt, der innerlich unabhängig und unparteiisch eine sachgerechte Lösung für beide Parteien zur Beilegung des Rechtstreits zu finden versucht. Dass im Gerichtssaal auch einmal gelacht werden darf, entweiht diesen nicht, zerstört auch nicht die „Würde" des Gerichts, erschwert überdies nicht die Wahrheitsfindung, sondern trägt gerade dazu bei, dass die Justiz ihrer Aufgabe der Konfliktlösung im Einzelfall gerecht werden kann.

Gerade der Berufsanfänger muss sich darüber bewusst sein, dass ein Vergleich immer nur dann zustande kommen kann, wenn er – der Richter – bestens mit dem

Sach- und Streitstand vertraut ist. Eine unzureichende Terminsvorbereitung führt niemals – allenfalls durch wundersame Fügung – zum Vergleichsabschluss! Wenn der Richter die Verhandlung ohne nähere, vor allem detaillierte Erörterung des Sach- und Streitstands mit der Frage beginnt, ob nicht der Kläger, der 10.000,– EUR einklagt, auch mit 5.000,– EUR zufrieden und der Beklagte zu dieser Zahlung bereit ist, wird er in der überwiegenden Mehrzahl der Fälle keinen Erfolg haben. Denn der Kläger wird ohne Erörterung, ohne „Erklärung" des Gerichts, selbstredend nicht kampflos auf sein Klageziel (10.000,– EUR zu erhalten) verzichten wollen; dies gilt gleichermaßen für den Beklagten, der das Ziel verfolgt, gar nichts zahlen zu müssen. Deshalb wird das Vergleichsgespräch mit den Parteien im Zweifel nur dann erfolgreich verlaufen können, wenn der Richter genauestens über den Sach- und Streitstand informiert ist und seine rechtliche Bewertung mitteilt. Die Vorbereitung des Vergleichstermins setzt deshalb ein gründliches Studium der Akten voraus. Der Richter muss genau wissen, über welche Tatsachen mit welchen rechtlichen Konsequenzen die Parteien streiten und auf welche tatsächlichen Behauptungen sie ihre einander entgegengesetzten Auffassungen stützen. Er muss den Fall rechtlich erschöpfend gewürdigt und durchdacht haben und in der Lage sein – ungeklärte, noch zu beweisende Tatsachenfragen ausgenommen –, den Rechtsstreit endgültig entscheiden zu können. Er muss überdies den Parteien seine Sicht des Sach- und Streitstandes eingehend vermitteln und darlegen, welche Punkte aus seiner Sicht geklärt bzw. eindeutig und welche tatsächlich und/oder rechtlich offen bzw. problematisch sind. Es lohnt sich, eine Risikobewertung vorzunehmen im Hinblick auf Beweislast und Beweisprognose und diese – soweit möglich – in Zahlen zu fassen. Denn naturgemäß sind die Parteien am meisten interessiert zu erfahren, was denn für sie bei dem Rechtsstreit herauskommen kann. Gerade diesem vorgenannten Risiko Rechnung tragende, äußerst differenziert erarbeitete Vergleichsvorschläge sind häufig von Erfolg gekrönt; es überzeugt – und befriedet – die Parteien mehr, wenn das Gericht eingehend begründet, warum ein von dem Beklagten an den Kläger zu zahlender Betrag in Höhe von 6.986,34 EUR dem Sach- und Streitstand entspricht, als pauschal und vermeintlich undifferenziert von vornherein eine nicht im Einzelnen erläuterte Zahlung in Höhe von 7.000,– EUR anzuregen.

Der Erfolg von Vergleichsverhandlungen hängt somit fast immer davon ab, ob und wie es gelingt, den Parteien die Überzeugung zu vermitteln, eine gütliche Regelung des Rechtsstreits sei dem weiteren Prozessieren unbedingt vorzuziehen. Von wesentlicher Bedeutung ist dabei häufig auch das Kostenrisiko, insbesondere von Beweisaufnahmen durch Einholung von Sachverständigengutachten. Der Richter sollte deshalb auch in der Lage sein, den Parteien die Kosten überschlägig vorrechnen zu können. Deshalb – aber nicht nur deshalb! – sollte sich der junge Richter alsbald mit den Grundzügen des Kostenrechts vertraut machen und frühzeitig erkennen, dass die Kostenfrage nicht zweitrangig ist, sondern ausschlaggebende Bedeutung gewinnen kann. Gerade Rechtsstreitigkeiten mit geringerem Streitwert werden häufig von den Kosten „aufgefressen". Die Kosten nach dem Gerichtskostengesetz und dem Rechtsanwaltsvergütungsgesetz sollte man deshalb in Form einer handlichen Kostentabelle in der mündlichen Verhandlung immer zur Hand haben.

Gute Vergleiche müssen gerecht sein und dem möglichen Ergebnis im Urteil entsprechen oder aber klar erkennen lassen, woraus sich eine Abweichung ergibt – etwa aus den oben angesprochenen wirtschaftlichen Gründen. Sind im Rahmen der Erörterung z. B. bereits erhobene Beweise zu berücksichtigen, so ist unbedingt zu vermeiden, der Beweiswürdigung eine Deutung zu geben, die nachher im Urteil nicht aufrechterhalten werden kann. Der Vergleichsvorschlag des Gerichts sollte deshalb stets so durchdacht sein, dass er sich innerhalb des Rahmens der erwarteten Entscheidung bewegt. Es stärkt nicht das Vertrauen in die Justiz, wenn die Entscheidung nicht ansatzweise mehr dem zuvor erfolgten Vergleichsvorschlag entspricht – im Gegenteil: in diesem Fall war es für die obsiegende Partei ja offensichtlich richtig, sich gerade nicht auf den Vergleichsvorschlag einzulassen.

Niemals darf das Prozessrisiko übertrieben werden, um eine Partei „vergleichsbereit" zu machen. Unverantwortlich ist es auch, die „Prozessmüdigkeit" einer Partei auszunutzen und ihre momentane Verfassung („Ich bin diesen Rechtsstreit leid!") zum Anlass zu nehmen, ihr die Genehmigung eines Vergleichsvorschlages zu entlocken. Denn damit wird das Ziel des Vergleichs, eine dauerhafte gütliche Regelung zu schaffen, gründlich verfehlt. Überdies sollte es der Richter auch peinlichst vermeiden, den leisesten Anschein zu erwecken, er forciere aus persönlichen Gründen den Vergleichsabschluss, um sich die Abfassung des Urteils zu ersparen. Natürlich freut sich jeder Richter über ein erspartes Urteil. Vielfach wird allerdings die Möglichkeit der Arbeitserleichterung auch überschätzt. Nicht selten könnte nämlich der Richter in der Zeit, die er zur Vorbereitung und Durchführung der Vergleichsverhandlungen benötigt, auch ein streitiges Urteil diktieren; für den erfahrenen Richter ist das i. d. R. nämlich kein besonderes zeitliches Problem. In manchen Fällen ist der zeitliche Aufwand für die Vergleichsverhandlung sogar wesentlich höher als der für die Abfassung einer – ohnehin im Votum vorbereiteten – Entscheidung. Das mag man den Parteien gegebenenfalls auch offen sagen, weil sie daran erkennen können, dass der Richter ehrlich darum bemüht ist, ihnen – und nicht etwa nur sich selbst – zu helfen.

II. Die Formulierung des Vergleichs

Bei der Abfassung des Vergleichstextes ist darauf zu achten, dass er der zuvor erörterten Einigung entspricht und zudem diese präzise und auch für Dritte nachvollziehbar wiedergibt.

Zahlungen, die eine Partei übernimmt, sind genau zu beziffern. Häufig bietet es sich an, sogenannte „Zukunftszinsen" aufzunehmen, d. h. den Zahlungsbetrag bis zu einem genau bezeichneten Datum zinsfrei zu stellen. Auch dies ist ein nicht zu unterschätzender Anreiz für den Schuldner, zeitnah zu zahlen, denn im Falle einer Verurteilung würden die regelmäßig beantragten Zinsen mittenoriert.

Sollen einer Partei Ratenzahlungen eingeräumt werden, kann man wie folgt formulieren:

1. Die Beklagte zahlt zur Abgeltung der Klageforderung an den Kläger 5.000,– EUR, zahlbar in monatlichen Raten zu je 500,– EUR, beginnend mit dem 15.10.2013. Die weiteren Raten sind jeweils zum 15. der Folgemonate fällig.
2. Kommt die Beklagte mit einer Rate ganz oder teilweise mehr als zwei Wochen in Rückstand, so wird der gesamte Restbetrag sofort fällig und ist mit Zinsen in Höhe von 5 Prozentpunkten über dem (jeweiligen) Basiszinssatz zu verzinsen.
3. Mit diesem Vergleich sind alle (wechselseitigen) Ansprüche der Parteien, die Gegenstand dieses Rechtsstreits waren, erledigt.

oder:

4. Mit diesem Vergleich sind alle (wechselseitigen) Ansprüche der Parteien, seien sie bekannt, seien sie unbekannt, erledigt.
5. Kosten ...

Soll überdies ein sog. „Rabatt-Vergleich" geschlossen werden, kann der Vergleich unter den Ziff. 1. und 2. wie folgt abgefasst werden:

1. Die Beklagte zahlt zur Abgeltung der Klageforderung an den Kläger 5.000,– EUR, zahlbar in monatlichen Raten zu je 500,– EUR, beginnend mit dem 15.10.2013. Die weiteren Raten sind jeweils zum 15. der Folgemonate fällig.
2. Kommt die Beklagte mit einer Rate ganz oder teilweise mehr als zwei Wochen in Rückstand, so wird der gesamte Restbetrag sofort fällig und ist mit Zinsen in Höhe von 5 Prozentpunkten über dem (jeweiligen) Basiszinssatz zu verzinsen.
3. Zahlt die Beklagte auf den unter Ziff. 1. genannten Betrag in pünktlichen Raten gemäß Ziff. 1. insgesamt 2.500,– EUR, so erlässt der Kläger der Beklagten die Restforderung; die Beklagte nimmt den Erlass an.

Die von einer Partei herauszugebende Sache ist genau zu bezeichnen, bei Serienprodukten tunlichst die Fabriknummer oder ein anderes Herstellungszeichen anzugeben; im Übrigen sind zumindest eindeutige Unterscheidungsmerkmale nach Gestalt, Farbe, Herstellungsjahr usw. aufzunehmen. Soll eine Partei eine Handlung vornehmen oder unterlassen, dann ist besondere Sorgfalt auf die Formulierung zu verwenden, weil sich anderenfalls Schwierigkeiten in der Zwangsvollstreckung ergeben können. Immer wieder werden Beschwerdegerichte mit der Frage befasst, ob eine Handlung nach § 887 ZPO oder nach § 888 ZPO zu erzwingen ist, weil eine im Vergleich übernommene Handlungs- oder Unterlassungspflicht unscharf formuliert worden ist.

Stets ist auch zu klären, was mit dem Vergleich abgegolten wird, d. h. wie weit die Vergleichsregelung reichen soll. Sollen alle gegenseitigen Ansprüche umfassend abgegolten werden oder nur diejenigen, die in diesen Rechtsstreit eingeführt worden sind? Letztere Formulierung kommt in Betracht, wenn z. B. noch Gewährleistungsfristen laufen und sich daraus noch Ansprüche aus anderen als im Rechtsstreit thematisierten Tatsachen ergeben können; dies gilt auch, wenn die Parteien weiterhin in Geschäftsbeziehungen stehen und andere als die im Rechtsstreit behandelten Fragen gar nicht zu klären bzw. zu erledigen beabsichtigen.

Nicht immer kann oder will sich eine Partei bzw. deren Parteivertreter bereits endgültig im Verhandlungstermin vergleichen; dann kommt der Abschluss eines Widerrufsvergleichs in Betracht:

(Nach der Kostenentscheidung):
Der Kläger behält sich den Widerruf dieses Vergleiches durch schriftliche Anzeige beim Gericht bis zum … vor.

Für die Wahrung der Frist sollte es nicht auf die Anzeige zu den Gerichts*akten* ankommen; diese kann sich aus nicht von den Parteien zu vertretenden Umständen verzögern; deshalb sollte immer der durch den Stempelaufdruck dokumentierte Eingang beim Gericht maßgeblich sein.

Gegen die Versäumung der Widerrufsfrist gibt es keine gesetzliche Wiedereinsetzung in den vorigen Stand (h. M., vgl. Thomas/Putzo/*Seiler* ZPO § 794 Rn. 23).

Nach der Protokollierung des Vergleichs darf der Genehmigungsvermerk nach den §§ 160 Abs. 3 Nr. 1; 162 Abs. 1 ZPO nicht fehlen. Er ist Wirksamkeitsvoraussetzung; ohne ihn liegt kein Vollstreckungstitel vor (BGHZ 16, 390; *BGH* NJW 1984, 1465/1466; 1989, 1934), nicht einmal dann, wenn die Parteien auf die Wahrung dieser Form verzichten (*LG Braunschweig* MDR 1975, 322). Es reicht nicht aus, den Vergleich nur laut zu diktieren. Er muss in jedem Fall *vorgelesen* bzw. vom Tonträger abgespielt und sodann von den Parteien/Parteivertretern genehmigt werden.

Nach § 127a BGB ersetzt der formgerechte Prozessvergleich auch eine notarielle Beurkundung. Dadurch können bei Vergleichen über Grundstücke oder Rechte an Grundstücken die sonst anfallenden Notarkosten erspart werden. In diesem Fall muss der Richter kraft seiner Fürsorgepflicht sehr sorgfältig darauf achten, dass der Vergleichstext den grundbuchrechtlich erforderlichen Erklärungen entspricht. Anderenfalls genügt die Ausfertigung des Prozessvergleichs nicht als Eintragungsvoraussetzung. Stehen solche Fälle an, dann ist es ratsam, sich den Erklärungstext schon bei der Terminsvorbereitung vorzuformulieren.

III. Der Vergleichsvorschlag gemäß § 278 Abs. 6 ZPO

Kommt es nicht auf der Stelle zum Abschluss eines genehmigten Prozessvergleiches, dann kann sich auch die Abfassung eines Vergleichsvorschlages nach § 278 Abs. 6 ZPO lohnen. Gelegentlich ist diese Verfahrensweise den Anwälten lieber als die Möglichkeit des Widerrufsvergleiches. Denn dann können sie den Vorschlag des Gerichts mit ihrer Mandantschaft in Ruhe besprechen, ohne selbst bereits dem Gericht gegenüber ein von den Parteien gelegentlich falsch verstandenes „Signal“ der Zustimmung gesetzt zu haben. Der Widerrufsvergleich wirkt nämlich manchmal auf Parteien derart, als hätte sich ihr Anwalt innerlich bereits gebunden, sei nicht mehr ihr Interessenvertreter, da er durch den widerruflichen Abschluss dieses Vergleichs zum Ausdruck gebracht habe, diesen Vergleich durchaus akzeptieren zu wollen. Um die Erfolgschancen zu erhöhen und nicht nur zeitverzögernde Schreibarbeit zu produzieren, empfiehlt es sich aber, vor dem Vorschlag die den Vergleich tragenden Gründe kurz zu skizzieren und den Parteien ebenfalls mitzuteilen; andernfalls riskiert man Ablehnungen allein aus Unverständnis heraus oder jedenfalls mehrfache Nachfragen, ob und in welcher Weise denn sämtliche Argumente des Klage- bzw. Verteidigungsvorbringens berücksichtigt worden sind. Haben Parteien das Gefühl, auch nur eines ihrer Argumente sei nicht in die Vergleichsüberlegung einbezogen worden, tendiert die Abschlussbereitschaft meistens gegen Null. Macht man hingegen klar, dass man alle Argumente berücksichtigt und abgewogen hat, aber prognostisch dem Vorbringen zu (beispielsweise) Punkt 5 nur minimale Erfolgschancen einräumt und deshalb nur mit 10 % des geltend gemachten Betrages bewertet, können die Parteien häufig damit wesentlich besser umgehen als mit dem Gefühl, nicht gehört worden zu sein. Dass sie mit der Klage bzw. der Verteidigung nicht vollständig Erfolg haben (können), akzeptieren die meisten Parteien, jedenfalls soweit sie sich überhaupt auf Vergleichsgespräche einlassen. Aber zu Recht erwarten sie, dass sich das Gericht mit ihrem Vorbringen auseinandersetzt.

Mit der Mitteilung des Vergleichsvorschlags einschließlich der Gründe hierfür sollte sofort neuer Termin anberaumt werden, ggf. Verkündungstermin, um die Förderung der Sache nicht aus den Augen zu verlieren und auch unmissverständlich zu signalisieren, dass der schriftliche Vergleichsvorschlag von den Parteien nicht dazu missverstanden bzw. vielleicht sogar missbraucht werden soll, um die Sache zu verzögern und Zeit zu gewinnen.

Inwieweit ein Gericht von § 278a ZPO Gebrauch macht und eine Mediation anregt, muss jeder Kollege und jede Kollegin selbst entscheiden; ich will auch nicht dieser modernen Variante der Streitschlichtung ihre Bedeutung absprechen, meine aber, dass eine gründliche Bearbeitung der Sache unter Würdigung der Rechtslage, auch unter Einbeziehung weiterer Streitthemen weiterhin eine hervorragende Basis für einen sachgerechten Vergleich in herkömmlicher Weise darstellt.

§ 6. Das richterliche Selbstverständnis

I. Der eigene Anspruch

Wie effizient und zudem zeit-ökonomisch, schnell und gut ein Richter mit seiner Arbeit fertig wird, hängt nicht zuletzt von seinem Selbstverständnis ab, das wiederum Aufschluss gibt über das Verhältnis zu den übrigen Prozessbeteiligten. Ob man den Zivilprozess wirklich als eine „Arbeitsgemeinschaft der Parteien und des Gerichts" ansehen muss (vgl. *Schneider* Arbeitstechnik S. 56), mag dahinstehen. Jedenfalls aber ist der Zivilprozess Ausdruck eines Konflikts, der zum Wohle der Parteien und letztlich des gesellschaftlichen Friedens der Lösung bedarf. Zur Lösung dieses Konflikts, zur Beendigung des Streits, ist der Richter berufen – das ist seine Aufgabe, dafür, und nur dafür, hat er ein gewisses Machtinstrumentarium zur Hand. Zur Erzielung bestmöglicher, rechtsstaatlicher, politisch unbeeinflusster Ergebnisse soll er *unabhängig* entscheiden können. Es geht somit nicht darum, dem Richter abstrakt Macht zu geben und ihn mit höchstpersönlichen Standesprivilegien auszustatten; all dies sind bloße Instrumentarien, um ihm seine höchst verantwortungsvolle Aufgabe der *Rechtsprechung* bzw. der *Konfliktlösung* in der verfassungsrechtlich garantierten Unabhängigkeit gemäß Art. 97 Abs. 1 GG zu ermöglichen, nicht aber, um ihn zum Größenwahn zu verleiten und den Irrglauben zu befördern, die ihm – letztlich auch nur auf Zeit – verliehene Machtfülle sei persönlicher Verdienst.

Wer sich der Macht, die er innehat, ebenso bewusst ist wie der Notwendigkeit, sie mit höchster, bescheidener Zurückhaltung zu verwalten und nur einzusetzen, soweit zur Aufgabenerfüllung erforderlich, ist von vornherein vor einer Reihe unliebsamer Situationen bewahrt. Er wird beispielsweise nicht unhöflich, ausfallend oder aggressiv gegen Parteien, Anwälte oder Zeugen sein und sich dadurch nicht die Prozessführung erschweren. Ebenso wenig wird er gegenüber Anwälten überheblich sein, auch wenn diese die Akten nicht so gut kennen oder – seiner Meinung nach – ihm rechtlich unterlegen sind. Ein respektvoller Umgang sollte im Verhältnis der „Jura-Profis" zwischen Richtern und Anwälten ohnehin wechselseitig erfolgen. All dies schließt Fehler im Einzelfall und in der Hektik der Verhandlung natürlich nicht vollkommen aus; aber das Bewusstsein hierüber ist schon zur Selbsterkenntnis hilfreich, vom „Podest der Selbstüberschätzung hinabzusteigen". Die Fähigkeit zu selbstkritischer Einschätzung ist mindestens genauso wichtig wie präsentes Paragraphenwissen, da sie erst die Grundlage zur objektiven Beurteilung eines Sachverhaltes darstellt, überdies ein angemessenes Verhalten des Richters befördert. So wird der Richter weder Anwalt noch Partei persönlich beleidigen und deren Äußerungen als „dummdreiste Lüge" bezeichnen (vgl. BGHZ 70, 1); das schließt selbstredend nicht aus, dass er durchaus deutliche Worte finden kann und Klartext redet. Dabei sind jederzeit der Ton und die Sachlichkeit zu wahren. Insoweit sollte man immer die Parteien ausreden lassen, auch wenn diese vielleicht nicht sachlich argumentieren, sondern letztlich nur „Dampf" ablassen wollen. Das heißt nicht, dass man den Parteien nach dem Munde reden soll; im Gegenteil, gerade die konsequente und klare Darlegung der Rechtsansicht des Gerichts ist geeignet, Vertrauen in den Lösungsvorschlag zu wecken. Die umfassende „Anhörung" der Parteien, auch soweit sie nicht den Sachverhalt erhellt, hilft aber vielfach weiter: nach der „Entladung" ist nämlich häufig der Kopf wieder frei, es kann nunmehr der Sinn für eine realistische Einschätzung der Sach- und Rechtslage geweckt und eine vernünftige Lösung des Rechtsfalles mit den Parteien erörtert werden (vgl. oben die Ausführungen zu § 5). Der junge Richter ist insoweit möglicherweise etwas gefährdeter als sein älterer Kollege. Dieser findet in seiner größeren Erfahrung und vielleicht auch in seinem umfassenderen Fachwissen einen stärkeren Rückhalt, der ihm die objektive Gelassenheit leichter macht. Der junge Richter ist eher versucht, durch besondere Forschheit und „überautoritäres" Verhalten, schneidige Schlüssigkeitsprüfungen und formalrechtliche Handhabung der Verfahrensvorschriften usw. seine anfängliche berufliche Unsicherheit zu kompensieren.

Häufig sind gerade die „Kleinigkeiten" maßgeblich für die – möglichst positive – Grundstimmung im Sitzungssaal. Nach Möglichkeit sollte der Richter oder der Spruchkörper seine Sitzungen pünktlich beginnen und etwaige Verspätungen entschuldigen. Es ist auch sinnvoll, den wartenden Parteien und Anwälten die ungefähre Wartedauer mitzuteilen, um ihnen zu ermöglichen, z. B. noch in der Kantine einen Kaffee zu trinken etc. Eine gute Verhandlung findet nur statt, wenn es gelingt, von vornherein eine Atmosphäre des Vertrauens und der Offenheit zu schaffen. Dazu gehört das kollegiale, faire Verhältnis zu den Anwälten. Auch der Anwalt muss sich bedingungslos auf den Richter und dessen Wort verlassen können. Er ist gleichberechtigtes Organ der Rechtspflege, und so muss er behandelt werden. Im Vordergrund steht seine Stellung als Prozessorgan, die prinzipiell unabhängig davon ist, ob die Rechtskenntnisse des Anwaltes beachtlich sind oder nicht, ob er im Auftreten ungeschickt ist oder nicht usw. Auch Richter möchten, dass zunächst ihre Stellung respektiert wird. Wenn überhaupt ein Prozessbeteiligter an seinen Fähigkeiten gemessen werden dürfte, dann in erster Linie der Richter. Dieser ist zur – richtigen und gerechten – Entscheidung des Rechtsstreits berufen.

Im Übrigen erleichtert Kollegialität allen – auch dem Richter selbst – das Leben, da sie für ein gutes Verhandlungsklima sorgt. So sind weder etwaige Gebühren des Anwalts, die dieser in dem Rechtsstreit gesetzmäßig verdient, zu missbilligen noch schlechte Schriftsätze zu kritisieren; es gibt auch schlechte Urteile! Auch Terminswünschen der Anwälte bzw. der Bitte um Terminsverlegung sollte man – soweit möglich – entsprechen. Der Richter sollte immer bedenken, dass Anwälte, die an den verschiedensten Gerichten auftreten, häufig massive Terminskollisionen meistern müssen. Richter können die Termine selbst bestimmen, Anwälte nicht. Ein erkennbar missbräuchliches Ansinnen auf Terminsverlegung sollte man jedoch – schon im Interesse der anderen Partei – zurückweisen; das ist etwa dann der Fall, wenn der Termin den Anwälten seit längerem bekannt ist, ein Anwalt aber erst eine Woche vor dem Termin um Terminsverlegung nachsucht. Auch insoweit aber muss man das Klima nicht anheizen, sondern kann dem Anwalt raten, aus Gründen der Fairness gegenüber beiden Parteien die Zustimmung des Gegners einzuholen; ist dieser nämlich einverstanden, sollte sich auch der Richter nicht sperren. Die vertrauensvolle, gedeihliche Zusammenarbeit setzt natürlich guten Willen und Bemühen auf beiden Seiten voraus. Der junge Richter muss aber damit leben, dass es daran manchmal auch „auf der anderen Seite" fehlt. In diesen Fällen, etwa wenn der Anwalt meint, dem Richter ständig ins Wort fallen oder aber sich während der Erörterung mit Mandanten oder Kollegen unterhalten zu können, genügt es meist, die Verhandlung abrupt zu unterbrechen. Das plötzliche Schweigen ist beredt. Umgekehrt muss selbstredend auch der Richter den Anwalt ausreden lassen. Es gehört sich auch nicht, in Akten oder anderen Schriftstücken zu lesen, während Anwälte sprechen.

II. Souveränität im Gerichtssaal

Die Fülle der Situationen, in denen man sich im Gerichtssaal richtig oder falsch verhalten kann, lässt sich nicht annähernd umfassend darstellen. Grundsätzlich aber gilt, dass gerade der Richter neben höflichem Auftreten – das ist selbstverständlich – sich immer auch in die Situation des anderen hineinversetzen sollte; nur das schafft auch die nötige Souveränität, eine Verhandlung zu leiten, die „Zügel in der Hand zu behalten", dabei aber menschlich zu sein und den Parteien und Anwälten das Gefühl zu vermitteln, sie und ihr Anliegen zur Kenntnis und überdies ernst zu nehmen.

All dies gilt gleichermaßen für die Vernehmung von Parteien und Zeugen. Man sollte sich immer vor Augen führen, in welcher psychologischen Situation sich Parteien und Zeugen befinden. Für die Parteien steht oft viel auf dem Spiel. Sie sind aufgeregt, ängstlich, erwartungsvoll, kurzum in keiner normalen Verfassung, werden i.d.R. aber immerhin von ihrem Rechtsanwalt unterstützt. Die Zeugen hingegen treten überwiegend „allein" im Gerichtssaal auf. Viele haben noch nie vor Gericht gestanden. Das Ritual der Verhandlung, die routinierte Sicherheit der Frauen und Männer in der schwarzen Robe verunsichert und erschreckt sie. Aufgabe des Richters ist es deshalb zunächst, den Parteien und Zeugen die Angst zu nehmen und ihnen die Sicherheit zu verschaffen, die sie auch außerhalb des Gerichtssaales besitzen. Dazu gehört in erster Linie, dass Parteien und Zeugen konsequent als Persönlichkeiten respektiert werden. Das müssen sie spüren! Man kann etwa einer Partei, die steht, freundlich einen Stuhl anbieten. Man kann eine Parteierklärung als erörterungswürdig hervorheben. Man kann sich bei einem Zeugen, der warten musste oder gar wiederholt geladen worden ist, erklärend entschuldigen und Verständnis wecken. Man muss die Parteien und Zeugen aussprechen lassen. Der Richter hat ruhig zu bleiben, auch wenn die Prozessbeteiligten erregt sind. Er soll mit ihnen so sprechen, dass gegenseitiges Verstehen gewährleistet ist, also beispielsweise keine fachlichen Kenntnisse voraussetzen oder gar Fachfragen erörtern. Paragraphen sind wegzulassen, weil die Parteien sie nicht kennen. Alles, was klar gedacht ist, lässt sich auch in schlichten Worten wiedergeben.

Der Richter sollte sich davor hüten, irgendwelchen Äußerungen der Parteien eine falsche Bedeutung beizulegen. Immer wieder kommt es beispielsweise vor, dass eine Partei oder ein Zeuge lacht, ohne dass objektiv dafür ein Anlass vorhanden ist. Daraus dürfen keine falschen Schlüsse gezogen werden. Mag auch im normalen Leben das Lachen eines Menschen Freude, Belustigung oder auch Spott indizieren, so ist die Situation im Gerichtssaal für die betroffenen Parteien und Zeugen eben nicht „normal"! Das Lachen kann deshalb durchaus Ausdruck innerer Anspannung und Erregung sein. Autoritäres Gehabe ziert den Richter nicht. Wo er die Möglichkeit hat, Nachsicht zu üben, sollte er es tun. Eine Partei, deren persönliches Erscheinen angeordnet war, wegen Säumigkeit nach § 141 Abs. 3 ZPO zu bestrafen, ist grundsätzlich unklug. Dadurch wird die anzustrebende Vertrauensbasis von vornherein erschüttert. Es mögen allenfalls prozessuale Schlüsse daraus gezogen werden, etwa im Hinblick auf die Unaufklärbarkeit des Sachverhalts. Im Übrigen aber hat es ein Richter, der höflich ist, die Parteien gleichbehandelt und ihnen rechtliches Gehör gewährt, zudem keine Überraschungsentscheidungen trifft, nicht nötig, seine Autorität mit Strafbeschlüssen abzusichern.

III. Die richterliche Unabhängigkeit

Der Richter und die Richterin sind unabhängig, Art. 97 GG. Das ist ein hohes Gut, richterliche Unabhängigkeit ist aber kein persönliches „Grundrecht" des Richters, sondern dem Amt und der Aufgabe sowie Funktionsfähigkeit einer unabhängigen Dritten Staatsgewalt geschuldet. Aus ihr erwachsen Verantwortung und damit einhergehend Souveränität, kleinkariertes „Nachkarten" gegenüber Anwälten und Parteien, auch wenn diese provozieren oder schlicht „nerven", gehört sich nicht. Nur die Entscheidung ist in Ordnung, die der *Sache* nach geboten ist – ohne Ansehung der Person; alles andere wird dem Amt und der Verantwortung als Richter bzw. Richterin nicht gerecht. Und auch der Richter und die Richterin will morgens in den Spiegel gucken können, ohne hierin sofort eine permanent überforderte Person zu erblicken! Neben dem erforderlichen juristischen Know-how sind Gelassenheit und Ruhe und auch Verständnis für manch aufgeheizte Situation im Gerichtssaal wichtige Begleiter auf dem Weg zur Rechtsfindung. Parteien und Angeklagte sind persönlich motiviert und emotionalisiert, und da muss nicht jedes Wort auf die Goldwaage gelegt werden. Vom Richterkollegen muss man ungleich mehr erwarten; und wenn doch einmal eine unbedachte Äußerung in der Hektik der Verhandlung fallen sollte – davon kann sich niemand ganz freisprechen –, kann man diese richtigstellen – auch eine Entschuldigung zeigt nicht Schwäche, sondern Souveränität. Die Kehrseite dieses Verhaltens ist die Freiheit der Entscheidung, die nur an Recht und Gesetz ausgerichtet ist; niemand darf in diese eingreifen. Nicht selten sind Gerichte nicht nur dem üblichen Druck der unterschiedlichen Parteiinteressen, sondern gerade von außen einem hohen Erwartungsdruck der Öffentlichkeit in die Entscheidung ausgesetzt oder auch beißender Pressekritik. Damit muss ein Richter bzw. der jeweilige Spruchkörper fertig werden. Wirklich unabhängig zu bleiben, ist eine hohe Herausforderung, die unterschiedlich gelingt. Dies verdeutlichen etwa seit 2020 die sehr unterschiedlichen Entscheidungen zur „Corona-Krise" von den Amtsgerichten über die Verfassungsgerichte der Länder (vgl. etwa *AG Weimar* Urt. v. 11.1.2021 – 6 OWi – 523 Js 202518/20; Beschl. v. 8.4.2021 – 9 F 148/21; *OLG Hamm* Beschl. v. 8.2.2021 – 1 RBs 2,4–5/21; *VerfGH Saarland* Beschl. v. 28.4.2020 – Lv 7/20; Beschl. v. 28.8.2020 – Lv 15/20) bis hin zum Bundesverfassungsgericht (vgl. nur *BVerfG* Beschl. v. 15.4.2020 – 1 BvR 828/20). Neben Zustimmung und Ablehnung durch die Presse ist im Einzelfall auch mit Kritik durch Organe der Politik zu rechnen. Wenn diese sachlich ohne persönliche Diffamierungstendenz bleibt, ist sie hinzunehmen (vgl. *Frankfurter Rundschau* v. 12.4.2021, „Ministerium äußert Zweifel" – zu *AG Weimar* Beschl. v. 8.4.2021 a. a. O.; vgl. aber auch *OLG Karlsruhe* Beschl. v. 28.4.2021 – 20 WF 70/21). Wichtig ist, dem Druck standzuhalten, nach bestem Wissen und Gewissen zu entscheiden und das Gesetz als Prüfungsmaßstab niemals aus den Augen zu verlieren; Ideologie darf nie zur „grenzenlosen" Auslegung einer Norm führen!

Und im Übrigen gilt: Kein Ministerium, kein Präsident, gleich welchen (hohen) Gerichts, darf eine Entscheidung auch nur ansatzweise inhaltlich vorgeben bzw. eine „Erwartung" artikulieren, wie denn die zu treffende Entscheidung ausfallen soll, unabhängig davon, wie brisant sie im Einzelfall sein mag. Auch eine indirekte Beeinflussung durch eine Regelung bzw. Beschneidung der der Vorbereitung und Durchführung der richterlichen Amtshandlung dienenden Tätigkeiten sind unzulässige Eingriffe in die richterliche Unabhängigkeit. Dieser Freiheit, aber auch Verantwortung muss sich ein Richter bewusst sein. Über diese wachen die Richterdienstgerichte und entscheiden nicht selten zugunsten des klagenden Richters auch in Fällen, in denen letztlich, zumindest auf den ersten Blick, kein massiver Eingriff vorliegt.

Diese Richterdienstgerichtsbarkeit hat man nicht stets vor Augen; und das ist auch als Zeichen eines funktionierenden Rechtsstaats gut so, wenn sie gar nicht bzw. nur selten eingreifen muss; aber sie ist gleichwohl elementar wichtig als Hüterin der richterlichen Unabhängigkeit gemäß Art. 97 GG; man kann hier mit gutem Recht von einem „Verfassungsgericht sui generis" als *Garant des Rechtsstaats* sprechen, der maßgeblich von der Unabhängigkeit der Justiz lebt. Einige Beispiele aus der Rechtsprechung mögen dies verdeutlichen:

Schon kritische Äußerungen des Dienstvorgesetzten über die Art und Weise der Verhandlungsführung beeinträchtigen in der Regel die richterliche Unabhängigkeit und sind unzulässig: der Richter hat nämlich in eigener Verantwortung darüber zu befinden, in welcher Weise er den Verfahrensbeteiligten in der mündlichen Verhandlung rechtliches Gehör gewährt und in welchem Umfang er ihnen das Gefühl geben will, mit ihrem Standpunkt und ihrem Anliegen zu Wort gekommen zu sein (*DGH Hamm (NRW)* NVwZ-RR 2005, 77 ff.; so auch *BGH* NJW 2010, 302 ff., jedenfalls für den Fall, dass die Verhandlungsführung des Richters verallgemeinernd negativ bewertet wird, ohne *konkrete* Beobachtungen des Beurteilers in bestimmten Verhandlungen in Bezug zu nehmen).

Auch kritische Äußerungen des Richters zu haushaltsrechtlichen Sparmaßnahmen in einer gerichtlichen Entscheidung rechtfertigen grundsätzlich keine dienstaufsichtsrechtlichen Maßnahmen, etwa eine Ermahnung (*DGH Hamm (NRW)* NJW-RR 1999, 1292 f.). Ausgenommen hiervon sind „verbale Exzesse" oder aber „die Verfolgung mit der Rechtsfindung nicht im Zusammenhang stehender justizpolitischer Zwecke" (*DGH Hamm (NRW)* a. a. O.).

Die Entscheidung über ein Urlaubsgesuch darf der Präsident (des Landgerichts) – abgesehen von Fällen evidenten Missbrauchs des Terminierungsrechtes – nicht von einer Überprüfung alternativer Terminierungsmöglichkeiten abhängig machen (*DGH Hamm (NRW)* DRiZ 2000, 478 ff.).

Faktische Beschränkungen der richterlichen Arbeit durch die Beschränkung der sachlichen, institutionellen und personellen Ausstattung hat der Richter hinzunehmen; es besteht lediglich ein Anspruch des Richters darauf, dass er bei der Zuteilung der vorhandenen, für die Arbeit erforderlichen personellen und sächlichen Mittel in ermessensfehlerfreier Weise berücksichtigt wird (std. Rspr., vgl. nur *BGH* NJW 2003, 282; MDR 2011, 140). Eine starre Regelung, etwa das Zur-Verfügung-Stellung nur *eines* Wachtmeisters während der Sitzungen oder Anhörungen des Straf- und Ermittlungsrichters dürfte hingegen unzulässig sein.

Die Verfügung, aus organisatorischen bzw. Kostengründen den Haftrichterdienst in den Räumlichkeiten des Polizeipräsidiums durchzuführen, verletzt die richterliche Unabhängigkeit, weil sie über die bloße Organisationsentscheidung hinaus die ausdrückliche Weisung enthält, diesen Raum für Vorführungen zu nutzen (*BGH* NJW 2015,1250 f.; so bereits *OLG Frankfurt* NJW 1991, 1903; krit. hierzu *Schmidt-Räntsch* § 26 Rn. 34; a. A. *DGH Hamm (NRW)* Urt. v. 5.12.2013 – 1 DGH 2/12). Jedenfalls während der regulären Dienstzeiten dürfte bei ausreichendem Raumangebot im Gericht kein hinreichendes Bedürfnis für eine räumliche Verlagerung der Anhörungen bestehen.

Zulässige Maßnahmen der Dienstaufsicht liegen hingegen vor, wenn der Richter (insbesondere in Haftsachen) bei der Terminsbestimmung gegen seine Pflicht zur ordnungsgemäßen und unverzüglichen Erledigung seiner Amtsgeschäfte verstößt

(*DGH Hamm (NRW)* DRiZ 2007, 284 ff.). Der Vorhalt, der Richter hinterlasse Rückstände oder Arbeitsreste, soll zulässig sein, wenn ihm nicht ein Pensum abverlangt werde, dass sich auch von anderen Richtern sachgerecht nicht mehr bewältigen lasse (*BGH* NJW 2020, 3320 ff.; krit. hierzu *Schwamb,* NRV-Info März 2021, S. 18 f.).

Auch „offensichtlich fehlerhafte" Maßnahmen der Sitzungspolizei können Gegenstand von Vorhalt und Ermahnung nach § 26 DRiG sein (BGHZ 67, 184 ff. im Fall der Entfernung eines Rechtsanwalts aus dem Sitzungssaal).

Auch die Weigerung der Dienstaufsicht, einem mit Handelsregistersachen befassten Richter die elektronisch eingereichten Eingaben zum Handelsregister in ausgedruckter Form zur Bearbeitung vorzulegen, stellt keine Verletzung der richterlichen Unabhängigkeit dar (*BGH* MDR 2011, 140; gegen die a. A. der Vorinstanz).

Der Hinweis des Dienstvorgesetzten an den Richter, bei allgemeinen Eingaben an Behördenleitungen ohne Bezug auf ein konkretes Verfahren künftig den Dienstweg einzuhalten, beeinträchtigt ebenfalls nicht die richterliche Unabhängigkeit (*BGH,* NJW-RR 2011, 700 ff.).

Ebenfalls zulässig ist es, die Übertragung höherer Richterämter von einer Erprobung abhängig zu machen (*BGH* NVwZ 2005, 1223 ff.; so auch *DGH Hamm (NRW)* NVwZ-RR 2005, 74 ff.).

Festzuhalten bleibt, dass unabhängig diverser Einzelfragen zum „Kernbereich der richterlichen Tätigkeit" grundsätzlich jede Einwirkung des Dienstvorgesetzten auf den *Inhalt* der Entscheidung des Richters unzulässig ist. Den Reiz der Verantwortung, aber auch die Last der Entscheidung trägt jeder Richter und jede Richterin allein.

§ 7. Das überlastete „abgesoffene" Dezernat

Gerade junge Kollegen quält der Gedanke, im Wege des in der Probezeit zu erwartenden (häufigen) Einsatzwechsels auf ein überlastetes, im Richterjargon „abgesoffen" genanntes Dezernat zu treffen. Der eigene berufliche Untergang wird nicht selten darin gesehen, Horrorszenarien werden ausgemalt, der Spaß am Richterberuf droht im Keime zu ersticken, einem selbst bleibt förmlich die Luft weg, wenn man die unzähligen Akten mit ungläubigem Staunen erblickt, die einem jeden Tag ins Zimmer gebracht werden, von denen auf der Geschäftsstelle, die – noch – auf Frist liegen, ganz zu schweigen.

Wie kann man mit dieser trostlos anmutenden Situation der Aktenberge fertig werden, ohne zu verzweifeln? Denn anfänglich hat man schnell das Gefühl, dieser Masse nicht gewachsen zu sein.

Ich selbst habe als junger Proberichter genau diese Situation erlebt; nach meinem anfänglichen Einsatz beim Landgericht, bei welchem ich – nicht zuletzt auch dank eines verständnisvollen und stets unaufgeregten Vorsitzenden, der sich zu meiner ungemeinen Beruhigung Zeit für alle meine Fragen nahm – Zeit und Raum hatte, in die richterliche Arbeit hineinzuwachsen, kam nach sechs Monaten die Abordnung zu einem gerade noch mittelgroßen Amtsgericht.

In vermeintlicher Vorausschau besorgte ich mir noch einige Tage vor dem offiziellen Dienstantritt beim AG die bereits für den nächsten, also: „meinen" Sitzungstag terminierten Akten und votierte diese zu Hause für mich bereits umfassend, zudem mühsam zeitintensiv durch, immer in der durchaus berechtigten Erwartung, nur durch rechtzeitigen Arbeitsbeginn die (relative) Vielzahl der Terminsakten pünktlich zum Sitzungstermin vorbereiten zu können.

Nachdem ich 13 oder 14 Akten entsprechend für mich votiert hatte, erfuhr ich, dass meine Abordnung zurückgestellt werde, weil das für mich vorgesehene Dezernat zumindest noch zwei weitere Monate lang von dem bisherigen Dezernenten weiterverwaltet werden sollte. Die gesamte Arbeit der Terminsvorbereitung war somit vielleicht für den Dezernenten hilfreich, der auf meine schriftlichen (Kurz-)Voten zurückgreifen konnte, für mich selbst aber ohne jeden Nutzen geblieben, sieht man von der Erfahrung ab, eine Vielzahl von Akten für einen selbst zum Termin vorbereitet zu haben.

Aus dieser Episode zog ich eine erste Lehre: erst am Tag des Dienstantritts, wenn die Abordnung Verbindlichkeit gelangt, interessieren mich das Dezernat und die spannenden Akten – keine Sekunde eher!

Hiervon habe ich – zugegeben – anlässlich meiner Erprobung am Oberlandesgericht eine Ausnahme gemacht und mir unmittelbar nach Kenntnis der Abordnung und „meines" Senates die ersten Terminsakten abgeholt. Aber die Erprobung unterliegt auch eigenen Gesetzen und ist mit der hier zunächst interessierenden Aufgabenbewältigung des jungen, noch unerfahrenen Richters, der darum kämpft, in der Aktenflut nicht zu versinken, nicht vergleichbar (vgl. näher → § 12).

Zurück zur Abordnung als Einzelrichter:

Und wenn ich am Montag bei dem „neuen" Gericht anfange und am Dienstag bereits ein vollständig terminierter Sitzungstag auf mich wartet, hebe ich diesen entweder auf oder **wesentlich besser:** ich verschaffe mir einen ersten Überblick über die Akten – ohne Vertiefung in die Problematik kann man das an einem Tag durchaus schaffen (!) – und gehe mit diesem Kenntnisstand der kursorischen Aktenerfassung bzw. Grobskizzierung der Sach- und Rechtslage in die Sitzung, den ich offen gegenüber Parteien und Anwälten unter Hinweis auf den Dezernatswechsel vom Vortag kommuniziere. In aller Regel sind die Parteien, insbesondere aber auch die Anwälte überaus dankbar, dass die Sache überhaupt weitergeht und der Termin nicht verschoben wird – und nicht selten gelingen entweder schon verfahrensbeendende Maßnahmen (Vergleich) oder jedenfalls -fördernde Entscheidungen (Beweisbeschluss, etc.); die Sache steht jedenfalls nicht still, sondern wird sinnvoll gefördert. Denn selbst bei nur unzureichender Vorbereitungszeit und dementsprechend grober Kenntnis des Akteninhalts ist **eine** Frage, die ungemein weiterhilft, an Parteien und Anwälte immer möglich und angeraten:

Was ist der Kern des Streits? Wo „drückt der Schuh“? Häufig erfährt man über die Schriftsätze hinaus, die aus anwaltlicher Vorsorge ja alle Eventualitäten auszuschöpfen versuchen, erst durch die Antwort auf diese ganz offen gestellte Frage, was der **Kern** des Streits ist. Ich habe das immer wieder in Bauprozessen erlebt, in denen Dutzende von Mängeln vorgetragen wurden, obwohl sich das Hauptproblem bzw. der **Auslöser** des Streits vielleicht nur um die Frage der (unzureichenden) Isolierung rankte. Alles andere hätten die Parteien bei einer gemeinsamen Baustellenbegehung, ggf. mit sofortiger Nacharbeit und Mängelbeseitigung, auch ohne Hilfe des Gerichts hinbekommen.

Um nicht missverstanden zu werden: Natürlich muss man die Akten genau kennen und den Sach- und Streitstand beherrschen; dies ist schon den Parteien und Anwälten geschuldet, das richterliche Selbstverständnis verlangt, das man nicht nur „irgendwie“ entscheiden und die Sache „durchhauen“ muss, sondern dass man sich bestmöglich bemüht, „richtig“ bzw. gerecht zu urteilen. Nur mit dieser Intention gelingt letztlich auch der Verfahrensabschluss mit einer fairen Lösung, sei es durch Urteil, sei es durch Abschluss eines sachgerechten Vergleichs. Diese ersten Hinweise des „kursorischen“ Aktenlesens beziehen sich nur auf das „Notfall“-Konzept der ersten Tage im neuen Dezernat, wenn die Zeit – bis zum nächsten Sitzungstag – nicht reichen sollte, sämtliche Akten in der grundsätzlich gebotenen Weise zu bearbeiten. Bevor man den Sitzungstag „aufhebt“ und insoweit „nichts“ erledigt, sollte man immer den zuvor beschriebenen Versuch der offenen Verhandlungsführung wagen; der Erfolg ist in der Regel wesentlich größer als man zuvor gedacht hat.

Als ich sodann nach weiteren zwei Monaten erneut an dasselbe Amtsgericht und zudem in dasselbe Dezernat berufen wurde, stellte ich schnell fest, dass das zivilrichterliche Dezernat äußerst überlastet oder wie ich selbst befand: hoffnungslos „abgesoffen“ war. Meinem Dezernatsvorgänger hatte man nahegelegt, den Justizdienst zu quittieren, er war daraufhin – wie in diesen Fällen üblich – gesichtswahrend auf „eigenen Antrag“ aus dem Richterdienst ausgeschieden. Dabei hatte er qualitativ durchaus hochwertige Arbeit geleistet, wie ich einigen von ihm verfassten Urteilen unschwer entnehmen konnte. Aber er war mit der Arbeitsbelastung bzw. der Masse der Akten, die gerade dem Amtsgericht zu eigen ist, nicht fertig geworden. Es nützt nichts, 30 % der Akten gut zu bearbeiten – und 70 % überhaupt nicht! Und so erhielt ich neben den täglichen Neueingängen und den ordnungsgemäß „auf Frist“ liegenden, mir nach Fristablauf vorgelegten Akten insbesondere Dutzende von „Alt-Sachen“, in denen bereits eine mündliche Verhandlung stattgefunden hatte, im Anschluss an den Termin aber nichts weiter veranlasst worden war als eine Wiedervorlagefrist von 6 Wochen etc. mit dem nichtssagenden Hinweis „Weiteres von Amts wegen“ zu verfügen.

Irgendeine Förderung, die nach einem Verhandlungstermin geboten ist, hatten diese Akten nicht erfahren. Anfänglich war mir nicht klar, wie ich mit all diesen nicht hinreichend bearbeiteten Akten – den Neueingängen, den ordnungsgemäß auf Frist liegenden, mir nach Fristablauf vorgelegten und diesen ungeförderten, bereits mindestens einmal terminierten „Schinken" – verfahren sollte. Hinzu kamen ja die ebenfalls zum zivilrichterlichen Dezernat gehörenden und zwingend vorzubereitenden **Terminsakten,** also die Akten für den jeweils nächsten Verhandlungstermin, die man – wenn auch nur für sich – votiert, um den Sach- und Streitstand zu erfassen. Gerade der Berufsanfänger verwendet hierauf erfahrungsgemäß – und zu Recht – sehr viel Zeit für die gründliche Vorbereitung. Weiterhin bestand mein Dezernat aus Vormundschafts- und Betreuungs- sowie Unterbringungsakten; diese Materie war mir gänzlich fremd, auch insoweit musste ich mich – von Null auf – einarbeiten; die Wahrnehmung der auswärtigen Termine in Altenheimen, -wohnungen oder Krankenhäusern zur Einrichtung von Betreuungen bzw. Unterbringungen (i. d. R. nach PsychKG) kostete überdies viel Zeit – mir war anfänglich nicht klar, wie ich meine Arbeit *strukturieren* sollte, um nicht unterzugehen.

Was nicht funktioniert: Jede vorgelegte Akte wird „votenmäßig" durchgearbeitet

Wird eine Akte vorgelegt, gleich ob in herkömmlicher Papierform oder als elektronisches Dokument, muss man entscheiden, was man mit ihr – **sachgerecht** – macht. Die Verzweiflungsverfügung: Wiedervorlage in 6 Wochen etc. löst das Problem nicht, verschärft es insgesamt aufgrund täglich neuer Eingänge und damit einhergehender Bestandserweiterung nur; überdies ruiniert man sich seinen Ruf, wenn man Akten derart „bearbeitet" und nur über Fristen „verschiebt". Woher aber weiß man, was sachgerecht mit der Akte zu geschehen hat, wenn man sie nicht kennt? Also: so wie die Akten eingehen, komplett durcharbeiten und dann nach Kenntnis des Akteninhalts und entsprechender (votierter) Bewertung in der Sache entscheiden? *Theoretisch* sicherlich das beste Modell, nur: es funktioniert nicht in der Praxis! Schnell war mir klar, dass ich nicht jede der mir täglich vorgelegten Dutzenden an Akten, die mir zudem sämtlich unbekannt waren, zunächst schulmäßig relations- oder jedenfalls votenmäßig durcharbeiten konnte; diese Zeit hatte ich nicht. Es hätte trotz des zu investierenden enormen Arbeitsaufkommens den ohnehin kaum zu bewältigenden Bestand nur weiter vergrößert, ich wäre „versackt".

„Juristisch" bearbeitet werden nur Terminsakten!

Die Lösung liegt in der Tat in der im vorletzten Abschnitt schon angesprochenen Frage der „Strukturierung" der Arbeit. Diese muss bewältigt werden, aber eben nicht nur formal mit hilf- und sinnlosen, verzögernden und damit den Aktenbestand weiter ansteigen lassenden (Zwischen-)Verfügungen: „Wiedervorlage in sechs Wochen", sondern in der Differenzierung, *welche* Arbeit effizient, zugleich fördernd und *wann* welche Arbeit zu erledigen ist.

Strukturiertes Arbeiten erlauben stets die bereits terminierten Akten. Die Geschäftsstelle legt diese je nach Wunsch des Dezernenten in der Regel ein oder zwei Wochen vor dem Termin vor. Insoweit hilft kein Jammern und Klagen: Diese Terminsakten sind intensiv durchzuarbeiten und sorgfältig vorzubereiten, am besten zugleich mit einem zuvor detailliert erdachten konkreten Lösungsvorschlag, etwa im Hinblick auf den Abschluss eines Vergleichs oder aber auch in der Vorbereitung eines Beweisbeschlusses, wenn schon jetzt klar ist, dass drängende und wichtige Fragen zunächst in tatsächlicher Hinsicht, etwa durch ein Sachverständigengutachten, geklärt werden müssen, um eine sachgerechte Lösung mit Aussicht auf Erfolg vorschlagen zu können. Die Erörterung der relevanten streitigen Fragen in Gegenwart und nach Anhörung der Parteien und ggf. auch die insoweit mögliche Ergänzung um weitere Konfliktpunkte erspart in der Nachbereitung erheblich Zeit. Je besser man die Akten beherrscht und je präziser und begründeter ein Vergleichsvorschlag ist, d.h. umso besser man diesen plausibel vermitteln kann, umso höher ist die Erfolgsquote. Terminsakten, ordentlich bearbeitet, kosten somit Zeit und Mühe. Aber es lohnt sich doppelt: vorrangig natürlich für die sachgerechte Lösung, aber damit einhergehend auch für die Erledigung der Akte. Und gerade bei der Bearbeitung und Vorbereitung der Terminsakten beginnt die Struktur. Denn die Termine kenne ich als terminierender Richter selbstredend, ebenso die Anzahl der Akten. Da gibt es keinen „Überraschungseffekt“: diese Vorbereitungszeit kann ich mir „frei“ einteilen und etwa meine Freitags-Sitzungen regelmäßig am Dienstag und/oder Mittwoch vorbereiten; etwas „Luft“ sollte man noch lassen, da auch in letzter Sekunde erfahrungsgemäß noch Schriftsätze eingehen, die man losgelöst von „Verspätungsfragen“ auf jeden Fall genau zur Kenntnis nehmen sollte. Kenntnis schadet nie – und sei es nur zur Modifizierung des Vergleichsvorschlages! Hat man bereits im Vorfeld, nämlich bei der eigenen Terminierung oder später durch Vorlage aufgrund umfangreicher Eingaben, entsprechende Kenntnis, dass die Vorbereitung überdurchschnittlich viel Zeit und Mühe erfordern wird, sollte man vorsorglich sofort in der Akte eine kürzere Wiedervorlagefrist vermerken und sich die Akte etwa schon drei Wochen vor dem Termin vorlegen lassen, um etwaige Freiräume schon einmal dazu zu nutzen, sich mit dem Akteninhalt jedenfalls bereits vertraut zu machen und den Fall auch juristisch kursorisch bzw. „grob“ zu durchdenken. Bei dem dann später zur Terminsvorbereitung erfolgenden intensiven zweiten Lesen fällt die Erfassung des Akteninhalts deutlich leichter und kostet nur noch einen Bruchteil der Zeit!

Terminsakten bedürfen folglich intensiver Arbeit, tun aber dennoch im Arbeitsalltag nicht so weh, weil sie nicht überraschend auf einen zukommen, sondern gezielt und kalkulierbar bearbeitet werden können!

Werden die Akten dann in dem anstehenden Termin erledigt, kann man sich freuen, dass man „alles richtig gemacht“ hat; die investierte Zeit hat sich gelohnt, die Akte ist erledigt. Bei zuvor guter Vorbereitung sollte auch ein etwaig abzufassendes Urteil nicht mehr allzu unangenehm werden; zugegeben: Ausnahmen bestätigen bisweilen die Regel!

Aber auch die in dem Verhandlungstermin nicht erledigten Fälle schmerzen zukünftig bedeutend weniger. Möglicherweise ist ein Beweisbeschluss zu erlassen, der der Förderung des Verfahrens dient, aber wenig Zeit kostet, möglicherweise haben die Parteien auch Zeit, über einen (Vergleichs-)Vorschlag des Gerichts nachzudenken; auch das kostet keine relevante Zeit. Eine kurze, aber gute, auf die relevanten Fragen konzentrierte Votierung des Rechtsstreits erleichtert im Übrigen ungemein die neue Vorbereitung, wenn die Akte wieder vorgelegt wird, etwa zu einem weiteren Termin zur Durchführung der Beweisaufnahme.

Der kurze (!) Aktencheck in der Dezernatsarbeit!

Da sich dieses Kapitel mit dem – freundlich formuliert – überdimensionierten Dezernat beschäftigt, stürmen auf den jungen Richterkollegen aber neben diesen kalkulierbaren (Termins-)Akten vor allem unerledigte Altakten ein, die schon einmal terminiert waren, aber nicht erledigt wurden. Auch diese bedürfen grundsätzlich – und theoretisch – der intensiven Durcharbeitung, um die nächsten sachgerechten Schritte entscheiden zu können. Ist die Sache entscheidungsreif? Was fehlt ggf. noch an Vortrag oder Tatsachenfeststellung? Muss noch ein Beweisbeschluss erlassen werden? Oder ein Auflagen- bzw. ein bloßer Hinweisbeschluss? Zu letztgenanntem würde ich immer abraten! Die Akte wird nur von den Anwälten vollgeschrieben und durch weitere Schriftsätze „dick"; echte Klarheit entsteht hierdurch selten! Soll neu terminiert werden? Viele Fragen, nur: woher nimmt man die Zeit hierfür, zumal solche Akt-Akten nicht selten einen beträchtlichen Umfang an Papier angenommen haben. Und deshalb hilft nur dieselbe Behandlung wie mit einer Neuakte: nicht zeitraubend mühsam vom ersten bis zum letzten Satz durcharbeiten, durchdenken und votieren, sondern: die Akte vom Ende her lesen, um dann kurz zu entscheiden, ob reine und schnell zu erledigende, zugleich das Verfahren fördernde (!) Dezernatsarbeit angezeigt ist (siehe dazu den nächsten Unterpunkt) oder andernfalls der „Königsweg": die **Terminierung!** Und die **persönliche Ladung der Parteien.** Aber zunächst ist – kurz – festzustellen, ob diese Akte einer anderen Verfügung als einer Terminierung bedarf.

Straffe, konzentrierte Dezernatsarbeit

Denn natürlich eignet sich nicht jede Akte zur Terminierung. Allerdings kann man mit dieser konsequenten Vorgehensweise tatsächlich mit vertretbarem Arbeitsaufwand ein in Unordnung geratenes Dezernat relativ rasch wieder in Ordnung bringen. Bevor aber die Terminsverfügung gefertigt wird, ist ein Blick in die Akte – beginnend von hinten – dringend erforderlich, um den Grund der Vorlage und die letzte zuvor getroffene richterliche Verfügung zu erfassen. Denn auch insoweit kann mit vertretbarem Arbeitsaufwand, und ohne die Akte von „A" bis „Z" in tatsächlicher und juristischer Seite durcharbeiten zu müssen, rasch festgestellt werden, ob die Akte – auch bzw. zurzeit noch – ohne Terminierung sinnvoll gefördert werden kann. Natürlich können an dieser Stelle jetzt nicht alle denkbaren Fälle der Aktenvorlage thematisiert werden, ich möchte aber einige besonders praxisrelevante Konstellationen kurz ansprechen.

Verfügungen „rund um die Beweisaufnahme": Es ist bereits ein Beweisbeschluss erlassen worden.

Die Akte wird vorgelegt, weil nunmehr der im Beweisbeschluss angeforderte Vorschuss (in der Regel für den Sachverständigen angefordert) eingegangen ist. Dann kann nunmehr verfügt werden, die Akte dem benannten Sachverständigen unter Hinweis auf die Beweisfragen im Beweisbeschluss vom ... und Bearbeitungsfrist von ... (ich empfehle in der Regel die Vorgabe von (zunächst nur) drei Monaten) zu übersenden. Hierüber werden die Parteien bzw. ihre Prozessbevollmächtigten informiert. Die Akte wird auf die entsprechende Frist gelegt, das Verfahren wird gefördert, schmerzt aber aktuell nicht (mehr).

Die Akte wird nach Fristablauf vorgelegt, weil der aufgegebene Vorschuss nicht eingezahlt worden ist. Es empfiehlt sich, eine kurze Nachfrist zu setzen, max. 2 Wochen. Die Akte sollte dann spätestens in 3 Wochen wieder vorgelegt werden.

Ist nunmehr der Vorschuss eingegangen, kann wiederum die Beweisaufnahme begonnen bzw. fortgesetzt und die Akte an den Gutachter verschickt werden. Bleibt der Vorschuss weiterhin aus, sollte zeitnah terminiert werden. Die Sache dürfte entscheidungsreif sein, wenn die beweisbelastete und deshalb vorschusspflichtige Partei die Beweisaufnahme vereitelt bzw. den ihr obliegenden Beweis nicht zu erbringen vermag.

Die Akte kann aber auch aus anderen Gründen während der Begutachtungsdauer vorgelegt werden. Möglicherweise benötigt der Sachverständige einen weiteren Vorschuss, weil sich die Begutachtung als schwieriger bzw. aufwändiger als zunächst erwartet entpuppt. Ist der von dem Gutachter dargestellte kostenerhöhende Mehraufwand nachvollziehbar, braucht nur von der beweisbelasteten Partei – unter Fristsetzung und kurzer Darlegung der Erforderlichkeit – ein weiterer Vorschuss angefordert zu werden. Dem Sachverständigen sollte mitgeteilt werden, bis zum Eingang des weiteren Vorschusses zunächst nicht weiter zu arbeiten.

Die Akte wird vorgelegt, weil das beauftragte Sachverständigengutachten eingegangen ist. In der Regel fügt der Gutachter seine Rechnung bei. Reicht der eingezahlte Vorschuss aus – anhand der Zahlkarten rasch festzustellen –, verfügt man die Begleichung der Rechnung, etwa mit der Kurz-Verfügung: „Liquidation prüfen und anweisen“ und stellt im Übrigen den Anwälten das Gutachten mit einer Stellungnahmefrist (von z. B. drei Wochen) – gegen EB – zu. Sollte eine Partei im Verfahren vor dem Amtsgericht nicht anwaltlich vertreten sein, erhält sie das Gutachten ebenfalls mit einer Stellungnahmefrist und ZU. Als eigene Frist verfügt man in diesen Fällen zweckmäßigerweise die „Wiedervorlage in vier Wochen“.

Wird nach Ablauf dieser Wiedervorlagefrist die Akte zugetragen, so terminiert man unter Ladung der Parteien. Sind Einwände gegen das Gutachten erhoben worden, so lädt man den Gutachter zum Termin unter Beifügung des Schriftsatzes, damit er im Termin dazu Stellung nehmen kann. All diese Verfügungen „rund um die Beweisaufnahme“ erfordern nur das Erfassen der jeweils letzten Seite(n) der Akte, kosten jedoch relativ wenig Zeit.

Vorlage wegen neuer Schriftsätze

Wenn die Parteien ohne Aufforderung durch das Gericht Schriftsätze wechseln, dann wird es höchste Zeit, die Sache zu terminieren und die Akte nicht noch dicker werden zu lassen. Insoweit wird auf die unten stehenden Hinweise verwiesen.

Akten ohne rasche Förderung, unerledigte „Alt-Akten“ sowie Neueingänge terminieren!

Ergibt der Aktencheck, dass eine rasche und zugleich verfahrensfördernde Verfügung nicht möglich ist, etwa weil nur wieder ein langer Schriftsatz eingegangen ist und die Anwälte „hin und her“ schreiben, oft in der Hoffnung, das Gericht möge endlich reagieren und das Verfahren fördern (!), dann ist Terminierung angesagt. Nicht vergessen, die Naturalparteien persönlich zu laden! Denn nur die selbst und unmittelbar Betroffenen können im Termin – wenn auch mit anwaltlicher Beratung – signalisieren, ob etwa die vom Gericht angedachte Lösungsmöglichkeit für sie in Betracht kommt.

Sachen brauchen Zeit, aber auch nicht uferlos: deshalb ist ohne Anberaumung eines Beweistermins ein 20-Minuten-Rhythmus von einer Sache zur nächsten i. d. R. ein guter zeitlicher Rahmen. In dieser Zeit muss der Fall nicht in epischer Breite, aber es *kann* die wesentliche Problematik in tatsächlicher und/oder rechtlicher Hinsicht kurz und prägnant thematisiert werden. Im Termin sollten keine langatmigen akademischen Ausführungen zur Rechtslage gemacht werden unter Darstellung sämtlicher juristisch vertretenen bzw. vertretbaren Meinungen. Das hilft niemandem. Die Parteien verstehen das in der Regel nicht und die Anwälte lassen sich davon auch nicht vom Hocker reißen. „Auf das Wesentliche konzentrieren“, heißt die Zauberformel, insbesondere wenn aufgrund der Vielzahl der Akten die Zeit ohnehin knapp ist. Wichtig ist es, den Parteien in klaren, einfachen und verständlichen Worten zu vermitteln, wie und warum *Sie* die Sache in tatsächlicher und rechtlicher Hinsicht so sehen. Es geht um die *konkrete* Entscheidung, nicht um eine klausurmäßig in allen Einzelheiten dargestellte Falllösung. Ein kurzer Hinweis auf eine mögliche andere Sicht mag erfolgen, aber kein juristisches Seminar! Und diese Reduzierung auf das Wesentliche kann man in 20 Minuten gut bewältigen. Diesen zeitlichen Rhythmus in der Terminierung kann ich nur dringend empfehlen.

Und mit der Terminierung beginnt die Struktur. Denn jetzt gelten wieder die obigen Ausführungen; die Akte ist nun nicht mehr im „freien“ Umlauf und wird einem immer wieder quälend auf den Aktenbock zugetragen, sondern sie wird meiner Zeiteinteilung für die Terminierung unterworfen und erst in dem selbst gewählten Zeitfenster (z. B. Dienstags vor dem Termin) umfassend bearbeitet und vorbereitet. Landet die Akte vor dem Termin erneut auf meinem Schreibtisch, so liegt das i. d. R. an eingehenden neuen Schriftsätzen. Enthalten diese keinen unaufschiebbaren Antrag, sondern nur Sachverhaltsvortrag und -ergänzungen, so ist die Akte mit der Verfügung „Abschrift an Gegner“ (AaG) und Wiedervorlage: zum Termin (z. T.) binnen einer Minute zurück auf dem Aktenbock, aber auf der „sympathischen“ Seite „Abtragen“. Diese Akte „schmerzt“ nicht mehr, sie wird im selbst eingerichteten Zeitfenster vorbereitet und nicht chaotisch ohne ausreichende Zeit „zwischendurch“ verarbeitet. Und in aller Regel begrüßen es Anwälte und Parteien, dass es endlich weitergeht mit dem Fall und sind in der mündlichen Verhandlung offen für die weitere Förderung der Sache – durch Vergleichsvorschlag, Beweisbeschluss, etc.

Ein weiterer Tipp: Es lohnt sich, diese „Alt-Akten“ mindestens eine Woche vor dem Verhandlungstermin zu votieren – das ist nur eine Frage der Zeiteinteilung und der Vorlagefrist! Stellt man dann nämlich fest, dass Entscheidungsreife durch die Ladung eines Zeugen (oder Sachverständigen) herbeizuführen ist, kann man die Ladung für den Termin noch durchführen lassen, ggf. auch per Telefon! In 20 Minuten kann man i. d. R. auch einen Zeugen befragen – auf das Wesentliche reduziert. Und wenn man die nachfolgende Sache 5 bis 10 Minuten später beginnt, ist das kein Weltuntergang, wenn man die Entscheidungsreife in der Vorgängersache herbeiführen kann. Auch wenn die Parteien etwa einen Vergleichsvorschlag des Gerichts ausführlich mit ihren Anwälten oder auch Angehörigen zu diskutieren wünschen, ist das ohne nennenswerten Zeitverlust möglich: Man schickt sie auf den Gerichtsflur oder in die freundlichere Kantine und kann so pünktlich mit der nächsten Sache weitermachen. Dabei gibt man ihnen zugleich mit auf den Weg, bei Erfolg oder Misserfolg unaufgefordert wieder den Gerichtssaal zu betreten. Entweder kann man dann kurz den Vergleich diktieren, ggf. nach Abschluss oder in einer kurzen Pause der gerade verhandelten Sache, oder aber es ist ohnehin eine Entscheidung am Schluss der Sitzung geboten; dann entlässt man die Parteien und Anwälte, ggf. mit dem Protokollvermerk: Vergleichsvorschläge scheiterten. Am Ende der Sitzung nach der Beendigung der Verhandlung kann dann in Ruhe der Beweisbeschluss bzw. die sachgerecht zu treffende Entscheidung diktiert bzw. formuliert werden. Möglicherweise haben die Parteien zwar zuvor keine Einigung herbeigeführt, bitten aber um einen schriftlich formulierten Vergleichsvorschlag, den man entsprechend, kurz mit Gründen versehen, absetzt (vgl. → § 5).

Steht eine längere Beweisaufnahme an, so sollte diese nicht den originären Sitzungstag vollständig oder weitgehend ausfüllen – zu viele andere, potentiell zu erledigende Sachen blieben dann liegen –, sondern in der gebotenen Ruhe an einem weiteren „Sonder“-Sitzungstag durchgeführt werden. Dieser Sitzungstag sollte für länger zu verhandelnde Sachen, in der Regel für umfangreiche Beweisaufnahmen mit mehreren Zeugen und Sachverständigen, je nach Bedarf reserviert bleiben. Dann kann auch eine Sache durchaus einmal eine Stunde (oder länger) dauern.

Diese Ausführungen gelten sinngemäß auch für die Neueingänge. Nach Prüfung der Zuständigkeit sofort terminieren! Parteien persönlich laden! So erhält auch die noch junge Akte sofort Struktur und wird in dem dafür vorgesehenen Zeitfenster der Terminsvorbereitung bearbeitet – aber eben auch nur dann! Eingehende Schriftsätze werden an die Gegenseite weitergeleitet, ohne insoweit jedes Mal eine umfassende Prüfung der Sach- und Rechtslage vornehmen zu müssen. Sie sind lediglich auf dringende Prozessanträge durchzusehen, etwa auf einen Antrag auf Bewilligung von Prozesskostenhilfe (PKH-Antrag) oder auf Einstellung der Zwangsvollstreckung, etc. Diese sind i. d. R. schnell zu bescheiden.

Beim schriftlichen Vorverfahren hingegen muss konsequenterweise jeder eingehende Schriftsatz stets sofort daraufhin bearbeitet werden, ob und welche bzw. welche weiteren prozessleitenden Maßnahmen für den Haupttermin zu treffen sind. Hinzu kommt, dass die Anwälte schon aus anwaltlicher Vorsorge vor der erst im mündlichen Verhandlungstermin stattfindenden Erörterung der Sach- und Rechtslage und der Kenntnis der Auffassung des Gerichts häufig umfassend und „in alle Richtungen“ vortragen, um nicht der Gefahr der Präklusion zu unterliegen. Die Akten werden häufig deutlich mehr im Umfang zunehmen als die im Wortsinn: früh terminierten Rechtsstreitigkeiten. Je schneller insbesondere die Anwälte die Auffassung des Gerichts kennen lernen, je gezielter, aber auch knapper kann ihr Vortrag erfolgen. Von dieser Regel gibt es zwei Ausnahmen: Verkehrsunfälle eignen sich üblicherweise nicht für den frühen ersten Termin, weil die Aufklärung des Unfallgeschehens die Vernehmung der in der Regel von beiden Seiten benannten Zeugen erfordert. Deshalb macht es Sinn, im schriftlichen Vorverfahren zunächst die Erwiderung der Beklagtenpartei abzuwarten und sodann einen Haupttermin mit sämtlichen (relevanten) Unfallzeugen anzuberaumen. Auch in Mietstreitigkeiten, insbesondere bei Räumungs-, aber auch Mietzinsklagen empfiehlt sich durchaus ein schriftliches Vorverfahren. Bleibt die Nichtzahlung unstreitig und verteidigt sich die beklagte Partei nämlich nicht, kann Versäumnisurteil im schriftlichen Vorverfahren ohne mündliche Verhandlung ergehen!

Ich habe alle diese Regeln beherzigt bzw. sie mir durch zunehmende Erfahrung sukzessive erarbeitet; auch der Rat erfahrener Kollegen hat mir sehr geholfen. Nach sieben Monaten hatte ich „mein“ Dezernat jedenfalls gut im Griff, die Votierung der Terminsakten gelang deutlich schneller, es fing an, richtig Spaß zu machen – und dann setzte die Eigendynamik proberichterlicher Tätigkeit ein: es erfolgte die Abordnung an ein anderes Amtsgericht. Dort aber fand ich ein übersichtliches und vollkommen „aufgeräumtes“ zivilrichterliches Dezernat vor; auch das kommt vor! Den „gefühlten“ Zeitgewinn empfand ich jedenfalls als fairen Ausgleich.

§ 8. Die Beweisaufnahme

I. Hinweise zum Beweisbeschluss

Am Ende der Erfassung des Sach- und Streitstands sowie der juristischen Subsumtion seiner Relevanz steht in einer Vielzahl von Rechtsstreitigkeiten der Beweisbeschluss. Erst nach Klärung des Sachverhalts und der streitigen Tatsachen ist die abschließende Entscheidung möglich. Vorliegend soll dieses Endprodukt aus didaktischen Gründen vorangestellt werden, um den Leser nicht zum Rätselraten aufzufordern, sondern ihm vielmehr nach Kenntnis des Ergebnisses den oft langwierigen Weg der Beweisaufnahme zu verdeutlichen. Einige formale Gesichtspunkte, die materiell sinnvoll sind und das Leben organisatorisch erleichtern, sollte man beachten. Hierzu möge das nachfolgende Beispiel eines Beweisbeschlusses dienen.

Beweisbeschluss

In Sachen

.... / ....

I. Es soll Beweis erhoben werden über
   1. die Behauptung des Klägers, er habe dem Beklagten den Pkw … ausgeliehen,
   2. über die Behauptung des Beklagten, er habe dem Kläger das Fahrzeug schon zurückgebracht,
   durch Vernehmung der Zeugen:
   a) …
   b) …
   c) …
   zu a) und b) vom Kläger zu den Fragen 1) und 2) benannt,
   zu c) vom Beklagten zur Frage 2) benannt.

II. Die Zeugen werden sofort geladen, jedoch wieder abgeladen, wenn nicht binnen drei Wochen jede Partei für die von ihr benannten Zeugen jeweils einen Auslagenvorschuss in Höhe von 150,– EUR bei der Gerichtskasse einzahlt oder Gebührenverzichtserklärung beibringt.

III. Termin zur mündlichen Verhandlung und Beweisaufnahme wird anberaumt auf den

   ...., ... Uhr, Saal ....

IV. Zu diesem Termin wird das persönliche Erscheinen der Parteien angeordnet.

V. (Raum für etwaige Auflagen und Hinweise)
   Die Parteien/Der Kläger/Der Beklagte werden/wird darauf hingewiesen, dass …

VI. Eine Änderung bzw. Ergänzung dieses Beschlusses ohne erneute mündliche Verhandlung bleibt vorbehalten.

Landgericht ...., den ....
… Zivilkammer

(Unterschriften)

Die Form des Beweisbeschlusses ist kein Selbstzweck; entscheidend ist seine inhaltliche Fassung. Der Abfassung des Beweisbeschlusses sollte wie bei der Abfassung des Urteils ein gründliches Durchdenken der Sach- und Rechtslage vorangehen. Ein guter Beweisbeschluss ist nämlich schon das halbe Urteil, da er die Richtung des Prozesses festlegt und der Auffassung des Gerichts Ausdruck darüber verleiht, was als erheblich/streitig – im Umkehrschluss: als unstreitig – angesehen wird, wer die Beweislast hat, etc. Die Rechtsanwälte können somit aus ihm erkennen, welche Rechtsauffassung das Gericht zu einer bestimmten Frage, etwa im Hinblick auf die Beweislast bzw. die Frage der Erheblichkeit einer Behauptung, vertritt. Nur die Tatsachen sind nun noch zu ermitteln. Die Beweisaufnahme erstreckt sich nur auf die Klärung **tatsächlicher** Behauptungen, nicht auf Rechtsansichten.

Deshalb sollten entgegen mancher Lehrbuchmeinung nicht bloße Beweis*fragen* formuliert werden, sondern zugleich sollte erkennbar werden, über welche Behauptung **welcher Partei** Beweis erhoben werden soll. Nur dadurch wird die Beweislast transparent. Dies setzt eine sorgfältige Schlüssigkeits- sowie Erheblichkeitsprüfung voraus; nur sie eröffnet die richtige Zuordnung der Beweislast. Davon kann nicht nur das Ergebnis des Rechtsstreits abhängen, sondern auch die Frage, ob überhaupt Beweis zu erheben ist und welche Partei mit dem Auslagenvorschuss belastet werden muss. Auf diese Weise lassen sich etwaige Schwierigkeiten vermeiden, wenn ein Zeuge von beiden Parteien benannt wird.

Im Übrigen sollten Zeugen nicht erst nach Eingang des Auslagenvorschusses, sondern sofort geladen werden; die Zeugen haben dann nämlich ausreichend Zeit, sich auf den Verhandlungstermin einzurichten. Wartet man erst den Eingang des Vorschusses ab, so kann die zeitlich spätere Ladung, ggf. erst unmittelbar vor dem Termin, nicht selten dazu führen, dass der Zeuge bei einer derartig kurzfristigen Ladung terminlich verhindert ist. Es ist deshalb besser, den Zeugen langfristig zu laden und – soweit der Vorschuss nicht eingezahlt worden ist – ggf. auch kurzfristig wieder abzuladen. Der Zeuge wird die Nachricht, nicht vor Gericht erscheinen zu müssen, i.d.R. äußerst positiv aufnehmen, gerade auch dann, wenn ihm der herannahende Gerichtstermin schon „im Magen liegt"; es wird ihn nicht ernstlich „stören", nunmehr anderweitig disponieren zu können.

Man sollte zudem die Parteien immer persönlich zum Beweistermin laden; dies sollte ohnehin zu jedem Verhandlungstermin erfolgen, aber in jedem Fall, und erst recht, anlässlich eines Beweistermins.

Die vorstehenden Bemerkungen zeigen, dass nichts verfehlter ist, als schnell einen Beweisbeschluss abzusetzen, um eine Sache zunächst wieder „loszuwerden".

Im Rahmen der Ermittlung der streitigen Tatsachenfragen ist weiter darauf zu achten, ob nicht diese Tatsachen bereits ohne Beweisaufnahme als feststehend angesehen werden können. Hier wird beispielsweise zu überlegen sein, ob eine Behauptung überhaupt hinreichend substantiiert dargelegt bzw. bestritten worden ist oder eine Partei gemäß § 138 Abs. 3 ZPO so zu behandeln ist, als habe sie bestimmte Behauptungen ihres Gegners zugestanden. In Betracht kommt auch, dass der Beweis des ersten Anscheins anzuwenden ist.

Erlässt man einen Beweisbeschluss, dann ist darauf zu achten, dass sämtliche Beweisanträge einschließlich der Gegenbeweise berücksichtigt werden, um die Beweisaufnahme in einem Zuge durchführen zu können. Das setzt einen umfassenden Beweisbeschluss voraus. Eine „Splittung" kann sich allerdings im Einzelfall ergeben, wenn zunächst ein Sachverständigengutachten einzuholen ist und sich danach etwa erst die Notwendigkeit einer (weiteren) Zeugenvernehmung ergibt.

Ein umfassender Beweisbeschluss braucht natürlich nicht vollständig ausgeführt zu werden, wenn sich im Verlauf der Beweisaufnahme ergibt, dass die Sache vor Erledigung des gesamten Beschlusses entscheidungsreif wird. Das ist z.B. der Fall, wenn der Kläger zehn Zeugen für ein arglistiges Verhalten des Beklagten benannt hat und in der Beweisaufnahme bereits die beiden ersten Zeugen das Klagevorbringen glaubhaft bestätigen. Dann darf die Beweisaufnahme wegen entfallener Erheblichkeit abgebrochen werden.

Das gilt jedoch nicht, wenn der Beklagte **Gegen**zeugen benannt hat. Das Gericht muss diese hören und darf nicht bereits nach der Anhörung der von dem Kläger benannten Zeugen von der Beweistatsache (zugunsten des Klägers bzw. zu Lasten des Beklagten) überzeugt sein.

Über das möglichst vollständige Absetzen des Beweisbeschlusses hinaus sollte man stets bestrebt sein, diese umfassende Gedankenarbeit zu verwerten und zu erwägen, ob der Rechtsstreit nicht durch irgendwelche mit dem Beweisbeschluss verbundenen Auflagen und Hinweise gefördert werden kann. So wird man etwa Briefe, Urkunden und dergleichen, auf die sich eine Partei bezogen hat, anfordern und ggf. Akten beiziehen.

Ist ein Beweisbeschluss erlassen worden, so kann trotz bester Vorarbeit im Einzelfall eine Änderung oder Ergänzung erforderlich werden. Rechtsgrundlage hierfür ist die Vorschrift des § 360 ZPO. Die Praxis verfährt dabei großzügig und ergänzt bzw. ändert ohne mündliche Verhandlung; jedenfalls aber sollten die Parteien vorher angehört werden. Es empfiehlt sich auch, einen Änderungs- bzw. Ergänzungsvorbehalt in den Beweisbeschluss mitaufzunehmen (s. o. das Beispiel eines Beweisbeschlusses).

Statthaft ist die Änderung eines Beweisbeschlusses jedenfalls in folgenden Fällen (vgl. *Schneider* MDR 1964, 817 ff.):

a) Das Gericht möchte von sich aus ändern und führt die Zustimmung beider Parteien herbei.
b) Eine Partei beantragt die Änderung, die andere stimmt zu. Das Gericht kann ändern, muss aber nicht!
c) Die im Beschluss angegebenen Beweistatsachen werden ergänzt, z. B. um einen vor der vorangegangenen mündlichen Verhandlung schon schriftsätzlich mitgeteilten Gegenbeweis – jedoch ohne ein neues Beweisthema einzuführen.
d) Die im Beschluss benannten Zeugen sollen durch andere (nachträglich benannte) Zeugen oder Sachverständige ersetzt werden.
e) Über die im Beschluss benannten Zeugen hinaus sollen weitere Zeugen vernommen werden, die schon benannt waren, vom Gericht aber bislang nicht im Beweisbeschluss aufgeführt worden sind.
f) Der Beweisführer wird ausgewechselt oder ein weiterer Beweisführer wird hinzugesetzt.

Ist „Beweis durch Einholung eines Sachverständigengutachtens" zu erheben, so stellt sich die Frage, einen geeigneten Sachverständigen zu finden. Hilft auch die Nachfrage beim Kammervorsitzenden oder anderen – erfahrenen – Kollegen, die i. d. R. über entsprechende Sachverständigenverzeichnisse verfügen, nicht weiter, so lässt sich überdies das Internet nach Sachverständigen befragen. Im Übrigen kann man die Akte auch zur Industrie- und Handelskammer (ggf. auch Handwerkskammer) mit der Bitte um Benennung eines geeigneten Sachverständigen schicken. Genau dies vermerkt man im Beweisbeschluss. Wenn die Industrie- und Handelskammer um die Ernennung eines Sachverständigen ersucht wird, reichen in der Regel schon die formulierten Beweisfragen im Beweisbeschluss als Information aus. Empfehlenswert ist es in jedem Fall, der Anfrage an die Industrie- und Handelskammer die Prozessakten beizufügen.

Im eigenen Interesse ist § 404 ZPO zu beachten; nach § 404 Abs. 2 ZPO können die Parteien vor der Ernennung zur Person des Sachverständigen gehört werden. Das ist durchaus sinnvoll, mit verständigen Parteien bzw. deren Parteivertretern die Auswahl zu erörtern. Es wird sicherlich vielfach gelingen, einen Konsens über die Person des Sachverständigen zu erzielen. Wird dieser von beiden Parteien als unabhängiger und qualifizierter Gutachter akzeptiert, wird auch sein späteres Gutachten eher akzeptiert als grundsätzlich in Frage gestellt werden, so dass allein in der von allen akzeptierten Auswahl des Sachverständigen eine große Chance auf eine gütliche Einigung (i.d.R. durch Vergleich) in diesem Rechtsstreit besteht. Das gilt auch in dem umgekehrten Fall, dass eine Partei Vorbehalte gegen einen vorgeschlagenen Sachverständigen äußert. Sind diese Vorbehalte nämlich nachvollziehbar (und eben nicht nur querulatorisch), etwa aufgrund fachlich schlechter Erfahrungen in der Vergangenheit, macht es Sinn, dann jedenfalls in diesem Fall einen anderen Gutachter zu beauftragen, um von vornherein der Auswahl die „Sprengkraft" zu nehmen und spätere Angriffe auf den Sachverständigen bzw. seine Kompetenz und Objektivität sowie Einwendungen gegen sein Gutachten und dessen fachliche Qualität zu vermeiden.

Die Aufgabe des Sachverständigen besteht darin, dem Gericht fachliches Wissen in tatsächlicher Hinsicht zu verschaffen; die rechtliche Bewertung verbleibt stets beim Gericht selbst. Wenn der Streitwert gering ist, kann es sehr leicht dazu kommen, dass die Sachverständigenkosten den Wert des Anspruchs erreichen oder gar übersteigen. Das Gericht sollte deshalb den Sachverständigen in jedem Fall darauf hinweisen, etwaige Mehrkosten, die den Vorschuss voraussichtlich übersteigen, sofort anzuzeigen. Den Parteien ist dann Gelegenheit zu geben, sich dazu zu äußern, ob sie angesichts unverhältnismäßig hoher Sachverständigenkosten nicht auf die Einholung des Gutachtens verzichten wollen. In Fällen, in denen nur um die Höhe eines Schadens gestritten wird, kann das Gericht ggf. nach § 287 ZPO schätzen.

Schreibt der Sachverständige zurück, er sei außerstande, für die gesetzlichen Gebühren zu arbeiten, so ist diese Mitteilung zunächst den Parteien bekannt zu geben, da mit deren Einverständnis auch eine höhere Entschädigung gezahlt werden darf. Im Einzelfall setzt das Gericht ohne die Einverständniserklärung der Parteien die Gebührenhöhe fest; dies sollte aber nur dann geschehen, wenn das Gericht gerade an dem ausgewählten Sachverständigen, etwa auf Grund seiner besonderen Sachkunde, festhalten möchte. Im Übrigen ist der Sachverständige darauf hinzuweisen, dass er verpflichtet ist, zu den gesetzlichen Gebühren zu arbeiten; ggf. ist er von der Begutachtung zu entbinden.

Schließlich sollte dem Sachverständigen schon mit der Übersendung der Akten ein realistischer Zeitrahmen, etwa „drei Monate", gesetzt werden. Das Warten über Monate, manchmal sogar über ein Jahr lang, sollte den Parteien möglichst nicht zugemutet werden. Mit der Vorgabe des Zeitrahmens – mag er auch um einen Monat überschritten werden – wird der Sachverständige von vornherein dazu angehalten, den Gutachterauftrag zeitnah einzuplanen.

Es ist ferner darauf zu achten, dass der Sachverständige bei einem Ortstermin beide Parteien lädt. Unterlässt er das, so setzt er sich der Ablehnung wegen Befangenheit aus – ein Vorgang, der das spätere Verfahren blockieren und die bereits geleistete Arbeit nutzlos machen kann. Einem erfahrenen Sachverständigen ist diese Vorgehensweise aber auch bekannt.

Ist das Gutachten fertiggestellt, so hat das Gericht darauf zu achten, dass der Sachverständige sich klar, verständlich, widerspruchsfrei, und vor allem nachvollziehbar, ausdrückt: das Gericht muss den fachlichen Erörterungen folgen können. Das Gutachten muss frei von Widersprüchen sein und erkennen lassen, auf welchen tatsächlichen Feststellungen es beruht. Bleiben Zweifel offen, dann ist der Gutachter entweder zur schriftlichen Ergänzung des Gutachtens aufzufordern oder zur mündlichen Verhandlung zu laden, damit er dort vorhandene Zweifel ausräumen kann. Der Antrag einer Partei auf mündliche Anhörung des Sachverständigen ist ein Beweisantrag, dem unbedingt stattzugeben ist, §§ 402, 397 ZPO (vgl. Thomas/Putzo/

Seiler ZPO § 411 Rn. 5). Die Parteien haben allerdings ihre Ergänzungsfragen dem Gericht vorher schriftlich mitzuteilen, § 411 Abs. 4 ZPO.

Gerade der Berufsanfänger sollte sich im Übrigen nicht durch Beweisanträge irritieren lassen! Nicht jeder Antrag auf Einholung eines Sachverständigengutachtens ist sinnvoll. Ein Beweisantritt „Auskunft der X-Bank" ist kein Fall des § 273 Abs. 2 Nr. 2 ZPO; prozessual handelt es sich um ein Nichts. Den Anwälten sollte man in diesem Fall mitteilen, einen korrekten Beweisantrag zu stellen.

II. Grundregeln der Beweisaufnahme

Die Durchführung einer Beweisaufnahme ist – insbesondere ohne einschlägige Erfahrung – schwierig; neben der Beherrschung der häufig schon nicht unproblematischen Prozess-Situation muss man zusätzlich zu den Anwälten und Parteien nun auch noch die Zeugen und/oder Sachverständigen „im Griff haben", zudem die „richtigen", d.h. streitigen Fragen stellen, somit stets den Sach- und Streitstand, insbesondere die relevanten streitigen Tatsachen vor Augen haben, und überdies die Antworten zutreffend diktieren. Den „roten Faden" darf man nicht aus den Augen verlieren, Hektik ist in jedem Fall zu vermeiden. Schon mancher junge Richter hat als Einzelrichter in seiner ersten Beweisaufnahme bis in den Nachmittag gesessen. Denn die Durchführung einer Beweisaufnahme wird nicht gelehrt, sie beruht überwiegend auf praktischer Erfahrung.

1. Einleitung – gegen die Unterschätzung und Vernachlässigung der Tatfrage

Viele Rechtsstreitigkeiten werden in der ersten oder zweiten Tatsacheninstanz abschließend entschieden. Entscheidungsgrundlage ist dabei häufig – auch – das Ergebnis der Beweisaufnahme. Dementsprechend besteht eine der maßgeblichen und wichtigen Aufgaben des Richters namentlich in der Tatsachenfeststellung, d.h. in der Aufklärung des Sachverhalts. Ohne die Ermittlung der tatsächlich zutreffenden Grundlagen kann naturgemäß keine richtige, gerechte Entscheidung ergehen. Rechtskenntnisse sind dabei nur insofern von Nutzen, als die beweiserheblichen Tatsachen unter Berücksichtigung der Beweislast zutreffend herausgearbeitet werden müssen. Bei der Tatsachenfeststellung selbst helfen dem Richter hingegen keine Rechtskenntnisse. Neben einer nicht zu unterschätzenden Erfahrung auf dem Gebiet der Tatsachenermittlung gibt es aber doch zahlreiche „Methoden" insbesondere der Würdigung der erhobenen Beweise, deren Beachtung im Einzelfall eine bestmögliche Sachverhaltsermittlung gewährleistet, namentlich im Hinblick auf die Feststellung des bei streitigen Tatsachenbehauptungen zutreffenden Sachverhaltes.

Mit der Vermittlung juristischer Kenntnisse erfolgt leider nicht oder häufig nur unzureichend die Unterweisung in die Sachverhaltsermittlung. Der Referendar, dem zum Erlernen der Relations- und Urteilstechnik rechtlich schwierige Fälle übertragen werden, erkennt häufig nicht die (vorgelagerte) Problematik der Tatsachenermittlung. Auf die juristische Lösung fixiert, unterschätzt er die Aufarbeitung und Würdigung der – streitigen – Tatsachen, deren Ermittlung doch das einzig feste Fundament jeder Entscheidung bildet. Die Folge ist häufig, dass bei der Tatsachenfeststellung hilflos, ungeschickt und oberflächlich gearbeitet wird. In der Praxis ist vielfach aber gerade die Ermittlung des Sachverhalts schwieriger als die rechtliche Würdigung. Dies zeigen namentlich hochkomplexe Bauprozesse; sobald die Tatsachen geklärt und streitige Fragen bewiesen bzw. eben nicht bewiesen worden sind, ist dem Juristen in der Regel auch die rechtlich zutreffende oder zumindest vertretbare Lösung möglich. Ein Fall wird rechtlich nur dann einwandfrei gelöst, wenn es sich um denjenigen handelt, über den die Parteien auch tatsächlich streiten.

Ebenso ist es erforderlich, seine Entscheidung nachvollziehbar begründen zu können. Es reicht nicht aus, nur festzustellen, dass etwas bewiesen sei. Auch formelhafte Wendungen, zum Beispiel der Zeuge mache einen glaubwürdigen Eindruck, eine Aussage habe den Anschein der Richtigkeit für sich, etwas sei als festgestellt anzusehen oder der Zeuge habe das „glaubhaft" bekundet, ersetzen keine ernsthafte Beweiswürdigung. Auch diese muss vermittelt werden, der Richter sollte sich darin „schulen"; der Grundsatz der freien Beweiswürdigung erfordert die Beachtung von Denkgesetzen und Erfahrungssätzen, nicht von starren Formen, floskelhaften Begründungen und unzureichenden Regeln.

2. Der Beginn: Die Herausarbeitung der Beweisfrage und die Feststellung der Beweislast

Zu beachten ist, dass vor der Beweiserhebung zunächst die streitige Beweisfrage präzise herauszuarbeiten ist. Je genauer die Subsumtion unter die jeweils einschlägigen Anspruchsgrundlagen verläuft und je vollständiger diese herangezogen werden, umso klarer tritt das eigentlich erhebliche Beweisthema hervor. Bereits vorab ist festzustellen, wer die Beweis**last** hat, um jederzeit die zutreffenden Konsequenzen für die Beweiserhebung sowie die spätere Beweiswürdigung für das Ergebnis des Rechtsstreits ziehen zu können. Hat die beweisbelastete Partei schon gar keinen Beweis angeboten, so unterbleibt die Beweisaufnahme, auf etwaige lediglich *gegenbeweislich* benannte Beweismittel kommt es nicht an. Haben beide Parteien Beweise angeboten, fängt man mit den Beweismitteln der beweisbelasteten Partei an. Kann z.B. die beweisbelastete Partei schon mit dem von ihr benannten Zeuge den Beweis nicht führen, weil der Zeuge die streitige Tatsache gerade nicht bestätigt bzw. hierzu mangels Kenntnis keinerlei Aussage machen kann, so werden die Gegenzeugen (von der anderen Partei) gar nicht mehr gehört. Verteidigt sich z.B. der Beklagte gegen einen auf „Darlehen" gestützten Zahlungsanspruch damit, der Kläger habe ihm das Geld geschenkt, dann muss nicht etwa der Beklagte die Schenkung beweisen, vielmehr muss der Kläger die anspruchsbegründenden Tatbestandsvoraussetzungen beweisen, und zwar das bestrittene Tatbestandsmerkmal „Darlehen" (und eben nicht Schenkung). Tritt er keinen Beweis an, ist die Klage abzuweisen, auch wenn der Beklagte – der aber eben *nicht* beweisbelastet ist (!) – seinerseits kein Beweismittel anbietet. Bleibt die Frage nach einer Beweisaufnahme offen – non liquet –, dann hat der beweisbelastete Kläger den Beweis nicht erbracht; die Klage ist wiederum abzuweisen!

Nach der Feststellung der Beweislast dem Grunde nach ist zunächst zu prüfen, ob gesetzliche Abweichungen – „gesetzliche Vermutungen" – einschlägig sind, aus denen sich eine Beweislastumkehr ergibt. Die in praxi wohl wichtigsten Fälle stellen die Verschuldensvermutung des § 280 Abs. 1 S. 2 BGB – ähnlich § 311a Abs. 2 S. 2 BGB – sowie die Eigentumsvermutung nach § 1006 BGB – siehe auch § 1362 BGB (für die Ehe) und § 1248 BGB (Pfandverkauf) – dar. Weitere wichtige Fälle sind in § 612 BGB sowie § 632 BGB (Vermutung der Vergütungsvereinbarung) und § 891 BGB und § 1148 BGB (Vermutung der Richtigkeit der Grundbuchrechtseintragung) geregelt. Der BGH hat in einer lesenswerten Entscheidung die Verschuldensvermutung des § 280 Abs. 1 S. 2 BGB auf die Frage der Pflichtverletzung in dem Fall ausgedehnt, in dem die Schadensursache aus dem Obhuts- und Gefahrenbereich des Schuldners stammt (*BGH* NJW 2009, 142).

Von diesen Fällen zu unterscheiden ist die Thematik des Anscheinsbeweises bzw. der tatsächlichen Vermutungen. Auch in diesen Fällen ist zwar die grundsätzlich beweisbelastete Partei – zunächst – von der Beweisführung befreit, weil ihr die Vermutung bzw. der Erfahrungssatz hilft; es erfolgt aber keine Umkehr der Beweislast, sondern lediglich eine Beweiserleichterung. Die bloße Erschütterung, d.h. der bloße Beweis der ernsthaften *Möglichkeit* eines anderweitigen Kausalverlaufs begründet wiederum die originäre Beweislast (vgl. näher → 15.). In vertraglichen Schadensersatzfällen kann z.B. vielfach, ausgehend vom Schadensbild, die Pflichtverletzung, sowie deren Kausalität für den Schaden vermutet werden. Die *Verschuldens*vermutung ergibt sich – als gesetzliche Vermutung (!) – wie dargelegt aus § 280 Abs. 1 S. 2 BGB.

3. Der Grundsatz der freien richterlichen Beweiswürdigung

Dem Beweis haftet häufig etwas Zufälliges, Ungewisses an. Die Urkunde über einen streitigen Vorfall mag verlorengegangen sein. Die Zeugen – sofern überhaupt welche verfügbar sind – können sich nicht mehr erinnern oder bekunden Unzutreffendes; der Einzige, der etwas zu sagen wüsste, ist verstorben. Dem Gegner mag man seine Sache nicht anvertrauen, weil er sich selbst der Nächste ist und so weiter: Von all diesen Unberechenbarkeiten hängt der Ausgang des Rechtsstreits ab. Die rechtlichen Fragen sind meistens wesentlich eindeutiger als die tatsächlichen; dies wird von Parteien häufig unzutreffend bewertet: der Prozess wird nicht wegen falscher Gesetze bzw. unzulänglicher Rechtsprechung verloren, sondern wegen der missglückten Beweisführung! Jeder Richter kann nur versuchen, im Rahmen der – limitierten – Möglichkeiten des Parteiprozesses sorgfältig und bestmöglich den Sachverhalt aufzuklären, er ist nicht für die Qualität der Beweismittel verantwortlich; hiervon allerdings ist die vom Richter vorzunehmende Auswahl des Sachverständigen auszunehmen.

Die richterliche Aufgabe, den Sachverhalt aufzuklären, verdrängt partiell den reinen (Partei-)Beweis. Das Gericht soll das persönliche Erscheinen der Parteien zur Aufklärung des Sachverhaltes anordnen (§ 141 Abs. 1 S. 1 ZPO) und darf von Amts wegen zur Parteivernehmung ohne Rücksicht auf die Beweislast schreiten (§ 448 ZPO). Es darf weiter anordnen, dass eine Partei die in ihren Händen befindlichen Urkunden, auf die sie sich bezogen hat, sowie Stammbäume, Pläne und sonstige Zeichnungen sowie Akten vorlege (§§ 142, 143 ZPO). Die Einnahme eines Augenscheines und die Begutachtung durch Sachverständige dürfen von Amts wegen beschlossen werden (§ 144 Abs. 1 ZPO). § 273 Abs. 2 ZPO erweitert diese Befugnisse noch. Sogar der Erlass eines Beweisbeschlusses vor der mündlichen Verhandlung ist zulässig (§ 358a ZPO). Praktisch ist nur noch die Zeugenvernehmung ohne Parteiantrag unzulässig. Bei der Schadensermittlung nach § 287 ZPO darf der Richter sogar seine Überzeugung auf solche Umstände stützen, über die nicht verhandelt worden ist, und Beweisangebote nach seinem Ermessen übergehen.

Schwierig ist jedoch, den Beweiswert zutreffend zu erfassen. Man darf nicht der Gefahr erliegen, lediglich mangels entgegenstehender Anhaltspunkte allein auf den Wortlaut *einer* Aussage abzustellen und diese als „zutreffend" zu bewerten. Ebenso wenig darf man der Aussage *eines* Zeugen nur deshalb folgen, weil sie singulär ist, es keine weiteren bzw. entgegenstehenden Bekundungen gibt. Gerade in diesem Fall ist die Aussage kritisch zu würdigen und auch auf andere, etwa von der Gegenpartei benannte Möglichkeiten hin zu untersuchen; hält sie dieser Prüfung stand, hat das Gericht ihr zu folgen – aber eben nach sorgfältiger Prüfung und nicht nur aus dem

Grunde des fehlenden Gegenbeweises. Sinngemäß gilt dies auch für die Beurteilung von Sachverständigengutachten. Der Richter darf nicht im Ergebnis fremde Überzeugungen bzw. Begründungen übernehmen, ohne sie wirklich kritisch zu überprüfen; auch ohne eigene Sachkunde in dem speziellen Fachbereich muss er das Gutachten zumindest *verstehen* und auf Plausibilität und Stimmigkeit überprüfen, ebenso im Hinblick auf die Einwände der Parteien, die er dem Gutachter vorzulegen hat. Ein Gradmesser für die Qualität eines Gutachtens besteht im Übrigen darin, wie überzeugend und nachvollziehbar der Sachverständige mit derartigen Einwänden umgeht.

4. Der Inbegriff der Verhandlungen

Der Grundsatz der freien richterlichen Beweiswürdigung meint mehr, als er vermuten lässt. Der Sachverhalt, der gesamte Inhalt der mündlichen Verhandlungen, ist gemäß § 286 Abs. 1 S. 1 ZPO zu würdigen, nicht nur das Ergebnis einer Beweisaufnahme. Über das Ergebnis der Beweisaufnahme wiederum entscheidet das Gericht gemäß § 261 StPO nach seiner freien, aus dem Inbegriff der Verhandlung geschöpften Überzeugung. Der „Inbegriff der Verhandlung“ – wie es in § 261 StPO plastischer als in § 286 ZPO heißt – besagt zweierlei: Der Richter muss alles berücksichtigen, was im Zusammenhang mit der mündlichen Verhandlung zutage gefördert wird. Er darf aber auch nichts anderes berücksichtigen, insbesondere keine Tatsachen, die von keiner Partei behauptet worden sind und von denen auch nach allgemeiner Lebenserfahrung nicht ausgegangen werden kann. Ob sein privates Wissen unverwertbar ist, erscheint fraglich (dagegen *Schneider* Beweis Rn. 21). Jedenfalls muss der Richter die Parteien entsprechend informieren und ihnen Gelegenheit zur Stellungnahme (rechtliches Gehör) gewähren. Unproblematisch verwertbar ist die Sachkunde über allgemeine Fragen der Technik, Wissenschaft oder der Lebenserfahrung. Wenn der Richter diese noch nicht besitzt, darf er sie sich auf beliebige Weise außerhalb der Verhandlung verschaffen. Er kann sich zwar auch eines Sachverständigen bedienen; aber er muss es nicht, wenn er genügend eigene Sachkunde hat oder diese zu erwerben sich nicht scheut. Insoweit handelt es sich nicht um individuelles (Zeugen-)Wissen, sondern um allgemein erwerbbare Sachkunde. Allerdings verläuft die Grenze eigener verwertbarer Erkenntnis dort, wo sich das gesuchte Ergebnis nicht unmittelbar aus der Literatur entnehmen lässt, sondern einer Auswertung bedarf, die ihrerseits wieder fachliche Kenntnisse voraussetzt (vgl. *BGH* VersR 1977, 819ff.). Der Richter hat in der Praxis letztlich nur dann die – seltene – Möglichkeit, ohne Sachverständigen auszukommen, wenn er erkennbar macht, dass er über eigene Fachkenntnisse zum Beweisthema verfügt.

Zulässig, ja sogar empfehlenswert ist es z.B., wenn der den Verkehrsunfall entscheidende Richter sich den Unfallort ansieht. Ich habe mir auch schon die Bausituation vor Ort bzw. Briefkästen an Häusern angesehen, um festzustellen, ob eine Zustellung tatsächlich – wie vorgetragen: *mangels eines Briefkastens* – unmöglich gewesen sei, etc. Natürlich sind auch insoweit die Parteien hierüber zu unterrichten und etwaige Ergebnisse und Schlussfolgerungen mit ihnen zu erörtern. Dies ist in vielen Fällen gerade die Stärke von Berufungskammern, die „ihren“ Sprengel aus eigener Anschauung bzw. Erfahrung kennen (etwa auch im Mietrecht bei der Beurteilung der Qualität einer Wohnlage). Im Übrigen ist es äußerst verfahrensfördernd, wenn Parteien und Anwälte merken, dass der Richter sich in dem Tatsachenstoff des Falles auskennt, sich buchstäblich ein eigenes Bild von dem Fall gemacht hat und weiß, wovon er spricht. Selbstredend muss der Richter sein Wissen an Erfahrungssätzen den Parteien mitteilen, wenn er es zur Grundlage seiner Entscheidung machen will. Mit anderen Worten: Er darf seine Spezialkenntnisse, über die sonst nur ein Sachverständiger verfügt, nicht stillschweigend verwerten, sondern muss sie ausdrücklich in den Rechtsstreit einführen, weil es sich nicht um offenkundige Tatsachen handelt.

Zum Inhalt der Verhandlung gehören namentlich auch alle Parteierklärungen, die sich in Schriftsätzen, Protokollen, im Tatbestand einer Vorentscheidung usw. finden, ferner z.B. Lichtbilder oder Skizzen. Die Vorschrift des § 286 Abs. 1 ZPO gestattet nämlich nicht nur die Verwertung des gesamten Prozessstoffes, sondern gebietet dies gerade (vgl. Thomas/Putzo/*Seiler* ZPO § 286 Rn. 6). Dies wird immer wieder übersehen, Parteierklärungen werden häufig lediglich „relationsmäßig" zur Kenntnis genommen, nach streitigem und unstreitigem Vortrag unterschieden, aber nicht im engeren Sinn „bewertet", weil man sich scheut, Aussagen ohne klassische Beweisaufnahme (durch Zeugen etc.) als richtig oder falsch bzw. überzeugend oder nicht überzeugend („Plausibilitätskontrolle!") zu bewerten. Zum Inhalt der Verhandlungen gehören aber sämtliche Behauptungen einer Partei, also auch solche, die unwahrscheinlich, widersprüchlich oder willkürlich erscheinen. Das Gericht darf deshalb nicht einfach darüber hinweggehen und sie unbeachtet lassen, sondern muss zuvor seine Zweifel und Bedenken mitteilen, damit die behauptende Partei sich dazu äußern und z.B. ihre Glaubwürdigkeitsargumente vorbringen kann; das Gericht hat diese Aussagen zu würdigen (vgl. näher → § 8 II. 7.).

Ein besonders markanter Verhandlungsinhalt ist die Prozessführung selbst. So kommt es etwa in Verkehrsunfallsachen immer wieder vor, dass die Ansprüche des Geschädigten an einen Dritten abgetreten werden und dieser dann Klage erhebt, um den Geschädigten als Zeugen präsentieren zu können. Sicherlich kann es im Einzelfall hierfür sachliche Gründe geben, etwa weil diese Zession ein Finanzierungsmittel darstellt. Es kann auch einfach darauf beruhen, dass der Geschädigte eine dem Gegner entsprechende Beweisstellung erlangen will. Aus einer solchen Prozesstaktik folgt beweisrechtlich noch nichts. Das wird jedoch anders, sobald für die Abtretung kein billigenswerter Anlass ersichtlich ist oder gar eine unlautere Absicht angenommen werden muss. In diesen Fällen ist bei der Beweiswürdigung das starke Eigeninteresse des Zeugen besonders zu berücksichtigen (Zöller/*Greger* ZPO Vor § 373 Rn. 5). Es gibt auch den umgekehrten Fall des „Zeugenabschießens", etwa durch Erhebung einer Widerklage gegen jemanden, der von der Gegenseite als Zeuge benannt worden ist. In diesen Fällen sollte das Gericht dieser Taktik keinen Raum geben und den „Nichtzeugen", der Partei (geworden) ist, von Amts wegen als Partei vernehmen und seine Bewertung auf Plausibilität und Glaubhaftigkeit der Aussage stützen, nicht aber auf die formale Frage der Zeugenstellung.

5. Die richterliche Überzeugung

Schwierig zu beantworten ist die sich in nahezu jedem Rechtsstreit stellende Frage, welcher Grad der Gewissheit erreicht sein muss, damit der Richter von der Wahrheit einer tatsächlichen Behauptung überzeugt ist. Eine absolute Gewissheit würde die menschliche Erkenntnisfähigkeit überfordern. Wer sich der Begrenztheit menschlichen Erkennens bewusst ist, wird nie annehmen, in dem Sinne zweifellos von der Existenz eines Vorganges überzeugt zu sein, dass ein Irrtum schlechterdings ausgeschlossen wäre (vgl. RGZ 15, 338). Deshalb setzt die Überzeugungsbildung des Gerichts keinesfalls eine mathematisch lückenlose Gewissheit voraus, sondern sie wird sich in aller Regel eher aus einer Häufung von Beweisargumenten ergeben.

Damit ist allerdings nicht gesagt, dass sich eine Beweiswürdigung nicht – soweit im Einzelfall möglich – mathematisch absichern lässt.

Die hiernach geforderte Wahrscheinlichkeit wird herkömmlicherweise in drei Graden abgestuft:

Erster Grad: Einfache Wahrscheinlichkeit

Sie wird – nur – verlangt bei der „Glaubhaftmachung“ (§ 294 ZPO). Deren Besonderheit besteht darin, dass sie an die Überzeugungsbildung des Richters weniger strenge Anforderungen stellt. Zwar gilt auch für sie die Vorschrift des § 286 Abs. 1 ZPO insoweit, als das Gericht sich seine Überzeugung unter Berücksichtigung des gesamten Inhaltes der Verhandlungen frei zu bilden hat. Jedoch genügt zur Glaubhaftmachung ein geringerer Grad der Wahrscheinlichkeit als beim (Voll-)Beweis; sie kann unter Umständen vom Richter schon auf Grund der Erklärung eines Betroffenen angenommen werden, wenn diese besonders einleuchtend erscheint. Im Übrigen darf sich der Beweisführer aller Beweismittel bedienen, auch der Versicherung an Eides Statt (§ 294 Abs. 1 ZPO). Auch durch Vorlage unbeglaubigter Ablichtungen kann im Einzelfall etwas glaubhaft gemacht werden. In den einschlägigen Fällen – namentlich bei den einstweiligen Verfügungen – ist die eidesstattliche Versicherung das ganz überwiegend vorkommende Beweismittel. Sie ist allerdings beweisrechtlich wenig wert, wenn sie, wie es in der Praxis leider ständig vorkommt, keine eigene Sachdarstellung enthält, sondern nur auf den Inhalt eines anwaltlichen Schriftsatzes Bezug nimmt und dessen Richtigkeit versichert, zum anderen, wenn sich auch der Antragsgegner – nur – auf seine eigene (widersprechende) eidesstattliche Versicherung beruft. Letztlich hat auch dann wiederum eine Gesamtwürdigung des Sachverhalts einschließlich der Abwägung aller Parteierklärungen etc. zu erfolgen. Dies schließt die Verwendung der üblichen Beweismittel nicht aus; jedoch ist eine Beweisaufnahme, die nicht sofort durchgeführt werden kann, unstatthaft (§ 294 Abs. 2 ZPO). Beweisanträge sind also nicht zu beachten, wenn ihnen nicht sofort – etwa durch die Vernehmung präsenter Zeugen – entsprochen werden kann. Vertagungen, um die Beweisführung zu ermöglichen, sind unzulässig.

Zweiter Grad: Hohe Wahrscheinlichkeit – „an Sicherheit grenzende Wahrscheinlichkeit“

Sie ist dann anzunehmen, wenn kein vernünftiger, die Lebensverhältnisse klar überschauender Mensch noch zweifelt. Wer den – vernünftigen – Zweifel überwunden hat, ist überzeugt. Der Weg vom Zweifel zur Überzeugung führt also zur hohen Wahrscheinlichkeit, die vernünftigen Zweifeln Schweigen gebietet, zum Bewusstsein dessen, dass das Wahrscheinliche gewiss sei. Diese „an Sicherheit grenzende Wahrscheinlichkeit“ genügt auch für den Sachverständigenbeweis. Ob es sich um das gewöhnliche Erkenntnisverfahren handelt oder um eine Verfahrensart, in der der Untersuchungsgrundsatz gilt, macht keinen Unterschied. Wird dieser Gewissheitsgrad nicht erreicht, dann steht die zu beweisende Behauptung nicht fest. Die bloße Möglichkeit oder einfache Wahrscheinlichkeit reicht deshalb nie zum Hauptbeweis aus. Diese Art der Wahrscheinlichkeit ist im Regelfall des Zivilprozesses zur Beweisführung erforderlich.

Dritter Grad: Sehr hohe Wahrscheinlichkeit

Es handelt sich hierbei um wenige Sonderfälle, in denen das Gesetz selbst eine besonders strenge Prüfung vorschreibt, vgl. §§ 319, 660 BGB: „offenbar unbillig“. Der „sehr hohe“ Wahrscheinlichkeitsgrad wird dort praktisch dadurch erreicht, dass nur naturwissenschaftlich abgesicherte Beweismittel als für die Überzeugungsbildung geeignet anerkannt werden, also vor allem Blutgruppengutachten und erbbiologische Ähnlichkeitsgutachten. Unzulässig wäre eine Begründung des Richters, es könnte eine statistische Ausnahme vorliegen, weshalb er nicht zu der entsprechenden Überzeugung gelangen könne. Das wäre eine Verkennung der Anforderungen, die an die Überzeugungsbildung gestellt werden dürfen.

Sonderfall: Die Bewertung der Zeugenaussage

Schwierig sind die alltäglich die Gerichte konfrontierenden Fälle, in denen darüber befunden werden soll, ob ein Zeuge gelogen hat. Die Wahrscheinlichkeit des Wahrheitsgehaltes seiner Aussage ist nicht quantitativ (numerisch) bewertbar, allenfalls qualitativ mit „ja" oder „nein", wobei es mathematische Maßstäbe, anhand derer das richterliche Urteil über die Glaubwürdigkeit des Zeugen bzw. die Glaubhaftigkeit seiner Aussage gefällt werden kann, nicht gibt; die Frage, wann der Richter überzeugt ist, lässt sich kaum definieren. Jedenfalls darf er die Verantwortung der Überzeugungsbildung nicht von sich weisen, darf ihr nicht ausweichen, weil keine objektive Gewissheit erreichbar sei, wenn den Umständen nach nur subjektive Gewissheit in Betracht kommt. Diese persönliche Gewissheit ist für die Entscheidung notwendig, aber auch genügend. Der Begriff der Überzeugung schließt die Möglichkeit eines anderen, sogar des gegenteiligen Sachverhalts begrifflich nicht aus; denn im Bereich der vom Tatrichter zu würdigenden Tatsachen ist der menschlichen Erkenntnis bei ihrer Unvollkommenheit ein absolut sicheres Wissen über den wirklichen Hergang verschlossen. Wichtig ist jedoch, dass der Richter den Tatsachenstoff ausschöpft und insbesondere kein wesentliches Parteivorbringen übergeht. Die Beweiswürdigung ist ein analytisches Vorgehen; deshalb muss – wie es auch § 286 ZPO vorschreibt – am Ende der Beurteilung des Beweissachverhaltes wieder eine ganzheitliche Betrachtung stattfinden, welche die einzelnen Beweismittel und deren Ergebnisse in Zusammenschau mit dem ganzen Fall und der Lebenserfahrung sieht.

6. Das Ergebnis der Beweisaufnahme

Das Kernstück eines Rechtsstreits ist häufig die Beweisaufnahme; in ihr sollen die zwischen den Parteien streitigen und für den Ausgang des Rechtsstreits erheblichen Tatsachenfragen geklärt werden. Am Ende einer Beweisaufnahme muss ein Ergebnis stehen. Dieses ist in § 286 Abs. 1 S. 1 ZPO ausdrücklich als Grundlage der Beweiswürdigung normiert: Hat die beweisbelastete Partei den Beweis für die Richtigkeit ihrer Behauptung erbracht oder eben nicht? In jedem Fall ist nach der vollständig (!) durchgeführten Beweisaufnahme der von den Parteien divergierend vorgetragene, „mehrschichtige" Sachverhalt nunmehr „einschichtig", folglich entscheidungsreif geworden; es gibt nun nicht mehr zwei (oder mehr) Sachverhaltsvarianten mit gleichrangigen Behauptungen, die noch der Aufklärung bedürften, sondern nur noch **einen,** in die Entscheidung des Gerichts gestellten Sachverhalt, mögen auch Fragen in tatsächlicher Hinsicht offen geblieben sein.

Beweis kann durch fünf Hauptbeweismittel (sogenannte „SAPUZ"-Formel) erhoben werden:

- Sachverständige
- Augenschein
- Parteivernehmung
- Urkunden
- Zeugen.

Sämtliche Hauptbeweismittel sind rechtlich grundsätzlich gleichrangig, faktisch und psychologisch bestehen erhebliche Wertunterschiede. Nach der neugefassten Vorschrift des § 284 S. 2 ZPO besteht nunmehr auch die Möglichkeit, dass das Gericht mit Einverständnis der Parteien die Beweise in der ihm geeignet erscheinenden Art aufnehmen kann. Dies kann z.B. die Einholung einer fernmündlichen Auskunft sein. Es kommt z.B. auch vor, dass ein Zeuge nach seiner Vernehmung dem Gericht schriftlich noch eine Berichtigung oder Ergänzung seiner Aussage übermittelt. Solche Äußerungen müssen zur Kenntnis genommen werden. Jedoch dürfen sie – ohne Zustimmung der Parteien – grundsätzlich bei der Beweiswürdigung nicht berücksichtigt werden, weil es sich um Bestandteile der Akten handelt, die nicht Gegenstand der mündlichen Verhandlung gewesen sind. Eine Verwertung ist nur nach nochmaliger Vernehmung des Zeugen gemäß § 398 ZPO möglich, es sei denn die Parteien stimmen der Verwertung der ihnen zugänglich gemachten schriftlichen (Ergänzungs-)Aussage zu.

Das Ergebnis einer Beweisaufnahme ist bei der Beweiswürdigung selbst dann zu berücksichtigen, wenn es Tatsachen enthält, die keine Partei vorgetragen hat, die also nicht Gegenstand der mündlichen Verhandlung waren; so kommt es z.B. bei Verkehrsunfällen regelmäßig vor, dass die Beweisaufnahme (etwa in Form des verkehrsunfallanalytischen Gutachtens) tatsächlich eine andere als die von beiden Parteien vorgetragene Geschwindigkeit des Pkw ergibt. Ebenso darf das Gericht aus der Beweisaufnahme bzw. aus deren Ergebnis Schlüsse ziehen, die keine der Parteien gezogen hat. Allerdings sind diese mit den Parteien gemäß § 279 Abs. 3 ZPO zu erörtern.

Es ist selbstverständlich, dass die Erklärungen von Zeugen oder Sachverständigen so hinzunehmen sind, wie sie abgegeben worden sind. Eine Verdrehung des Aussageinhalts, etwa um zu einem eindeutigen, „abgerundeten" Ergebnis zu gelangen, ist unzulässig und stellt einen schweren Verfahrensfehler dar. Davon zu unterscheiden ist das Recht und die Pflicht des Juristen, solche Erklärungen auszulegen, um ihren Sinn zu ermitteln. Auslegung ist keine Beweiswürdigung. Vor der Auslegung steht aber die Pflicht des Gerichts, die Beweispersonen zu möglichst eindeutigen Erklärungen zu veranlassen.

7. Das Parteivorbringen

Die Beweisaufnahme im eigentlichen Sinne mit ihren fünf Hauptbeweisformen sowie deren Ergebnis sind nicht alleiniger Gegenstand der Beweiswürdigung. Von wesentlicher Bedeutung ist namentlich das Vorbringen der Parteien, gleich ob es ihnen selbst günstig oder ungünstig ist. Häufig werden gerade bei noch fehlender Berufserfahrung die Erklärungen der Parteien zu wenig kritisch hinterfragt und stattdessen sofort die Fragen der Beweisbarkeit und der Beweiserhebung gestellt. Das Gericht muss aber auch die Glaubwürdigkeit der Partei (BLHAG/*Nober* ZPO § 286 Rn. 35) sowie die Parteierklärung selbst würdigen. Wenn auch die Widersprüchlichkeit im Verlauf des Vortrags einer Partei allein noch nicht zur Unschlüssigkeit führt, so ist aber jedenfalls besondere Vorsicht geboten (vgl. *BAG* NZA 1997,86); gibt es eine nachvollziehbare Erklärung für den Wechsel des Parteivorbringens oder liegt eine bloße „Anpassung" falschen Vortrages an den jeweiligen Verfahrens- oder Beweisstand vor (vgl. *BGH* NJW-RR 1995, 1340f.)? Gleichermaßen zu würdigen ist auch die Art, wie sich eine Partei äußert, wie sie ihrer prozessualen Wahrheits- und Förderungspflicht nachkommt. Auch das wahrheitswidrige Bestreiten oder Verschweigen entscheidungserheblicher Tatsachen ist verwertbar. Wie bedeutend im

Einzelfall (allein) die Würdigung von Parteierklärungen sein kann, möge ein eindrucksvolles **Beispiel** aus meiner Gerichtspraxis verdeutlichen:

Der 86 Jahre alte K verklagt seinen Neffen B auf Rückzahlung von zwei Darlehensbeträgen in Höhe von jeweils 5.000,– EUR.

Schriftliche Verträge existierten nicht, ebenso wenig gebe es Zeugen, B habe den Erhalt der Gelder zwar quittiert; er – K – könne die Quittungen aber nicht mehr auffinden.

B bestreitet, von K Gelder empfangen zu haben und weist die behaupteten Zahlungen an ihn einschließlich etwaiger Quittierungen „empört" zurück: K leide offenbar unter Senilität.

Im Verlaufe des Rechtsstreits findet K eine Quittung des B über den Erhalt einer Zahlung i. H. v. 5.000,– EUR. B beruft sich nunmehr darauf, diesen Betrag bereits seit längerem zurückgezahlt zu haben. Deshalb sei der Klageabweisungsantrag weiter richtig.

Auch ohne klassische Beweismittel kann bzw. muss die Bewertung der Parteierklärungen erfolgen. Die Behauptung des Klägers, dem Beklagten zwei Darlehen bewilligt zu haben, hat sich nach dem Auffinden der Urkunde zumindest für **ein** Darlehen als richtig erwiesen. Der anfängliche Vortrag des Beklagten, niemals von seinem Onkel Geld erhalten zu haben, war zumindest insoweit – unter Verstoß gegen § 138 Abs. 1 ZPO – nachweislich falsch; die „Korrektur" seines Vortrags, dieses Darlehen schon getilgt zu haben, überzeugt deshalb nicht. Die Würdigung der Gesamtaussagen ergibt vielmehr, dass kein Anhaltspunkt besteht, an der Redlichkeit des Klägers und damit an der Richtigkeit seiner (Partei-)Erklärung zu zweifeln, dem Beklagten auch das zweite Darlehen bewilligt zu haben. Der Beklagte, der erst auf Nachweis die Bewilligung **eines** Darlehens eingeräumt hat, kann nicht für sich beanspruchen, dass ihm im Hinblick auf die behauptete Erfüllung (die er als rechtsvernichtende Einwendung beweisen müsste) noch im Hinblick auf die Frage der Bewilligung des zweiten Darlehens gefolgt wird. Deshalb ist es bei der Würdigung der Parteierklärungen sachgerecht, den Beklagten zur vollständigen Rückzahlung – so wie beantragt – zu verurteilen! Im Übrigen hilft zur „prozessual sauberen Beweisführung" ggf. eine Parteivernehmung des K von Amts wegen gemäß § 448 ZPO weiter (vgl. hierzu → § 8. III. 5.).

Die mangelnde Substantiierung einer behaupteten bzw. bestrittenen Tatsache ist bei sachgerechter Würdigung des Parteivorbringens als unschlüssiger bzw. unerheblicher Parteivortrag zu werten. Etwas anderes gilt dann, wenn eine Partei mangels eigener Sachkunde nicht mehr Substanz vortragen und den Sachverhalt näher aufklären kann; dies gilt namentlich im Arzthaftungs-, aber auch im Baurecht. Kein nachteiliger Schluss darf auch aus dem sogenannten „hilfsweise Vorbringen" einer Partei gezogen werden; dieses ist prozessual zulässig. Wiederum unschlüssig bzw. unerheblich sind allerdings grundsätzlich einander widersprechende Behauptungen, die nicht in ein Eventualverhältnis gebracht werden. Allerdings muss der Partei Gelegenheit gegeben werden, ggf. ihren Widerspruch aufzuklären; auch eine Partei darf sich irren mit der Möglichkeit, ihren früheren Vortrag mit nachvollziehbaren Gründen zu berichtigen. Die in einem früheren Rechtsstreit aufgestellten Behauptungen einer Partei, die zum Gegenstand der mündlichen Verhandlung gemacht worden sind, dürfen ebenfalls gegen sie verwertet werden; jedenfalls kommt ihnen im Einzelfall eine Indizwirkung zu, sollten spätere Erklärungen hiervon ohne plausiblen Grund abweichen.

Im Einzelfall kann auch eine beweiserhebliche Tatsache auf Grund von tatsächlichen Erfahrungswerten bei Würdigung des gesamten Prozessstoffes als bewiesen angesehen werden. Insoweit ist jedoch Zurückhaltung geboten; es dürfen nicht vorschnell Schlussfolgerungen gezogen werden, die einer vermeintlichen Plausibilität entsprechen, bzw. Erfahrungssätze konstruiert werden, um sich die Mühe einer – förmlichen – Beweisaufnahme zu ersparen. Grundsätzlich muss bestrittenes Vorbringen im förmlichen Beweisverfahren bewiesen werden. Man darf nicht einfach den Angaben einer Partei folgen, weil sie z. B. vertrauenserweckender als die andere Partei erscheint.

Eine besondere, häufig unterschätzte Bedeutung kommt dem (Partei-)Geständnis zu. Dieses entfaltet gemäß §§ 288, 290 ZPO grundsätzlich Bindungswirkung. (Teil-)-Geständnisse sind keine Ausnahme. Man ist sich allerdings häufig nicht des Vorliegens eines Geständnisses bewusst. Es braucht aber nicht feierlich erklärt zu werden; in der Praxis reicht es, dass sich der Einlassung des Gegners ein zumindest konkludent zum Ausdruck gebrachter Geständniswille entnehmen lässt, vom Gegner behauptete Tatsachen nunmehr zuzugestehen bzw. nicht länger zu bestreiten. Häufig werden namentlich in der persönlichen (intensiven) Befragung der Parteien durch das Gericht in der mündlichen Verhandlung zuvor (aus anwaltlicher Vorsorge) bestrittene Tatsachen nunmehr unstreitig gestellt; meist ist nämlich gar nicht so viel streitig, wie Schriftsätze anfänglich erwarten lassen, weil sich die Parteien über viele tatsächliche Gegebenheiten und Sachverhaltsfragen einig sind. Der Streit bezieht sich oft nur auf wenige, aber durchaus entscheidungsrelevante Punkte. Tatsächlich darf man nicht vergessen, derartige Erklärungen mit Geständniswirkung umgehend zu protokollieren. Andernfalls setzt man sich dem Vorwurf des unrichtigen Tatbestandes aus. Natürlich kann sich die Geständniswirkung im Einzelfall auch aus einer Parteivernehmung ergeben. Gerade deshalb, weil das eigene Vorbringen der Parteien beweisrechtlich so wichtig ist, sollte man die Befragung der Parteien mit Sorgfalt durchführen, mag sie auch Zeit kosten. Niemand kann den Sachverhalt besser aufklären als die Parteien, die ihn „erlebt" haben. Deshalb bieten die Erklärungen vielfach maßgebliche Anhaltspunkte für die Wahrheit und Plausibilität der Aussagen. Das gilt insbesondere auch dann, wenn nach den Umständen des Falles eine faktische Beschränkung der Beweismittel eingetreten ist, etwa weil es keine Zeugen, Urkunden etc. gibt.

Im Übrigen macht es auch zur Vorbereitung einer Beweisaufnahme Sinn, die Parteien ergänzend und klarstellend zum Sachverhalt zu befragen; sind die Zeugen bereits zu diesem Termin geladen worden und warten draußen, so reduziert sich eindrucksvoll die Möglichkeit abgesprochener Aussagen. Die Chance, die Wahrheit herauszufinden, erhöht sich. Der redliche Zeuge, der an dem Geschehen teilgenommen hat, wird auch ohne Kenntnis der in seiner Abwesenheit erfolgten Parteierklärung den Sachverhalt – zumindest im Wesentlichen – bestätigen können; der unlautere Zeuge wird über die auswendig gelernte Aussage hinaus die unmittelbar zuvor von der Partei zusätzlich erfragten Details – mangels eigener Kenntnis – nicht bekunden können. Ohne diese intensive Parteibefragung im Termin würde aber die Inkongruenz der Aussagen in diesen weiteren Punkten vermutlich gar nicht auffallen.

Nicht selten lässt sich der Sachverhalt erst aus dem „Zusammenspiel" von Zeugenaussagen und Parteierklärungen umfassend würdigen, vermag auch jeder Bestandteil für sich allein die Gesamtfeststellungen nicht zu tragen. Dies lässt sich wiederum anhand eines eindrucksvollen **Beispiels** aus meiner richterlichen Praxis verdeutlichen:

Der Kläger, der ein kleines Juweliergeschäft betreibt, nimmt die bei ihm als Aushilfskraft angestellte Beklagte zivilrechtlich auf Schadensersatz mit der Behauptung in Anspruch, sie habe ihm 25.000,– EUR entwendet. Zunächst habe sie ihm weisungsgemäß eine Geldtasche aus dem im Hinterzimmer des Ladenlokals befindlichen Tresor übergeben, weil er eine Forderung gegenüber dem im Ladenlokal anwesenden Zeugen Z habe begleichen wollen; zu diesem Zeitpunkt sei der gesamte Betrag noch in der Geldtasche vorhanden gewesen. Nachdem er – der Kläger – einen kleineren Geldbetrag aus der Tasche genommen und dem Z übergeben habe, habe er sodann die Beklagte gebeten, die Tasche in den Tresor zurückzubringen. Beim Zurücklegen der Geldtasche in den Tresor habe die Beklagte dann im nicht einsehbaren Hinterzimmer des Ladenlokals das in der Geldtasche vorhandene restliche Bargeld in Höhe von 25.000,– EUR entwendet.

Die Beklagte weist den Diebstahlsvorwurf anfänglich zögerlich, später aber vehement zurück und erklärt im Übrigen in Übereinstimmung mit dem Vortrag des Klägers, diesem weisungsgemäß die Geldtasche aus dem Tresor geholt und übergeben zu haben. Der Kläger habe der Tasche einen kleineren Geldbetrag entnommen, um die Forderung des im Ladenlokal anwesenden Zeugen Z zu begleichen. Darüber hinaus bestreitet die Beklagte jedoch, die Geldtasche anschließend wieder in den Tresor zurückgelegt und bei dieser Gelegenheit den restlichen, in der Tasche befindlichen Geldbetrag entwendet zu haben. Der Kläger habe ihr die Geldtasche anschließend nämlich nicht erneut ausgehändigt, sondern diese offenbar selbst wieder im Tresor verschließen wollen.

Die Kammer vernimmt den Zeugen Z. Dieser bestätigt, in dem Ladenlokal anwesend gewesen zu sein und das Geld vom Kläger erhalten zu haben, kann zur eigentlichen Diebstahlsfrage aber nichts aussagen. Er bekundet jedoch unter detaillierter Beschreibung des Sachverhalts glaubhaft, genau gesehen zu haben, dass der Kläger der Beklagten nach der Geldübergabe an ihn die Geldtasche mit der Bitte ausgehändigt habe, diese wieder in den Tresor zurückzubringen.

Die 2. Zivilkammer des LG Bochum hat die Beklagte antragsgemäß zur Schadensersatzleistung an den Kläger verurteilt. Sie ist – im ersten Schritt – dem glaubwürdigen Zeugen Z in seiner Aussage gefolgt, die Beklagte habe die Geldtasche nach der Bezahlung durch den Kläger zurückerhalten, um diese wieder in den Tresor zu bringen. An der Richtigkeit dieser Bekundung bestand kein vernünftiger Zweifel. Damit aber ist der Vortrag der Beklagten durch die Beweisaufnahme in einem entscheidenden Punkt widerlegt worden, nämlich in ihrer Behauptung, schon gar keine Gelegenheit mehr gehabt zu haben, noch einmal unauffällig – im Hinterzimmer des Ladenlokals – an die Geldtasche zu gelangen, um Geldscheine entwenden zu können.

Vor dem Hintergrund dieses Beweisergebnisses – Bekundung des Zeugen Z. – hat die Kammer sodann, gewissermaßen im zweiten Schritt, die Parteierklärung der Beklagten gewürdigt: irgendein nachvollziehbarer Grund für die zumindest in diesem Punkt widerlegte und damit falsche Erklärung war nicht ersichtlich, eine andere plausible Erklärung für das Abhandenkommen des Geldes gab es nicht.

Hinzu kam als dritter Schritt ein weiteres, für sich allein eher unbedeutendes Indiz, dass die Beklagte ohne plausible Begründung das Ladenlokal im Anschluss an den Besuch des Z. für ca. eine Stunde verlassen hatte.

Die Kammer war deshalb im Zusammenspiel aller vorgenannten Umstände von der Täterschaft der Beklagten überzeugt. Weiterhin bemerkenswert an diesem in tatsächlicher und zivilprozessualer Hinsicht ungewöhnlichen Fall war schließlich, dass die Beklagte die zunächst gegen das LG-Urteil eingelegte Berufung noch vor Erteilung eines Hinweises bzw. vor der Anberaumung eines Verhandlungstermins durch den OLG-Senat zurückgenommen hat.

8. Beigezogene Akten und behördliche Auskünfte

Aus der zivilprozessualen Verhandlungsmaxime folgt, dass das Gericht beigezogene Akten und behördliche Auskünfte nicht verwerten darf, wenn keine der Parteien sich auf sie bezieht. Deshalb darf der Protokollvermerk nicht fehlen, dass diese „Akten beigezogen und Gegenstand der mündlichen Verhandlung waren“, d.h. dass die Parteien auch hierüber verhandelt haben. Der Inhalt beigezogener Akten ist im Regelfall unstreitig. Es kommt aber vor, dass z.B. gewisse Erklärungen von Parteien bzw. Zeugen bestritten werden; dies lässt sich aber durch die Beiziehung der Akte – zu Beweiszwecken – klären. Zweifel können sich dann nur insofern ergeben, als die Bedeutung des Geschriebenen (Auslegung) oder die Echtheit eines Schriftstückes (Unterschriftsproblem) streitig wird. Die Auslegung obliegt dem Gericht (Rechtsanwendung, §§ 133, 157 BGB, für rechtsgeschäftliche Erklärungen), die Echtheitsfrage beantwortet sich nach den Regeln des Urkundenbeweises.

Der Grundsatz der Mündlichkeit und vor allem das Gebot der Gewährung rechtlichen Gehörs (Art. 103 Abs. 1 GG) gebieten, dass derartige Akten nur dann – als Sachvortrag bzw. zur Beweiswürdigung – verwertet werden dürfen, wenn das Gericht sie in die Verhandlung einführt. Urkunden von Behörden darf das Gericht jedoch ohne Parteiantrag anfordern (§ 273 Abs. 2 Nr. 2 ZPO) und auch ohne Zustimmung der Beteiligten verwerten. Im Zweifel empfiehlt es sich immer, dem Antrag auf Aktenbeiziehung zu entsprechen, schon um bei dem Beweisführer nicht den Eindruck zu erwecken, die Aufklärung des Sachverhaltes werde nicht gründlich genug betrieben. Ist die beigezogene Akte unergiebig, so ist damit kein Nachteil verbunden. Oft aber kommt es vor, dass solche vermeintlich unwesentlichen oder unergiebigen Akten bei genauerem Lesen aufschlussreiche Indizien zur Beweiswürdigung enthalten. Eine solche Chance für die Sachverhaltsaufklärung sollte der Richter nicht ungenutzt lassen.

9. Nachgereichte Schriftsätze

Wie mit Schriftsätzen zu verfahren ist, die nach Abschluss der mündlichen Verhandlung und vor Verkündung einer Entscheidung eingegangen sind, ist nicht unproblematisch.

Handelt es sich um einen ordnungsgemäß nach § 283 ZPO nachgelassenen Schriftsatz, dann ist er zu berücksichtigen. Die Mitteilung neuer Tatsachen begründet die gerichtliche Verpflichtung, sie dem Gegner zuzuleiten und ihm hierzu Gelegenheit zur Stellungnahme zu geben.

Handelt es sich um einen **nicht** nachgelassenen Schriftsatz oder um einen entgegen § 283 ZPO nachgelassenen, so ist er ebenfalls zur Kenntnis zu nehmen. Enthält der Schriftsatz wesentliches neues Vorbringen, das auf die Entscheidung von Einfluss sein kann, so darf sein Inhalt nicht – ohne rechtliches Gehör des Gegners (!) – verwertet werden (§ 296a S. 1 ZPO), und zwar auch dann nicht, wenn darin – nur – wesentliche neue **Rechts**ausführungen enthalten sind. Vielmehr ist die Wiedereröffnung der mündlichen Verhandlung (§ 156 ZPO) zu erwägen (§ 296a S. 2 ZPO). Sie ist aber nur dann geboten, wenn sich aus dem Vorbringen im nicht nachgelassenen Schriftsatz ergibt, dass das Gericht seiner richterlichen Fragepflicht aus § 139 ZPO oder gar seiner Hinweispflicht nach § 278 Abs. 3 ZPO nicht hinreichend gerecht geworden, der Prozessstoff deshalb auch nicht von vornherein – also vor der Schlussverhandlung – vollständig vorgetragen worden ist. Im Übrigen ist die Wiedereröffnung der mündlichen Verhandlung sachdienlich, wenn das neue Vorbringen eine Fehlentscheidung „sehenden Auges“ verhindern könnte, die bei Zugrundelegung eines unzutreffenden Sachverhaltes unvermeidbar wäre. Die Wiedereröffnung ist hingegen abzulehnen, wenn hinsichtlich des neuen Vorbringens die Voraussetzungen des § 296 ZPO gegeben sind.

Ist das neue Vorbringen ohnehin unsubstantiiert oder in der Sache unwesentlich, dann bleibt es unberücksichtigt. Enthält der Schriftsatz lediglich eine zusammenfassende Wiederholung des in früheren Schriftsätzen bereits mitgeteilten Tatsachenstoffes, so bestehen gegen seine Verwertung keine Bedenken. Soweit nachgelassene Schriftsätze verwertet werden, ist ihr Inhalt in den Tatbestand des Urteils aufzunehmen oder in Bezug zu nehmen. Wird die Verwertung eines nachgelassenen Schriftsatzes abgelehnt, weil er sich nicht auf eine Erwiderung beschränkt, sondern ganz neuen Prozessstoff enthält, dann ist ebenso zu verfahren und in den Entscheidungsgründen auszuführen, warum der Inhalt des Schriftsatzes unberücksichtigt bleibt. Die Überlegungen zu § 156 ZPO, namentlich auch die zur Ablehnung der Wiedereröffnung der mündlichen Verhandlung, werden praxisüblich – kurz (!) – im Urteil begründet. Denn die mögliche Verletzung rechtlichen Gehörs kann Gegenstand der Berufungsbegründung sein.

10. Die Bindungsfreiheit des Gerichts

In der Würdigung aller Umstände ist das Gericht grundsätzlich frei. Es ist nicht an Entscheidungen anderer Gerichte oder Behörden gebunden, ebenso wenig an Parteivereinbarungen. So sind z.B. Beweisverträge nichtig. Einfluss auf die Entscheidungsgrundlage können die Parteien nur dadurch nehmen, dass sie bestimmten tatsächlichen Behauptungen die Beweisbedürftigkeit nehmen, indem sie diese unstreitig stellen. Für eine Beweiswürdigung ist dann kein Raum mehr. Verträge mit Regelungen über die Beweislast bzw. -regelung dürften in entsprechender Weise hingegen nichtig sein.

Praxisrelevant ist immer wieder die Frage der Bindungswirkung strafrechtlicher Verurteilungen und der Wiederholung der dort durchgeführten Beweisaufnahme. Strafrechtliche Verurteilungen begründen keine Bindungswirkung im Zivilprozess. Das bedeutet, dass der Richter das Ergebnis einer Beweisaufnahme in einem anderen Verfahren grundsätzlich nicht übernehmen darf – es sei denn mit Zustimmung der Parteien –, sondern vielmehr nach dem Grundsatz der Unmittelbarkeit der Beweisaufnahme selbst die Beweise (neu) erheben muss. Ein anderes Verfahrensprotokoll bzw. eine andere Entscheidung kann lediglich im Wege des Urkundenbeweises verwertet werden, wobei dann der Beweis nur insoweit geführt worden ist, als der Zeuge in dem anderen Verfahren tatsächlich in der protokollierten Weise ausgesagt hat. Die Entscheidung in einem anderen Verfahren kann im Hinblick auf eine Beweisaufnahme jedoch eine gewisse **Indiz**wirkung entfalten, wenngleich der (alleinige) Vollbeweis insoweit nicht geführt werden kann. Allerdings kann diese Indizwirkung z.B. den Weg einer Parteivernehmung von Amts wegen begründen, der Richter insoweit seine endgültige Überzeugung gewinnen. Als Beispiel möge der praxisrelevante Fall dienen, dass ein Straftäter rechtskräftig – ggf. sogar nach Geständnis – im Strafverfahren verurteilt worden ist, im nachfolgenden Zivilprozess (etwa gerichtet auf Schadensersatz, Schmerzensgeld o.Ä.) nunmehr aber seine Tat leugnet. Der volle Beweis kann allein auf Grund der rechtskräftigen Verurteilung mangels Bindungswirkung nicht geführt werden. Die streitige Tatsache (z.B. der Schadensverursachung) ist aber durch das Strafurteil – Urkunde – jedenfalls „anbewiesen"; deshalb kann die Parteivernehmung der klagenden Partei von Amts wegen gemäß § 448 ZPO den Vollbeweis erbringen (vgl. → § 8 III. 5. unter b))!

Das erkennende Gericht ist nicht einmal an seine eigenen Feststellungen und Entscheidungen in Vorprozessen gebunden. Hat beispielsweise das Gericht eine Klage des A gegen B abgewiesen, weil B seine Verpflichtungserklärung wegen arglistiger Täuschung wirksam angefochten habe, so darf es sich im Schadensersatzprozess B gegen A ohne Rechtsverstoß auf den Standpunkt stellen, es fehle am Nachweis der Arglist. Dies mag auf den ersten Blick befremdlich erscheinen; es besteht aber kein Grund, dem Gericht eine bessere Einsicht deshalb zu versagen, weil inzwischen weitere Beweismittel geltend gemacht werden. Außerdem sind im Zweitprozess vielleicht andere Richter zur Entscheidung berufen.

Hat der Richter somit grundsätzlich in freier Überzeugung nach unmittelbarer Beweisaufnahme zu entscheiden, so gelten hiervon doch Ausnahmen: Die Gestaltungswirkungen behördlicher, insbesondere gerichtlicher Akten sind zu beachten. Die Tatsache, dass eine Ehe geschlossen oder geschieden ist, die Bewilligung oder Entziehung einer Konzession durch eine Verwaltungsbehörde, die strafrechtliche Verurteilung als solche und dergleichen dürfen nicht deshalb ignoriert werden, weil ein Dritter die Rechtslage, die zur Gestaltung geführt hat, anders beurteilen möchte. Bei der Berücksichtigung solcher Rechtsfakten wird nicht ein Geschehen bewertet, gewürdigt oder beurteilt – darin ist der Richter frei –, sondern es sind Lebensverhältnisse gestaltet und dadurch Veränderungen hervorgerufen worden, die zu konstatieren sind.

11. Die typisierte Beweiswürdigung

Es gilt der Grundsatz der freien richterlichen Beweiswürdigung. Nach § 286 Abs. 2 ZPO ist das Gericht nur in den durch die Zivilprozessordnung bezeichneten Fällen an gesetzliche Beweisregeln gebunden. Ihre Bedeutung liegt darin, dass sie ohne Rücksicht auf die Überzeugung des Gerichts bei Vorliegen bestimmter Voraussetzungen die Wahrheit oder Unwahrheit einer tatsächlichen Behauptung festlegen. Die Zivilprozessordnung kennt einige beim Urkundenbeweis: § 415 (Beweiskraft öffentlicher Urkunden über fremde Erklärungen); § 417 (Beweiskraft öffentlicher Urkunden über behördliche Erklärungen); § 418 (Beweiskraft öffentlicher Zeugnisurkunden); § 416 (Beweiskraft von Privaturkunden); § 438 Abs. 2 (Echtheitsbeweis für ausländische öffentliche Urkunden). Daneben gibt es eine Reihe von Beweisregeln für prozessuale Vorgänge, insbesondere zur Beweiskraft des Protokolls: § 165 ZPO, vgl. auch 357 Abs. 2 S. 2 ZPO. Ihnen liegt der Gedanke zugrunde, dass typisierende Regeln, die durch lange Erfahrung bestätigt worden sind und sich bewährt haben, der Wahrheitsfindung dienlich sind und Rechtssicherheit garantieren. Im Übrigen steigert die dem Richter heute eingeräumte Freiheit in der Beweiswürdigung zugleich seine Verantwortung für die Wahrheitsfindung. Zu beachten ist aber, dass in der Frage der Beweiserhebung durchaus Grenzen gesetzt werden (z.B. die Zurückweisung von Beweisanträgen, -einreden [§§ 282 Abs. 2, 296 Abs. 2 ZPO]; die Subsidiarität der Parteivernehmung [§ 445 ZPO]).

Ein wichtiger Punkt einer Beweiswürdigungsregelung besteht in der **Beweisvereitelung** durch den Beweisgegner. Es handelt sich dabei um Prozesssituationen, in denen der Gegner des Beweisführers durch Unterlassen von Mitwirkungshandlungen, z.B. Urkunden vorzulegen (!), Krankenakten ärztlich umfassend zu dokumentieren, Verstöße gegen Aufbewahrungsgebote oder gegen allgemeine Verhaltensgebote sowie gegen Berufspflichten die Ursache dafür setzt, dass die beweisbelastete Partei den Beweis nicht führen kann. Dem Gegner des Beweisführers wird dann untersagt, sich auf die Beweislücke zu berufen, weil er sich anderenfalls mit seinem eigenen Vereitelungsverhalten in einen Widerspruch setzen würde (Gedanke des venire contra factum proprium), jedenfalls wenn man ihm – wie im Regelfall – zumindest leichte Fahrlässigkeit vorwerfen kann, da die Beweisverhinderung auf einer Außerachtlassung der im Verkehr erforderlichen Sorgfalt beruhen dürfte, § 276 Abs. 1 S. 2 BGB. Insoweit reicht schon der entsprechende Anscheinsbeweis aus. Der Tatbestand der Beweisvereitelung bewirkt somit, dass der Beweisführer so behandelt wird, als habe er den Beweis geführt. Mit einer Umkehr der Beweislast hat dies – streng dogmatisch betrachtet – nichts zu tun, da vielmehr der Beweis von der beweisbelasteten Partei als geführt angesehen wird.

12. Beweisverwertungsverbote

Im Einzelfall kann eine Verwertung des Beweisstoffes unzulässig sein, weil er unrechtmäßig erlangt worden ist. In diesen Fällen verbietet sich grundsätzlich eine Pauschallösung; vielmehr ist jeder einschlägige Sachverhalt für sich allein aufzuklären. In den meisten Fällen wird ein rechtswidrig oder grundrechtswidrig erlangtes Beweismittel verwertbar sein; denn es gibt kein generelles Verwertungsverbot in der ZPO und auch nur wenige Vorschriften, die hierzu überhaupt

Aufschluss geben. Die Verstöße bei der Beweismittelbeschaffung lassen sich allgemein nach der Schwere des Eingriffs einteilen in Verstöße gegen ein einfaches Gesetz, gegen Grundrechte (ohne den Kernbereich des Persönlichkeitsrechts zu berühren) und gegen Grundrechte im absolut geschützten Kernbereich des Persönlichkeitsrechts. Diese dogmatische Aufteilung erspart aber nicht die Untersuchung eines jeden einschlägigen Sachverhalts auf seine Besonderheiten hin. Die für die praktische Rechtspflege wesentlichen Situationen werden deshalb im Folgenden einzeln erörtert.

a) Nötigung

Eine Partei nötigt einen Zeugen oder einen Gegner, von einem Zeugnis- oder Aussageverweigerungsrecht keinen Gebrauch zu machen. Dann kommt es für den Richter grundsätzlich nur darauf an, dass der Zeuge oder die Partei ausgesagt hat, ohne von dem Weigerungsrecht Gebrauch gemacht zu haben. Die ZPO sieht kein Verwertungsverbot vor. Natürlich ist die Aussage im Hinblick auf ihren Wahrheitsgehalt auch unter dem Gesichtspunkt ihres Zwanges zu würdigen.

b) Entwendete und erschlichene Beweismittel

Derartige Beweismittel sind verwertbar, da sie ja „richtig" sind, mag auch die Gegenpartei ertappt bzw. überführt worden sein, z.B. bei Liebesbriefen oder Photographien oder beim Auffinden unterschlagener Aufzeichnungen rein persönlicher Art. Etwas anderes mag bei einem rechtswidrig erlangten Tagebuch mit intimen Aufzeichnungen gelten, da durch die Verwertung selbst das Persönlichkeitsrecht verletzt würde.

c) Heimliches Mithören und Aufzeichnen von Gesprächen

Für heimliche Tonbandaufnahmen (zur Strafbarkeit siehe § 201 StGB) gilt ein grundsätzliches Verwertungsverbot wegen Verstoßes gegen das durch Art. 1; 2 Abs. 1 GG gewährleistete Persönlichkeitsrecht: die Verletzung würde durch Abspielen des Tonbandes im Prozess fortgesetzt. Nur bei Notwehr und Wahrung überwiegender Interessen – restriktiv auszulegen (!) – wird die Widerrechtlichkeit heimlicher Tonbandaufnahmen verneint werden können.

Häufig werden Zeugen präsentiert, die angeblich die entscheidende, nur fernmündlich getroffene Absprache „zufällig" mitgehört haben. Hat ein Dritter ein zwischen den Parteien geführtes Telefongespräch aber ohne Wissen des betroffenen Gesprächspartners mitgehört, etwa weil die Mithöranlage angeschaltet gewesen sei, so ist die Vernehmung des Dritten als Zeuge grundsätzlich unzulässig (*BVerfG* NJW 2002, 3619/3623). Ein Beweisverwertungsverbot besteht aber dann nicht, wenn der betroffene Gesprächspartner darauf hingewiesen wird, dass ein Dritter mithört (*BVerfG* NJW 2003, 2375); in der Praxis ist dieser Fall sehr selten.

Auch die Verletzung des Post- und Fernmeldegeheimnisses (§ 206 StGB) begründet ein Beweisverwertungsverbot. Eine unzulässige Telefonüberwachung nach § 100a StPO kann ebenfalls ein Verwertungsverbot begründen. Auch bei einer zulässigen Telefonüberwachung sind der Ermittlungstätigkeit der Strafverfolgungsorgane Grenzen gesetzt. Es dürfen zwar Maßnahmen vorgenommen werden, von denen zu erwarten ist, dass sie zu entsprechenden Telefongesprächen führen. Unzulässig ist es jedoch, „Hörfallen" zu stellen, z.B. indem ein Polizist eine falsche Identität vortäuscht.

d) Aussagegenehmigung

Wenn ein Beamter aussagt, obwohl versehentlich die Aussagegenehmigung nicht eingeholt worden ist (§ 376 ZPO), besteht kein Verwertungsverbot. Die mit der Genehmigung bezweckte Geheimniswahrung ist durch die Aussage hinfällig geworden. Es wäre sogar zu missbilligen, nunmehr noch die Sachverhaltsaufklärung hinter ein zwecklos gewordenes Genehmigungsverbot zurücktreten zu lassen.

e) Zeugnis- bzw. Aussageverweigerungsrecht

Einem Zeugen kann ein Zeugnis- und Eidesverweigerungsrecht (§§ 383–390 ZPO), einer Partei ein Aussage- oder Eidesverweigerungsrecht zustehen (§§ 446, 453 Abs. 2 ZPO). Beim Zeugen ist das Eidesverweigerungsrecht nur durch eine Analogie zu § 61 StPO zu begründen. Abgesehen von der Ausnahme in § 383 Abs. 2 ZPO ist im Gesetz keine Belehrung durch den Richter vorgesehen. Das Unterlassen der Belehrung ist deshalb auch keine Gesetzesverletzung; insofern sind Zivil- und Strafprozess nicht vergleichbar. Vor allem ist die Rechtsstellung einer Partei im Zivilprozess eine andere als die des Beschuldigten im Strafprozess, der vor Selbstbelastung und nachteiligen Folgen der Aussageverweigerung umfassend geschützt wird. Nach § 138 ZPO ist die Partei vielmehr zum wahrheitsgemäßen Tatsachenvortrag verpflichtet. Ebenso muss bei einer Vernehmung (§§ 451, 395 Abs. 1 ZPO) die Aussage wahrheitsgemäß erfolgen. Das Gericht ist nach § 446 ZPO berechtigt, je nach Umständen aus der Aussage- oder Eidesverweigerung nachteilige Schlüsse gegen die Partei zu ziehen.

Auch für die Personen, denen ein Zeugnisverweigerungsrecht kraft Amtes, Standes oder Gewerbes (§ 383 Abs. 1 Nr. 4–6 ZPO) zusteht, ist keine Belehrung vorgeschrieben. Die Aussage der in § 383 Abs. 1 Nr. 4–6 ZPO genannten Personen ist auch dann verwertbar, wenn das Gericht gegen § 383 Abs. 3 ZPO verstoßen hat. Ob die Verwertung der Zeugenaussage in diesen Fällen selbst dann zulässig ist, wenn der Zeuge sich nach § 203 StGB strafbar gemacht oder der Richter ihn zu seiner Aussage veranlasst hat, ist aber zweifelhaft; das Gericht soll sich schließlich nicht zum „Gehilfen" einer strafbaren Handlung machen.

Ein Zeuge kann von seinem Zeugnisverweigerungsrecht bis zum Abschluss der Vernehmung Gebrauch machen. In diesem Fall entsteht dadurch ein Verwertungsverbot. Auf eine abgeschlossene Vernehmung hat die Berufung auf ein Zeugnisverweigerungsrecht keine Wirkung mehr. Macht der Zeuge bei einer späteren Vernehmung, z.B. im Berufungsverfahren, von seinem Zeugnisverweigerungsrecht Gebrauch, so dürfen Vernehmungsniederschriften von seiner ersten Aussage im Wege des Urkundenbeweises in den Zivilrechtsstreit eingeführt oder bei der ersten Vernehmung anwesende Personen als Zeugen vernommen werden.

Anders verhält es sich aber, wenn Vernehmungsprotokolle eines Zeugen, der nicht über sein Zeugnisverweigerungsrecht nach § 383 Abs. 2 ZPO belehrt worden ist, verwertet werden sollen. Grundsätzlich besteht dann – auf Rüge (Zöller/*Greger* ZPO § 383 Rn. 21) – ein Verwertungsverbot. Nach § 295 ZPO wird der Verfahrensmangel der fehlenden Belehrung dann geheilt, wenn der Zeuge bei seiner erneuten Vernehmung nach ordnungsgemäßer Belehrung über sein Zeugnisverweigerungsrecht nunmehr zur Aussage bereit ist.

Bei der Parteivernehmung hat die ZPO keine Belehrung und kein Beweiserhebungsverbot (§ 383 Abs. 3 ZPO) vorgesehen, vgl. § 451 ZPO.

f) Falsche Vereidigung

Hätte ein Zeuge nicht vereidigt werden dürfen (§ 393 ZPO), so ist seine Aussage gleichwohl verwertbar. Sie ist dann – als uneidliche Bekundung – besonders zu würdigen.

g) Verletzung des Unmittelbarkeitsgebotes

Eine Verletzung des Gebots der Unmittelbarkeit der Beweiserhebung (§ 355 ZPO) stellt einen Verfahrensmangel dar. Diese Problematik hat sich durch die Neufassung des § 348a ZPO verschärft. Danach muss der Einzelrichter eine Sache ggf. auf die Kammer übertragen, § 348a Abs. 2 ZPO; was gilt aber für die Wirksamkeit einer bereits durchgeführten Beweisaufnahme? Diese dürfte grundsätzlich zu wiederholen sein, da die hinzugezogenen Richter an ihr nicht teilgenommen haben, insoweit z.B. die Glaubwürdigkeit des Zeugen nicht als Kammer beurteilen können (a.A. Zöller/*Greger* ZPO § 348a Rn. 10). Erst recht ist die Regelung in § 361 ZPO bedenklich, die es erlaubt, die Beweisaufnahme dem Berichterstatter als „beauftragtem Richter" zu übertragen. Problematisch ist auch der Fall, wenn die Gerichtsbesetzung während des laufenden Verfahrens wechselt. Dieser Fall ist mit der Übernahme des Rechtsstreits durch die Kammer vergleichbar (s.o.): die neue Besetzung darf keine Würdigung der bereits protokollierten Beweisaufnahme, an der sie selbst ja nicht mitgewirkt hat, vornehmen. Die Beweisaufnahme ist grundsätzlich zu wiederholen. In der Praxis kann aber mit Zustimmung der Parteien eine Verwertung der bisherigen – protokollierten – Beweisaufnahme gestattet werden. Dies bietet sich an, wenn die Glaubwürdigkeit des Zeugen, und damit der persönliche Eindruck, keine – nennenswerte – Rolle spielt, eine Bewertung allein anhand der protokollierten Aussage möglich oder aber eine Aussage ohnehin unergiebig ist. Gradmesser insoweit ist die Zustimmung der Parteien: haben diese keine Einwände, so spricht nichts gegen die Verwertbarkeit der bisherigen Beweisaufnahme.

Ebenfalls eine gewisse Relativierung der Unmittelbarkeit der Beweisaufnahme erfolgt durch § 128a Abs. 2 ZPO, der nunmehr die Vernehmung von Parteien, Zeugen und Sachverständigen im Wege der Bild- und Tonübertragung gestattet (sog. Videokonferenz). Dies ist in den Fällen sinnvoll, in denen etwa ein Zeuge begründete Angst davor hat, im Sitzungssaal mit einer der beiden Parteien zusammenzutreffen. Dieses Verfahren ist auf Antrag zulässig. Allerdings lässt sich das räumliche Zusammentreffen auch durch die mündliche Verhandlung als Videokonferenz vermeiden, § 128a Abs. 2 S. 3 i.V.m. Abs. 1 ZPO.

In meiner zivilrichterlichen Praxis habe ich dies selbst in einem Schmerzensgeldprozess einer minderjährigen Klägerin auf Grund sexuellen Missbrauchs durch den Beklagten erlebt und die Videokonferenz zum Zwecke der Parteivernehmung der minderjährigen Klägerin durchgeführt. Auch wenn die Unmittelbarkeit der Beweisaufnahme ein hohes Gut des Zivilprozesses darstellt, ist das Videoverfahren in derartigen Missbrauchsfällen nach pflichtgemäßem richterlichem Ermessen sinnvoll.

h) Zeugenvernehmung ohne Beweisantrag

Wird ein Zeuge versehentlich ohne Beweisantrag (§ 373 ZPO) bzw. über das konkrete Beweisthema hinaus vernommen, dann ist die Aussage verwertbar. Die Parteien haben nämlich, wenn es zur Vernehmung kommt, den Beweisbeschluss (§ 358 ZPO) gekannt und an der Vernehmung teilgenommen oder teilnehmen können. Die Erhebung des Beweises geschieht deshalb mit ihrer Billigung, es liegt gewissermaßen ein konkludenter Beweisbeschluss auf Grund eines konkludenten Beweisantrages vor. Ebenso ist es beweisrechtlich unerheblich, wenn Beweis erhoben worden ist, obwohl es an einem substantiierten Sachvortrag gefehlt hat, der den Beweisantrag hätte stützen können. Dies gilt auch im Falle des Ausforschungsbeweises. Auch in diesem Fall liegt der Fehler des Gerichts – nur – darin, dass es sich mit einem unsubstantiierten Beweisantrag begnügt. Das entscheidende Kriterium für die Abgrenzung zwischen einem korrekten Beweisantrag und einem Ausforschungsbeweis besteht darin, dass sich der Beweisführer durch seinen Ausforschungsbeweisantrag erst die Grundlage für substantiiertes Vorbringen schaffen will. In diesem Fall geht der Beweisantrag, wie man es auszudrücken pflegt, „ins Blaue hinein“, in der Hoffnung, der Beweisführer werde auf diese Weise ihm noch unbekannte Tatsachen erfahren, die er zur Stützung seines Anspruches vorbringen könne. Solchen Beweisanträgen ist nicht stattzugeben, woraus aber nicht zugleich ein Verbot folgt, eine verfahrenswidrig angeordnete und durchgeführte Beweisaufnahme zu berücksichtigen.

Fehlt es nur am Auslagenvorschuss (§ 379 ZPO), dann ist das für das gesamte Verfahren einschließlich des Beweisverfahrens gänzlich belanglos.

i) Partei als Zeuge

Schließlich kann es vorkommen, dass versehentlich eine Partei als Zeuge oder ein Zeuge als Partei vernommen wird. Maßgebender Zeitpunkt für die Parteistellung ist die Vernehmung, der nachträgliche Wechsel der Parteistellung bleibt außer Betracht. In beiden Fällen ist die Aussage verwertbar, es liegt aber keine Zeugenaussage vor: entweder handelt es sich um eine Parteierklärung der irrtümlich als Zeuge vernommenen Partei oder aber um eine Parteierklärung eines Zeugen, der als Partei gehört worden ist; die wahre Partei muss diese Aussage aber nicht gegen sich gelten lassen. Ggf. ist der Bekundende als Zeuge zu vernehmen, soll die Aussage „Zeugenqualität“, d.h. Beweiswert, erhalten.

Anders ist es hingegen, wenn eine Partei in eigener Sache lediglich auf Grund ihres Antrages (§ 447 ZPO) oder unter Verkennung der Beweislast (§ 445 ZPO) vernommen wird. Ein solcher Beweis darf nicht bei der Entscheidung bewertet werden, da es sich um ein im Gesetz nicht zugelassenes Beweisverfahren handelt. Wird über Feststellungen, die eine spezielle Sachkunde voraussetzen, ein Zeuge anstelle eines Sachverständigen gehört, so liegt darin eine mangelhafte Tatsachenfeststellung durch Nichterhebung des gebotenen (Sachverständigen-)Beweises.

j) Parteiöffentlichkeit

Nach § 357 ZPO ist es den Parteien gestattet, der Beweisaufnahme beizuwohnen. Sie müssen rechtzeitig vom Termin benachrichtigt werden. Geschieht das nicht und wird die Beweisaufnahme deshalb in Unkenntnis einer oder beider Parteien vom Gericht durchgeführt, so ist § 357 ZPO verletzt. Ein eigentliches Beweisverbot besteht damit aber noch nicht, weil die Parteien auf die Rüge des Verfahrensmangels verzichten können (§ 295 ZPO). Verzichten sie nicht, sondern verlangen sie die Wiederholung der Beweisaufnahme, so ist diesem Antrag zu entsprechen, Art. 103 Abs. 1 GG.

k) Nicht zugelassene Beweismittel

Wegen der geschlossenen Zahl der Beweismittel sind alle Feststellungen, die nicht mit diesen im Gesetz vorgesehenen und zugelassenen Formen der Beweiserhebung getroffen worden sind, unverwertbar. Deshalb darf der Richter auch nicht sein privates Wissen zur Entscheidungsgrundlage machen.

Von diesem Beweismittelausschluss ist die gesetzliche Beweismittelauswahl zu unterscheiden. Nach § 294 Abs. 2 ZPO ist zur Glaubhaftmachung keine Beweisaufnahme zulässig, die nicht sofort durchgeführt werden kann. Bleibt dies unbeachtet und wird etwa nach Erlass eines Beweisbeschlusses ein Zeuge vernommen, dann ist das zwar verfahrenswidrig, aber deshalb noch nicht die Verwertung eines gesetzlich nicht vorgesehenen Beweismittels. Da der Fehler die Wahrheitsfindung nicht nachteilig beeinflussen, sondern im Gegenteil nur fördern kann, ist der entgegen § 294 Abs. 2 ZPO erhobene Beweis zu berücksichtigen.

13. Das Verbot der Beweisantizipation

Es stellt einen gravierenden Verfahrensfehler dar, Beweise **endgültig** zu würdigen, bevor man sie nicht – **umfassend** – erhoben hat. Diese Gefahr ist nicht von der Hand zu weisen. Der Kläger hat beispielsweise zwei glaubwürdige, vor allem unabhängige Zeugen benannt, die vernommen worden sind und seine Behauptungen nachvollziehbar und detailreich bestätigt haben. Die Sachdarstellung des Klägers ist auch innerlich folgerichtig und passt sich in den Gesamtablauf des Geschehens ein. In dieser prozessualen Lage beantragt der Beklagte, gegenbeweislich seine Ehefrau zu vernehmen. Mit hoher Wahrscheinlichkeit wird sich am Beweisergebnis nichts ändern: gleichwohl **muss** die Ehefrau des Beklagten vernommen werden. Es ist nämlich nicht denkgesetzlich ausgeschlossen, dass sie eine Schilderung gibt, die das bisherige Beweisergebnis erschüttert – mag das auch äußerst unwahrscheinlich sein. Grob fehlerhaft wäre es, die Vernehmung mit der „Begründung" abzulehnen, durch die bereits vernommenen Zeugen sei der Beweis schon geführt worden, ein anderes Ergebnis folglich nicht zu erwarten. In diesem Stadium ist noch nicht der Zeitpunkt einer endgültigen Beweiswürdigung gekommen (vgl. oben den ersten Satz).

Es stellt sich allerdings die Frage, ob und inwieweit ein Beweisantrag zu berücksichtigen ist. Es muss zunächst ein prozessual ordnungsmäßiger und deshalb beachtlicher Beweisantrag gestellt worden sein. Erforderlich ist dazu, dass die unter Beweis gestellten Tatsachen so genau bezeichnet sind, dass das Gericht ihre Erheblichkeit prüfen kann. Bevor aus diesem Grund von der Beweiserhebung abgesehen wird, muss das Gericht aber gemäß § 139 ZPO den Beweisführer darauf hinweisen, dass und warum es sein Vorbringen für unzureichend hält. So verhält es sich auch umgekehrt, wenn das Gericht zunächst Beweis über bestimmte Tatsachen erhebt und dann ohne vorherigen Hinweis an die Parteien einen Sachverhalt zur Entscheidungsgrundlage macht, bei dem es auf die Beweiserhebung überhaupt nicht ankommt.

Manchmal kommt es vor, dass die Vernehmung eines Zeugen beantragt wird, dessen ladungsfähige Anschrift dem Beweisführer noch nicht bekannt ist („Beweis: Zeuge N.N."). Dieser Beweisantrag darf nur zurückgewiesen werden, wenn dem Beweisführer zuvor gemäß § 356 ZPO eine Frist gesetzt worden ist, innerhalb deren er die ladungsfähige Anschrift des Zeugen anzugeben hat. Verstößt das Gericht dagegen, dann darf es keineswegs die kurz vor oder im Termin zur mündlichen Verhandlung nachgeholte Mitteilung der Zeugenanschrift aus Präklusionsrecht (§ 296 Abs. 2 ZPO) zurückweisen und den Beweisantrag übergehen.

Der nicht weiter erläuterte „Antrag auf Aktenbeiziehung" beispielsweise ist kein ordnungsmäßiger Beweisantrag und darf deshalb zurückgewiesen werden. Im Übrigen hat keine Partei einen Anspruch darauf, dass tatsächliche Feststellungen unter

Voraussetzungen getroffen werden, die Schäden für Leib und Leben von Menschen einschließen.

Ist ein ordnungsmäßiger und erheblicher Beweisantrag auf Einholung eines Sachverständigengutachtens gestellt worden, dann kann der Beweiserhebung entgegenstehen, dass der Beweisführer den ihm auferlegten Auslagenvorschuss (§ 379 ZPO) nicht einzahlt. In diesem Fall muss das Gericht von sich aus prüfen, ob von Amts wegen ein Sachverständigengutachten einzuholen ist (§ 144 Abs. 1 ZPO). Es darf also der Beweisantrag nicht übergangen werden, ohne nicht zuvor auch diese Möglichkeit zu erwägen.

Zulässig ist z. B. ein Beweisantrag, wenn eine Partei zum Nachweis innerer Tatsachen bei einer bestimmten Person auch einen Dritten als Zeugen benennt. Dass sie diese Person nicht unmittelbar benennt, rechtfertigt keine Beweisablehnung. Dementsprechend darf die Vernehmung von Zeugen eines Verkehrsunfalls darüber, was nach dem Unfall zwischen ihnen und den Unfallverursachern erörtert worden ist, nicht mit der Begründung abgelehnt werden, die benannten Zeugen hätten den Vorgang selbst gar nicht wahrgenommen.

Ebenso muss z. B. einem Zeugenbeweisantrag stattgegeben werden, mit dem der Beweis geführt werden soll, dass ein Passus in einem Schriftvertrag von den Vertragschließenden übereinstimmend in einem bestimmten Sinne verstanden worden sei. Die Zurückweisung eines solchen Beweisantrages mit der Begründung, dieser Antrag sei unerheblich, weil das Gericht den Vertrag anders auslege, ist verfahrenswidrig, denn das Verständnis der Parteien von der Vertragsregelung ist zunächst *Tatsachen*ermittlung; erst nach deren Klärung kann die *rechtliche* Bewertung einsetzen.

Selbstverständlich darf die Unglaubwürdigkeit eines Zeugen bei der Beweiswürdigung berücksichtigt werden. Nur dürfen keine Erfahrungssätze zur Beweiswürdigung herangezogen werden („der Ehefrau des Beklagten ist wegen des Näheverhältnisses nicht zu folgen"), um von vornherein die Durchführung der Beweisaufnahme abzulehnen.

Die Ablehnung von Beweisanträgen zu erheblichen Tatsachen ist grundsätzlich unzulässig. Ist ein ordnungsmäßiger Beweisantrag zu beweisbedürftigen Behauptungen gestellt, dann muss ihm entsprochen werden. Das ist der Grundsatz. Als Ausnahme gilt der Fall, dass die Richtigkeit der unter Beweis gestellten Tatsachen bereits erwiesen ist oder zugunsten des Beweisbelasteten unterstellt wird, ebenso, wenn der Richter völlig wertlose und überflüssige Beweismittel heranziehen müsste. Deshalb darf der Tatrichter einen Beweisantrag ausnahmsweise ablehnen, wenn auch unter Berücksichtigung der bisherigen Beweisaufnahme jede Möglichkeit ausgeschlossen ist, dass die beantragte neue Beweisaufnahme Sachdienliches ergeben und die vom Gericht bereits gewonnene gegenteilige Überzeugung erschüttern könnte. Es muss somit von vornherein der völlige Unwert des Beweismittels ersichtlich sein (z. B. ein auf Blechschäden zu untersuchender Personenkraftwagen ist bereits verschrottet worden). Es darf sich aber hierbei nicht um eine voreilige, vorweggenommene Beweiswürdigung handeln.

In der Praxis verhält es sich fast immer so, dass die Durchführung der beantragten Beweiserhebung im Ergebnis zeitsparender und der Wahrheitsfindung dienlicher ist. Im Zweifel sollte dies stets beherzigt werden. Es ist jedenfalls immer unzulässig, einen Beweisantrag mit der Begründung abzulehnen, das Gegenteil sei bewiesen oder der Sachverhalt sei bereits genügend geklärt. Umgekehrt darf aber auch kein Gegenbeweis erhoben werden, wenn der Hauptbeweisführer selbst schon gar keinen Beweis angetreten hat.

Schwierigkeiten bereiten die Fälle, in denen eine Person als Zeuge benannt wird, die im Ausland wohnt. Gelingt es dem Beweisführer, diesen Zeugen „zu stellen", das heißt, ihn dazu zu bewegen, freiwillig vor dem deutschen Gericht zu erscheinen, dann ergeben sich keine Schwierigkeiten. Gelingt das nicht, dann kommt nur eine Zustellung im Ausland nach § 183 ZPO zur Vorladung vor dem deutschen Gericht in Betracht. Auch dann ist der Zeuge nicht verpflichtet, zur Vernehmung nach Deutschland zu kommen. Lehnt er das ab, so bleibt nur der Weg des § 363 ZPO, nämlich ein Ersuchen an die zuständige Behörde um die Aufnahme des Beweises im Ausland. Steht in diesem Fall von vornherein fest, dass ein solches Ersuchen aussichtslos ist, dann darf der Beweisantrag abgelehnt werden. Solange aber Aussicht besteht, dass der Zeuge sich doch bereit erklärt, vor einem deutschen Gericht zu erscheinen und auszusagen, oder dass dem Rechtshilfeersuchen im Ausland entsprochen wird, muss das Gericht tätig werden und darf den Beweisantrag nicht ablehnen. Dies gilt auch für den Fall, dass ein im Inland wohnender Zeuge nicht zum mündlichen Verhandlungstermin erscheint. Auch insoweit muss zunächst versucht werden, den Zeugen erneut zu laden, ggf. mit zwangsweiser Vorführung.

Auch bei der freien Schadensschätzung muss das Gericht um die Aufklärung des Sachverhaltes bemüht sein und versuchen, möglichst genau zu schätzen. Ist das nicht möglich, solange gestellte Beweisanträge nicht beschieden werden, dann ist das Übergehen dieser Beweisanträge willkürlich und auch nicht durch § 287 ZPO gedeckt.

Erlaubt ist eine – vorsichtige – Beweisantizipation im Verfahren auf Bewilligung von Prozesskostenhilfe. Dies ergibt sich daraus, dass nach § 114 ZPO Bewilligungsvoraussetzung nur die hinreichende Erfolgsaussicht der beabsichtigten Rechtsverfolgung oder Rechtsverteidigung ist. Dazu rechnet auch die vorgreifliche Beweisprognose. Aber insoweit ist Vorsicht geboten: im Regelfall verbietet sich eine vorweggenommene Beweiswürdigung nicht bekannter, sondern nur vermuteter Aussagen. Es darf aber z.B. zu Lasten der jeweiligen Partei berücksichtigt werden, wenn sich diese nur auf die Parteivernehmung des Gegners beruft und nicht zu erwarten ist, dass sich dieser im Sinne des gegnerischen Vorbringens einlassen wird. Entsprechende Vorsicht ist geboten und ein unter Umständen eine vorweggenommene Beweiswürdigung rechtfertigender Fall liegt vor, wenn ein Anspruch an eine dritte Person nur deshalb abgetreten wird, um den originär Anspruchsberechtigten als Zeugen „einsetzen" zu können.

Die freie Wahl des Beweismittels kann im Einzelfall bei gleichgerichteten Beweisanträgen bestehen: hat der Kläger z.B. Lichtbilder über die Örtlichkeit zu den Akten gereicht, die alle maßgeblichen Umstände erkennen lassen, dann braucht einem Beweisantrag auf Einnahme einer Ortsbesichtigung (Augenschein) nicht stattgegeben zu werden, wenn keine von den Lichtbildern abweichenden Beurteilungsmerkmale behauptet werden.

Besondere Regeln gelten für die Beweisantizipation beim **Indizienbeweis.** Er zielt nicht unmittelbar auf ein gesetzliches Tatbestandsmerkmal ab, sondern auf sekundäre tatsächliche Umstände, über die erst auf das Vorliegen eines erheblichen Tatbestandsmerkmales geschlossen werden soll. Vom gedanklichen Aufbau her handelt es sich deshalb um einen sogenannten **mittelbaren** Beweis. Seine Erheblichkeit hängt deshalb davon ab, ob die Schlussfolgerung, mit der der Beweis eines Tatbestandsmerkmales „vermittelt" werden soll, ihrerseits tragfähig ist. Wird das vom Gericht verneint, dann braucht es keinen Beweis zu erheben, sondern darf den antizipierten Indizienbeweisantrag ablehnen. Der Richter darf und muss bei einem Indizienbeweis vor der Beweiserhebung prüfen, ob der Indizienbeweis schlüssig ist, ob also die

Gesamtheit aller vorgetragenen Indizien ihn von der Wahrheit der Haupttatsache überzeugen würde. Deshalb ist es kein Verfahrensfehler, wenn der Tatrichter bei einem Indizienbeweis von einer beantragten Beweiserhebung im Zivilprozess deshalb absieht, weil die unter Beweis gestellte Hilfstatsache für den Nachweis der Haupttatsache nach seiner Überzeugung nicht ausreicht. Sie reicht dann nicht aus und ist also unerheblich, wenn das Indiz für sich allein und im Zusammenhang mit den weiteren Indizien sowie dem sonstigen Sachverhalt für den Richter nach seiner Lebenserfahrung nicht den ausreichend sicheren Schluss auf die beweisbedürftige Haupttatsache zulässt. Das ist keine verbotene vorweggenommene Beweiswürdigung. Nur für **erhebliche** Indiztatsachen gilt das Verbot der Beweisantizipation.

Es soll hier betont werden, dass die der Beschleunigung des Verfahrens dienende Vorschrift des § 495a ZPO nicht dazu führen darf, die Grundsätze des Beweisrechts aufzugeben. Lediglich die Beweismittel des Strengbeweises werden relativiert, es kann z.B. durch das Gericht auch eine fernmündliche Auskunft eingeholt werden (Zöller/*Herget* ZPO § 495a Rn. 10); aber selbstredend ist auch insoweit den Parteien diese Beweisermittlung einschließlich ihres Ergebnisses mitzuteilen und hierzu rechtliches Gehör zu gewähren. Dass in der Praxis gelegentlich anderweitige Tendenzen feststellbar sein mögen, ist mit der gesetzlichen Regelung jedenfalls nicht im Einklang.

Auch in allen anderen Verfahren ist nunmehr gemäß § 284 S. 2 ZPO die Erleichterung der Beweiserhebung möglich, wird jedoch an die Zustimmung **beider** Parteien geknüpft (→ § 8 III. 6.).

14. Die Schadensermittlung nach § 287 ZPO

a) Die Bedeutung der Vorschrift

Bei der Schadensermittlung im Zivilprozess wird dem Richter durch § 287 ZPO in der Tatsachenfeststellung ein Ermessensspielraum eingeräumt.

Die Bedeutung der Vorschrift ist zu beachten, denn nicht selten sind Feststellungen gemäß § 287 ZPO möglich, ohne von einer Beweisfälligkeit einer Partei auszugehen. Wenn auf diese Weise Feststellungen möglich sind, dann müssen sie auch getroffen werden. Aus der Ausdehnung des richterlichen Ermessens, um die Schadensermittlung zu erleichtern, folgt nämlich die Pflicht des Gerichts, unter Würdigung aller Umstände nach freier Überzeugung auch tatsächlich zu entscheiden. Es ist nicht zulässig, zu einem „non-liquet" mit der Begründung zu gelangen, ein sicherer Schluss sei nicht möglich. Nur wenn sich das Gericht trotz eingehender Auseinandersetzung mit allen für die Schätzung in Betracht kommenden Anhaltspunkten keine Überzeugung über die Höhe des Schadens oder einer Forderung bilden kann, darf es feststellen, dass ein Beweis nicht zu führen sei.

Bringt deshalb der Richter einen Fall in den Anwendungsbereich des § 286 ZPO, der unter § 287 ZPO passt, so wird er möglicherweise falsch entscheiden. Er wird nämlich dazu verleitet, wegen des Misslingens des Vollbeweises (§ 286 ZPO) gegen die beweisbelastete Partei zu entscheiden, obwohl er in Anwendung des § 287 ZPO ihrem Begehren wenigstens teilweise entsprechen müsste. Hierauf ist immer zu achten und in Beweislastfällen zu prüfen, ob nicht eine Schadensschätzung geboten ist. Tatsächliche Feststellungen im vereinfachten Verfahren nach § 287 ZPO sind auch dann statthaft, wenn die Führung des vollen Strengbeweises aus § 286 ZPO möglich wäre, die minuziöse Beweisführung jedoch unverhältnismäßig hohe Kosten verursachen würde.

b) Abgrenzung zu § 286 ZPO

In der Praxis sind die Anwendungsbereiche der Vorschriften der §§ 286 und 287 ZPO sauber voneinander zu unterscheiden. Differenzierungskriterium ist danach die haftungsbegründende im Gegensatz zur haftungsausfüllenden Kausalität.

Haftungsbegründend ist eine Ursachenreihe, die von der schädigenden Handlung bzw. Unterlassung zur Verletzung führt.

Zur Bejahung des Haftungsgrundes genügt es dabei schon, dass der Schädiger auf das Rechtsgut des Geschädigten in einer Weise eingewirkt hat, die nachteilige Folgen auslösen kann. Dabei ist die Feststellung der „Zurechnungszäsur" – welche Handlungen sind etwa dem Schädiger zuzurechnen? – im Strengbeweisverfahren nach § 286 ZPO zu treffen. Eine Schätzung nach § 287 ZPO ist insoweit nicht statthaft, weil es sich um den konkreten Haftungsgrund handelt.

Haftungsausfüllend ist eine Ursachenreihe, die von dem Verletzungserfolg zum Schaden bzw. zu der Entschädigung führt, die mit der Klage verlangt wird.

Zur haftungsausfüllenden und damit unter § 287 ZPO fallenden Kausalität gehört die Feststellung des Schadensumfangs, somit der konkret eingetretenen Schadenshöhe, zudem der Folgeschäden, die sich an den ersten (nach § 286 ZPO festgestellten) Verletzungserfolg anschließen.

c) Schadensersatzansprüche und andere Forderungen

Die Entscheidung „nach freier Überzeugung" ist zunächst bei Schadensersatzansprüchen möglich (§ 287 Abs. 1 ZPO). Von der Vorschrift darf selbstverständlich kein Gebrauch gemacht werden, wenn die Schadenshöhe unstreitig oder der streitige Sachverhalt unschwer aufzuklären ist. In solchen Fällen wäre ein Verfahren nach § 287 ZPO keine pflichtgemäße Ermessensausübung, sondern Willkür. Die Vorschrift soll in Zweifelsfällen eine angemessene Entscheidung ermöglichen, nicht dagegen den Richter von seiner Aufklärungspflicht freistellen. Die unverhältnismäßige Schwierigkeit oder Unmöglichkeit restloser Sachverhaltsaufklärung ist damit der Vorschrift des § 287 Abs. 1 ZPO immanent.

§ 287 Abs. 2 ZPO erklärt den ersten Absatz der Vorschrift mit Ausnahme der Vernehmung des Beweisführers auch in anderen vermögensrechtlichen Streitigkeiten für anwendbar, wenn über die Höhe gestritten wird und die vollständige Aufklärung unverhältnismäßig schwierig ist. Da auch bei Schadensersatzansprüchen die Aufklärung nicht einfach mit Hilfe des § 287 Abs. 1 ZPO übergangen werden darf, decken sich die Anwendungsbereiche im praktischen Ergebnis weitgehend. Forderungen, die nicht unter den ersten Absatz des § 287 ZPO fallen, werden regelmäßig dem zweiten zuzuordnen sein. In Betracht kommen zum Beispiel Minderungsansprüche, Forderungen auf Herausgabe einer ungerechtfertigten Bereicherung, Erfüllungsansprüche oder Geldrenten nach § 844 Abs. 2 BGB. Im Urteil kann in Zweifelsfällen meist offenbleiben, ob § 287 Abs. 2 ZPO anzuwenden ist. Für die Entscheidung wird die Einordnung in den seltensten Fällen erheblich sein. In dem Fall, dass die genaue und vollständige Aufklärung der Höhe der Forderung nicht nur unverhältnismäßig schwierig, sondern unmöglich ist, muss ebenfalls nach § 287 Abs. 2 ZPO verfahren werden.

Stets muss darauf geachtet werden, dass die Ausgangs- oder Anknüpfungstatsachen für den Schaden durch entgangenen Gewinn vom **Gericht selbst** festzustellen sind. Allerdings dürfte es nicht zu beanstanden sein, der Entscheidung Tatsachen zugrunde zu legen, die einem mit der Erstattung eines Gutachtens beauftragten Sachverständigen durch Einblick in die Schätzungsunterlagen zugänglich gewesen sind, soweit diese auch dem Gericht und den Parteien bekannt gemacht worden sind.

Zweifelhaft kann die Anwendbarkeit des § 287 ZPO werden, wenn sich im konkreten Fall die Feststellungen auf Grund und Höhe zugleich auswirken. Nur § 286 ZPO ist maßgebend, soweit es sich um die Feststellung der Tatsachen handelt, die für die Annahme eines Verschuldens des Geschädigten von Bedeutung sind. Die Verpflichtung zum Schadensersatz beruht in tatsächlicher Hinsicht darauf, dass ein bestimmtes Ereignis, durch das der Anspruchsteller betroffen worden ist, nämlich das schadenstiftende Ereignis, zu einem Schaden geführt hat. Ob ein solches Ereignis den Anspruchsteller tatsächlich getroffen hat, ist nach § 286 ZPO zu beweisen. Dass dieses Ereignis einen Schaden verursacht hat, somit der Kausalzusammenhang zwischen schadenstiftendem Ereignis und Schaden gegeben ist, ist nach der ständigen Rechtsprechung der Gerichte nach § 287 ZPO festzustellen.

Bei den unter § 287 Abs. 2 ZPO fallenden anderweitigen vermögensrechtlichen Streitigkeiten ist das Entstehen der Forderung – anders als in Absatz 1 der Vorschrift – nicht erwähnt, sondern nur der Streit über deren Höhe. Über die Höhe einer Forderung wird auch dann gestritten, wenn fraglich ist, ob betragsmäßig überhaupt etwas zu leisten ist. Bei gegebenem Haftungsgrund kann eine Zahlungspflicht natürlich auch dann entfallen, wenn sich der Schaden auf Null beläuft.

Kann sich der Richter auch auf Grund des ihm nach § 287 ZPO eingeräumten Ermessens nicht entscheiden, ob der Gesundheitsschaden einer Partei auf dem Unfall beruht, den sie erlitten hat, dann bleibt nur übrig, nach Beweislastregeln zu entscheiden.

d) Die Substantiierungslast

Eine Klageabweisung mangels hinreichender Substantiierung ist ausgeschlossen, soweit das Gericht zur Schätzung befugt ist. Auch die einzelnen Posten einer Schadensberechnung brauchen nicht angegeben zu werden; der Gläubiger ist vielmehr ebenfalls berechtigt, den Schaden oder die Höhe der Forderung zu schätzen. Jedoch ist er kraft seiner prozessualen Förderungspflicht gehalten, die Unterlagen nach Kräften beizubringen. Das Gericht darf und muss gemäß § 139 ZPO verlangen, dass die für die Schätzung erforderlichen Einzelheiten dargelegt werden. Die Beweiserleichterung des § 287 ZPO kommt einer Partei nicht zugute, die sich weigert, durch wahrheitsgemäße Angaben die Sachaufklärung zu fördern. Innerhalb des Anwendungsbereiches des § 287 ZPO gibt es grundsätzlich keine Beweislastentscheidungen (Zöller/*Greger* ZPO § 287 Rn. 1), es sei denn eine Partei kann oder will keine Tatsachen beibringen (*Wieczorek,* Zivilprozessordnung und Nebengesetze, 2. Aufl. 1976, § 287 Anm. D. II. b.; diff. Thomas/Putzo/*Seiler* ZPO § 287 Rn. 11). Bei der Beweiswürdigung darf sich der Richter bei der Bildung seiner Überzeugung aber mit einer geringeren Wahrscheinlichkeit begnügen; die richterliche Entscheidung ist nur und erst dann von der gesetzlichen Beweislastverteilung abhängig, wenn mangels greifbarer Anhaltspunkte eine Grundlage für die Überzeugungsbildung nicht zu gewinnen ist. Bei der Schätzung muss sich das Gericht ungeachtet aller ihm eingeräumten Ermessensfreiheit am konkreten Fallgeschehen orientieren. Einen angebotenen, mit verhältnismäßigen Mitteln möglichen, genauen Schadensnachweis darf er dem Kläger aber nicht zum Zwecke eigener Entlastung verwehren (*BVerfG* NJW 2010, 1870; *BGH* MDR 2002, 963 f.; Zöller/*Greger* ZPO § 287 Rn. 1).

e) Die Schätzung

Ziel jeder Schätzung ist unter Berücksichtigung aller wertbildenden Faktoren den tatsächlich aufzuwendenden Betrag so genau wie möglich zu erfassen. Bei der Schadensermittlung oder der Ermittlung der Höhe einer Forderung sind deshalb alle brauchbaren Tatsachen für die Schätzung heranzuziehen. Wenn eine Partei Unterlagen beibringt, die eine rechnerisch einwandfreie Ermittlung ermöglichen, ist auch die Schätzung entsprechend präzise vorzunehmen, es geht nicht um Auf- oder Abrundung von Summen! Ein solches Verfahren wäre keine einwandfreie Ausübung des Ermessens, sondern Willkür. Kann schon für eine Feststellung nach § 286 ZPO keine völlige, jeden Zweifel und jede Möglichkeit des Gegenteils ausschließende Gewissheit verlangt werden, so gilt dies umso mehr für die freie richterliche Überzeugung bei der Schadensschätzung nach § 287 ZPO. Die Ausübung des freien Ermessens enthebt den Richter aber nicht der Notwendigkeit, die schätzungsbegründenden Tatsachen, die sich ihm für die Schadensermittlung bzw. für die Feststellung der Schadenshöhe bieten, aus dem Parteivorbringen zu würdigen und seiner Schätzung zugrunde zu legen. Im Übrigen muss der Richter die Schätzungsgrundlagen auf Grund eigener Sachkenntnis selbst bewerten können; im Regelfall wird er z.B. den durch einen Unfallschaden bedingten Wertverlust (sog. merkantiler Minderwert) eines Kraftfahrzeugs nicht ohne Zuziehung eines Sachverständigen an Hand durchschnittlicher Erfahrungswerte schätzen können. Bei einem Anspruch auf Ersatz entgangenen Gewinns muss eine Lage festgestellt sein, bei der mit einem Gewinn überhaupt zu rechnen ist. Hierbei dürfen nur Tatsachen verwertet werden, von deren Eintritt der Richter überzeugt ist. Auch für eine Schätzung von Nebenkosten nach § 287 ZPO müssen tatsächliche Anhaltspunkte gegeben sein, wenn bei Schadensersatzansprüchen wegen Beschädigung eines Kraftfahrzeuges ein über den üblichen Auslagenpauschalbetrag von zurzeit 25,– EUR (Palandt/*Grüneberg* BGB § 249 Rn. 79) hinausgehender Betrag verlangt wird. Allerdings ist dies eher ein Problem der Substantiierung des Schadens als der Schätzung. Es zeigt sich somit, dass die Schätzung nach § 287 ZPO im Einzelfall recht schwierig sein kann. Liegen die Umstände des Falles so, dass überhaupt keine Schätzung möglich ist, dann muss davon abgesehen werden. Dies kann z.B. bei mehreren, voneinander getrennten Ursachenketten für einen Schaden der Fall sein: bestehen keine zuverlässigen Anhaltspunkte dafür, wie weit dieser Schaden auf die eine oder die andere Ursache zurückzuführen ist, dann dürfte eine Schätzung regelmäßig ausscheiden.

15. Der Anscheinsbeweis – Bedeutung und Struktur der Erfahrungssätze

a) Einführung

Eine im Gesetz nicht geregelte, aber praktisch außerordentlich bedeutsame Mittelstellung zwischen dem Beweiswürdigungsverfahren nach § 286 ZPO und der Schätzung gemäß freier Überzeugung nach § 287 ZPO nimmt der sogenannte **Anscheinsbeweis** ein. Man spricht auch vom Beweis des ersten Anscheins oder vom prima-facie-Beweis. Es handelt sich hierbei um eine konsequent praktizierte richterliche Beweiswürdigung auf Grund des ersten Anscheins (Saenger/*Saenger* ZPO § 286 Rn. 38; vgl. auch Zöller/*Greger* ZPO Vor § 284 Rn. 29), verknüpft mit der Besonderheit, dass der Richter sich dabei besonders zuverlässiger Erfahrungssätze bedient und auch die Erfahrungen des Lebens berücksichtigt, die bei typischen Geschehensabläufen auf bestimmte Ursachen hinweisen (vgl. *BGH* NJW 2004, 3623f.). Nur dann, wenn die Beweiskraft so stark ist, dass der Erfahrungssatz allein geeignet ist, eine tatsächliche Vermutung für einen bestimmten Geschehensablauf zu begründen, spricht man vom Anscheinsbeweis. Andere Erfahrungssätze, denen ein so starker Beweiswert nicht beizumessen ist, sind nur neben anderen Beweisgründen bei der Beweiswürdigung zu berücksichtigen. Der Anscheinsbeweis beruht auf den Sätzen der Lebenserfahrung bzw. den Erkenntnissen wissenschaftlicher Forschung, nach denen bestimmte Ursachen in aller Regel bestimmte Wirkungen erzeugen und umgekehrt bestimmte Wirkungen auf bestimmte Ursachen rückschließen lassen (vgl. MüKoZPO/*Prütting* § 286 Rn. 48). Auf eine allgemeine Formel gebracht, kann man das so ausdrücken:

Sachverhalt X löst regelmäßig – aber eben nicht immer und denknotwendig (!) – **Wirkung Y** aus.

Dabei ist Y in den weitaus überwiegenden Fällen ein Erfolg (Kausalität) oder ein Verschulden.

Der Anscheinsbeweis ist folglich zu erschüttern durch den Beweis der ernsthaften **Möglichkeit** eines anderweitigen (Kausal-)Verlaufs, wonach Sachverhalt X Wirkung Y *nicht* ausgelöst hat.

Wenn ein Pkw auf den vor ihm fahrenden Pkw auffährt, spricht die Vermutung dafür, dass der hintere Fahrer nicht rechtzeitig gebremst und deshalb den Verkehrsunfall verschuldet hat (vgl. *BGH* NJW-RR 1989, 670/671). Denn gemäß § 4 Abs. 1 S. 1 StVO muss der Hintermann einen so großen Abstand einhalten, dass er auch bei plötzlichem Bremsen des Vordermannes hinter ihm anhalten kann. Diese Vermutung ist aber erschüttert, wenn der Vordermann erst zeitlich kurz vorher die Spur gewechselt hat, da er in diesem Fall dem Hintermann den Brems- und Anhalteweg verkürzt haben kann (vgl. § 7 Abs. 5 S. 1 StVO; *LG Gießen* VersR 1997, 128/129). Ob eine Verschuldensvermutung für den grundlos abbremsenden Vordermann gilt, ist umstritten (dafür *KG* NZV 2003, 41/42; dagegen *OLG Köln* VersR 1974, 761). Richtig dürfte es sein, derartige Fälle wegen § 4 Abs. 1 S. 1 StVO nach allgemeinen Beweisregeln zu entscheiden.

Eine derartige Verschuldensvermutung gilt auch in den Fällen, in denen z. B. ein Pkw von der Straße abkommt (*KG* NZV 2003, 91) bzw. auf die Gegenfahrbahn gerät (*BGH* NJW-RR 1986, 383); insoweit kann die Vermutung aber z. B. dadurch erschüttert werden, dass der Fahrer beweist, dass sein Beifahrer ihm unkontrolliert ins Lenkrad gegriffen hat. Ein derartiger Beweis wiederum kann etwa durch eine gebrochene Lenkradspeiche geführt werden (berühmter Schulfall!).

In diesen Fällen ist nicht das Gegenteil der tatsächlichen Vermutung bewiesen, sondern nur die ernsthafte Möglichkeit eines anderweitigen Kausalverlaufs aufgezeigt worden; damit aber gelten nunmehr wieder die üblichen Beweisregeln. Lediglich bei *gesetzlichen* Vermutungen ist deren vollständige Widerlegung erforderlich (vgl. § 1006 Abs. 1–3 bzw. § 891 BGB).

Grundsätzlich gilt, dass der Richter Erfahrungssätze – ähnlich wie Rechtsnormen – von sich aus berücksichtigen muss, weil sie der Bewertung des Tatsächlichen (Beweiswürdigung) dienen. Keine Partei braucht sich darauf zu berufen oder Beweis dafür anzutreten, da es sich um allgemein bekannte Regeln handelt, die es nur zu erkennen gilt. Jeder Richter kann aus eigener Sachkunde über das Bestehen von Erfahrungssätzen entscheiden. Umgekehrt steht es dem Richter frei, wissenschaftliche Hilfsmittel beizuziehen, z. B. ein Sachverständigengutachten einzuholen, ohne dass eine Partei dies beantragt hat und ungeachtet des Widerspruchs einer Partei. Wer Erfahrungssätze bestreitet, äußert damit nur eine unrichtige Ansicht.

b) Die Anwendung der Erfahrungssätze

Die Anwendung eines Erfahrungssatzes setzt voraus, dass seine Voraussetzungen vorliegen, seien sie unstreitig oder jedenfalls bewiesen; anders formuliert: die Vermutungs**folge** ergibt sich erst dann, wenn der Vermutungs**tatbestand** feststeht. Um bei den obigen Beispielen zu bleiben: Es muss feststehen, dass tatsächlich ein Aufprall des Hintermannes auf den Vordermann erfolgt ist (§ 4 Abs. 1 StVO), um die Vermutungsfolge „Verschulden des Hintermannes" zu begründen; ein Seitenaufprall reicht nicht aus. Ist streitig, an welcher Stelle des Fahrzeugs genau der Aufprall erfolgt ist, so ist zunächst diese Frage zu klären und vom Kläger als vermeintlichem Anspruchsinhaber voll zu beweisen. Gelingt der Beweis des Vermutungs*tatbestandes* nicht, wird die Vermutungs*folge* von vornherein nicht begründet. Ist streitig, ob das Fahrzeug tatsächlich von der Straße abgekommen ist, muss zunächst hierüber (Voll-)Beweis erhoben werden.

Dies gilt auch für die gesetzlichen Vermutungen: Die Eigentumsvermutung des § 1006 Abs. 1 BGB knüpft an den feststehenden (Eigen-)Besitz an. Ist bereits dieser streitig, muss zunächst hierüber (Voll-)Beweis erhoben werden, um die Vermutungsfolge „Eigentum" zu begründen. Zu beachten ist, dass die Eigentumsvermutung sich im Rahmen des § 1006 Abs. 1 BGB zugleich auf die Vermutung der Eigenbesitzbegründung im Zeitpunkt der Besitzerlangung stützt (Palandt/*Herrler* BGB § 1006 Rn. 4). Im Werkvertragsrecht wird die Entgeltlichkeit der Werkleistung zwar grundsätzlich gemäß § 632 Abs. 1 BGB vermutet, aber nur den Umständen nach. Sind diese streitig (z.B. beruft sich der klagende Werkunternehmer auf einen üblichen Werkvertrag, der Beklagte hingegen auf eine – unentgeltliche – Nacherfüllungshandlung im Rahmen der Gewährleistung), so muss der Kläger zunächst die für die Entgeltlichkeit der Werkleistung sprechenden Umstände darlegen und beweisen (vgl. Palandt/*Retzlaff* BGB § 632 Rn. 20; BGHZ 136, 33).

Ist die Vermutungsfolge hingegen auf Grund des feststehenden Vermutungstatbestandes begründet worden, dann obliegt dem Gegner – bei einer tatsächlichen Vermutung – die Erschütterung der Vermutungsfolge, d.h. der **Beweis** der ernsthaften **Möglichkeit** eines anderweitigen Geschehensablaufes. Dies ist weniger als ein Gegenbeweis, weil die Vermutung nicht widerlegt zu werden braucht, sondern – nur – die ernsthafte Möglichkeit des atypischen Verlaufs bewiesen werden muss, z.B. dass unsichtbares Glatteis oder ein Lenkdefekt – tatsächlich vorhanden (!) – als verschuldensunabhängige Ursachen für das Abkommen des Fahrzeugs von der Straße in Betracht kommen. Ob diese Umstände tatsächlich kausal für das konkret eingetretene Geschehen waren, ist damit aber nicht gesagt. Die Vermutung jedenfalls ist erschüttert; jetzt gelten wieder die üblichen Darlegungs- und Beweisregeln.

Bei den – stärkeren – gesetzlichen Vermutungen reicht die Erschütterung, d.h. der Beweis der **Möglichkeit** einer Alternativursache, nicht aus; vielmehr ist vom Vermutungsgegner zu beweisen, dass die Vermutungsfolge unzutreffend ist. So kann bei § 1006 Abs. 1 BGB – neben der Möglichkeit, den Beweis zu führen, dass eine andere Person Eigentum erworben hat – z.B. die Vermutung der Eigenbesitzbegründung bei Besitzerwerb widerlegt werden: Ist nämlich bewiesen, dass der Beklagte jedenfalls im Zeitpunkt des Besitzerwerbs noch Fremdbesitzer auf Grund eines Leihvertrages war, dann ist die Vermutung des § 1006 Abs. 1 BGB (Eigentumsvermutung auf Grund Eigenbesitzbegründung im Zeitpunkt des Besitzerwerbs) widerlegt (vgl. Palandt/*Herrler* BGB § 1006 Rn. 4); es gelten nunmehr wieder die üblichen Darlegungs- und Beweisregeln für die Behauptung des Beklagten, er sei – etwa nach § 929 S. 2 BGB – Eigentümer der Sache jedenfalls im Verlaufe der Besitzzeit geworden.

Es ist deshalb nicht korrekt, von einer „Umkehrung der Beweislast“ durch den Anscheinsbeweis zu reden. Die Beweislastverteilung bleibt als abstrakte gesetzliche Regelung unverändert (vgl. Saenger/*Saenger* ZPO § 286 Rn. 39, jedoch mit der etwas unklaren Differenzierung, die Beweislast bleibe, nur die konkrete Beweisführungslast werde umgekehrt). Jedoch ist demjenigen, der die Voraussetzungen eines Erfahrungssatzes darlegt und beweist, der Beweis der Folge, die ein abstraktes Tatbestandsmerkmal der Anspruchsnorm setzt, gelungen. Die Frage, ob und wie dieser Beweis ausgeräumt werden kann, ist nicht anders als sonst zu beantworten: der Vermutungsgegner kann den Gegenbeweis – in der oben dargestellten Weise – führen.

Im Übrigen überwinden Erfahrungssätze aber auch Lücken im Tatsachenvortrag, und damit die Schwierigkeit, umfassend den zur Subsumtion unter eine Anspruchsgrundlage erforderlichen Tatsachenvortrag zu präsentieren: Wenn z.B. ein Fahrradfahrer einen Fußgänger, der wegen des Fehlens eines Bürgersteiges scharf links auf der Straße geht, von hinten anfährt und feststeht, dass der Fahrradfahrer betrunken war, so kann der Fußgänger als Anspruchsteller und Kläger hinreichend zum erforderlichen Verschulden vortragen, wenn er lediglich das Führen eines Fahrrades im trunkenen Zustand dartut. Wenn der Fahrradfahrer jedoch nüchtern war, dann fehlt jede konkrete Verschuldenstatsache. Der klagende Fußgänger kann solche Tatsachen nicht einmal i.S.d. § 138 Abs. 1 ZPO wahrheitsgemäß behaupten, weil er den Unfallhergang nicht wahrgenommen hat und auch nicht wahrnehmen konnte. Ihn jetzt an der Darlegungs- oder Beweislast scheitern zu lassen, liefe dem Gerechtigkeitsempfinden zuwider. Auch insoweit hilft der Erfahrungssatz weiter und überbrückt die Lücke in den tatsächlichen Feststellungen, weil der erste Anschein für ein Verschulden des Radfahrers spricht, wenn dieser einen Fußgänger, der mangels Bürgersteiges scharf links auf der Straße geht, von hinten anfährt.

Die breiteste Anwendung findet der prima-facie-Beweis hinsichtlich des Kausalzusammenhanges und des Verschuldens (i.d.R. handelt es sich um das Problem der Fahrlässigkeit).

Kein Raum besteht dort, wo es um individuelle Vorgänge geht, die erfahrungsgemäß von jedem Menschen nach verschiedenen, ihm besonders eigenen Gesichtspunkten behandelt werden, z.B. bestimmte Willenserklärungen, Motive und dergleichen. An der Typizität des Geschehensablaufs fehlt es deshalb, wenn über vertragliche Vereinbarungen gestritten wird, bei denen es auf die Umstände des Einzelfalles ankommt, z.B. auf die Frage, ob die Gewährung einer Architektenvergütung von einer Bedingung abhängig gemacht wurde oder ob ein Architektenvertrag einen bestimmten Auftragsumfang hatte. In solchen Fällen kann nur auf die für nicht typische Geschehensabläufe geltenden Grundsätze der allgemeinen Beweiswürdigung zurückgegriffen werden.

Probleme können sich ergeben, wenn mehrere typische Geschehensabläufe in Betracht kommen. Ist der Kläger z.B. gestürzt, weil entweder Glatteis oder aber Schnee auf dem Fußweg lag, und war der Beklagte nur zur Streuung bei Glatteis, nicht aber zur Schneeräumung verpflichtet, so muss der Kläger nachweisen, dass gerade dieser Umstand ursächlich gewesen ist, für den der Beklagte haftet. Es kommt nicht darauf an, ob die eine oder andere Möglichkeit nach den Erfahrungen des täglichen Lebens oder aus sonstigen Gründen eine größere Wahrscheinlichkeit für sich hat.

Denkbar ist auch ein **„Anscheins-Stufenbeweis“**. Dies verdeutlicht das folgende Beispiel: Auf einem freien Feld werden Kabel verlegt; beim Verlöten der Anschlussstellen wird ein Propangasgerät mit offener Flamme verwendet. Unmittelbar neben der Arbeitsstelle steht eine Scheune, in der Stroh lagert. Das Stroh gerät in Brand. Im Schadensersatzprozess geht es um zwei Fragen:

Wer hat den Brand verursacht? Problem der Kausalität?
Wer hat ihn zu vertreten? Problem des Verschuldens?
Augenzeugen fehlen.

Zunächst gilt der Satz: Wenn Stroh zu einer Zeit in Brand gerät, während der ein Propangasgerät mit offener Flamme in der Nähe Verwendung findet, so spricht der erste Anschein für die Benutzung des Geräts als Brandursache. Damit ist die Kausalitätsfrage beantwortet. (Es sei denn, diese tatsächliche Vermutung würde erschüttert!) Diese Antwort ist nunmehr bei der Beantwortung der weiteren Frage nach dem Verschulden als Voraussetzung zugrunde zu legen. Damit lässt sich nunmehr der weitere Erfahrungssatz rechtfertigen: Wenn jemand mit offener Flamme in der Nähe einer Scheune hantiert und das dort lagernde Stroh in Brand setzt, dann begründet dies den weiteren Anschein, dass er nicht sorgfältig, sondern fahrlässig gehandelt hat (Verschulden). Beide Streitfragen des Prozesses sind damit im Sinne des Klägers geklärt.

Deshalb ist zu beachten, dass man noch nicht sofort eine Beweislast-Entscheidung fällen darf, wenn man in einem Rechtsstreit zur Überzeugung gelangt, dass der konkrete Geschehensablauf unaufklärbar ist. Vielmehr ist stets zu prüfen, ob ein Anscheinsbeweis eingreift. Dabei darf man nicht der Gefahr unterliegen, der persönlichen Entscheidung auszuweichen und den bequemeren Anscheinsbeweis an die Stelle einer exakten, auf minuziöser Berücksichtigung aller Umstände beruhenden konkreten Beweiswürdigung zu setzen bzw. an die Stelle der richterlichen Überzeugung eine Mutmaßung treten zu lassen. Die Würdigung der **vorhandenen** Tatsachen des **wirklichen** Sachverhalts behält stets Priorität! Vor allem darf der Anscheinsbeweis nicht auf Beweisgegenstände, die ihm seinem Wesen nach (Typizität) unzugänglich sind, insbesondere auf einmalige, individuelle Tatsachen, Gegebenheiten oder Geschehensabläufe ausgedehnt werden.

c) Anscheinsbeweis und Indizienbeweis

aa) Die Abgrenzung beider Beweisarten

Der Indizien- oder Anzeichenbeweis, auch mittelbarer oder indirekter Beweis genannt, steht im Gegensatz zum sogenannten unmittelbaren oder direkten Beweis. Dieser ist geführt, wenn der Richter die Gewissheit vom Vorhandensein eines gesetzlichen Tatbestandsmerkmals ohne Vermittlung, also auf direktem Wege erlangt. Das geschieht allein bei der Einnahme eines Augenscheins. In allen anderen Fällen bedient er sich der Beweis„mittler“ oder Beweis„mittel“, d.h. Zeugen, Parteien, Sachverständigen und Urkunden.

An deren Stelle kann jedoch auch eine Tatsache treten, die ihrerseits den Schluss auf eine subsumtionsfähige Tatsache gestattet, also auf eine solche Tatsache, die sich mit einem abstrakten Tatbestandsmerkmal des Gesetzes deckt (Haupttatsache). Dann muss die sogenannte Indiztatsache, auch Hilfstatsache genannt, aber ebenfalls bewiesen werden, und zwar wieder mit einem der im Gesetz zugelassenen fünf Beweismittel: Augenschein, Urkunde, Zeuge, Sachverständiger, Partei. Es handelt sich also genau genommen um einen doppelt mittelbaren Beweis: zunächst muss die Indiztatsache bewiesen werden; sodann kann diese ihrerseits die Haupttatsache beweisen.

Ein **Beispiel** mag die vorstehenden Ausführungen verdeutlichen:

A verlangt von B Schadensersatz mit der Begründung, B habe ihm den Mantel zerrissen. B bestreitet, dass der Mantel des A einen Riss habe, überdies, dass gerade er den Schaden verursacht habe. In diesem Fall kann sich der Richter z. B. den Mantel zeigen lassen, um das Vorhandensein/Nichtvorhandensein des Risses festzustellen. Das ist ein unmittelbarer Beweis durch Einnahme eines Augenscheins. Im Falle der Verifizierung des Schadens kann er sodann Zeugen vernehmen, die etwas über die Schadensverursachung bekunden können, z. B. B habe einen Mantel beschädigt, man wisse nicht, welchen. Das ist ein mittelbarer Beweis. Zwischen die Überzeugungsbildung des Richters und die Beweistatsachen schieben sich die Aussagen der Zeugen. Diese vermitteln dem Richter die Vorstellung des Geschehens: Der Richter sieht mit den Augen der Zeugen. Ob er sich auf deren Sinne verlassen kann, muss er selbst entscheiden. Wenn ein weiterer Zeuge bekundet, er habe A und B zusammen gesehen, dann liegt – möglicherweise – ein Indizienbeweis vor. Es ist nunmehr sehr wahrscheinlich, dass der Richter zu dem zuverlässigen Schluss gelangt, dass die Beschädigung des Mantels nur durch B erfolgt sein kann.

Das Beispiel erhellt sogleich den Unterschied zwischen Anscheins- und Indizienbeweis. Der Indizienbeweis schließt von individuellen Sachlagen auf Haupttatsachen. Dabei müssen alle Einwendungen, die geeignet sein könnten, die Überzeugungskraft zu schwächen, abgewogen werden. Je weniger die einzelnen Indizien voneinander abhängen, desto mehr darf ihnen vertraut werden – vorausgesetzt, dass sie qualitätsmäßig Bedeutung haben. Überzeugungskräftig ist der Indizienbeweis dann, wenn andere Schlüsse aus den Indiztatsachen ernstlich nicht in Betracht kommen.

Der Anscheinsbeweis schließt dagegen von typischen, der individuellen Gestaltung entbehrenden Sachverhalten auf ein gesetzliches Tatbestandsmerkmal unter Übergehung subsumtionsfähiger Tatsachen. Im Einzelfall kann es schwierig sein, den Anscheinsbeweis vom Indizienbeweis – beide sind Vollbeweise – abzugrenzen. Der Indizienbeweis vermittelt oft höhere Wahrscheinlichkeit als der Anscheinsbeweis, weil er auf **konkreten** Gründen, der Anscheinsbeweis dagegen auf regelmäßig zutreffenden Annahmen, also **abstrakten** Gründen beruht.

Natürlich darf auch nicht vorschnell aus Indiztatsachen ein Schluss auf Haupttatsachen gezogen werden, ohne einen tragfähigen Erfahrungssatz zugrunde zu legen. Zudem müssen die zum Ausgangspunkt genommenen tatsächlichen Umstände (Hilfstatsachen) feststehen. Schließlich dürfen nicht weitere, ernst zu nehmende Schlussfolgerungen übersehen werden. Bei einer Beweisführung durch Indizien darf nicht jedes Indiz für sich gewertet werden, sondern es ist eine Gesamtschau und Gesamtwürdigung nötig. Das auffallende Zusammentreffen mehrerer für sich allein unergiebiger oder unscheinbarer Beweisanzeichen kann in der Gesamtschau eine andere Schlussfolgerung ergeben oder ermöglichen. Ungeachtet dieser notwendigen Gesamtschau ist aber die Tragfähigkeit jedes einzelnen Indizes abzusichern, damit die Gesamtwürdigung eine feste Basis hat.

Der Indizienbeweis hat in einigen Fallgestaltungen eine herausragende Bedeutung erlangt, insbesondere beim Nachweis eines „gestellten Unfalls" im Straßenverkehr und bei fingierten Kfz-Diebstählen. In den genannten Fällen ist ein unmittelbarer Beweis für den Versicherungsnehmer oft nicht möglich, z. B. weil außer den Parteien niemand beim Unfall zugegen war oder niemand den Diebstahl beobachtet hat. Dann ist der Versicherungsnehmer auf Beweiserleichterungen angewiesen. Diese finden ihre Rechtfertigung im Versicherungsverhältnis. Dem redlichen Versicherungsnehmer soll das Risiko der Erleidung von Vermögensschäden bei ungeklärtem Verschwinden des Versicherungsgutes bzw. ungeklärtem Unfallverlauf grundsätzlich abgenommen werden. Es reicht grundsätzlich, wenn er das äußere Schadensbild eines Diebstahls darlegt und beweist, i.d.R. das Abstellen des Fahrzeugs an einem bestimmten Ort und die spätere Feststellung, dass das Fahrzeug sich dort nicht mehr befindet. Da die Zahl der versuchten und erfolgreichen Betrugsfälle im Zusammenhang mit gestellten Unfällen und fingierten Kfz-Diebstählen mittlerweile so groß ist, hat die Rechtsprechung eine Fülle von **Indiztatsachen für einen gestellten Unfall** herausgearbeitet, z.B.:

- Beschädigung eines Luxuswagens,
- der angebliche Unfall soll während der Dämmerung oder Dunkelheit stattgefunden haben,
- der Vorgang hat sich an einem ruhigen Ort abgespielt,
- es gibt keine Zeugen,
- Schädiger und Geschädigter sind Bekannte,
- das Schädigerfahrzeug ist nahezu wertlos,
- das Schädigerfahrzeug hat eine hohe Betriebsgefahr, z.B. Lkw, Betonmischer,
- das Schädigerfahrzeug wurde kurz vorher – oft unter Abschluss einer Vollkaskoversicherung – angemietet,
- das Schädigerfahrzeug wurde für ein bestimmtes Vorhaben, z.B. Umzug, gemietet, dann aber doch nicht zu diesem Zweck gebraucht,
- Geltendmachung eines hohen Schadens, insbesondere des Anteils unfallunabhängiger Schäden,
- keine Hinzuziehung der Polizei,
- Vereitelung einer Fahrzeugbesichtigung, umgehender angeblicher Weiterverkauf,
- Schädiger gibt am Unfallort (entgegen seinen Obliegenheiten gegenüber seinem Versicherer) ein Anerkenntnis ab,
- Beteiligte sind einschlägig vorbestraft oder einschlägige Ermittlungsverfahren wurden eingestellt,
- die Unfallbeteiligten sind verschuldet,
- das Fahrzeug wurde finanziert,
- Vorschäden werden der Versicherung gegenüber verschwiegen,
- bei einer Besichtigung finden sich Lackspuren am beschädigten Fahrzeug, die nicht vom Schädiger-Kfz stammen können,
- es wurde ein Tacho mit geringerem km-Stand eingebaut,
- mindestens ein Beteiligter war innerhalb kurzer Zeit vorher in gleichartige Unfälle verwickelt oder hatte Ansprüche gegenüber seinem Kaskoversicherer geltend gemacht,
- der Schädiger macht im Deckungsprozess merkwürdige Geständnisse,
- die Unfallschilderung der Beteiligten ist wenig wahrscheinlich,
- die Unfallschilderung im Prozess deckt sich nicht mit den vor der Polizei gemachten Aussagen,
- Zeugen haben keine Erinnerung mehr.

Bei **fingierten Kfz-Diebstählen** sind häufig neben den vorgenannten die folgenden Indizien anzutreffen:

- das angeblich gestohlene Fahrzeug gehört zur Luxusklasse,
- das Fahrzeug wurde zur Nachtzeit oder während der Abenddämmerung abgestellt oder entwendet,
- der angebliche Tatort ist eine abgelegene Seitenstraße,
- vor dem Diebstahl wurde das Kfz beschädigt,
- der angeblich Bestohlene hatte vor dem Verschwinden des Wagens getrunken,

- Auffinden des Wagens bei einem wegen Kfz-Diebstählen beschuldigten Dritten, der von einem Unbekannten den Pkw mit Schlüsseln zu einem geringen Betrag erhalten haben will,
- das Kfz war vor seinem Verschwinden an Unfallserien beteiligt,
- am wiedergefundenen Fahrzeug finden sich keine Aufbruchsspuren, das Lenkradschloss ist unbeschädigt,
- zur Entfernung des Kfz wurde ein passender Zündschlüssel verwendet,
- die Fahrzeugschlüssel des Berechtigten können nicht vorgelegt werden,
- mehrere Personen fahren in zwei Pkws zum angeblichen Diebstahlsort, obwohl ein Wagen ausgereicht hätte,
- der Versicherungsnehmer befindet sich in schlechten wirtschaftlichen Verhältnissen,
- das Fahrzeug wurde finanziert,
- der angebliche Diebstahl von Fahrzeug oder Fahrzeugteilen ereignet sich unmittelbar nach Abschluss der entsprechenden Versicherung des Versicherungsnehmers,
- der Diebstahl wertvoller Zusatzeinrichtungen, insbesondere in alten Fahrzeugen, wird geltend gemacht,
- der Sachvortrag des Versicherungsnehmers ist widersprüchlich, ungereimt oder lückenhaft,
- der angeblich Bestohlene legt falsche Bescheinigungen oder fingierte Rechnungen vor,
- der Diebstahl wird erst nach Tagen gemeldet,
- Zeugenaussagen sind widersprüchlich,
- Zeugen sind einschlägig vorbestraft.

Wegen der Einzelheiten wird auf die Rechtsprechungsnachweise der einschlägigen Kommentierungen zum VVG verwiesen.

bb) Wichtige Anscheinssituationen

Ungeachtet dessen, dass der prima-facie-Beweis im Zivilprozess für jede tatsächliche Feststellung gültig ist, kommt er erfahrungsgemäß bei einer Reihe von Tatsachenbereichen besonders häufig vor. Im Folgenden werden deshalb praktisch besonders bedeutsame Anscheins-Situationen dargestellt.

Abbremsen (vgl. auch „Auffahren“)

Grundsätzlich hat sich der hinter einem anderen Fahrzeug befindliche Fahrer so zu verhalten, d.h. einen derartig großen Abstand zu dem vorausfahrenden Fahrzeug einzuhalten, dass er auch dann hinter ihm halten kann, wenn der Vorausfahrende plötzlich bremst, § 4 Abs. 1 S. 1 StVO. Insoweit spricht der Anscheinsbeweis für das Verschulden des Auffahrenden (*BGH* VI ZR 32/16).

Ob aber in Abweichung hierzu wegen § 4 Abs. 1 S. 2 StVO auch ein Anscheinsbeweis zu Lasten des *grundlos* abbremsenden Fahrers des vorausfahrenden Fahrzeugs spricht, ist zweifelhaft (dafür *KG* NZV 2003, 41/42; dagegen *OLG Köln* VersR 1974, 761). Richtig dürfte es in diesen Fällen sein, wegen des Grundsatzes des § 4 Abs. 1 S. 1 StVO nach allgemeinen Beweislastregeln zu entscheiden. Der Auffahrende muss sich somit entlasten und die Grundlosigkeit des Abbremsens des Vorausfahrenden beweisen. War der Abstand zu kurz, hatte aber zudem der Vorausfahrende grundlos abgebremst, kommt eine Schadensquotierung in Betracht.

Abkommen von der Fahrbahn

Der Anscheinsbeweis spricht bei regelwidrigem Abkommen von der Fahrbahn für ein Verschulden des Fahrers (*KG* NZV 2003, 91). Ein Kraftfahrer, der ohne ersichtlichen Grund auf die Gegenfahrbahn gerät und dort mit einem entgegenkommenden Fahrzeug zusammenstößt, ist nach den Regeln des ersten Anscheins nicht mit der im Straßenverkehr erforderlichen Sorgfalt gefahren (*BGH* NJW-RR 1986, 383). Er ist entweder zu schnell bzw. zu unaufmerksam gefahren oder er hat einen Fahr- bzw. Bedienungsfehler begangen. Bei Unfällen infolge Schleuderns auf die andere Fahrbahnseite wird ein Verschulden ebenfalls prima facie angenommen, selbst bei regennasser Straße. Der Straßenzustand spielt nämlich grundsätzlich keine Rolle, da der Fahrer mit einer den Verkehrsverhältnissen angepassten Geschwindigkeit zu fahren hat. An den Voraussetzungen des Anscheinsbeweises kann es jedoch im Einzelfall fehlen, wenn der Fahrer zur Nachtzeit bei – objektiv vorliegenden – ungünstigen Straßen- und Witterungsbedingungen von der Fahrbahn abkommt, sich somit die widrigen Umstände ungewöhnlich häufen. Fährt ein Fahrzeug gegen einen Straßenbaum oder gegen einen Begrenzungspfosten, dann spricht der erste Anschein ebenfalls für eine schuldhafte Verursachung des Unfalls durch den Fahrer.

Der häufig vorgebrachte Hinweis, durch ein entgegenkommendes Fahrzeug geblendet worden zu sein, vermag den Anscheinsbeweis nicht zu erschüttern. Erschüttert werden kann der Anscheinsbeweis jedoch durch den Nachweis, dass der Unfallfahrer durch ein ausscherendes Fahrzeug behindert worden ist oder ein Versagen technischer Einrichtungen des Fahrzeugs die Kursabweichung verursacht hat, ebenso, dass das Fahrzeug ohne warnende Anzeichen auf Glatteis gestoßen ist. Unfallkausal sind in solchen Situationen beispielsweise platzende Reifen, Bremsdefekte oder Schäden an der Lenkung, ggf. auch die Fahrbahn plötzlich überquerendes Wild.

Alkohol

Stößt einem betrunkenen Verkehrsteilnehmer ein Unfall zu, so ist in der Regel davon auszugehen, dass dieser auf einer alkoholbedingten Bewusstseinsstörung beruht. Voraussetzung für diesen Anscheinsbeweis ist jedoch, dass der Unfall sich in einer Situation und unter Umständen ereignet hat, die ein nüchterner Verkehrsteilnehmer hätte meistern können. Dies gilt gleichermaßen für Kraftfahrer, Fahrradfahrer und Fußgänger. Auch wenn bei einem verunglückten Kraftfahrer eine BAK festgestellt wird, die für absolute Fahrunsicherheit nicht ausreicht, kann nach den Regeln des Anscheinsbeweises auf das Vorliegen einer unfallursächlichen alkoholbedingten Bewusstseinsstörung geschlossen werden, wenn der Verunglückte seinen Unfall durch eine fehlerhafte Fahrweise herbeigeführt hat, die für einen unter Alkoholeinfluss stehenden Fahrer typisch ist.

Die abstrakte Möglichkeit, dass der Verkehrsunfall sich auch bei nüchternem Zustand ereignet hätte, reicht zur Erschütterung des Anscheinsbeweises nicht aus. Vielmehr bedarf es des Nachweises konkreter Tatsachen, dass auch ein Nüchterner die Gefahrenlage bei Anwendung üblicher Sorgfalt und Aufmerksamkeit nicht hätte meistern können. Erheblich sind somit das Versagen technischer Einrichtungen des Fahrzeugs oder plötzliche äußere Einwirkungen.

Anfahren vom Fahrbahnrand

Ereignet sich ein Unfall im fließenden Verkehr beim Anfahren vom Fahrbahnrand oder beim Zurücksetzen aus einem Parkstreifen auf die Fahrbahn, so spricht der erste Anschein für ein Verschulden des anfahrenden oder zurücksetzenden Fahrzeugführers. Der Gesetzgeber erachtet derartige Situationen als besonders gefahrenträchtig und statuiert deshalb erhöhte Sorgfaltspflichten, vgl. §§ 9, 10 StVO.

Aquaplaning

Bei starkem Regen muss jeder Kraftfahrer damit rechnen, dass er ins „Schwimmen gerät", weil seine Reifen die Bodenhaftung verlieren (Aquaplaning). Wer hierdurch ins Schleudern gerät, hat sich daher nach den Regeln des Anscheinsbeweises schuldhaft verkehrswidrig verhalten.

Arzt

Es gibt auf Grund der komplizierten bio-physiologischen Abläufe im menschlichen Körper keinen Anscheinsbeweis, dass der Arzt bei Misslingen eines Eingriffs trotz einwandfreier sachlicher Voraussetzungen irgendetwas „schuldhaft falsch" gemacht habe. Hat jedoch der Arzt einen Behandlungsfehler verschuldet, der nach medizinischer Erfahrung typischerweise die eingetretenen Schäden zur Folge hat, oder hat die ärztliche Behandlung einen Schaden zur Folge, der nach medizinischer Erfahrung typischerweise auf einen schuldhaften Behandlungsfehler zurückzuführen ist, so greifen die Grundsätze des Anscheinsbeweises ein. Der Arzt muss dann Tatsachen beweisen, dass die Möglichkeit eines anderen Ursachenzusammenhangs besteht. Kommen aber für den Gesundheitsschaden mehrere Ursachen in gleicher Weise in Betracht, so sind die Grundsätze über den Beweis des ersten Anscheins nicht anzuwenden. Es obliegt dann vielmehr dem Geschädigten der Nachweis, dass gerade der Umstand, aus dem er die Ersatzpflicht des Beklagten herleitet, für den Schaden ursächlich war. Werden nach einer Operation Arterienklemme, Tamponreste pp. in der Bauchhöhle des Patienten zurückgelassen, so spricht der erste Anschein für ein Verschulden des operierenden Arztes. Auch eine Nervenschädigung durch Anlegen eines Gipsverbandes spricht nach der Lebenserfahrung für einen ärztlichen Kunstfehler. Der Umstand allein, dass in einer Arztpraxis nach Verabreichung von Injektionen bei Patienten Infektionen aufgetreten sind, führt noch nicht zum prima-facie-Beweis eines ursächlichen ärztlichen Verschuldens. Setzt jedoch beim Patienten während oder sofort nach Verabreichung einer Injektion eine Lähmung ein, so ist nach medizinischer Erfahrung auf eine schuldhaft unsachgemäße Injektion zu schließen. Im ärztlichen Kunstfehlerprozess wird auch mit einer Umkehr der Beweislast gearbeitet. Bei *groben* Behandlungsfehlern, d.h. einem ärztlichen Verhalten, das nicht mehr verständlich erscheint, weil es einem Arzt schlechterdings nicht unterlaufen darf, findet i.d.R. eine Beweislastumkehr statt; der Arzt muss nunmehr die fehlende Kausalität des Fehlers für den konkret eingetretenen Primärschaden beweisen (Palandt/*Sprau* BGB § 823 Rn. 162).

Auffahren (vgl. auch „Abbremsen")

Fährt ein Kfz auf ein vorausfahrendes Kfz auf (**Heck**aufprall), dann spricht der Beweis des ersten Anscheins dafür, dass der Auffahrende die im Verkehr erforderliche Sorgfalt nicht beachtet hat, vgl. § 4 Abs. 1 S. 1 StVO (*BGH* VI ZR 32/16; *BGH* NJW-RR 1989, 670/671). Er gilt dagegen nicht, wenn ein Kraftwagen auf ein vor ihm befindliches Kfz *seitlich* auffährt, das sich z.B. gerade beim Abbiegen nach rechts in ein Grundstück befindet.

Der Anscheinsbeweis wird allerdings durch den bewiesenen (!) Spurwechsel des Vorausfahrenden erschüttert (*BGH* VI ZR 32/16.). Es muss somit feststehen, dass im raum-zeitlichen Zusammenhang zu dem Unfallgeschehen ein Fahrstreifenwechsel erfolgt ist; nunmehr kehrt sich der zunächst gegen den Auffahrenden sprechende Anscheinsbeweis zu Lasten des die Spur wechselnden Fahrers um, vgl. § 7 Abs. 5

StVO (*OLG Bremen* VersR 1997, 253; *OLG Celle* VersR 1975, 265; *KG* VRS Bd. 65 (1983), S. 189; *LG Giessen* VersR 1997, 128/129).

Die Regeln des Anscheinsbeweises gelten hingegen nur eingeschränkt, wenn eine Straßenbahn auf ein Kfz auffährt. Die Lebenserfahrung, die bei einem derartigen Unfallgeschehen für ein Verschulden eines Kfz-Führers spricht, kann für den Straßenbahnführer nicht gelten. Die Straßenbahn ist schienengebunden, hat einen erheblich längeren Anhalteweg, und der Straßenbahnführer darf darauf vertrauen, dass die für Straßenbahnen eingeräumten Vorrechte von Kfz-Führern beachtet werden. Sehr umstritten ist die Frage des Anscheinsbeweises bei Kettenzusammenstößen. Es dürfte wohl für jeden Auffahrenden in der Kette ein Anscheinsbeweis in Betracht kommen (*OLG Düsseldorf* DAR 1977, 186). Jedoch dürfte der in der Kette befindliche zweite Fahrer die tatsächliche Vermutung, dass er seinem Vordermann aufgefahren sei, bereits dadurch entkräftet haben, dass ihm ein nachfolgendes Fahrzeug aufgefahren ist (*OLG Nürnberg* DAR 1982, 329). Beim Anfahren am Berg dürfte die Vermutung des § 4 Abs. 1 S. 1 StVO nicht gelten, vielmehr der Anscheinsbeweis im Falle einer Kollision dafür sprechen, dass der vordere Wagen zurückgerollt ist.

Bahnübergang

Der erste Anschein spricht dafür, dass der Fahrer, der an einem ordnungsgemäß gekennzeichneten Bahnübergang mit einer Eisenbahn zusammenstößt, den Zusammenstoß durch grobe Fahrlässigkeit verschuldet hat. Schließen die Schranken rechtzeitig und ordnungsgemäß, so ist davon auszugehen, dass ein Verunglückter nicht ohne sein Verschulden zwischen Schranken und Schienen vom Zug erfasst werden konnte.

Bauarbeiten

Wenn innerhalb kurzer Zeit nach Abnahme von Isolierungsarbeiten feuchte Stellen auftreten, spricht dies prima facie dafür, dass dies auf Mängel zurückzuführen ist, die bereits im Zeitpunkt der Abnahme vorlagen.

Beleuchtungsvorschriften

Der Beweis des ersten Anscheins spricht dafür, dass derjenige, der gegen Beleuchtungsvorschriften verstoßen hat, eine Bedingung für den nachfolgenden Unfall gesetzt hat – soweit sich der Unfall nach Hereinbrechen der Dunkelheit ereignet hat. Fährt ein Kraftfahrer auf ein unbeleuchtetes Hindernis auf, dann spricht der erste Anschein für eine schuldhafte Fahrweise, und zwar entweder dafür, dass der Auffahrende zu schnell gefahren ist, oder dafür, dass er es an der erforderlichen Aufmerksamkeit hat fehlen lassen, selbst wenn sich das unbeleuchtete Hindernis, z.B. ein abgestellter Pkw, kurz hinter einer Kurve befunden hat. Allerdings ergibt sich gleichfalls ein Anschein für ein Mitverschulden (Mitursächlichkeit) des Inhabers des unbeleuchteten Fahrzeugs.

Brand

Wenn Vorschriften zur Brandverhütung verletzt worden sind und an der Einrichtung, an der die Vorschriften nicht eingehalten wurden, ein Brand ausbricht, so weist dieses Geschehen auf die Verletzung der Vorschriften als Brandursache. Der Ausbruch eines Brandes nach der Vornahme von Schweißarbeiten deutet nach allgemeiner Lebenserfahrung auch dann auf die Schweißarbeiten als Brandursache hin, wenn der Brand erst einige Stunden nach Beendigung dieser Arbeiten hervorgetreten ist. Es ist eine Frage des Einzelfalles, ob ein Anscheinsbeweis dafür spricht, dass Zigarettenrauchen einen Brand verursacht hat. Dies kommt u.U. in Betracht bei einem starken Raucher, der vor dem Brand – mit brennender Zigarette – eingeschlafen ist. Diese typischen Umstände müssen aber nachweisbar sein. Der Anscheinsbeweis für eine Brandursache wird entkräftet, wenn die ernsthafte bzw. nahe liegende, vom typischen Geschehensablauf abweichende *Möglichkeit* einer anderen Brandursache durch konkrete, vollbewiesene Umstände dargetan und *bewiesen* ist.

Brandstiftung

Das Schwergewicht liegt in solchen Fällen nahezu immer auf *individuellen,* auf die Person des möglichen Täters gerichteten Umständen, die für den auf typisches Geschehen gegründeten Anscheinsbeweis belanglos sind. Praktisch ist damit die Feststellung der Brandstiftung durch eine bestimmte Person nur im Wege des Anzeichen- oder Indizienbeweises möglich.

Diebstahl

Der Versicherungsnehmer kann in der Regel den Beweis eines Diebstahls oder Raubüberfalls führen, indem er einen äußeren Sachverhalt nachweist, bei dem nach dem regelmäßigen und üblichen Verlauf der Dinge nach der Erfahrung des täglichen Lebens auf einen Diebstahl oder Raub zu schließen ist. Der Vortrag des Versicherungsnehmers muss allerdings ein Mindestmaß an Tatsachen enthalten, die das äußere Bild eines Diebstahls ergeben. Die bloße Meldung des angeblichen Diebstahls bei Polizei oder Versicherung reicht dafür nicht aus (*BGH* NJW-RR 1986, 1470). Bestehen Zweifel daran, dass eine äußerlich als Diebstahl erscheinende Tat gegen den Willen des Versicherungsnehmers begangen worden ist, dann greift der Anscheinsbeweis zugunsten des Versicherungsnehmers nicht ein. Vielmehr muss die Unfreiwilligkeit des Schadensereignisses in freier richterlicher Beweiswürdigung konkret anhand aller vorhandenen Indizien festgestellt werden. Vor allem zum fingierten Kfz-Diebstahl gibt es eine umfangreiche Rechtsprechung zum Anscheinsbeweis. Es ist nur eine Frage der Häufung und Bewertung der für und gegen die Sachverhaltsschilderung des Versicherungsnehmers sprechenden Indizien, um entweder einen Erfahrungssatz des täglichen Lebens annehmen zu können oder unterhalb dieser Schwelle im Rahmen des Vollbeweises durch den Versicherungsnehmer die Indizien zu würdigen (vgl. → c) aa) zu § 8 II. 15.).

Fußgänger

Ob und inwieweit ein Anscheinsbeweis gegen den Fußgänger bzw. den ihn anfahrenden Kraftfahrer spricht, ist eine Frage des Einzelfalles und regelmäßig von der Bewertung der individuell feststellbaren Umstände des Unfalls abhängig. Nicht selten geschieht es, dass Fußgänger auf Treppen stürzen. Bei den dann anzuwendenden Beweisregeln wird differenziert. Der Sturz eines Fußgängers in unmittelbarer Nähe einer Gefahrenquelle legt nach den Grundsätzen des Anscheinsbeweises den Schluss nahe, dass die verkehrswidrige Gefahrenquelle Ursache des Sturzes war. Der Umstand, dass ein Treppenbenutzer auf den Stufen der Treppe stürzt und hierbei Schaden erleidet, rechtfertigt jedoch dann nicht den Anscheinsbeweis für die Unfallursächlichkeit eines gefährlichen Zustands der Treppe, wenn die Möglichkeit nahe liegt, dass der Geschädigte allein durch Unachtsamkeit und Ungeschicklichkeit zu Fall gekommen ist; der bloße Treppensturz als solcher begründet also keinen Anscheinsbeweis (*BGH* VersR 1965, 520). Dies gilt auch für eine nass gewischte bzw. gewachste Treppe (*OLG Stuttgart* VersR 1965, 46) bzw. für den Fall, dass Bauarbeiten im Treppenhaus stattgefunden haben (Urteil des *LG Bochum* 2 O 39/04, n.v.).

Gebäudeschäden

Grundsätzlich begründet bereits das Schadensbild – z.B. die Decke stürzt ein – den Anschein der objektiven Pflichtverletzung, des Verschuldens und der Kausalität des Bauunternehmers, ggf. – bei Aufsichtsfehlern – auch des Architekten oder des Sonderfachmannes. Allerdings begründet nicht jeder Ausführungsfehler des Unternehmers zugleich den Anschein des Aufsichtsfehlers des Architekten (vgl. *Werner/ Pastor* Rn. 3061). Bei Sprengungen in der Nähe von Häusern kommt in der Regel kein Anscheinsbeweis in Betracht, dass hierdurch Gebäudeschäden verursacht worden sind, da für solche Schäden meist auch andere Ursachen nahe liegen, z.B. Fundamententsetzungen (*OLG Köln* VersR 1974, 177). Fällt ein in den Straßenraum hineinragendes Reklameschild herab, so ist prima facie davon auszugehen, dass es schuldhaft unzureichend befestigt worden ist. Die bloße Behauptung von Konstruktions- oder Materialfehlern dürfte zur Entkräftung des Anscheinsbeweises mangels Substantiierung nicht ausreichen.

Geschwindigkeit

Hohe Geschwindigkeit allein – ohne Überschreitung der zulässigen Höchstgeschwindigkeit – begründet noch keinen ersten Anschein für ein Verschulden. Auch die Tatsache, dass der Schädiger vor dem Zusammenstoß nicht rechtzeitig anhalten oder ausweichen konnte, spricht nicht zwingend für eine schuldhaft überhöhte Geschwindigkeit.

Grobe Fahrlässigkeit

Dazu, ob prima facie auf grobe Fahrlässigkeit oder Vorsatz geschlossen werden darf, dürften die Regeln des Anscheinsbeweises im Allgemeinen nicht geeignet sein, ebenso wenig für die Abgrenzung zwischen einfacher und grober Fahrlässigkeit. Sie begründen immer nur die Annahme des Verschuldens i.S.d. Fahrlässigkeit, wenn etwa ein Fahrer an einem ordnungsgemäß gekennzeichneten Bahnübergang mit einer Eisenbahn zusammenstößt oder wenn er ohne erkennbaren Anlass auf ein beleuchtetes Hindernis auffährt oder mit doppelter Höchstgeschwindigkeit fährt. Ist allerdings ein Kraftfahrer bei völlig übersichtlichen gefahrlosen Verkehrsverhältnissen am hellen Tag ohne jede Fremdeinwirkung mit seinem Wagen von der Fahrbahn abgekommen, dann spricht der erste Anschein für ein (grobes) Verschulden des Fahrers. Anders kann dies wiederum im Einzelfall sein, wenn der Fahrer bei Glatteis oder aber nachts von einer unbeleuchteten Fahrbahn abgekommen ist.

Gurtpflicht

Ein Anscheinsbeweis für eine Mitverursachung der Verletzungen durch Verstoß gegen die Anschnallpflicht kommt nicht in Betracht, wenn es sich um einen Frontalzusammenstoß bei hohen Geschwindigkeiten handelt. Möglich erscheint er bei leichteren Unfällen, z.B. im innerörtlichen Straßenverkehr sowie bei Unfällen mit günstigeren Aufprallwinkeln. Fällt der nicht angegurtete Geschädigte durch den Aufprall mit dem Kopf in die Windschutzscheibe seines Kfz, so ist bei dafür typischen Gesichtsverletzungen prima facie von einem Mitverschulden wegen Nichtanlegens des Sicherheitsgurts auszugehen.

Helmpflicht

Erleidet ein Kraftradfahrer, der ohne Schutzhelm fährt, bei einem Unfall Kopfverletzungen, vor denen der Schutzhelm allgemein schützen soll, so spricht der Beweis des ersten Anscheins für den ursächlichen Zusammenhang zwischen der Nichtbenutzung des Helms und den erlittenen Kopfverletzungen.

Linksabbieger

Stößt ein nach links abbiegendes Kraftfahrzeug mit einem entgegenkommenden Fahrzeug zusammen, dessen Fahrer geradeaus weiterfahren will, dann spricht auf Grund der erhöhten Sorgfaltspflichten des Linksabbiegers der Anscheinsbeweis für eine schuldhafte Verletzung des Vorrechts des Geradeausverkehrs (vgl. § 9 Abs. 1 StVO).

Mitverschulden

Die Feststellung eines für den Unfall ursächlichen Verschuldens des einen Unfallbeteiligten schließt die Annahme eines Mitverschuldens des anderen verletzten Unfallbeteiligten im Wege des Anscheinsbeweises nicht aus. Bei objektivem Verkehrsverstoß spricht der Anscheinsbeweis sogar für eine schuldhafte Mitverursachung.

Motorrad

Bei einem Motorradunfall spricht der erste Anschein für die Ursächlichkeit eines Fahrfehlers, wenn der festgestellte Unfallhergang für andere Ursachen (z. B. Verhalten anderer Verkehrsteilnehmer, Straßenzustand) keine Anhaltspunkte bietet. Prima facie ist von einem Verschulden des Fahrers auszugehen, wenn ein Kraftrad auf offener Straße gegen einen Baum fährt. Verliert ein Motorradfahrer beim Durchfahren einer Kurve die Gewalt über das Fahrzeug und kommt von der Fahrbahn ab, so begründet dies den Anscheinsbeweis für eine schuldhaft überhöhte Geschwindigkeit oder einen Fahrfehler.

Personenbeförderung

Erleidet ein Reisender beim Aussteigen aus einem haltenden Zug aus nicht geklärter Ursache einen Unfall, so können die Grundsätze vom Beweis des ersten Anscheins nicht zur Rechtfertigung der Annahme eines eigenen Verschuldens dienen. Jedoch spricht der erste Anschein für mangelnde Vorsicht, wenn jemand von der Plattform einer fahrenden Straßenbahn fällt. Wenn ein Fahrgast in einem normal anfahrenden Bus fällt oder beim Aussteigen stürzt, so spricht dies auf den ersten Anschein dafür, dass der Sturz auf mangelnde Vorsicht des Fahrgastes zurückzuführen ist, insbesondere auf die Missachtung der Verhaltensregeln, sich stets festen Halt zu verschaffen.

Postbeförderung

Im Zivilprozessrecht wird nach wie vor ein Anscheinsbeweis dahingehend verneint, dass ein zur Post gegebenes (Mahn-)Schreiben dem Adressaten auch zugegangen ist; der Absender behält die Beweislast dafür, dass der Zugang erfolgt ist. Dies gilt auch für Einschreibesendungen; ausreichend ist lediglich das *Einschreiben mit Rückschein.* Zwar geht nur ein sehr geringer Prozentsatz von Sendungen bei der Post verloren; der Anscheinsbeweis ist aber schon dann nicht geführt, wenn zwei verschiedene Möglichkeiten – hier Ankunft und Verlust – erfahrungsgemäß in Betracht zu ziehen sind, mag auch die eine wahrscheinlicher als die andere sein (vgl. BGHZ 34, 313). Die Argumentation des Bundesgerichtshofs ist aus pragmatischen Gründen überzeugend; mag sich auch statistisch lediglich eine Verlustwahrscheinlichkeit von 0,000633 % ergeben, der Verlust eines Briefes somit die große Ausnahme sein, so ergäben sich bei Annahme eines Anscheinsbeweises in der Praxis ungeahnte Schwierigkeiten: der vermeintliche Absender bräuchte nur einen Zeugen für den Einwurf eines Briefes in den Briefkasten zu benennen – eine nahezu kaum widerlegbare Beweisführung –, um schon den (Anscheins-)Beweis für den Zugang geführt zu haben, obwohl tatsächlich überhaupt kein Briefeinwurf erfolgt wäre. Die

Anzahl der Mahnschreiben etc. würde sich auf wundersame Weise potenzieren. Es ist technisch einfach und vielleicht für manchen Kläger oder Beklagten verlockend, nachträglich eine Briefkopie anzufertigen und zu behaupten, das Original sei im frankierten Umschlag an einem bestimmten Tag in den Briefkasten geworfen worden.

Radfahrer

Auch bei einem Radfahrer spricht der erste Anschein für ein Verschulden, wenn er auf die linke Straßenseite gerät und mit einem entgegenkommenden Fahrzeug zusammenstößt. Bei einem Jugendlichen ist unter Beachtung des typischen Verhaltens in seiner Altersgruppe prima facie auf sein Verschulden zu schließen. Öffnet ein Kraftwagenfahrer die Wagentür zur Fahrbahn hin und stürzt an dieser Stelle ein Radfahrer, dann ist ein Kausalzusammenhang zwischen dem Öffnen der Tür und dem Sturz anzunehmen, wenn sich beides im zeitlichen Zusammenhang abgespielt hat.

Rechtsfahren

Ein Verstoß gegen das Rechtsfahrgebot begründet nicht zwingend den Anscheinsbeweis für die Unfallursächlichkeit einer solchen Zuwiderhandlung, es sei denn im konkreten Fall deute die Lebenserfahrung typischerweise auf den Unfall hin, wenn etwa ein Kraftfahrer das Rechtsfahrgebot bei Befahren einer engen Straße verletzt und es hiernach zum Zusammenstoß mit einem entgegenkommenden Fahrzeug kommt.

Schenkung

Kann in einem gegenseitigen Vertrag eine teilweise Schenkung des Erblassers liegen, so spricht bei einem großen Missverhältnis zwischen seiner Leistung und der Leistung des anderen Teils eine tatsächliche Vermutung dafür, dass sich die Vertragsschließenden über die Unentgeltlichkeit der dem anderen Teil zugewandten Bereicherung einig gewesen sind.

Schutzgesetzverletzung

Ist der Tatbestand eines Schutzgesetzes erfüllt und derjenige Erfolg eingetreten, der durch dieses Gesetz verhindert werden soll, dann spricht der Anscheinsbeweis regelmäßig für den Kausalzusammenhang zwischen Pflichtverletzung und Erfolg. Ein schuldhaftes Handeln bei der Verletzung des Schutzgesetzes wird alsdann vermutet.

Sportunfälle

Trotz der Unfallhäufigkeit auf Skipisten und zahlreicher Verletzungen ist grundsätzlich die Beweisführung mit Hilfe des Anscheinsbeweises ausgeschlossen; vielmehr wird bei Sportunfällen – z. B. beim Fußball – regelmäßig die konkrete Beweisführung im Hinblick auf einen schuldhaften Regelverstoß verlangt.

Straßenglätte

Es weist typischerweise auf einen Mangel an der verkehrserforderlichen Sorgfalt hin, wenn ein Kraftfahrer bei der Fahrt auf einer regen-, schnee- oder eisglatten Straße mit seinem Fahrzeug rutschend oder schleudernd auf die Gegenfahrbahn gelangt und hier mit einem anderen Fahrzeug zusammenstößt. Dieser Anscheinsbeweis gründet sich darauf, dass der Kraftfahrer den Gefahren der Straßenglätte in der Regel durch besondere Vorsicht bei der Beobachtung der Fahrbahn und bei der Lenkung seines Fahrzeugs begegnen kann und es ihm zum Verschulden gereicht, wenn er ohne die gebotene Sorgfalt weiterfährt, obwohl er die gefährliche Beschaffenheit der Straße gekannt hat oder hätte erkennen müssen. Wenn ein Kraftfahrer jedoch ohne vorherige warnende Anzeichen plötzlich auf Glatteis gestoßen ist, hängt die Beurteilung seines Verschuldens so sehr von den Umständen des Einzelfalles ab, dass ein Anscheinsbeweis regelmäßig ausscheidet.

Streupflicht

Bei Verletzung einer Streupflicht spricht der Anscheinsbeweis dafür, dass die Pflichtverletzung für den Glatteisunfall ursächlich war. Falls ein mit zweckmäßigem Schuhwerk ausgerüsteter Fußgänger auf eisglatter, nicht gestreuter Straße stürzt, spricht der Beweis des ersten Anscheins dafür, dass der Unfall auf das Fehlen von Streumitteln zurückzuführen ist. Der prima-facie-Beweis ist jedoch dann nicht möglich, wenn sich der Unfall bei Dauerschneefall (vgl. *LG Bochum* NJW-RR 2005, 463) bzw. längere Zeit nach Ende der zeitlich begrenzten Streupflicht ereignet hat. Auch das bloße Rutschen eines Wagens auf gestreuter Straße begründet nicht schon den Anscheinsbeweis dafür, dass die Streuung unzulänglich war.

Täuschungsversuch

Für einen Täuschungsversuch spricht der Beweis des ersten Anscheins, wenn die Prüfungsarbeit und das vom Prüfer erarbeitete, allein zur Verwendung durch die Prüfungskommission bestimmte Lösungsmuster teilweise wörtlich und im Übrigen in Gliederung und Gedankenführung übereinstimmen. Allerdings dürfte sich dasselbe Beweisergebnis schon unproblematisch aus der konkreten Beweiswürdigung ergeben.

Tiere

Bei einem Zusammenprall zwischen Hund und Kraftfahrzeug deutet nach den Erfahrungssätzen des täglichen Lebens alles darauf hin, dass der Unfall durch die Unberechenbarkeit des tierischen Verhaltens herbeigeführt worden ist. Der Sturz eines Reiters vom Pferd während des Reitunterrichts rechtfertigt für sich allein noch nicht einen Anscheinsbeweis dafür, dass der Reitlehrer seine Vertragspflichten verletzt hat. Denn auch ohne Fehler des Reitlehrers oder Unternehmers ist dieser Sport mit der Gefahr verbunden, dass der Reitschüler durch eigene Ungeschicklichkeit, Unaufmerksamkeit, mangelnde Körperbeherrschung usw. stürzen kann.

Überholen

§ 5 StVO statuiert zwar besondere Sorgfaltspflichten; ob bei einem Zusammenstoß zwischen einem überholenden und einem überholten Fahrzeug aber der Anscheinsbeweis für ein Verschulden des überholenden Fahrers spricht, dürfte jedoch nur von Fall zu Fall nach den jeweiligen Umständen zu beurteilen sein. Denn es besteht kein allgemeiner Erfahrungssatz, dass bei der Berührung zweier Fahrzeuge während eines Überholvorgangs gerade der überholende Fahrer seine Sorgfaltspflicht verletzt hat; nach der Lebenserfahrung kann nicht davon ausgegangen werden, dass jedes Überholen typischerweise den Überholten unfallträchtig beeinträchtigt. Besonders gefährlich ist jedoch das Überholen auf der Autobahn. Der Ausscherende muss sich sorgfältig vergewissern, dass er kein Fahrzeug auf der Überholspur behindert; hohe Geschwindigkeiten müssen einkalkuliert werden. Eine Verschuldensvermutung ist in diesen Fällen möglich, gilt jedenfalls aber zu Lasten des Überholenden, wenn sich ein Zusammenstoß kurz nach einem Fahrbahnwechsel ereignet hat, § 7 Abs. 5 StVO. Wird z.B. ein Fahrrad von einem überholenden Kfz angefahren oder gestreift, so ist prima facie anzunehmen, dass das überholende

Fahrzeug die beim Überholen erforderliche Sorgfalt nicht beobachtet, insbesondere nicht den erforderlichen Sicherheitsabstand eingehalten hat. Es ist zu beachten, dass bei einem Überholmanöver in jedem Fall Voraussetzung für den Anscheinsbeweis ist, dass der Tatbestand des Vorbeifahrens (Überholens) feststeht. Behauptet der Überholende, der Unfall habe sich ereignet, bevor er vorbeigefahren sei, so muss der Überholte zunächst diese Behauptung – bei voller Beweislast für den Vermutungstatbestand (→ b)) – widerlegen.

Umweltverseuchung

Kommt es im Gewässer unterhalb eines Betriebes zu einem Fischsterben durch Giftstoffe, die in diesem Betrieb verwendet werden, so spricht der Anscheinsbeweis für die Verursachung durch den Betrieb.

Urheberrechtsverletzung

Stimmt das ältere mit dem neueren Werk im Wesentlichen überein, so spricht die Lebenserfahrung dafür, dass das ältere Werk bei Schaffung des neueren Werks benutzt worden ist.

Urkunden

Schriftliche Verträge (Vertragsurkunden, aber auch z.B. Abnahmeprotokolle) begründen die Vermutung der Vollständigkeit und Richtigkeit für sich, vgl. §§ 416, 440 Abs. 2 ZPO (zum Beweis der Echtheit). Dies ist funktional ein Anscheinsbeweis; haben die Parteien nämlich für eine vertragliche Regelung die Schriftform vereinbart und/oder benutzt, dann spricht der erste Anschein dafür, dass keine zusätzlichen mündlichen Nebenabreden verbindlich getroffen worden sind. Eintragungen in Handelsbücher unterliegen der freien richterlichen Beweiswürdigung, ohne dass ein Beweis des ersten Anscheins in Betracht kommt. Das Gutachten eines anerkannten gerichtlichen Sachverständigen hat keinen „Anschein der Richtigkeit" für sich, der von einer Prozesspartei entkräftet werden müsste.

Verbote/Verkehrszeichen

In der Praxis sind die Anscheinsbeweise wegen Verstoßes gegen ein Verbot wichtig, weil sie auf alle denkbaren Gebiete ausgedehnt werden können: Handelt ein Unternehmer einer Unfallverhütungsvorschrift zuwider, die eine bestimmte Betriebsgefahr ausschließen soll und ereignet sich an der Gefahrenquelle ein Unfall, so spricht die Vermutung dafür, dass der Unfall bei Beachtung der Vorschrift vermieden worden wäre. Wenn bei Verstoß gegen ein Schutzgesetz Schäden eintreten, deren Verhinderung oder möglichst weitgehende Ausschaltung von dem Schutzgesetz bezweckt wird, so spricht ebenfalls der Beweis des ersten Anscheins für den Ursachenzusammenhang zwischen der Verletzung des Schutzgesetzes und dem Eintritt des Schadens. Verstößt ein Verkehrsteilnehmer gegen Verkehrsvorschriften, so begründet dies einen Anscheinsbeweis schuldhafter Verursachung des Unfalls. Hat der Verletzte selbst gegen die Verkehrsregeln verstoßen, so muss er den Anscheinsbeweis seines Mitverschuldens ausräumen. Prima facie ist auch Fahrlässigkeit anzunehmen, wenn ein amtliches Verkehrszeichen übersehen wird.

Vorfahrt

Stößt auf Straßenkreuzungen oder Straßeneinmündungen ein wartepflichtiges mit einem vorfahrtsberechtigten, von links kommenden Fahrzeug zusammen, so spricht der erste Anschein dafür, dass der Wartepflichtige die Vorfahrt des Berechtigten schuldhaft verletzt hat (vgl. § 8 Abs. 2 StVO). Dies gilt auch für denjenigen, der beim Herausfahren aus einer Grundstücksausfahrt oder beim Wenden mit einem Fahrzeug im fließenden Verkehr zusammenstößt (vgl. §§ 10, 9 Abs. 5 StVO). Die überhöhte Annäherungsgeschwindigkeit kann den Anscheinsbeweis allein noch nicht erschüttern, es sei denn die Geschwindigkeitsüberschreitung war so erheblich, dass nicht mehr angenommen werden kann, der Wartepflichtige habe den Vorfahrtsberechtigten rechtzeitig gesehen. Dies gilt auch, wenn der Wartepflichtige wegen der großen Entfernung zwischen seinem Fahrzeug und dem des Vorfahrtsberechtigten eine Gefährdung ausschließen durfte. Ergibt sich somit aus nachgewiesenen Umständen die ernsthafte Möglichkeit, dass der Wartepflichtige das Herannahen des Vorfahrtsberechtigten nicht rechtzeitig erkennen konnte, obwohl er sich erwiesenermaßen vorsichtig in die vorfahrtsberechtigte Straße eingetastet hat – etwa weil die grundsätzlich Vorfahrtsberechtigten vor einer geschlossenen Schranke eine „Einbiege-Lücke" gelassen haben –, so ist der Anscheinsbeweis entkräftet.

Waschanlage

Grundsätzlich gilt der Anscheinsbeweis zu Lasten des Betreibers der Waschanlage, wenn etwa das ordnungsgemäß in die Waschstraße eingefahrene Fahrzeug äußere Beschädigungen durch Bürsten, Spritzwasser oder die Waschapparatur erleidet. Anders verhält es sich jedoch, wenn ein Fahrzeug aus den Schienen einer Waschanlage herausspringt. Hier ist nach der Lebenserfahrung auch denkbar, dass ein Fahrzeug falsch eingesetzt worden ist, z.B. mit angezogener Handbremse oder eingelegtem Gang. Denkbar ist auch, dass es während des Waschvorgangs (z.B. durch Einlegen des Gangs oder Anziehen der Bremse) quergesteuert worden ist. In einem solchen Fall spricht kein Anschein für einen Mangel der Anlage, zumal nicht ersichtlich ist, worin dieser Mangel liegen soll; es gelten die allgemeinen Beweisregeln.

Werkstattverschulden

Aus einem zeitlichen Zusammenhang zwischen einer Reparatur und einem nachfolgenden Unfall oder Schaden dürfte i.d.R. kein Anscheinsbeweis zu Lasten der Werkstatt abzuleiten sein. Etwas anderes dürfte nur bei einem *erkennbaren* Zusammenhang zwischen Reparatur und später eintretendem Schaden gelten.

Werkvertragsrecht

Das Vorliegen eines Mangels begründet die Vermutung für eine *kausale Pflichtverletzung* sowie ein *Verschulden* des (Bau-)Handwerkers (vgl. *Werner/Pastor* Rn. 3056, 3059). Etwas anderes gilt aber, wenn der Werkunternehmer fehlerhafte Teile einbaut, weil er diese grundsätzlich keiner Qualitätsprüfung unterziehen muss (vgl. *BGH* NJW 1978, 1157); der Werkunternehmer bleibt wegen des Mangels zwar nacherfüllungspflichtig (vgl. §§ 634 Nr. 1; 635 BGB), es fehlt aber i.d.R. das für einen Schadensersatzanspruch erforderliche *Verschulden* (vgl. § 634 Nr. 4 i.V.m. § 280 Abs. 1 S. 2 BGB).

16. Die Darstellung der Beweiswürdigung

a) Der Begründungszwang

Soweit bereits möglich, teilt das Gericht den Parteien das Ergebnis der Beweisaufnahme gemäß § 279 Abs. 3 ZPO noch *vor* der Abschlussentscheidung unter erneuter Erörterung der Sach- und Rechtslage mit. Die Parteien sollen Gelegenheit zur Stellungnahme hierzu erhalten; erst danach darf das Urteil ergehen (*BGH* WM 2002, 289). Eine Schriftsatzfrist braucht jedoch grundsätzlich nicht bewilligt zu werden (*BGH* NJW 1991, 1547). Da die Entscheidungen des Gerichts aber nachvollziehbar und nachprüfbar sein sollen, ist die Darstellung der *Beweiswürdigung* ein sehr wichtiger Teil des Zivilprozesses und -urteils. Es genügt nicht, dass der Richter einfach erklärt, er sei hinsichtlich der tatsächlichen Feststellungen dieser oder jener Ansicht; er muss vielmehr diese Ansicht – auch im Beschluss – gemäß § 286 Abs. 1 S. 2 ZPO begründen. Aber auch bei der freien Schadensschätzung gemäß § 287 ZPO ist eine Begründung erforderlich. Fehlende, lückenhafte oder sonst mangelhafte Beweiswürdigungen können auch nicht auf dem Umweg über eine Berichtigung oder Ergänzung des Urteils (§§ 319ff. ZPO) nachgeholt oder verbessert werden. Neben der Selbstkontrolle dient die Begründung vor allem der Kontrollmöglichkeit durch die Parteien und das Berufungs- bzw. Revisionsgericht. Zu beachten ist allerdings, dass gemäß § 313 Abs. 3 ZPO eine kurze Zusammenfassung der Erwägungen, auf denen die Entscheidung in tatsächlicher und rechtlicher Hinsicht beruht, ausreicht. Sind sich die Parteien über eine Zeugenaussage bzw. deren (Un-)Glaubhaftigkeit einig, so entfällt ausnahmsweise eine Begründungspflicht, da in solchen Fällen das Vorbringen unstreitig geworden und damit nicht mehr beweisbedürftig ist. Die vielfach im Urteil verwendete Formulierung, der „Zeuge habe glaubhaft bekundet ...", ist nicht zu beanstanden, wenn sich nachfolgend erschließt, *warum* die Aussage glaubhaft ist. Der bloße Hinweis, dem Zeugen sei zu folgen, da konkrete Anhaltspunkte nicht dagegen sprächen, reicht nicht aus. Auch die singuläre Aussage *eines* Zeugen ohne abweichende Bekundungen etwaiger Gegenzeugen ist nicht schon deshalb als richtig zu erachten, weil sie nicht greifbar unrichtig ist; das käme einem unzulässigen Anscheinsbeweis gleich. Die Aussage muss auf Plausibilität und Stimmigkeit überprüft, zudem unter Berücksichtigung der Parteivorträge und des gesamten Sachverhalts gewürdigt werden.

b) Der Begründungszwang bei der freien Schadensschätzung nach § 287 ZPO

Grundsätzlich gelten die vorstehend dargestellten Anforderungen unverändert auch für die Schätzung nach § 287 ZPO. Um den Parteien und dem Rechtsmittelgericht die Prüfung zu ermöglichen, ob die Ermittlung des Schadens etwa auf grundsätzlich falschen oder offenbar unsachlichen Erwägungen beruht oder ob wesentliche Umstände außer Acht gelassen worden sind, muss der Richter die tatsächlichen Grundlagen seiner Schätzung und ihre Auswertung in den Urteilsgründen darlegen. Denn selbstredend sind willkürliche bzw. überhaupt nicht nachvollziehbare Bezifferungen gesetzeswidrig. Soweit *Tatsachen* vorliegen – neben dem Parteivortrag vor allem Urkunden, beigezogene Akten etc. –, muss das Gericht diesen Tatsachenstoff insgesamt verwerten.

c) Der Indizienbeweis

Beim Indizienbeweis muss der Tatrichter alle Hilfstatsachen auf ihre Erheblichkeit für die zu beweisende Haupttatsache prüfen. Er muss ferner eine Gesamtschau und Gesamtwürdigung vornehmen; denn das Zusammentreffen mehrerer für sich unergiebiger Beweisanzeichen kann zu einer anderen Schlussfolgerung führen. Andererseits braucht er in der Urteilsbegründung nicht auf jedes Parteivorbringen einzugehen, wenn sich nur ergibt, dass eine sachentsprechende Würdigung stattgefunden hat und nichts Wesentliches übersehen worden ist (*BGH* VersR 1978, 74/76).

Insgesamt ist beim Indizienbeweis der Begründungszwang gesteigert; je schwieriger die konkrete Situation zu beurteilen ist, umso ausführlichere Darlegungen sind erforderlich, um die eigene Beweiswürdigung einem Dritten nachvollziehbar verständlich zu machen.

17. Aufbau und Inhalt der Begründung

Die Beweiswürdigung ist eine finale Tätigkeit. Der Richter geht von einem möglichen Ereignis aus, das der Kläger oder der Beklagte behauptet hat. Er prüft rückschauend, ob es sich überhaupt und gegebenenfalls so, wie behauptet, ereignet hat. Das Ergebnis seiner würdigenden Überlegungen kann dann eine positive oder eine negative Feststellung sein, aber auch ein „teilweise" oder ein bloßes „vielleicht". Im letzten Fall kann nur nach der Beweislast entschieden werden. Dieser finale Denkvorgang ist in den Entscheidungsgründen schriftlich nachzuzeichnen; wichtig ist folglich der durchdachte, logische Aufbau der Beweiswürdigung. Es sind Vollständigkeit und Kürze zu vereinen. Im Übrigen gilt, dass die Beweis*würdigung* nicht die (vollständige) Mitteilung der Beweisaufnahme ist! Allerdings sollten die Kernaussagen der Zeugen/Sachverständigen mitgeteilt werden, um die Würdigung zu verdeutlichen, denn im Tatbestand des Urteils fehlt ja gerade dieser Teil der Sachverhaltsfeststellung.

Über die Darstellung des Ergebnisses der Beweisaufnahme enthält die ZPO einige Vorschriften. Nach § 160 Abs. 3 Nr. 4 ZPO sind die Aussagen der Zeugen und Sachverständigen sowie der Parteien in das Protokoll aufzunehmen; § 160 Abs. 3 Nr. 5 ZPO gebietet dies auch für das Ergebnis eines Augenscheins. Beim Sachverständigenbeweis liegt darüber hinaus in der Regel ein schriftliches Gutachten vor. Auf Urkunden wird im Tatbestand Bezug genommen.

Die Beweismittel, denen man bei der Überzeugungsbildung Wert beimisst, sind unbedingt zu nennen (z.B. die Zeugen X und Y). Es ist zu begründen, welchen Beweismitteln das Gericht folgt und welchen nicht.

Bei der Zeugenaussage sind die Termini „glaubhaft", „glaubwürdig" und „ergiebig" zu unterscheiden. Der Begriff „glaubhaft" bezieht sich auf die konkrete Aussage, die Glaubwürdigkeit ist auf die Beurteilung der Person des Zeugen bezogen. Im Regelfall wird man einem Zeugen die generelle Glaubwürdigkeit (seiner Person) kaum absprechen können; fraglich ist eben nur, ob seine konkrete Aussage in diesem Rechtsstreit glaubhaft ist. „Ergiebig" ist jede Aussage, die zum Thema gehört, unabhängig davon, ob mit ihr der Beweis geführt oder gerade nicht geführt werden kann.

Im Übrigen sind folgende Begriffe voneinander zu unterscheiden: Hauptbeweis, Gegenbeweis und Beweis des Gegenteils. Die beweisbelastete Partei muss den Hauptbeweis führen; die nicht beweisbelastete kann den Gegenbeweis antreten. Insoweit reicht es aus, das Beweisergebnis der beweisbelasteten Partei zu erschüttern, so dass der Richter nicht mehr von der Beweisführung der beweisbelasteten Partei überzeugt ist. Wenn die beweisbelastete Partei somit den Beweis der relevant streitigen (Tatsachen-)Behauptung nicht führen konnte, ist der Beweis – eben – nicht erbracht worden; ist darüber hinaus sogar der nicht beweisbelasteten Partei der Beweis ihres gegenteiligen Vortrags gelungen, so ist der Beweis des Gegenteils geführt worden. Auf letzteren kommt es in der Praxis aber nicht an, da nur zu fragen ist, ob die beweisbelastete Partei den Beweis führen konnte. **Es ist somit vor jeder Beweiswürdigung immer zu fragen, wer die Beweislast trägt;** dies kann und darf man nicht offenlassen! Denn andernfalls ist ein non liquet – die Beweisfrage bleibt offen – nicht zu werten; es wirkt sich aber stets zu Lasten der beweisbelasteten Partei aus (vgl. → 2.).

Es ist somit zu fragen:
Welche Tatsache ist bestritten, folglich zu beweisen?
Wer hat die Beweislast?
Welche Beweismittel werden angeboten?
Man sollte sich somit selbst bei der Falllösung immer fragen, ob der beweisbelastete Kläger (bzw. der Beklagte) den Beweis seiner Behauptung … erbracht hat.
Im Urteil wird dann das Ergebnis dargestellt:

„Nach der Beweisaufnahme steht fest, dass der Kläger … (mit dem Beklagten die behauptete Zahlungsabrede getroffen hat) …“

oder – noch präziser:

„Der Kläger hat den ihm obliegenden Beweis geführt/erbracht, (mit dem Beklagten die behauptete Zahlungsabrede getroffen zu haben) …“
„Denn der Zeuge X hat bekundet, …
Das Gericht folgt dieser Aussage, …“

Auch in der Reihenfolge der zu beurteilenden Beweismittel ist eine sinnvolle Ordnung einzuhalten. Oberstes Prinzip ist, sich nach den Tatsachen bzw. den Parteibehauptungen zu richten. Jede des Beweises bedürftige Behauptung ist abschließend zu behandeln, ehe man sich der nächsten zuwendet. Ein Verstoß gegen diesen Grundsatz macht den Aufbau der Beweiswürdigung völlig unklar. Man darf mit demselben Beweismittel zwar an verschiedenen Stellen der Beweisstation oder der Entscheidungsgründe arbeiten, weil es verschiedene Behauptungen bzw. verschiedene Tatbestandsmerkmale betreffen kann und selbst nur Hilfsmittel für die Wahrheitsfindung ist. Jedenfalls in der Darstellung des Beweisergebnisses sind die Behauptungen der Parteien aber nacheinander abzuhandeln, nicht hingegen die Beweismittel! Diese haben sich stets der juristisch gebotenen Aufbauweise – i.d.R. der systematischen „Abarbeitung“ der einzelnen Tatbestandsvoraussetzungen der Anspruchs- bzw. Gegennormen – unterzuordnen.

Jede Beweiswürdigung bzw. Begründung eines Beweisergebnisses ist abschließend darauf zu überprüfen, ob sie mit den Denkgesetzen im Einklang steht. Dieses Prinzip wird insbesondere dann verletzt, wenn beim *Indizienbeweis* die tatsächlichen Feststellungen aus Indizien gefolgert werden, die jedoch ihrerseits unbewiesen sind, ebenso, wenn der *Anscheinsbeweis* bereits als erschüttert behandelt wird, obwohl der Gegner lediglich einen bloß vermuteten anderen Hergang vorgetragen hat, ohne die ernsthafte **Möglichkeit** eines anderweitigen Geschehensablaufes zu **beweisen.** Ein Verstoß gegen Denkgesetze liegt schließlich auch dann vor, wenn mehrere Geschehensabläufe denkbar sind, das Gericht jedoch **einen** Ablauf als geschehen annimmt, ohne die anderen möglichen Abläufe auszuschließen.

Im Übrigen dürfen Rechtsfragen niemals mit dem Ergebnis der Beweisaufnahme begründet werden: so kann z.B. ein Zeuge nicht „bekunden, ob der Kläger „fahrlässig“ gehandelt hat.

Bei der Formulierung der Begründung des Beweisergebnisses gibt es kein verbindliches Schema der Darstellung. Erlaubt, und damit zum Zwecke der Begründung geboten, ist alles, was das Beweisergebnis so überzeugend wie möglich darstellt; es muss nachvollziehbar sein, warum das Gericht von einem bestimmten Beweisergebnis überzeugt ist. Hierzu empfiehlt es sich häufig, zunächst mit den „schwachen“ Beweismitteln zu beginnen, denen das Gericht *nicht* folgt („… zwar hat der Zeuge X bekundet …“), und sodann zu begründen, warum das Gericht nicht diesem, sondern dem anderen „starken“ Beweismittel folgt („… aber der Zeuge Y hat nachvollziehbar bekundet …“) – sog. „Zwar-aber“-Begründung. Die Begründung der

„starken" Beweismittel folgt somit – unangefochten – am Schluss, nachdem die „schwachen" Beweismittel schon als nicht überzeugend dargestellt worden sind; damit werden die „tragenden" Beweismittel durch nichts mehr in Frage gestellt bzw. relativiert.

Baut man hingegen umgekehrt auf und präsentiert zunächst die „starken" Beweismittel, auf die das Gericht seine Entscheidung stützt, so werden diese häufig vermeintlich abgewertet, wenn erst zum Schluss die „schwachen" Beweismittel dargestellt werden, insbesondere, wenn beide Beweisgruppen durchaus überzeugend darstellbar sind. Dies ist in der Praxis beileibe nicht selten, da nämlich nicht nur Lebenssachverhalte, sondern auch die Ergebnisse einer Beweisaufnahme häufig nicht „schwarz" oder „weiß", sondern vielschichtig bunt sind. Im Urteil kommt diese Vielschichtigkeit jedoch nicht zum Tragen, man muss sich entscheiden: entweder der Beweis ist vollständig geführt – oder eben vollständig nicht geführt. Gerade dieser Umstand spricht in der Praxis ja signifikant für die Beendigung der Rechtsstreitigkeiten durch Vergleich (vgl. → § 5).

Wenn jedoch die „starken" Beweismittel argumentativ eindeutig übergewichtig sind und überdies die „schwachen" mit einer klar strukturierten, sich nahezu aufdrängenden Begründung abgewiesen werden können, dann kann man rhetorisch auch diesen Aufbau wählen, indem man erst *nach* den „starken", ihre Überzeugungskraft gewissermaßen in sich tragenden Beweismitteln die abzulehnenden Beweismittel präsentiert (vgl. das nachfolgende **Beispiel,** das bewusst schematisch gewählt ist, um das Prinzip zu verdeutlichen; natürlich empfiehlt sich in der konkret ausgestalteten Begründung ein sprachlich variationsreicherer Aufbau):

„Nach den Aussagen der Zeugen A, B und C ... (hat der Kläger mit dem Beklagten die behauptete Zahlungsabrede getroffen).
Das Gericht folgt diesen Aussagen, denn ...
Dieses Beweisergebnis wird auch nicht durch die Aussage des Zeugen X erschüttert. Zwar hat dieser bekundet, ...
Das Gericht folgt dieser Aussage aber nicht, denn ..."

Im Übrigen empfiehlt es sich, die jeweils stärksten Beweismittel vorzuziehen, etwa die Darstellung des Urkundeninhaltes vor der Zeugenaussage.

Die Gefahr, fremde Überlegungen kritiklos in die Beweiswürdigung zu übernehmen, besteht besonders beim Sachverständigenbeweis. Es genügt nicht, wenn das Gericht darauf hinweist, der Gutachter sei zu einem bestimmten Ergebnis gekommen, und dieses dann ohne nähere Begründung im Urteil übernimmt. Die Ausführungen hierzu müssen vielmehr erkennen lassen, dass das Gericht das Gutachten selbstständig und eigenverantwortlich geprüft und nachvollzogen hat. Das gelingt am leichtesten, wenn das Gericht sich in der mündlichen Verhandlung mit dem Sachverständigen über dessen zuvor schriftlich erstattetes Gutachten unterhält und sich gegebenenfalls Einzelheiten daraus erklären lässt.

Bei einander widersprechenden Gutachten muss aus den Gründen erkennbar sein, warum das Gericht Gutachten A folgt und Gutachten B nicht (vgl. → § 8 III. 4).

18. Der Umfang der Begründung

Es ist noch einmal darauf hinzuweisen, dass von einer Beweiswürdigung nicht die Rede sein kann, wenn lediglich der Inhalt der Vernehmungsniederschrift im Schriftsatz zur Beweisaufnahme oder in den Entscheidungsgründen wiedergegeben wird. Darin liegt insbesondere keine eigene Stellungnahme zu den zu bewertenden Zeugenaussagen.

Auf der anderen Seite sollte eine ohnehin schon schwierige Beweiswürdigung auch nicht weiter als für die Entscheidung eines Rechtsstreites notwendig ausgedehnt werden; genügt es zum Beispiel zur Klageabweisung, dass eine bestimmte Tatsache nicht bewiesen worden ist, so ist es abwegig, in den Entscheidungsgründen auszuführen, (sogar) das Gegenteil der behaupteten Tatsache stehe fest. In solchen Fällen genügt die näher begründete Feststellung, dass die dem Kläger günstige Tatsache nicht bewiesen sei. Wer deshalb mehr als das „non liquet" erörtert, ist vielleicht fleißig, aber keinesfalls verständig. Er geht auf Dinge ein, die für die Entscheidung unerheblich sind; und das ist ein Zeichen mangelnder Urteilskraft. Die Entscheidungsgründe werden mit nicht tragenden Ausführungen belastet. Die Beweislast bleibt somit das maßgebliche Kriterium der Prüfung und Erörterung des Beweisergebnisses: auch bei einem im Einzelfall gelungenen Beweis des Gegenteils ist die Abweisung in den Urteilsgründen nur auf die Beweisfälligkeit der – beweisbelasteten – Partei zu stützen. Andernfalls bestünde die Gefahr, dass das Berufungsgericht zu der Annahme gelangt, das erstinstanzliche Gericht habe die Beweislast verkannt.

Zu bedenken ist schließlich auch, dass es im Übrigen weit einfacher ist, das Fehlen einer Überzeugung zu begründen als deren Vorhandensein. Wenn das Gericht darlegt, dass es eine bestimmte Überzeugung nicht habe erlangen können, so ist das in der Regel schlechthin unangreifbar. Allenfalls könnten die Anforderungen an die Überzeugungsbildung überspannt worden sein.

Wenn der Kläger z. B. die Rückzahlung eines Darlehens verlangt und sich der Beklagte auf Schenkung beruft, dann ist der Kläger beweisbelastet für das Darlehen als anspruchsbegründende Tatsache, und nicht der Beklagte für die Schenkung. Kommt das Gericht auf Grund der Beweisaufnahme zu der Überzeugung, es sei kein Darlehensvertrag geschlossen worden, dann ist der entscheidende – tragende – Grund für die Klageabweisung der Nichtbeweis des Darlehensvertrages, nicht aber, dass der Beklagte – etwa durch den von ihm benannten Zeugen – den Abschluss des Schenkungsvertrages bewiesen habe. Dies gilt gleichermaßen für den Fall, dass der Kläger von vornherein keinen Beweis angetreten hat.

Etwas anderes mag – ausnahmsweise (!) – gelten, wenn die Beweislastfrage im Einzelfall schwierig, die Begründung des Beweisergebnisses hingegen klar ist, etwa wegen der Führung eines Urkundenbeweises. Dann empfiehlt sich, in den Entscheidungsgründen zweckmäßigerweise darzulegen, dass es offenbleiben könne, wer die Beweislast habe; jedenfalls stehe nach der Beweisaufnahme fest, dass ... (Beweisergebnis und -würdigung). Diese Ausnahme gilt nur für die Entscheidungsgründe, nicht für Gutachten und Anwaltsschriftsatz, denn in diesem Stadium ist ja eine Gerichtsentscheidung noch nicht getroffen. In der Praxis sind allerdings die Fälle eher selten, in denen man der Beweislastprüfung auszuweichen Anlass hätte. Abgesehen davon, dass die Beweislastfragen in Rechtsprechung und Schrifttum weitgehend geklärt sind, ist eine gute Beweiswürdigung regelmäßig schwieriger als die Entscheidung der Rechtsfrage der Beweislast.

Fraglich ist, ob das Gericht eine ordnungsgemäß beschlossene Beweiserhebung unbedingt zu Ende führen muss. Wird z.B. während einer Zeugenvernehmung über den Abschluss eines Vertrages nunmehr die beweiserhebliche (Vertrags-)Urkunde vorgelegt, die eindeutig und zweifelsfrei ist, so ist die Beweisaufnahme – schon aus ökonomischen Gründen – abzubrechen. Sobald Entscheidungsreife eintritt, muss das Gericht entscheiden (§ 300 Abs. 1 ZPO). Entscheidungsreife kann sich aber auch im Verlaufe einer Beweisaufnahme einstellen. Gewinnt das Gericht auf Grund eines Teiles der vorgesehenen Beweisaufnahme bereits eine abschließende Überzeugung und sind die dagegen angetretenen Gegenbeweise erschöpft (anderenfalls läge Beweisantizipation vor), dann kann die Fortsetzung einer Beweisaufnahme das Endergebnis nicht mehr verändern.

III. Die einzelnen Beweismittel

1. Der Beweis durch Augenschein

Der Beweis durch Einnahme eines Augenscheins ist in der Zivilprozessordnung nur in den §§ 371–372a ZPO geregelt. Er führt in der Prozesspraxis zu keinen besonderen Schwierigkeiten. Der Beweis durch Augenschein soll dem Gericht die Überzeugung von der Richtigkeit streitiger Tatsachen durch eigene gegenständliche Wahrnehmung vermitteln. Augenscheinsobjekte sind auch Tonträger, die den Urkundenbegriff der §§ 415ff., 592ff. ZPO nicht erfüllen (vgl. Thomas/Putzo/*Seiler* ZPO Vor § 371 Rn. 6). Aus demselben Grunde ist die Besichtigung von Lichtbildern Augenscheinseinnahme, nicht Urkundenbeweis (Zöller/*Feskorn* ZPO Vor §§ 415 Rn. 2a); elektronische Dokumente mit qualifizierter elektronischer Signatur werden hingegen nunmehr privaten Urkunden gleichgestellt, § 371a ZPO. Der Beweiskraft öffentlicher Urkunden entsprechen gescannte öffentliche Urkunden, § 371b ZPO.

Einer der wichtigsten Anwendungsfälle des Beweises durch Einnahme eines Augenscheins ist die Besichtigung von Örtlichkeiten (insbesondere in Unfallsachen) und Gebäuden oder Gebäudeteilen (häufig in Nachbarschaftsstreitigkeiten), aber auch die Einsichtnahme von Gegenständen, etwa zur Feststellung von Beschädigungen pp. Nimmt das Gericht selbst die Besichtigung „vor Ort“ vor, dann sind die §§ 371, 372 ZPO anwendbar. Diese Art der Augenscheinseinnahme wird üblicherweise als *„Ortsbesichtigung“* bezeichnet. Sie kommt auch beim Sachverständigenbeweis vor, da der Verkehrs- oder Bausachverständige in aller Regel nicht begutachten kann, ohne sich an Ort und Stelle über die Straßenverkehrsverhältnisse oder den Gebäudezustand informiert zu haben. Hierbei handelt es sich aber nicht um einen Augenscheinsbeweis nach §§ 371, 372 ZPO, sondern um einen Sachverständigenbeweis nach §§ 402ff. ZPO. Echter Augenscheinsbeweis nach § 372 Abs. 1 ZPO ist hingegen der Fall der Ortsbesichtigung durch das Gericht, zu der ggf. ein Sachverständiger hinzugezogen wird.

Nach § 160 Abs. 3 Nr. 5 ZPO ist das Ergebnis des Augenscheins zu protokollieren, d.h. die Wahrnehmung des Protokollierenden. So wird z.B. aufgenommen, ob der Baum sich auf (oder neben) dem Grundstück des Nachbarn befindet, Zweige herüberwachsen, das Tageslicht wegnehmen, usw. Stets ist darauf zu achten, dass bzw. ob die nunmehr vorgefundenen örtlichen Verhältnisse denen entsprechen, die zu dem für die Entscheidung des Rechtsstreits maßgeblichen Zeitpunkt bestanden haben (sollen).

Immer aber – selbst bei zwischenzeitlichen Veränderungen – kommt der Augenschein als wichtiges Kontrollmittel für den Wahrheitsgehalt von Zeugenaussagen in Betracht. Jeder Praktiker hat es erlebt, dass eine Ortsbesichtigung in wenigen Minuten erbitterte Streitfragen der Parteien, ebenso umfangreiche, aber ergebnislose Beweiserhebungen im Sitzungssaal auflösen kann. Vor Ort vom erkennenden Gericht zutreffend (!) festgestellte Tatsachen werden i.d.R. von den Parteien nicht mehr ernstlich angegriffen. Sind Zeugen zu vernehmen, so ist die Durchführung der Beweisaufnahme „an Ort und Stelle“ ein wichtiges Hilfsmittel zur Wahrheitsermittlung. Darstellungsschwierigkeiten werden dadurch gemindert, dass der Zeuge „vor

Ort“ zeigen kann, „wie es wirklich war“. Unehrliche Aussagen sind an Ort und Stelle schwieriger durchzuhalten, weil sogleich jede Einzelheit kritisch nachgeprüft und mit dem Aussageinhalt verglichen werden kann.

Auch Skizzen und Fotos können den unmittelbaren Eindruck durch die Augenscheinseinnahme nicht kompensieren, weil sie regelmäßig den Gesamteindruck nicht wiedergeben, jedenfalls ungenau bzw. verzerrt sein können. Gerade die Einnahme des Augenscheines ist die zuverlässigste Art und Weise, sich von etwas Wirklichem zu überzeugen. Was Richter und Rechtsanwälte selbst gesehen haben, wird ihnen keine Partei, kein Zeuge und kein Sachverständiger ausreden können. Das beruht darauf, dass der Augenschein die unmittelbarste Beweiserhebung darstellt. Zwischen Wirklichkeit und Wahrnehmung ist nicht – wie bei allen übrigen Beweismitteln – eine dritte Person oder eine Urkunde zwischengeschoben. Die Fehlerquellen sind dementsprechend gering.

Die Augenscheinseinnahme erfolgt von Amts wegen (Zöller/*Greger* ZPO § 371 Rn. 3), im Übrigen auf Antrag einer Partei. Insoweit ist jedoch zunächst substantiierter Parteivortrag erforderlich, jedenfalls sind hinreichende Anhaltspunkte für die dem Augenschein zugänglichen Tatsachen darzulegen (vgl. Stein/Jonas/*Leipold* ZPO § 144 Rn. 14). Der Antrag nach § 371 ZPO darf nur abgelehnt werden, wenn die Augenscheinseinnahme zur Wahrheitserforschung nicht erforderlich ist, § 244 Abs. 5 StPO analog (vgl. Zöller/*Greger* ZPO § 371 Rn. 4). Setzt die zutreffende Wahrnehmung allerdings besondere Sachkunde voraus, dann ist der Sachverständigenbeweis vorrangig. Ebenso wenig darf der in einem anderen Verfahren (z.B. vor dem Strafrichter) eingenommene gerichtliche Augenschein im Wege des *Urkunden*beweises verwerten werden. Denn der Wert des Augenscheinsbeweises beruht gerade darauf, dass der erkennende Richter sich selbst „ein Bild machen kann“. Ein Gericht sollte sich somit nicht von einer Augenscheinseinnahme mit dem Gedanken abhalten lassen, man verliere durch den Ortstermin nur Zeit. Die Einnahme eines Augenscheins vermag im Gegenteil oft eine ganze Reihe von Fragen, über die im Verhandlungssaal heftig gestritten wird, in kürzester Zeit zu erledigen. Dementsprechend sind auch die Aussichten für eine schnelle und wirtschaftlich befriedigende Erledigung des Rechtsstreites durch einen Prozessvergleich im Ortstermin besonders groß.

Verhindert eine Partei die Durchführung der Augenscheinseinnahme, z.B. indem sie dem Gegner das Betreten des zu besichtigenden Grundstückes verbietet, so ist eine solche Vereitelung der Beweisaufnahme bei der Beweiswürdigung zu berücksichtigen (Zöller/*Greger* ZPO § 371 Rn. 5 und 6: Weigerung eines Dritten). Die Vereitelung der Beweisführung durch den Beweisgegner führt zur Fiktion des geführten Beweises, § 371 Abs. 3 ZPO. Eine Prozesspartei darf aber nicht gezwungen werden, sich auf ihren Geisteszustand untersuchen zu lassen, die Grenzen der Untersuchungspflicht ergeben sich aus § 372a ZPO.

Ein Antrag auf Vornahme einer Ortsbesichtigung, die nur der Unterrichtung des Gerichts über die örtlichen Verhältnisse an der Unfallstelle dienen soll, ist hingegen kein echter Beweisantrag, sondern nur eine Anregung zu einer Maßnahme nach § 144 ZPO.

Für die Durchführung der Beweisaufnahme durch Einnahme eines Augenscheins gelten die allgemeinen Regeln. Es ist deshalb nicht zulässig, dass nur zwei Mitglieder eines drei- oder fünfköpfigen Kollegiums eine Augenscheinseinnahme durchführen; allerdings kann das Gericht einem seiner Mitglieder des Spruchkörpers die Einnahme des Augenscheins gemäß § 372 Abs. 2 ZPO übertragen. Auch bei der Einnahme eines Augenscheins ist darauf zu achten, dass der Grundsatz des rechtlichen Gehörs (Art. 103 Abs. 1 GG) beachtet wird; es ist deshalb unzulässig, das Ergebnis einer Ortsbesichtigung zu verwerten, ohne dass eine Partei dazu geladen oder zumindest über das Ergebnis nachträglich unterrichtet worden ist (BVerfGE 20, 280).

2. Der Zeugenbeweis

a) Einführung

Das praktisch wichtigste, zugleich aber mit Abstand unsicherste Beweismittel ist der Zeuge. In der forensischen Praxis wird der Zeugenaussage grundsätzlich ein viel zu hoher Beweiswert eingeräumt. Häufig wird den Zeugen geglaubt, obwohl eine solche statistische Wahrheitshäufung mit den Erkenntnissen der Aussagepsychologie unvereinbar ist. Das Problem liegt darin, dass der Richter im Urteil begründen muss, ob und warum er einer Aussage folgt oder eben nicht folgt. Ist die Aussage in sich stimmig sowie plausibel und fehlen greifbare Anhaltspunkte für die Unrichtigkeit einer Aussage, so kann man im Urteil nicht darauf verweisen, dem Zeugen gleichwohl nicht zu folgen. Was soll das entscheidende Kriterium sein? Ein bloßes „Bauchgefühl" reicht selbstredend nicht aus! Dies bedeutet aber, dass das Gericht sich intensiv mit der Aussage des Zeugen auseinandersetzen muss. Dabei ist insbesondere deren **Plausibilität** zu überprüfen. Gab es für die Partei einen zum damaligen Zeitpunkt nachvollziehbaren Grund, so zu handeln, wie der Zeuge es bekundet? Kann er selbst weitere Einzelheiten präsentieren und insgesamt eine nachvollziehbare Begründung des geschilderten Geschehensablaufes geben? Es kommt in der Praxis immer wieder vor, dass eine zunächst „abenteuerlich" anmutende Geschichte nach Schilderung weiterer Umstände und Details durchaus nachvollziehbar wird.

Bei einer Aussage vom Hörensagen dürfte der Beweis nur erbracht sein, wenn zusätzliche, ihrerseits feststehende Indizien dafür sprechen, dass die vom Zeugen berichtete Erklärung eines Dritten über dessen Wahrnehmung bei beiden Personen objektiv und subjektiv zutrifft. Das setzt mehrere Einzelfeststellungen voraus, die zusammentreffen müssen, nämlich:

aa) Der Richter muss davon überzeugt sein, dass der Dritte richtig wahrgenommen hat;
bb) er muss weiter davon überzeugt sein, dass der Dritte seine Wahrnehmung auch richtig und wahrheitsgemäß wiedergegeben hat,
cc) ferner, dass der vernommene Zeuge die Äußerung des Dritten richtig wahrgenommen und richtig verstanden hat und
dd) dass der vernommene Zeuge seine Wahrnehmung ebenfalls richtig und wahrheitsgemäß wiedergegeben hat, und schließlich,
ee) dass diese mehrfach günstige Bewertung im Einklang mit objektiven Beweisumständen steht, die ihrerseits bewiesen, jedenfalls in hohem Maße plausibel sind.

Da der Richter auch gegenüber dem Zeugenbeweis in der Beweiswürdigung völlig frei ist, andererseits aber dieses Beweismittel höchst unzuverlässig ist, muss bei seiner Verwertung stets größte Sorgfalt beachtet werden. Es sind alle Umstände des Falles, der Aussage und überdies der persönliche Eindruck vom Zeugen zu bewerten, insbesondere ist auf die Qualität der Vernehmung zu achten. Es reicht nicht aus, den Zeugen – nur – zum Kerngeschehen des Beweisthemas zu vernehmen. Vielmehr ist zur Feststellung der Plausibilität der Aussage das Randgeschehen miteinzubeziehen, um eine unrichtige, auswendig gelernte Aussage von einer wahrheitsgemäßen Bekundung unterscheiden zu können.

Der Richter muss sich ein eigenes Bild von dem Zeugen verschaffen, um die Glaubwürdigkeit des Zeugen (Urteilsfähigkeit, Erinnerungsvermögen, Wahrheitsliebe) einschätzen zu können (vgl. Zöller/*Greger* ZPO Vor § 373 Rn. 14). Er muss den Zeugen gewissermaßen „live" erleben! Das folgt schon aus dem Grundsatz der Unmittelbarkeit der Beweisaufnahme, die nur in engen Grenzen Ausnahmen zulässt, etwa bei der Vernehmung im Wege der Bild- und Tonübertragung (§ 128a Abs. 2 ZPO; vgl. → § 8 II. 12. unter g)) oder bei der Auflockerung des Strengbeweisverfahrens (§ 284 S. 2 ZPO, vgl. → § 8 III. 6.). Der – wichtige – persönliche Eindruck darf aber nicht davon überlagert werden, ob ein Zeuge „ruhig und fließend" bzw. „zusammenhängend und anschaulich" bekundet habe. Damit wird die Persönlichkeit des Zeugen und deren Bewertung auf ein Stereotyp eingeschränkt, das keinen Aussagewert hat. Diese Merkmale könnten nämlich – im gleichermaßen unzutreffenden Umkehrschluss – auch darauf schließen lassen, dass der Zeuge sich hinreichend auf die Vernehmung vorbereitet und genau überlegt hat, was er sagen will. Auch aus dem Erscheinungsbild des Zeugen allein sollten keine – voreiligen – Schlüsse gezogen werden. Aus Mienen, Gesten, Gebärden, Haltung, Haarschnitt oder sogar Kleidung irgendwelche Schlüsse auf den Wahrheitsgehalt einer konkreten Aussage herleiten zu wollen, ist ebenfalls allein nicht ausreichend. Oberstes Gebot bleibt die Frage, ob die Aussage in sich stimmig, plausibel und insbesondere vor dem Hintergrund des feststehenden Sachverhaltes zur damaligen Zeit nachvollziehbar ist. Der persönliche Eindruck kann als ein Beweiswürdigungsfaktor zudem wichtig werden, wenn der Vernehmungsführer die Grundzüge der Aussagepsychologie und Vernehmungstechnik beherrscht (vgl. *Arntzen* S. 15). Natürlich darf bei der Beweiswürdigung durch das Kollegium kein persönlicher Eindruck positiv oder negativ verwertet werden, den nur ein Mitglied oder gar ein nicht dem entscheidenden Kollegium angehörender Richter gehabt hat. Will das Berufungsgericht von der Würdigung der persönlichen Glaubwürdigkeit eines Zeugen durch das Gericht erster Instanz abweichen, so hat es den Zeugen nochmals selbst zu vernehmen, um sich einen unmittelbaren eigenen Eindruck zu verschaffen.

Zu unterscheiden sind die Begriffe der **Glaubwürdigkeit** und **Glaubhaftigkeit.** Wenn ein Zeuge etwas glaubhaft bekundet hat, dann wird damit ausgedrückt, dass der Inhalt seiner Aussage zutreffend erscheint. Hat der Zeuge hingegen etwas glaubwürdig bekundet, so stellt man auf seine Persönlichkeitsbewertung ab. Ein Zeuge kann demnach durchaus glaubwürdig sein, obwohl seine Aussage nicht glaubhaft ist, weil ihm z. B. ein Wahrnehmungsfehler unterlaufen ist. Auch der unbeteiligte, „neutrale" Zeuge kann irren! (vgl. auch *Bürkle* S. 170). Glaubwürdigkeit und Glaubhaftigkeit decken sich somit nicht zwingend.

Die typischen Fehler, die bei der Würdigung von Zeugenaussagen zu beachten sind, lassen sich – um des besseren Verständnisses willen – in ein übersichtliches System einordnen: Eine Aussage kann fehlerhaft sein, weil bereits die *Wahrnehmung* selbst mit Fehlern behaftet ist. Hierfür kann ursächlich sein einmal die allgemeine, objektive Unmöglichkeit, bestimmte Wahrnehmungen zu machen. Der Mangel kann ferner auf der persönlichen, subjektiven Unfähigkeit des Zeugen zur Wahrnehmung beruhen. Schließlich kann es an der Wahrnehmungsbereitschaft fehlen.

Das zweite große Fehlergebiet ist der Vorgang der *Wiedergabe* des Wahrgenommenen. Dabei kommen als Fehlerquellen ebenfalls in Betracht mangelnde Wiedergabemöglichkeit, geminderte Wiedergabefähigkeit und fehlende Wiedergabebereitschaft.

Grundsätzlich kann jeder Mensch Zeuge sein, der nicht Partei des Rechtsstreits ist; die Partei ist ggf. im Rahmen der Parteivernehmung zu vernehmen. Gelegentlich wird ein potentieller Zeuge aus taktischen Erwägungen zur Partei gemacht, etwa im Wege der Widerklage. Damit verliert er die Stellung eines Zeugen; sein Wissen kann nicht nutzbar gemacht werden. In diesen Fällen sollte ein Gericht stets die Möglichkeit der Parteivernehmung von Amts wegen gemäß § 448 ZPO in Erwägung ziehen; überdies darf – und muss – es selbstredend im Rahmen der Beweiswürdigung des Sachverhalts nicht nur die eigentlichen Beweismittel, sondern auch eine Parteierklärung – etwa nach § 141 ZPO – auf Plausibilität würdigen (Zöller/*Greger* ZPO § 286 Rn. 14). Zwischen Zeuge und Partei steht der Streithelfer, der als Zeuge vernommen werden darf.

b) Die Wahrnehmung

Wer etwas Erlebtes schildert, unternimmt es, Vorgänge der Außenwelt zu beschreiben. Das Tor, durch das Ereignisse der Außenwelt in das Bewusstsein eintreten, sind ausschließlich die Sinnesorgane. Dass Sinnestäuschungen keine Seltenheit sind, zeigt schon die unkomplizierte Selbstbeobachtung. Wie oft kommt es zum Beispiel vor, dass man Geschwindigkeiten falsch einschätzt oder z.B. bei einer Eisenbahnfahrt annimmt, der Zug habe sich in Bewegung gesetzt. Die Fehlerquellen, die bei Zeugenaussagen nie versiegen, sind jedoch selten so leicht erkennbar wie in den vorgenannten Beispielen. Gerade darin liegt die nicht zu unterschätzende Gefahr für die Wahrheitsfindung. Letztlich kann kein Zeuge schildern, wie es „in Wirklichkeit" gewesen ist, sondern er vermag lediglich wiederzugeben, was sich „in seiner Vorstellungswelt" ereignet hat. Hierzu gehört auch die „Ergänzung" unvollständiger Reizmuster. Dementsprechend werden beispielsweise Verkehrsunfälle unbewusst „komplettiert". Es wird eine eigene Beurteilung eingefügt, um den Vorgang für den Wahrnehmenden eindeutig, „stimmig", zu machen. Unbewusst wird jede Einzelwahrnehmung in einen Sinnzusammenhang gestellt, der als solcher nicht wahrgenommen, sondern „erfunden" ist. Es gibt vermutlich kaum eine Aussage ohne derartige Ausfüllungen und Schlussfolgerungen; nahezu jeder geschilderte Sachverhalt dürfte „Komplettierungen" ohne entsprechende Wahrnehmung enthalten. Dass es überhaupt noch hinreichende Übereinstimmungen zwischen den Wahrnehmungen verschiedener Personen gibt, beruht darauf, dass die Organisation der für die Wahrnehmung zuständigen Sinne bei allen Menschen weitgehend übereinstimmen und wir in einer ebenfalls im Wesentlichen übereinstimmenden Umwelt leben.

aa) Die Wahrnehmungsmöglichkeit

Der Aufnahmekapazität des Gehirns sind bekanntlich Grenzen gesetzt. Eine Vielzahl von Informationen muss unablässig verarbeitet werden; zugleich hat das Gehirn zu entscheiden, welche Informationen zu speichern sind. Es muss drastisch selektiert werden. Nur die Information im Langzeitgedächtnis ist abrufbar. Grundsätzlich sollte man deshalb misstrauisch werden, wenn ein Zeuge – vor allem nach längerer Zeit – genaue Zeitangaben oder Zeitschätzungen macht. Sie sind fast immer falsch. Der Mensch hat keinen zuverlässigen Zeitsinn. Hinzu kommt, dass i.d.R. nicht während der Wahrnehmung geschätzt wird, sondern nachher, wenn also als Schätzungsunterlage nur noch die – mehr oder weniger verfälschte – Erinnerung vorhanden ist. Deshalb kommen bei Zeitschätzungen, aber auch Geschwindigkeitsangaben oft widersprüchliche und sogar sinnlose Aussagen vor. Regelmäßig pflegen kurze Tätigkeiten, deren Dauer fünf bis zehn Minuten nicht überschreitet, überschätzt zu werden. Auch Sekundenbruchteile eines Verkehrsunfalls werden nicht selten zur Minutenlänge ausgedehnt. Länger andauernde Zeiträume werden meist unterschätzt. Das gilt ebenso für Entfernungen. Kleinere Strecken werden meist überschätzt, größere Strecken unterschätzt. Derartige Zeugenaussagen, wenn sie nicht durch objektive Umstände gestützt werden, sind somit vielfach völlig wertlos. Denn i.d.R. verbindet sich mit der unzuverlässigen Zeitschätzung eine ebenfalls sehr unzuverlässige Raumschätzung. Mit dem Auge bestimmte Strecken – zuverlässig (!) – abzumessen ist dem Menschen im Nachhinein fast unmöglich. Hinzu kommt als gewichtiger, die Zuverlässigkeit der Wahrnehmung mindernder Umstand, dass Unfallzeugen meist erst durch den Unfall auf das Unfallgeschehen aufmerksam werden. Sie beginnen häufig erst zu beobachten und wahrzunehmen, wenn der Vorgang schon – nahezu – wieder beendet ist, die Fahrzeuge zusammenstoßen oder gar bereits zusammengestoßen sind. Es folgt dann die schon erwähnte – unbewusste – Komplettierung des Sachverhalts. Zu einer Hergangsbeobachtung kommt es nur, wenn das Wahrnehmungsinteresse bereits vor dem Zusammenstoß geweckt worden ist, etwa wenn der Zeuge ein rasantes Überholmanöver verfolgt hat, weil er schon befürchtet hat, „dass etwas passiert". Der Wert der Angaben von Unfallbeteiligten und Zeugen ist vielfach noch besonders gering, wenn es sich bei ihnen um Insassen eines der beteiligten Unfallfahrzeuge handelt. Verwertbar sind die Aussagen von Unfallzeugen hingegen, soweit es nicht auf genaue Geschwindigkeits- oder Entfernungsangaben ankommt. Die Beobachtung eines Zeugen etwa, der Beklagte sei „irrsinnig schnell gefahren" oder „habe am Heck des vorausfahrenden PKW geklebt", kann durchaus geeignet sein, die Feststellung zu tragen, dass der Beklagte nicht die vorgeschriebenen 30 km/h gefahren ist bzw. nicht den gebotenen Sicherheitsabstand zu dem vorausfahrenden Fahrzeug eingehalten hat.

Auch Mengenschätzungen, zum Beispiel hinsichtlich einer Personengruppe, sind äußerst unzuverlässig. Wenn deshalb ein Zeuge bekundet, er habe etwa achtzig Personen zusammenstehen sehen, so darf man als verwertbaren Kern dieser Aussage lediglich berücksichtigen, dass nach seinem Eindruck viele Personen – vermutlich mehr als 20 – zusammengestanden haben. Beim Gehör ist zu unterscheiden die Identifizierung und die Entfernung oder Richtung der Geräuschquelle. Eine Person an der Stimme wiederzuerkennen, ist noch am ehesten möglich, zumal zusätzliche Erkennungsmerkmale hinzukommen können, etwa die Sprechweise, die Tonhöhe oder der Dialekt. In Ausnahmesituationen wird das schon schwieriger: Angstschreie einer Person sind nicht leicht zuzuordnen, weil es insoweit an der „Tonerfahrung" fehlt.

bb) Die Wahrnehmungsfähigkeit

Die Wahrnehmungsfähigkeit in der einzelnen Situation ist von Person zu Person verschieden. Die Fähigkeit des Menschen, Eindrücke der Außenwelt – simultan – aufzunehmen, ist beschränkt, überdies – und das erschwert die Würdigung von Zeugenaussagen – individuell verschieden. Wenn zwei Personen einen Verkehrsunfall beobachten, so werden sie sicherlich nicht genau dieselbe Menge an Einzeleindrücken wahrnehmen. Deshalb ist es bei der Würdigung einer Zeugenaussage wichtig, darauf zu achten, welche Simultankapazität der Zeuge aufweist. Jeder geht an die wahrgenommenen Erscheinungen mit einer Reihe von Prämissen heran, jeder hat zudem andere; diese bestimmen weitgehend unsere Beziehung zur Wirklichkeit. Diese Prämissen gehen aus den ungezählten Lebenserfahrungen eines jeden Menschen hervor mit der Wirkung, dass sie die Wahrnehmungsfähigkeit beeinflussen und gestalten. Auch Beruf und Beschäftigung, also die Übung im Wahrnehmen bestimmter Vorgänge, sind dafür von wesentlicher Bedeutung. Gefördert wird die Aufnahmefähigkeit durch körperliche und geistige Frische während der Wahrnehmung. Ebenso können sich Intelligenz und Bildung auswirken. Umgekehrt kann aber die Sinnesleistung auch durch äußere Einflüsse herabgesetzt werden. Insbesondere der Genuss von Alkohol mindert die Aufnahmefähigkeit, zugleich auch die Aufnahmemöglichkeit, und enthemmt das Kritikvermögen.

cc) Die Wahrnehmungsbereitschaft

Wertvolle Wahrnehmungen sind nur solche, die das Bewusstsein bereichern. Bewusst wird aber ein Vorgang der Außenwelt nur wahrgenommen, wenn eine – sei es auch nur geringe – Aufnahmebereitschaft besteht. Wer bei dem Zusammenstoß zweier Fahrzeuge entsetzt die Augen schließt, sieht nichts; wer sich die Ohren zuhält, um sich vor Beleidigungen zu schützen, der hört nichts. Die Wahrnehmung ist ein Persönlichkeitsakt. Deshalb lässt sich als Grundsatz aufstellen, dass in erster Linie dasjenige wahrgenommen wird, was der Persönlichkeit des Wahrnehmenden entspricht und sie angeht. Die Bedürfnisse, Interessen, Erwartungen und Gefühle des Wahrnehmenden sind für die Zuverlässigkeit und Intensität der Wahrnehmung von wesentlicher Bedeutung. Ein Vorgang, der die Interessen des Wahrnehmenden berührt, bewirkt eine Konzentration, die dem Uninteressierten abgeht. Wenn zum Beispiel eine attraktive junge Dame von einem Hund angesprungen wird, so wird der Casanova seine Aufmerksamkeit unbewusst zur Hauptsache auf die schöne Frau richten, „die von einem Köter belästigt wird". Der Hundenarr dagegen klassifiziert und bewertet wahrscheinlich den angreifenden Hund und beurteilt, ob das Tier gefährlich ist oder nur spielen will. Der eine ist später in der Lage, die Frau und ihr Verhalten zu beschreiben, der andere wird zuverlässigere Angaben über den Hund machen können. Beide Aussagen zusammen können aber durchaus ein hinreichend getreues Bild des Geschehens vermitteln. Eine Aussage allein wird der Realität möglicherweise nicht gerecht. Das Interesse muss selbstverständlich gerade beim Zeugen bestanden haben. Das setzt einen bestimmten Kenntnisstand bei ihm voraus. Wer etwa den Kraftfahrzeugverkehr als abscheulich und kulturfeindlich empfindet, dessen Interesse wird auch durch ein Mercedes-Sportcoupé nicht geweckt werden; denn davon hat er gar keine Ahnung. Es ist deshalb immer – von den konkreten Umständen ausgehend – zu untersuchen, ob gerade dieser Zeuge bei seinem Bildungsstand und Interessenkreis in einer bestimmten Situation innerlich Anteil genommen hat, kürzer: ob eine Wahrnehmung persönlichkeitsadäquat ist. Deshalb ist es immer wichtig, vom Vernommenen zu erfahren, in welcher Wahrnehmungssituation er sich befunden hat. Niemand lebt isoliert für sich. Jeder ist von seiner Umwelt geprägt und wird ständig davon beeinflusst.

Umgekehrt führt der Mangel der Aufnahmebereitschaft zu verblüffenden Wahrnehmungsausfällen. Welcher Leser weiß zum Beispiel, welchen Aufdruck sein „Palandt" auf dem Buchrücken hat, welchen Anzug er auf dem Bild seines Reisepasses trägt usw.? Das alles sind Dinge, die einen nicht interessieren, die man zwar wahrnimmt, aber nicht in das Bewusstsein überführt. Das zeigt, wie wenig Verlass auf Zeugen ist, die derartige Nebensächlichkeiten (Daten, Uhrzeit, Bekleidung, alltägliche Handlungen und dergleichen) wahrgenommen haben wollen. Ihre Einbildungskraft ist gewöhnlich größer als ihre Selbstkritik. Das zeigt aber weiter auch, wie verfehlt es ist, von einem Zeugen über solche Umstände eine genaue Antwort zu erwarten! Angst und Furcht beeinflussen eine Wahrnehmung immer negativ. Damit hängt es zusammen, dass bei Schlägereien, Überfällen und anderen aggressiven Aktionen die unterschiedlichsten Hergangsschilderungen durch Augenzeugen und Beteiligte – unabhängig von ihrem Interesse auf Grund ihrer „Lagerzugehörigkeit" – an der Tagesordnung sind.

Resümierend sollte jeder Vernehmende somit gegenüber der Objektivität einer berichteten Wahrnehmung stets für Zweifel und Kritik offenbleiben.

c) Die Wiedergabe des Wahrgenommenen

Auch wenn im Einzelfall begründete Bedenken gegen die Zuverlässigkeit des Wahrnehmungsvorganges nicht bestehen sollten, ist damit noch nicht die Zuverlässigkeit der Aussage selbst dargetan. Auch die Wiedergabe des Wahrgenommenen unterliegt zahlreichen Bedenken. Dies möge die nachfolgende Aufstellung verdeutlichen.

aa) Die Wiedergabemöglichkeit

Die Wiedergabemöglichkeit kann durch Hirnschädigungen bzw. neurologische Störungen, ja generell durch Erkrankungen des Zeugen beeinträchtigt sein. Deshalb bestehen grundsätzlich Bedenken gegen die Zuverlässigkeit der Aussage eines Zeugen, der eine Gehirnerschütterung erlitten hat und gerade denjenigen Vorfall schildern soll, der dazu geführt hat. Der Zeuge wird kaum je eine echte Erinnerung an die Vorgänge unmittelbar vor und nach dem Unfall haben. Er wird vielmehr lediglich den nichterlebten Hergang so schildern, wie er ihn mutmaßt, d.h. den Sachverhalt wiederum – unbewusst – komplettieren.

bb) Die Wiedergabefähigkeit

Bestehen an der Wiedergabemöglichkeit keine Zweifel, so ist als nächstes zu prüfen, ob der Zeuge über eine hinreichende Wiedergabefähigkeit verfügt. Erinnerungen werden ebenso wie Wahrnehmungen in vielfacher Weise von Wunsch- und Zielvorstellungen aus- bzw. umgestaltet. Je mehr der zu erinnernde Erlebnisinhalt persönliche Bedeutung hat, umso subjektiver gestaltet sich das Erinnerungsbild. *Die Gedächtnis*leistung ist weitgehend von der Zeit abhängig, die zwischen der ursprünglichen Wahrnehmung und dem späteren erneuten Bewusstwerden liegt. Schon nach wenigen Wochen, manchmal sogar schon nach einer Woche, kann nur noch mit einer etwa zehnprozentigen Wiedergabefähigkeit gerechnet werden; danach sinkt die Vergessenskurve nur noch allmählich ab. Diese hohe Vergessensrate gilt allerdings nicht für als essentiell empfundene Erlebnisse. In der zivilprozessualen Praxis kommt es nun in aller Regel nicht vor, dass ein Zeuge unmittelbar im Anschluss an seine Wahrnehmungen vernommen wird. Es vergehen vielmehr meist Monate, gelegentlich sogar Jahre darüber, insbesondere, wenn ein Zeuge in der Berufungsinstanz erneut vernommen wird. Kritisch zu hinterfragen ist deshalb eine Aussage, wenn ein Zeuge nach längerer Zeit plötzlich mit Erinnerungen aufwartet, bezüglich derer er in einer früheren Vernehmung nichts auszusagen vermochte. Deshalb ist es wichtig, bei der Würdigung einer Aussage die sogenannte *erste* Vernehmung zu kennen. Die erste Aussage ist grundsätzlich am zuverlässigsten, weil sie am wenigsten den Verfälschungseinflüssen ausgesetzt war. Wenn deshalb im Zivilprozess ein Zeuge in der Beweisaufnahme genauere Angaben macht als bei seiner ersten protokollierten Vernehmung (z.B. in einem früheren Strafverfahren), dann muss das zu höchster Sorgfalt in der Glaubwürdigkeitsprüfung veranlassen. Unerlässlich ist es in einem solchen Fall, dem Zeugen die abweichenden früheren Bekundungen zur Klärung vorzuhalten; andernfalls ist die Beweiswürdigung unvollständig. Natürlich kann es Gründe für eine „verbesserte" Erinnerung geben, etwa, wenn der Zeuge zeitnah vor einer erneuten Vernehmung seine Erinnerung noch einmal durch den Blick in Unterlagen, Notizen, Verträge etc. aufgefrischt hat.

Neben dieser psychischen Gesetzmäßigkeit ist auch das Alter der Aussageperson wesentlich. Das Gedächtnis jüngerer Menschen ist erfahrungsgemäß besser als das älterer Leute.

Gedächtnisleistungen sind individuell verschieden und oft auf bestimmte Gebiete beschränkt. Es ist deshalb fehlerhaft, einer Zeugenaussage nicht mehr zu folgen, nur weil der Zeuge sich nachweislich in einem Punkt geirrt hat: das kann jedem von uns passieren. Auch eine Korrektur der Aussage beinhaltet nicht a priori den Verdacht der bewusst unrichtigen Aussage; wir alle korrigieren ständig Aussagen, weil wir nachdenken und uns gelegentlich sukzessiv erinnern. Überdies haften z.B. angenehme Erlebnisse fester als gleichgültige oder gar unangenehme Eindrücke. Affekte führen zur Einengung des Bewusstseins. Deshalb ist der Wert einer Aussage gemindert, wenn ein Zeuge bei der Wahrnehmung oder bei der Wiedergabe einer Wahrnehmung in Erregung gerät. Ebenso werden Wahrnehmung und Reproduktion von Bewusstseinsinhalten durch die innere Anteilnahme des Zeugen beeinflusst. Das Interesse am Ausgang des Rechtsstreites oder das Verhältnis zu einer Partei kann auch beim wahrheitsliebenden Zeugen bewirken, dass die Wiedergabe einer Wahrnehmung einseitig gefärbt ist.

Besonders unzuverlässig sind Beschreibungen von Sachen oder Personen. Nahezu niemand ist in der Lage, im Dienstgebäude befindliche Gegenstände, die man täglich sieht, zutreffend zu beschreiben. Vermutlich kann man selbst nicht einmal die Zahl seiner eigenen Bürofenster oder Sitzmöglichkeiten etc. angeben.

Im Übrigen sind stets die intellektuellen Fähigkeiten des Zeugen zu berücksichtigen. Ist er in der Lage, Fremdwörter richtig zu verwenden? Zieht er voreilige Schlüsse, überspringt er Gedankenglieder, lässt er den gedanklichen Obersatz aus? Zitiert er wörtlich, etwa, wenn es um eine Beleidigung geht? Oder handelt es sich um einen Begriff aus seinem eigenen Sprachschatz? Verwendet andererseits der besonders versierte Zeuge Fachausdrücke und/oder zieht fachkundige Schlussfolgerungen, die zunächst der Erläuterung bedürfen, damit das Gericht sie versteht?

Zur Verbesserung des Erfolgs der Beweisaufnahme ist dem Zeugen nunmehr nach § 378 Abs. 1 S. 1 ZPO gestattet, Aufzeichnungen und andere Unterlagen einzusehen und sogar zum Termin mitzubringen, soweit dies zulässig und zumutbar ist.

Bei Routine-Vorgängen fehlt es der Aussageperson häufig an konkreten Erinnerungen. Dieser Fall wird besonders praktisch, wenn Verkehrspolizisten nach längerer Zeit zu (Unfall-)Situationen im Straßenverkehr vernommen werden. Dann darf das Gericht nicht einfach von einer belastenden Feststellung ausgehen: Die Aussage eines Polizeibeamten, er könne sich an den von ihm angezeigten Verkehrsvorgang zwar nicht mehr erinnern, was er aufgeschrieben habe, sei aber richtig, dürfte nur Indizwirkung innerhalb der nach § 286 ZPO vorzunehmenden freien Gesamtbeweiswürdigung haben.

Schließlich gibt es unzählige weitere Gesichtspunkte, die letztlich einzelfallbezogen bleiben; die Persönlichkeitsstruktur des Zeugen ist deshalb von außerordentlicher Bedeutung, damit korrespondierend der persönliche Eindruck des Gerichts von dem Zeugen. Es gibt empfindliche, nachgiebige, misstrauische, aggressive, unterwürfige, rechthaberische, entschlossene, zögernde, kompromissbereite, zaudernde, kluge, dumme, umständliche, wortkarge, wortreiche, lebhafte, stille Menschen usw. Alle diese Eigenschaften treffen in einer individuellen Mischung in der einzelnen Person zusammen. In der Praxis ist es oft außerordentlich erkenntnisfördernd, die Konfliktsituation herauszustellen bzw. als Gericht zu erkennen, in der sich ein Zeuge befindet.

cc) Die Wiedergabebereitschaft

Die wohl wesentlichste Voraussetzung für die Zuverlässigkeit einer Bekundung besteht in der Wiedergabebereitschaft des Zeugen, den erinnerten Sachverhalt genau und wahrheitsgetreu zu schildern. Der Wille zur Wahrheit fehlt beim Lügner, aber auch bei dem durch Gruppenzwang, Parteilagerzugehörigkeit etc. eingeschränkten

Zeugen. Diesen zu erkennen ist die größte Herausforderung für den Richter. Der Wille zur Wahrheit wird wohl am ehesten geschwächt durch das Angehörigenverhältnis zu einer Partei (seelische Bindung) sowie durch das wirtschaftliche Interesse am Ausgang eines Rechtsstreits (vermögensrechtliche Bindung). Die bei Laien vielfach anzutreffende Meinung, ein Ehegatte könne nicht als Zeuge des anderen Ehegatten auftreten, ist deshalb aussagepsychologisch durchaus nicht abwegig. Denn bei Ehegatten treffen die seelischen und die vermögensrechtlichen Bindungen zusammen. Es ist deshalb auch gar nicht selten, dass die Ehegatten der streitenden Prozessparteien bei ihrer Vernehmung über denselben Vorgang, dem sie beide beigewohnt haben, völlig entgegengesetzte Sachdarstellungen geben. Dabei hat man oft den Eindruck, dass im Grunde keiner mehr richtig weiß, wie es wirklich gewesen ist. Jede Partei-Familie hat sich durch ständige Erörterung der Ereignisse eine Legende „zurechtgestrickt", an die sie bedingungslos glaubt. Und jede ist deshalb davon überzeugt, im Besitz der vollen Wahrheit zu sein; der Gegner dagegen „lügt mit frecher Stirn", wie es dann vielleicht heißt. Je geringer die emotionale Bindung bzw. das Eigeninteresse des Zeugen am Ausgang des Rechtsstreits ist, umso größer ist im Zweifel seine Wiedergabebereitschaft. Diese Einsicht erklärt es, warum die Rechtsprechung den Aussagen von Polizeibeamten bzw. unfallunbeteiligten Zeugen besonderes Gewicht beimisst (vgl. *Bürkle* S. 170). Die Voreingenommenheit eines Zeugen hingegen ergibt sich häufig schon aus der sprachlichen Darstellung, in die eine Aussage gekleidet wird. Unnötige Schärfen oder nicht gefragte Beschönigungen sind Anzeichen dafür, dass der Zeuge innerlich gegen oder für eine Prozesspartei eingestellt oder dass er aus anderen unsachlichen Gründen an einem bestimmten Ausgang des Rechtsstreits interessiert ist.

Die Wahrheit einer Aussage wird durch eine **Vereidigung** des Zeugen – jedenfalls nach den heutigen Wertmaßstäben – nicht signifikant erhöht; wer falsch aussagen will, lässt sich in aller Regel auch nicht durch eine Vereidigung schrecken. Das Gericht sollte deshalb mit Vereidigungen äußerst sparsam umgehen, der Eid ist ein Relikt aus vergangener Zeit. Wenn ein Zeuge das Gericht überzeugt, bedarf es keiner Eidesleistung; überzeugt er nicht, ändert sich auch durch den Eid nichts.

d) Die konkrete Beweiswürdigung von Zeugenaussagen

Auch wenn aus den oben dargestellten Gründen Zeugenaussagen mit Vorsicht zu würdigen sind, soll nicht der Eindruck vermittelt werden, als gebe es überhaupt keine verwertbaren Zeugenaussagen. Zeugen sind und bleiben selbstredend das bedeutendste Beweismittel in der täglichen richterlichen Praxis; aber es soll verdeutlicht werden, dass man eine Zeugenvernehmung mit der notwendigen Sensibilität durchführen muss. Im Übrigen bleibt der jeweilige konkrete Einzelfall entscheidend; es gibt glaubwürdige Zeugen, die glaubhaft bekunden und ebenso unglaubwürdige.

Letztlich ist neben der Würdigung jeder Aussage für sich auch die Gesamtheit der Aussagen unter Berücksichtigung des Tatsachen- und Beweisstoffes zu würdigen. Jede Aussage ist insbesondere einer Kontrolle durch objektive Beweismittel, Indizien und Plausibilität zu unterziehen. Grundsätzlich sollte man in drei Schritten eine Aussage würdigen:

1. *Was hat der Zeuge bekundet?*
2. *Ist seine Aussage inhaltlich ergiebig?*
3. *Ist seine Aussage beweiskräftig? (Beweiswert der Aussage)*

1. Die Bekundung des Zeugen ergibt sich aus seiner im Verhandlungsprotokoll festgehaltenen sprachlichen Darstellung. Stammt sie von einem anderen, ist also der

erkennende Richter nicht zugleich der Vernehmende gewesen – z.B. bei Richterwechsel, Rechtshilfevernehmung, Berufungsinstanz –, dann ist davon grundsätzlich auszugehen, dass die Aussage zutreffend protokolliert worden ist. Andernfalls müsste die Niederschrift schon zureichende Anhaltspunkte für die Annahme des Gegenteils bieten, etwa sinnlose Angaben oder auffällige Widersprüche. Gegebenenfalls ist die Beweisaufnahme zu wiederholen oder es sind Zeugen, deren Aussagen sich widersprechen, einander gegenüberzustellen (§ 398 ZPO).

2. Der Inhalt der Aussage kann für die Entscheidung des Rechtsstreits von sehr unterschiedlicher Bedeutung sein. Möglicherweise vermochte der Zeuge überhaupt nichts zur Sache zu sagen. Dann mag er noch so wahrheitsliebend sein: seine Bekundung ist bereits deshalb wertlos, weil sie keinen Beweisstoff darbietet. Ergiebig ist eine Aussage in zwei Fällen: einmal, wenn der Zeuge über beweiserhebliche Umstände berichtet; zweitens dann, wenn ein Zeuge aussagt, er habe nichts wahrgenommen, obwohl er den Umständen nach etwas hätte wahrnehmen müssen. In diesem Fall muss man nämlich davon ausgehen, dass nichts Wahrnehmbares vorhanden gewesen ist. Allein aus der Möglichkeit, dass irgendein Zeuge irgendeinen bestimmten Vorgang hätte wahrnehmen können, darf man natürlich noch nicht schließen, dass er ihn auch unbedingt hätte wahrnehmen müssen, wenn der Vorfall sich in Wirklichkeit ereignet hätte.

Ebenso ist darauf zu achten, ob der Zeuge tatsächlich eine Tatsache bekundet bzw. eine Wahrnehmung beschreibt oder eine Schlussfolgerung zieht bzw. eine (rechtliche) Bewertung vornimmt; einfache juristische Sachverhalte – A verkauft an B – wird der Zeuge aber in der Regel zutreffend zu würdigen in der Lage sein. Handelt der Streit aber um Begriffe, die der nicht juristisch versierte Mensch nicht oder anders differenziert (z.B. Leihe statt Miete: die Bevölkerung spricht vom Leihfahrzeug und meint doch die entgeltliche Vermietung des Pkw oder von der Geldleihe und meint einen Darlehensvertrag), so darf das Gericht nicht die bloße Aussage „hinnehmen", sondern muss die zugrundeliegenden Tatsachen hinterfragen – um beim Beispiel der Leihe/Miete zu bleiben: Entgeltlichkeit der Besitzübertragung?

3. Schwieriger als die Feststellung der inhaltlichen Ergiebigkeit ist die Beantwortung der dritten Frage, ob der Zeuge glaubwürdig und seine Aussage glaubhaft ist, welcher Beweiswert ihr also zukommt. Hier sollten die oben dargestellten Einzelheiten Anhaltspunkte für die Prüfung sein, soweit sich im konkreten Fall Bedenken ergeben. Der Nachweis der Beweiskraft (Wahrheit des Aussageinhaltes und Wahrhaftigkeit des Aussagenden) geschieht weitgehend durch Negationen, durch Eliminierung von Bedenken: Es sind alle ernsthaft in Erwägung zu ziehenden Fehlerquellen für eine konkrete Aussage auszuschließen. Dass ein Zeuge eine Einzelheit unrichtig schildert bzw. seine Aussage – mehrfach – korrigiert, rechtfertigt allein noch nicht die Schlussfolgerung, die Aussage sei insgesamt unzuverlässig. Denn die wesentliche Fehlerquelle bei Zeugenaussagen ist nicht der Wille zur Unwahrheit, sondern der Irrtum.

Von besonderer Bedeutung ist die Überprüfung einer Aussage auf Stimmigkeit, Widerspruchsfreiheit und Plausibilität. Bei der Überprüfung der Widerspruchsfreiheit können auch Angaben verwertet werden, die der Zeuge früher und vor anderen Stellen gemacht hat. Auch die Konstanz der Zeugenaussage ist ein Kriterium für ihre Richtigkeit (vgl. *Arntzen* S. 54ff.). Insoweit sind dem Zeugen entsprechende Vorhalte zu machen (vgl. *BVerfG* NJW 1978, 989). Objektive Beweismittel haben bei Widersprüchen in aller Regel den Vorrang vor der Zeugenaussage. Anzeichen für die Wahrheit einer Aussage sind ferner konkrete Angaben, insbesondere die Schilderung von Einzelheiten und anderer individueller Merkmale. Denn gerade der Detailreichtum entspringt der Anschauung (vgl. *Arntzen* S. 27ff.). Lügner können meist nicht auf eigene Wahrnehmungen und Erlebnisse zurückgreifen, d.h. kein eigentliches Randgeschehen bekunden. Sie sind deshalb oft gezwungen, allgemeine, verwaschene und abstrakte Schilderungen zu geben oder sich insoweit auf Erinnerungslücken zu berufen. Die wahrheitsgemäße Schilderung eines realen Vorganges ist aber gekennzeichnet durch Konkretheit, Anschaulichkeit, Detailreichtum, innere Übereinstimmung und Realistik. Für die Richtigkeit einer Aussage spricht zudem, wenn mehrere mitgeteilte inhaltliche Details sich zu einem Ganzen ohne Unstimmigkeiten zusammenfügen lassen (vgl. *Arntzen* S. 51ff.).

Aber auch (mehrere) Aussagen untereinander sind zu vergleichen. Wenn sie lückenlos ineinandergreifen, so spricht das zunächst für die Wahrheit der Einzelaussagen. Doch ist auch das keine ausnahmslose Regel, insbesondere dann nicht, wenn lediglich ein als wichtig erachtetes **Kern**geschehen übereinstimmend bekundet wird; derartige Aussagen können – nicht zwingend (!) – auch abgesprochen sein! Wahre Aussagen hingegen sind persönlich gehalten, bringen farbige Einzelheiten, Vorgänge, von denen außer den Beteiligten eigentlich niemand etwas wissen kann und die deshalb auch schwerlich erfunden werden können. Gerade scheinbare Belanglosigkeiten, die der Aussagende mitteilt, zeigen, dass er sich erinnert und nicht durch Inhaltsausformung und Selektion auf das vermeintlich Wesentliche überzeugen will. Das ist gerade der Grund, warum man einen Zeugen ausreden lassen soll, auch wenn er vom sachlichen Kernpunkt abweicht; denn gerade dieses Verhalten gibt dem Vernehmenden häufig verlässliche Wahrheitskriterien an die Hand. Schildert der Zeuge ein klares Geschehen hingegen ausweichend, zweideutig und verworren oder aber auffallend abstrakt, dann muss damit gerechnet werden, dass er etwas verbergen will. Insoweit ist darauf zu achten, ob und wie er „nachhakende Fragen" – ausweichend (?) – beantwortet. Auch eine aggressive Reaktion hierauf kann anzeigen, dass der Zeuge in ein Abwehrverhalten flüchtet. Belastet sich hingegen ein Zeuge durch seine Schilderung selbst, dann spricht das für die Wahrheit der Aussage. Belastet er einen anderen, bemüht er sich aber gleichzeitig, diesen durch Mitteilung entlastender Umstände zu rechtfertigen, dann spricht auch das dafür, dass der Zeuge wahr bekundet.

Zu beachten ist, dass Ehe, Verwandtschaft, Geschäftsbeziehungen und dergleichen allein für sich genommen nicht ausreichend sind, eine Zeugenbekundung als wahr oder unwahr zu beurteilen. Aber es ist nicht zu leugnen, dass man als Richter i.d.R. geneigt ist, dem sogenannten „neutralen" Zeugen eher zu folgen, der kein Interesse am Ausgang des Rechtsstreits hat (vgl. *Bürkle* S. 166, insbes. 170).

Auch das äußere Verhalten eines Zeugen während der Vernehmung darf nicht zu wichtig genommen werden. Jemand, der vor Gericht auszusagen hat, ist befangen und innerlich erregt. Tonfall, Blick, Erröten, Atmung, Tränen, ein verlegenes Lachen usw. lassen häufig nur ganz unsichere Schlüsse auf die Wahrheit oder Unwahrheit des Aussageinhaltes zu. Wohl gibt es Zeugentypen: empfindliche, hartgesottene, erregbare, eigensinnige, schüchterne, schwätzende, eitle und lügenhafte Zeugen. Doch aus dem Typus folgt noch kein zuverlässiger Schluss auf die Aussageleistung im Einzelfall. Es handelt sich hierbei lediglich um Würdigungsmomente, die neben anderen Kriterien Bedeutung erlangen *können*.

Man muss sich somit stets die Mühe machen, über das Ergebnis der Beweisaufnahme nachzudenken. Durch logisches Zergliedern und durch Kombinieren kann man mehr erreichen, als gemeinhin angenommen wird. Wenn zum Beispiel ein Zeuge die Tatsache X weiß, nicht aber die Tatsache Y, obwohl er sie den Umständen nach ebenfalls wissen müsste, weil sich die Tatsachen X und Y zusammen ereignet haben und eine Wahrnehmungslücke ausgeschlossen erscheint, so ist das zumindest Anlass für eine besonders kritische Beweiswürdigung.

e) Vernehmungskunst und Protokollierungstechnik

Im Prozess sind die Zeugen vom Richter zu vernehmen. Über die Aussage ist eine Vernehmungsniederschrift anzufertigen. Dieses Protokoll steht dann – jedenfalls im Zivilprozess – fortan in der Instanz und in den Rechtsmittelzügen an der Stelle der Aussage. Deshalb ist zweierlei erforderlich: Einmal ist die Vernehmung so durchzuführen, dass möglichst alle Fehlerquellen erkannt und unschädlich gemacht werden. Zum anderen muss die Aussage so protokolliert werden, dass sie später für den Vernehmenden, den Anwalt und den Rechtsmittelrichter eine taugliche Grundlage für die Beweiswürdigung ist. Deshalb werden nachfolgend zum Zwecke des besseren Verständnisses und der Übersichtlichkeit zunächst zwölf Regeln der Vernehmungskunst und sodann zehn Regeln der Protokollierungstechnik aufgeführt.

aa) Zwölf Regeln zur Vernehmung von Zeugen

1. Hauptperson der Beweisaufnahme ist der Zeuge – und nicht der Vernehmende. Bereits beim Terminieren ist darauf zu achten, dass den Zeugen keine übermäßig langen Wartezeiten zugemutet werden. Die einzelnen Sachen sind deshalb auf verschiedene Uhrzeiten zu legen. Sind in einem Rechtsstreit viele Zeugen zu vernehmen, so sollten sie zweckmäßig in realistischen zeitlichen Abständen geladen werden. Verspätungen sind auch gegenüber dem Zeugen zu entschuldigen; ggf. ist ihm zu gestatten, für eine bestimmte Zeit sich entfernen zu dürfen, um in der Kantine einen Kaffee zu trinken, etc. In einem von vornherein angespannten Klima lässt sich nämlich keine effiziente Vernehmung, die ja der Wahrheitsermittlung dienen soll, durchführen. Wird die „Toleranzgrenze" des Zeugen überschritten, wenn es ihm also „zu bunt geworden ist", kann es sogar dazu kommen, dass er jegliche Mitwirkung verweigert und kurzerhand erklärt, er könne sich an nichts mehr erinnern.

2. Voraussetzung für eine gründliche Vernehmung ist, dass der Vernehmende die Akten und die Beweisfragen genau kennt sowie klare und vollständige Vorstellungen über die Rechtslage hat. Nur wenn das der Fall ist, vermag er die Beweisaufnahme richtig zu leiten und die jeweils notwendigen Fragen zu stellen und neben der Sache liegende Fragen zu unterbinden.

Der Vernehmende muss sich von dem Willen zur Wahrheitsermittlung leiten lassen; dazu gehört, dass er den Sachverhalt, den der Zeuge schildert, auch versteht – selbst dann, wenn der Zeuge unverständlich oder gar in seiner Fachsprache bekundet: dann hat der Vernehmende nachzufragen und sich ggf. ihm fremde Fachbegriffe (etwa in Bausachen) erklären zu lassen!

3. Die Vernehmung wird durch die „Belehrung", also dadurch eingeleitet, dass „der Zeuge zur Wahrheit ermahnt und darauf hingewiesen" wird, „dass er in den vom Gesetz vorgesehenen Fällen unter Umständen seine Aussage zu beeiden habe" (§ 395 Abs. 1 ZPO). Darunter fällt auch der Hinweis auf die Strafbarkeit falscher Aussagen. Die ständige Wiederholung dieser im Gesetz vorgesehenen Ermahnung bewirkt leicht, dass sie beim Vernehmenden zur formelhaften Wendung erstarrt. Man sollte den Zeugen ernst und sachlich belehren, zudem mit dem Hinweis, dass die Belehrung nicht auf Grund Misstrauens in seine Person erfolgt, sondern gesetzlich vorgeschrieben ist. Dann ist er der Belehrung und der nachfolgenden Vernehmung gegenüber am ehesten aufgeschlossen. Durchaus empfehlenswert ist es auch, dem Zeugen bei der Belehrung seine Rolle als „objektives" Beweismittel zu verdeut-

lichen und ihn als „Gehilfen des Gerichts – und nicht einer Partei (!)“ – zu bezeichnen, „auf den das Gericht sich bei der Wahrheitsermittlung verlassen können muss“; dies löst den Zeugen psychologisch ein wenig aus einem möglichen Näheverhältnis zu einer Partei und unterstreicht – im Ergebnis ja völlig zutreffend – auch für den Zeugen erkennbar die Bedeutung und Wichtigkeit seiner Person sowie seiner Aussage!

An die Belehrung schließt sich die Frage nach den persönlichen Verhältnissen des Zeugen an: Vorname und Zuname, Alter, Stand oder Gewerbe und Wohnort (§ 395 Abs. 2 S. 1 ZPO). Damit beginnt die eigentliche Vernehmung.

4. Der Vernehmende muss darauf achten, dass der Zeuge die Fragen sprachlich und intellektuell versteht. Ggf. sind diese verständlich „umzuformulieren“; andernfalls ist jede Antwort eo ipso unbrauchbar. Dies gilt insbesondere auch für die Vernehmung von Kindern; es bedarf keiner übertriebenen Kindersprache, aber es sollte einfach, klar und ohne die Verwendung abstrakter Begriffe formuliert werden.

5. Oberster Grundsatz für jede Vernehmung ist, dass der Vernehmende vorurteilsfrei den Zeugen befragt und gleichermaßen äußerlich wie innerlich Ruhe und Geduld bewahrt. Je besonnener er ist, umso mehr Vertrauen bringt ihm der Zeuge entgegen, und umso eher bringt er die Wahrheit heraus. Insbesondere ist der Zeuge freundlich und mit Respekt zu behandeln. Unsicherheiten und Schwächen sowie mangelnde forensische Erfahrung des Zeugen dürfen nicht mit Spott und Ironie behandelt werden – das wäre wenig souverän –, sondern mit unaufdringlicher Hilfestellung, um den Zeugen wieder zu einer (ergiebigen) Aussage, dem Grund seines Erscheinens vor Gericht, zu motivieren. Belehrungen „von oben herab“ sind zu vermeiden, helfen nicht nur nicht weiter, sondern sind kontraproduktiv in dem Bemühen, eine wahre, jedenfalls brauchbare Aussage zu erhalten. Der Vernehmende hat zwar das Heft des Handelns stets in der Hand zu behalten, muss aber auch für den Zeugen verlässlich und „berechenbar“ sein – durch ein souveränes, konsequentes Prozessverhalten, das zugleich aber ein freundliches Auftreten nach außen einschließt; dies hat nichts mit falsch verstandener Nachgiebigkeit bzw. Unentschlossenheit zu tun, vielmehr ist es eine Frage der Besonnenheit! Dazu gehört auch, dass man dem Zeugen erkennbar und intensiv zuhört, auch wenn die Aussage im Wesentlichen schon aus der Akte bzw. früheren Vernehmungen bekannt ist.

6. Der Vernehmende darf keine Störungen seiner Vernehmung dulden. Dies unterbricht nicht nur den eigenen Gedankengang, sondern auch den des Zeugen. Alle Beteiligten müssen zu Wort kommen, aber geordnet, und erst dann, wenn der Vernehmende seine Wahrheitserforschung abgeschlossen hat. Ggf. sollte er klar und deutlich darauf hinweisen, dass durch Störungen, Zwischenfragen, Zurufe etc. das Beweisergebnis verfälscht werden könne und er gegebenenfalls die Konsequenzen aus diesen Störungen für die Beweiswürdigung ziehen werde. Das hilft dann erfahrungsgemäß schnell, um Ruhe herbeizuführen.

7. Der Zeuge ist zu einer zusammenhängenden Schilderung zu veranlassen; er ist die Hauptperson bei der Vernehmung. Der Vernehmende hat ihn ausreden zu lassen und nur zurück zum Beweisthema zu führen, wenn dieser – zu weit – abschweift. Der Vernehmende sollte bemüht sein, den Zeugen möglichst frei, möglichst „unbeschwert“ reden zu lassen: umso mehr, umso eher kommt die Wahrheit ans Licht. In freier Rede fällt es nämlich schwer, unrichtig bzw. auswendig Gelerntes zu bekunden. Der Vernehmende sollte deshalb selbst eher wenig reden, vor allem dem Zeugen keine Antworten „in den Mund legen“. Entscheidend ist es, zuhören zu können! Häufig erhellt auch gerade die zusammenhängende Schilderung eines Sachverhalts

den Gesamtzusammenhang der eigentlich nur streitigen Frage und lässt oftmals – wie im Nachhinein mitunter festzustellen ist – den Sachverhalt in einem anderen Licht erscheinen, als es bislang nach dem Vortrag der Parteien, die häufig „schwarz" oder „weiß" vortragen, den Anschein hatte.

Ein erster „Wahrheitstest" kann sich im Einzelfall auch faktisch daraus ergeben, dass der Zeuge einen dem Gericht (aus den Akten oder anderen Beweismitteln) schon bekannten Sachverhalt schildert, da insoweit die Möglichkeit der Überprüfung besteht.

8. Man sollte keine neue Frage anschneiden, bevor nicht die vorhergehende erledigt ist. Sonst ist gedankliche Unordnung und möglicherweise Streit im Sitzungssaal die Folge.

9. Erkennt man die Unrichtigkeit einer Aussage oder aber einen Widerspruch, so sollte man den Zeugen zunächst seine Aussage beenden lassen und diese sodann entsprechend protokollieren. Erst im Anschluss daran sollte der Vorsitzende die ergänzende Frage stellen. Korrigiert der Zeuge daraufhin seine Aussage, so ist auch diese zu protokollieren; auf diese Weise kann die Änderung des Aussageverhaltens des Zeugen auch anhand des Protokolls nachvollzogen werden. Würde man nur die korrigierte Aussage des Zeugen protokollieren, würde die Problematik der Glaubhaftigkeit seiner Aussage durch deren Korrektur auf Nachfrage nicht hinreichend deutlich.

Um nicht missverstanden zu werden: Natürlich führt nicht jede Korrektur dazu, eine Aussage als unglaubhaft zu bewerten. Jeder korrigiert sich ja selbst auch permanent, insbesondere, wenn es um die Aktivierung einer – ggf. lange zurückliegenden – Erinnerung geht. Deshalb ist die korrigierte Aussage eines Zeugen sorgfältig zu bewerten! Es ist wichtig, dass das Protokoll die Entwicklung der Aussage – von der Ursprungsbekundung bis zur Korrektur – beinhaltet, um die Bewertung des Gerichts, wie immer sie im Einzelfall auch ausfallen mag, nachvollziehen zu können.

Im Übrigen gilt auch für die Wahrheitsfindung der Grundsatz der Besonnenheit: Die Wahrheit findet am ehesten derjenige, der durch ein überlegtes und entschlossenes Vorgehen bei der Vernehmung den sich sperrenden Zeugen erkennen lässt, dass dieser Gefahr läuft, am Ende der Unwahrheit überführt zu werden. Das nimmt einem Zeugen am nachhaltigsten die Lust zur Lüge. Unnötiges verbales Poltern oder Drohen mit der Staatsanwaltschaft wirken in aller Regel eher motivationshemmend.

10. Es ist zu verhindern, dass sich der Zeuge zu Vorgängen, die ihm nicht erinnerlich sind oder die er nicht mehr genau weiß (z.B. Namen, Daten), bei Parteien oder Anwälten gewissermaßen Auskunft holt. Nachher lässt sich dann nämlich nicht mehr feststellen, was eigenes Wissen und was Wissen vom Hörensagen ist.

11. Erwartungsfragen und Suggestivfragen – nicht selten von Anwälten versucht – sind zu vermeiden. Wenn man einen Zeugen mit entsprechender Antwort-Tendenz befragt oder befragen lässt: „Sie wollen doch wohl nicht ernsthaft sagen, dass...", so wird der Zeuge dies eher bejahen, weil er ansonsten Kritik an seinem Aussageverhalten befürchtet. Ebenso wird er sich im Zweifel in Suggestivfragen verfangen: „Hatte der Kläger einen Stock oder einen Riemen in der Hand?" Möglicherweise hatte er aber auch gar nichts in der Hand oder der Zeuge erinnert sich lediglich nicht mehr – dies aufrichtig zu bekunden wird durch diese Form der Fragestellung zumindest erschwert.

Ebenso ist darauf zu achten, dass ein Zeuge nicht durch eine unnötige Schärfe der Befragung – vor allem durch Anwälte – eingeschüchtert oder „bockig" wird; beides hilft bei der Wahrheitsfindung nicht weiter.

12. Kommt man auf peinliche Dinge zu sprechen, so ist es allein richtig, diese Dinge, ohne zu zögern, beim Namen zu nennen. Damit überbrückt man am schnellsten die Verlegenheit, in die der Zeuge – oder die Zeugin – vielleicht vorübergehend gerät.

bb) Zehn Regeln zur Protokollierungstechnik

1. Entsprechend der zusammenhängenden Vernehmung und Aussage des Zeugen soll auch das Diktat der Aussage zusammenhängend sein. Es empfiehlt sich jedoch, abschnittsweise zu diktieren, um auch die Chronologie und Entwicklung der Aussage – von der Ursprungsaussage bis zur korrigierten „Fassung" – zu dokumentieren (→ aa) 9.).

2. Der Vernehmende sollte das Protokoll so gestalten, dass es nachvollziehbar ist und jemand, der der Verhandlung nicht beigewohnt hat, ein möglichst objektives und umfassendes Bild von der Aussage des Zeugen gewinnt. Dazu gehört, dass die Vernehmungsniederschrift in direkter Rede, möglichst **wörtlich**, diktiert wird. Mundartliche Wendungen und Ausdrücke, auf die es gerade in ihrem Wortlaut und zur Beweiswürdigung ankommt (Beschimpfungen, vertragliche Abreden usw.), sind im Protokoll wörtlich wiederzugeben. Wo es notwendig erscheint, ist die wörtliche Wiedergabe durch Anführungsstriche zu kennzeichnen. Deshalb ist es unerlässlich, zunächst die Aussage des Zeugen mitzuschreiben, jedenfalls in ihren wesentlichen Passagen zu „skizzieren", um diese entsprechend authentisch diktieren zu können.

Bei umfangreicheren Vernehmungen oder solchen, bei denen ein Zeuge zu mehreren selbstständigen Beweisthemen vernommen wird, ist das sogenannte „Zug-um-Zug-Protokoll", auch Abschnittsprotokoll genannt, empfehlenswert. Bei ihm beschränkt sich das zusammenhängende Diktat des Vernehmenden auf einen abgeschlossenen Vorgang, über den der Vernommene berichtet hat, oder auf das jeweils zusammenhängende Diktat zu den einzelnen Beweisfragen.

3. Abkürzungen sind zu vermeiden, das Protokoll sollte auch nicht die juristisch oder tatsächlich aufbereitete Version des Vernehmenden wiedergeben (z.B.: „Ich hatte in der gEZ keinen GV mit der KM – ich hatte in der gesetzlichen Empfängniszeit keinen Geschlechtsverkehr mit der Kindesmutter" – so redet kein Zeuge), sondern möglichst wortlautgetreu die Bekundung des Zeugen.

4. Es ist unbedingt darauf zu achten, dass in der Niederschrift der „Bestimmtheitsgrad einer Aussage" erhalten bleibt. Hat der Zeuge z.B. von der *Möglichkeit* gesprochen, dass sich etwas ereignet habe, dann darf im Protokoll nicht stehen, es habe sich so und so ereignet. Dies gilt gleichermaßen für den Fall, dass der Zeuge selbst seine Schilderung als zweifelhaft darstellt oder aber bekundet, er „meine" nur, dass sich der Vorfall wie dargestellt abgespielt habe.

5. Besonders wichtige Fragen und Antworten sind in Form von „Frage und Antwort" nahezu wörtlich in das Protokoll aufzunehmen. Denn wenn es für bestimmte Aussageteile wesentlich auf ihren Wortlaut ankommt, muss später bei der Beweiswürdigung auch dieser genaue Wortlaut vorliegen.

6. Berichtigt ein Zeuge seine Aussage, so muss auch die Tatsache der Berichtigung aus der Vernehmungsniederschrift zu ersehen sein. Es ist schlechthin unzulässig, nur die berichtigte Aussage ins Protokoll zu übernehmen und die frühere Erklärung wegzulassen. Künden sich in der Aussage eines Zeugen Widersprüche an oder bekundet eine Partei bei ihrer Vernehmung etwas ihr „Ungünstiges", so ist vorweg dieser Teil der Aussage im Protokoll festzuhalten, vorzulesen und vom Aussagenden genehmigen zu lassen. Erst wenn das geschehen ist, fährt man mit der Vernehmung

fort und hält dem Aussagenden die Widersprüche oder die ihm ungünstige Erklärung vor. Versäumt man die vorherige Festlegung im Protokoll, so wird der Zeuge oder die Partei möglicherweise später versuchen, sich herauszureden. Das kann gelingen, weil die frühere Erklärung nicht im Wortlaut festgehalten ist.

Ebenso ist zu verfahren, wenn der Zeuge für die Partei, die ihn benannt hat, etwas ihr Ungünstiges bekundet. Nur wenn dann sofort protokolliert und genehmigt wird, ist Vorsorge dagegen getroffen, dass die Partei nachher nicht an dieser Aussage herumdeutelt, der Zeuge seine Aussage daraufhin relativiert und das ursprünglich klare Bild mit Erfolg verwischt. Kommt nämlich erst einmal eine Diskussion darüber in Gang, was ein Zeuge (oder gleichermaßen auch eine Partei) vor wenigen Minuten bekundet hat, dann ist es zu spät. Sehr schnell geht dann die frühere (nicht protokollierte) Bekundung in einem Meer von Behauptungen, Meinungen und Wertungen unter; und am Ende weiß keiner mehr, was denn der Zeuge oder die Partei wirklich zunächst ausgesagt hat.

7. Das Protokoll soll authentisch sein und insoweit auch den Verlauf der Vernehmung mit allen Schwierigkeiten und Hindernissen dokumentieren. Räumt ein Zeuge beispielsweise eine bestimmte Tatsache erst nach einem eindringlichen Vorhalt ein, so entsteht für den späteren Leser der Niederschrift ein falsches Bild, wenn dieser Vorhalt nicht festgehalten wird, sondern so berichtet wird, als hätte der Zeuge von sich aus sofort eine zusammenhängende, wahrheitsgemäße Schilderung der zum Beweis stehenden Vorgänge gegeben.

8. Vernehmungsniederschriften sind in direkter Rede abzufassen. Es wird also in der „Ich-Form" diktiert. Ein Diktat in indirekter Rede (entsprechend also der Wiedergabe der Parteibehauptungen im Tatbestand des Zivilurteils) hätte eine ungewollte stilistische Wirkung der Verfremdung.

9. Sorgfältiges Protokollieren hat schlechterdings nichts mit Vielschreiberei zu tun. Der Umfang eines Protokolls ist kein tauglicher Maßstab für seine Güte. Es kommt ganz allein darauf an, dass die Niederschrift den Verlauf der Vernehmung und das Vernehmungsergebnis korrekt und im Wesentlichen vollständig festhält. Völlige Belanglosigkeiten, Wiederholungen ohne Bekräftigungsgehalt und/oder bloße (irrelevante) Werturteile des Zeugen sollten hingegen nicht protokolliert werden.

10. Vor dem Diktat sollte der Zeuge gebeten werden, genau zuzuhören und etwaige Fehler sofort zu korrigieren, um anschließend nicht die gesamte Aussage erneut vorlesen zu müssen; es reicht dann, in das Protokoll aufzunehmen, dass die Aussage „laut diktiert und genehmigt und auf erneutes Vorlesen verzichtet worden ist" (§ 162 Abs. 2 S. 2 ZPO; vgl. auch S. 1 für den Fall des Diktats auf Tonträger).

3. Der Urkundenbeweis

a) Allgemeine Grundsätze

Der Urkundenbeweis ist das wohl zuverlässigste Beweismittel. Was beide Parteien geschrieben oder unterschrieben haben, das werden sie gegen sich gelten lassen müssen, sofern sie nicht (im Ausnahmefall!) Umstände darlegen und beweisen, die einen anderen Schluss rechtfertigen.

Die §§ 415ff. ZPO legen hierbei die Beweiskraft von privaten und öffentlichen Urkunden fest. In Ergänzung der gesetzlichen Beweisregeln dürfte wohl für urkundlich verfestigte rechtsgeschäftliche Erklärungen die gewohnheitsrechtliche (Anscheins-)Beweisregel gelten, dass eine solche Erklärung die Vermutung für sich hat, das in ihr Erklärte sei richtig und vollständig beurkundet worden (vgl. Zöller/

Feskorn ZPO Vor § 415 Rn. 7; § 416 Rn. 9). Prima facie ist somit davon auszugehen, dass Parteien, die sich für die Schriftform entschieden haben, auch alle Vereinbarungen schriftlich niedergelegt haben.

Allerdings muss bei Berufung auf eine Privaturkunde deren Echtheit feststehen, § 440 ZPO; die Echtheit wird nicht a priori vermutet! Der Beweisführer hat diese vielmehr zu beweisen, falls der Gegner behauptet, die Urkunde sei nicht echt, die Unterschrift stamme nicht von ihm, etc. Wird die **Echtheit** der Unterschrift bewiesen – ggf. durch Einholung eines Gutachtens eines Schriftsachverständigen –, dann gilt auch die Echtheitsvermutung des § 440 Abs. 2 ZPO für den von der Unterschrift gedeckten Text; der Beweis des Gegenteils (§ 292 ZPO) bleibt aber möglich (Zöller/*Feskorn* ZPO § 440 Rn. 3).

Steht die Echtheit der Privaturkunde hingegen fest bzw. ist diese bewiesen worden, braucht der Beweisführer – zunächst – keinen weiteren Beweis zu erbringen; nun zeigt sich die „Stärke" der Urkunde! Wer deshalb z.B. behauptet, dass neben einem ausführlichen schriftlichen Vertrag über einen wesentlichen Punkt eine mündliche Abrede verbindlich getroffen worden sei, muss Gründe dafür darlegen und beweisen, weshalb diese Nebenabrede nicht in den Vertrag aufgenommen worden ist; dies gilt auch für den weiteren, in der Praxis nicht unüblichen Fall, dass eine Partei behauptet, man habe mündlich eine ***andere,*** vom (schriftlichen) Vertragswortlaut abweichende Regelung getroffen. Ein derartiger Vortrag ist in der Praxis kaum zu beweisen! Allerdings erbringt die Privaturkunde nur den Beweis, dass die in ihr enthaltene Erklärung tatsächlich abgegeben worden ist; darüber hinaus unterliegt sie freier Beweiswürdigung, eine Erschütterung des (Anscheins-)Beweises reicht jedoch aus. Dies gilt auch für die in praxi häufig vorgelegten Quittungen (vgl. *BGH* MDR 1978, 914).

Die Beweiskraft **öffentlicher** Urkunden ist stärker, da sie zugleich Beweis über die *Richtigkeit* des Inhalts führen, vgl. im Einzelnen §§ 415, 417, 418 ZPO.

Da Urkunden die wichtigsten objektiven Beweismittel sind, müssen sie stets berücksichtigt werden, soll die Bestimmung des § 286 ZPO nicht verletzt werden. Wegen der – relativen – Unzuverlässigkeit von Zeugenaussagen ist es sogar dringend anzuraten, dass das Gericht durch Auflagen versucht, nicht vorgelegte Schriftstücke – Briefe, Vertragstexte, Privatgutachten usw. – zu den Akten zu bekommen. Die Bedeutung von Schriftstücken, insbesondere auch von vorgerichtlich geführter Korrespondenz, darf nicht unterschätzt werden: was dort niedergelegt worden ist, ist i.d.R. ohne Prozesstaktik aus der Sache und der Zeit herausgeschrieben und übertrifft an Beweiskraft häufig jede spätere, möglicherweise taktisch bedingte Aussage im Prozess. In diesen Dokumenten, verfasst zu einem Zeitpunkt, als noch keine Partei an einen Rechtsstreit dachte, zeigt sich nicht selten der „wahre" Sachverhalt!

Der Urkundenbeweis wird angetreten durch Vorlegung durch den Beweisführer (§ 420 ZPO) oder Vorlegungsantrag (§§ 421–432 ZPO). Überdies hat das Gericht selbst jederzeit die Möglichkeit, von Amts wegen Urkunden (Akten) beizuziehen (§ 273 ZPO).

Ist der *Inhalt* bzw. die rechtliche Bedeutung einer Urkunde unklar, so bedarf die Erklärung der richterlichen Auslegung und freien Würdigung. Auch die Beweiskraft einer *nicht* unterschriebenen Urkunde, deren Aussteller nicht unstreitig ist, muss frei gewürdigt werden. Nach § 419 ZPO entscheidet das Gericht nach freier Überzeugung, inwiefern Durchstreichungen, Radierungen, Einschaltungen (äußerlich erkennbare Einfügungen in den Text) oder sonstige äußere Mängel die Beweiskraft einer Urkunde ganz oder teilweise aufheben. Enthält eine **notarielle** Urkunde Durchstreichungen und Einschaltungen, so kommt ihr die Beweiskraft des § 415

Abs. 1 ZPO nicht zu, sondern das Gericht hat darüber nach § 419 ZPO gemäß freier Überzeugung (§ 286 ZPO) zu entscheiden.

Privaturkunden müssen grundsätzlich dem Gericht im Original vorgelegt werden (Zöller/*Feskorn* ZPO § 420 Rn. 3; vgl. auch § 416 Rn. 1). Der Beweiswert einer beglaubigten Abschrift ist gemäß § 286 ZPO frei zu würdigen (*BGH* NJW 1980, 1047). Sind Urkunde und Inhalt hingegen unstreitig, reicht auch die in der Praxis übliche Einreichung der entsprechenden Fotokopien. Sofern sich aus den Schriftsätzen oder Erklärungen der Parteien nicht das Gegenteil ergibt, kann man deshalb davon ausgehen, dass die Abgabe der durchschriftlich oder in Ablichtung vorliegenden Erklärung unstreitig ist. Die Durchschrift/Fotokopie hat nur noch den Zweck, das Gericht mit dem eindeutigen Wortlaut der Erklärung bekannt zu machen. Es ist dann nur noch deren Erklärungsinhalt rechtlich zu würdigen. Vielfach werden Akten beigezogen, die Vernehmungsprotokolle aus Beweisaufnahmen in anderen Verfahren enthalten. Es ist dann fehlerhaft, die in den Beiakten enthaltenen protokollierten Aussagen als Zeugenaussagen zu würdigen. Derjenige, der sich auf Vernehmungsniederschriften in Beiakten beruft, führt vielmehr einen – zulässigen – Urkundenbeweis (Zöller/*Greger* ZPO § 592 Rn. 15). Solche Protokolle sind daher als Beweisurkunden zu würdigen. Es ist aber zu beachten, dass § 355 ZPO den Grundsatz – und damit den Vorrang – der Unmittelbarkeit der Beweisaufnahme statuiert; deshalb müssen die Zeugen persönlich vernommen werden, wenn eine Partei dies beantragt (BGHZ 7, 116; *BGH* MDR 2013, 1184; Zöller/*Greger* ZPO Vor § 373 Rn. 13). Allerdings sieht § 377 Abs. 3 ZPO inzwischen in Ausnahmefällen gewisse Verfahrenserleichterungen durch eine schriftliche Beantwortung der Beweisfrage vor, wenn es dies im Hinblick auf den Inhalt der Beweisfrage und die Person des Zeugen für ausreichend erachtet, etwa bei bloßen Nebenforderungen (vgl. Zöller/*Greger* ZPO § 377 Rn. 5–8). Für die übrigen Beweismittel gelten im Wesentlichen dieselben Grundsätze wie für das Verhältnis vom Urkundenbeweis zum Zeugenbeweis. So darf der Richter nicht das Ergebnis des in einem anderen Verfahren eingenommenen gerichtlichen **Augenscheins** im Wege des Urkundenbeweises verwerten, wenn eine Partei zum Beweis bestimmter Tatsachen den Antrag auf eine Augenscheinseinnahme durch das Prozessgericht selbst stellt. Abgesehen von dem Sonderfall des § 445 Abs. 2 ZPO kommt – wie beim Zeugen – der unmittelbaren Parteivernehmung der Vorrang vor einer Verwertung der Parteiaussage in einem anderen Verfahren zu. Ein entsprechender Beweisantrag darf deshalb nicht übergangen werden.

b) Der Urkundenprozess

Diese Verfahrensart nach §§ 592ff. ZPO bietet die Möglichkeit, einen schnellen Titel zu erlangen, soweit alle anspruchsbegründenden Tatsachen durch Urkunden belegt werden können; einzelne – unstreitige – Lücken sind unschädlich. In der Praxis wird diese Möglichkeit, im Urkundenprozess zu klagen, viel zu selten erkannt, obwohl er insbesondere im Kauf- und Mietrecht sowie vor allem im Werkvertrags- und Baurecht in Betracht kommt. Legt z.B. der Werkunternehmer einen schriftlichen Werkvertrag vor, der die Vertragsbedingungen im Hinblick auf Leistungsumfang und Vergütung hinreichend bestimmt und belegt überdies die Fälligkeit der Forderung gemäß § 641 Abs. 1 S. 1 BGB durch ein schriftliches Abnahmeprotokoll (oder aber greift die Abnahmefiktion gemäß § 12 Abs. 5 Nr. 1/2 VOB/B), so ist der Weg zum schnellen Titel, zum **Vorbehaltsurteil** gemäß § 599 Abs. 1 ZPO, offen. Die in der Praxis häufige Mängelrüge des Auftraggebers ist im Urkundenprozess nur zu berücksichtigen, wenn er die behaupteten Mängel seinerseits urkundlich – etwa durch Vorlage eines Gutachtens im selbstständigen Beweisverfahren – belegen kann; andernfalls bleibt der Auftraggeber auf das Nachverfahren beschränkt. Dort bleibt es ihm auf Grund des tenorierten Vorbehalts seiner Rechte selbstredend unbenommen, seine Mängelrüge – nunmehr wieder mit allen Beweismitteln – zu beweisen. Erweist sich diese als berechtigt, wird das Vorbehaltsurteil unter Abweisung der Klage im Übrigen aufgehoben; andernfalls wird das Vorbehaltsurteil für vorbehaltlos erklärt. Der Vorteil dieses Verfahrens liegt aber – neben dem schnellen Titel – gerade darin, einem aus rein ***taktischen*** Gründen erfolgten Verzögerungsverhalten des Auftraggebers, nämlich durch die Einwendung unsinniger Mängel einen Zahlungsaufschub zu erreichen, nachhaltig Einhalt zu gebieten (vgl. im Einzelnen *van den Hövel* NZBau 2006, 6 ff.).

Auch im Urkundenprozess gilt der Grundsatz der freien Beweiswürdigung, soweit nicht Sondervorschriften entgegenstehen. Die Frage, ob der Inhalt von Urkunden hinreichend ist, um den Beweis von Tatsachen als geführt erscheinen zu lassen, unterliegt (soweit nicht die §§ 415 ff. ZPO eingreifen) der freien richterlichen Beweiswürdigung. Hierbei können auch aus den Urkunden sich ergebende Tatsachen, die nur mittelbar auf die Richtigkeit der zu beweisenden Tatsachen schließen lassen, verwertet werden.

4. Der Beweis durch Sachverständige

a) Allgemeine Grundsätze

Der Sachverständigenbeweis ist von großer praktischer Bedeutung, insbesondere im Verkehrsunfall-, Arzthaftungs-, Bau- und Kaufmängelrügenprozess. Er berührt auch zahlreiche andere Berufsgruppen, deren Sachkunde bei diesem Beweismittel nutzbar gemacht wird. Die für die Ausarbeitung eines Sachverständigengutachtens erforderlichen **tatsächlichen** Verhältnisse sind grundsätzlich vom Gericht und nicht vom Sachverständigen aufzuklären und festzustellen; lediglich dann, wenn diese tatsächliche Ermittlung gerade spezielle Sachkunde voraussetzt, ist sie Aufgabe des Gutachters. Dieser ist an die Beweisfragen gebunden. Dem Gericht obliegt es, dafür Sorge zu tragen, dass er sie nicht missversteht. Sachverständigengutachten werden grundsätzlich auf Beweisantrag einer Partei hin eingeholt; das Gericht ist jedoch auch berechtigt, **von Amts wegen** die Begutachtung anzuordnen, §§ 144 Abs. 1, 372 Abs. 1, 273 Abs. 2 Nr. 4 ZPO, insbesondere, um eine Entscheidung ohne gesicherte Tatsachengrundlage zu vermeiden (vgl. auch *BGH* VersR 2009, 518).

Fehlt etwa ein Beweisantrag oder ist er gestellt, zahlt aber der Beweisführer den vom Gericht angeforderten Auslagenvorschuss nicht ein (vgl. §§ 402, 379 ZPO), dann muss das Gericht prüfen, ob das vorgesehene Gutachten von Amts wegen einzuholen ist, um den Sachverhalt notwendig aufklären zu können.

I. d. R. wird ein Gutachten schriftlich erstellt; zuvor beraumt der Sachverständige einen Ortstermin zur Tatsachenermittlung und -feststellung an. Während der Ortsbesichtigung haben die Parteien das Recht, anwesend zu sein.

Ein Sachverständiger, der seine Neutralitätspflicht verletzt, etwa unter Hinzuziehen nur einer Partei Besichtigungen vornimmt oder einseitige Informationsgespräche führt, kann nach § 406 Abs. 1 ZPO wie ein Richter wegen Besorgnis der Befangenheit abgelehnt werden, auch schon im selbstständigen Beweisverfahren. Dies setzt jedoch den Verdacht der Parteilichkeit voraus; die Behauptung mangelnder Sachverständigenqualifikation ist hingegen kein Ablehnungsgrund. Will die Partei einen Gutachter ablehnen, dann muss dies nach § 406 Abs. 2 S. 1 ZPO vor der Begutachtung geschehen, spätestens aber zwei Wochen nach bekannt gewordener Ernennung. Ergibt sich der Ablehnungsgrund erst nach Erstattung des Gutachtens – meist gestützt auf dessen Inhalt –, dann ist nach § 406 Abs. 2 S. 2 ZPO die Ablehnung auch nachträglich noch möglich, jedoch „unverzüglich" innerhalb einer angemessenen Überlegungszeit (*OLG München* OLGR 2001, 90; Thomas/Putzo/*Seiler* ZPO § 406 Rn. 7). Zu beachten ist, dass der Beschluss über die Ablehnung eines Sachverständigen (§ 406 Abs. 5 ZPO) vor der Sachentscheidung zu erlassen ist. Wird über den Antrag erst im Endurteil entschieden, so liegt darin ein wesentlicher Verfahrensmangel im Sinne des § 538 Abs. 2 Nr. 1 ZPO, der grundsätzlich zur Aufhebung des Urteils und zur Zurückverweisung führt (*BSG* MDR 1976, 83; *OLG Schleswig* MDR 2001, 711), es sei denn, der Antrag war eindeutig unzulässig (*OLG Karlsruhe* BB 1977, 1424).

Gutachten werden häufig in Unfall-, Arzt- und Bauprozessen eingeholt. Die in diesen Rechtsstreitigkeiten auftauchenden technischen Fragen setzen spezialisierte Fachkenntnisse voraus, die der Richter im Regelfall nicht besitzt. Der Gutachter muss das Gutachten selbst erstellen und darf auch die Grundlagenbeschaffung nicht vollständig einem Mitarbeiter überlassen; er übernimmt für diesen die volle Verantwortung und hat auch im Gutachten anzugeben, welche Hilfskräfte er für welche Arbeiten eingesetzt hat und wie diese Mitarbeiter ausgebildet sind.

Im Einzelfall kann ein Sachverständiger auch Zeuge sein, wenn er nicht – im Nachhinein – einen vergangenen Sachverhalt untersuchen soll, sondern vielmehr seine Wahrnehmungen über ein tatsächliches, selbst miterlebtes Geschehen bekunden soll. Der sachverständige Zeuge kann – da er Zeuge ist – nur auf Antrag einer Partei, nicht aber von Amts wegen (§ 144 ZPO) vernommen werden.

b) Die Auseinandersetzung des Gerichts mit dem Gutachten

Ein Gericht muss sich sorgfältig mit einem Sachverständigengutachten auseinandersetzen, darf dessen Ergebnisse nicht kritiklos übernehmen, sondern muss auch den Gutachter kritisch hinterfragen. Es ist leider nicht auszuschließen, dass Gerichte, namentlich ohne Spezialisierung, im Hinblick auf die Überlastung der Justiz im Einzelfall geneigt sein werden, dem Gutachten und dessen Ergebnissen kritiklos zu folgen in der Erwartung, der Gutachter habe schon recht, jedenfalls aber sei ihre Entscheidung rechtsmittelsicher, führe folglich nicht zur Aufhebung und Zurückverweisung.

Jeder kennt die standardisierten Urteilsbegründungen, dass ... *der Sachverständige nachvollziehbar und in sich stimmig dargelegt habe ... Das Gericht schließe sich dieser Auffassung an; es gebe keine ernsthaften Anhaltspunkte dafür, dem Sachverständigen nicht zu folgen ...* usw.

Natürlich kann nicht jede Kritik einer Partei an einem Gutachten – namentlich ist Kritik von der Partei zu erwarten, zu deren Lasten das Gutachten ausfällt –, dazu führen, stets ein Obergutachten einzuholen. Jedoch sollte man die Möglichkeiten, ein Gutachten kritisch zu würdigen, auch anwenden. Der Rechtsstreit wird vom Richter entschieden, nicht vom Sachverständigen; dieser klärt – nicht mehr und nicht weniger – lediglich den Sachverhalt, jedoch keine Rechtsfragen! Auch bei der Abfassung eines Beweisbeschlusses ist darauf zu achten. Gegen den Grundsatz, dass kein Sachverständiger Rechtsfragen zu entscheiden hat, wird in der Praxis mitunter verstoßen, indem er z.B. beim Verkehrsunfall Fragen zum (Mit-)Verschulden beantworten soll. Aber auch insoweit kann der Sachverständige – nur – zu dem äußeren Hergang des Verkehrsunfalles, soweit dieser objektivierbar ist, Feststellungen treffen; alle andere Bewertungen, etwa im Hinblick auf die Verschuldensfragen, obliegen dem Gericht. Der Sachverständige entscheidet nicht den Rechtsstreit, die richterliche Würdigung – gerade auch des Gutachtens – bleibt unverzichtbar (vgl. *Pieper/Breunung/Stahlmann* S. 30f.).

Die Aufgabenstellung des Sachverständigen im Hinblick auf die **Tatsachen**feststellung – unabhängig von den vom Gericht zu würdigenden **Rechts**fragen – soll anhand einiger prägnanter **Beispiele** aus der Praxis einer Baukammer verdeutlicht werden:

aa) Der Sachverständige beantwortet hoffentlich die Frage sachkompetent, ob Dachrinnen aus Zink qualitativ denen aus Aluminium entsprechen. Er beantwortet damit aber nicht die Frage nach dem Mangel und nach etwaigen Gegenrechten des Auftraggebers gegenüber dem Werklohnanspruch des Auftragnehmers. Sind im Vertrag nun einmal Aluminiumdachrinnen vereinbart worden, dann sind Zinkdachrinnen – mögen sie qualitativ noch so gleichwertig sein – mangelhaft, da die IST- von der SOLL-Beschaffenheit abweicht, selbst wenn sie technisch identisch und vielleicht sogar haltbarer sein sollten. Enthält der Vertrag hingegen keine dezidierte Beschreibung, dann stellt die Zinkdachrinne keinen Mangel dar, da sie jedenfalls nicht qualitativ minderwertig ist; es dürften sich somit auch keine Ansprüche wegen eines Aufklärungsverschuldens ergeben. Ein und dieselbe gutachterliche Feststellung kann somit zu völlig unterschiedlichen rechtlichen Bewertungen führen.

bb) Der Sachverständige beantwortet dem Gericht sicherlich die Frage, ob die Terrasse das grundsätzlich erforderliche Gefälle von 1,5 bis 2 % aufweist. Ob das Fehlen des Gefälles einen Mangel der Werkleistung darstellt, kann er hingegen nicht beurteilen. Möglicherweise ist ein Gefälle gar nicht anzulegen – man denke an die Terrasse oberhalb eines sich in den Garten erstreckenden Kellerraumes! Dann ist nur noch die Frage entscheidend, ob eine entsprechende Aufklärung des Bestellers stattgefunden hat. Was wollte der Kunde? Sehenden Auges die Terrasse ohne bzw. mit nur geringem Gefälle und ggf. einer Kompensation durch eine Drainrille? Oder umfangreiche hochbauliche Maßnahmen zur Begründung eines derartigen Gefälles? Oder war er sich mangels sachkundiger Aufklärung hierüber gar nicht bewusst? Plötzlich ist die relevante Frage dieses Bauprozesses mit dieser wichtigen Sachverständigen-Vorfrage ggf. nur noch durch Zeugenbeweis zu klären.

cc) Die kritische Würdigung der Tatsachenfeststellung durch den Sachverständigen bleibt oberstes Gebot. Meiner damaligen Kammer lagen bei einigen, von anderen Zivilkammern übernommenen Fällen in einer Vielzahl von ähnlich gelagerten Reihenhaus-Problemen mehrere Gutachten unterschiedlicher Sachverständiger zu vergleichbaren Fragen vor; das war eine interessante Erfahrung, weil hier Unterschiede in der Begutachtung transparent wurden.
Der Sachverständige A liest den Bauplan zur Feststellung des Bausolls und würdigt die gestrichelt eingezeichnete Trennlinie in einem Doppel-Carport wie folgt:
Die gestrichelte Linie in dem Doppel-Carport teile diesen in zwei Hälften, die linke sei dem linken Haus, die rechte dem rechten Haus zuzuordnen; die Linie zeige deutlich, dass eine Trennwand im Carport geschuldet sei. Da diese nicht vorhanden sei, müsse der Bauträger diese noch errichten. Das klingt zunächst durchaus überzeugend.
Der Sachverständige B begutachtet das identische Phänomen bei einem anderen Haustyp. Er stellt hingegen fest: die gestrichelte Linie verdeutliche die Zuordnung der beiden Carporthälften zu dem entsprechenden Haus – nicht mehr und nicht weniger! Auf die Frage, ob denn nicht eine Trennwand mittig im Carport geschuldet sei, antwortet er: aus welchem Material? In welcher Höhe? Aufgrund der völligen Unbestimmtheit in der Bauzeichnung könne diese gestrichelte Linie nicht ernstlich eine Definition des Bausolls „Trennwand“ darstellen.
Diese – letztere – Auffassung hat meine Kammer überzeugt. Die Auffassung des Sachverständigen A klingt auf den ersten Blick fundiert – und lässt doch alles im Dunkeln!

dd) Auch der Sachverständige hat in seiner Beurteilung Grenzen. So kann er z. B. die Frage des Verschuldens nicht allein deshalb klären, weil die Werkleistung insgesamt mangelhaft war: es gibt Fälle, in denen den Werkunternehmer kein Verschulden trifft, wenn er z. B. fehlerhafte, aber handelsübliche, ordnungsgemäß erworbene Teile einbaut. Ich erinnere mich an einen Fall meiner Kammer, in dem eine in einem großen Bauvorhaben eingebaute Sprinkleranlage auf Grund einer defekten Schraube sich selbst aktiviert und den Bau schadensträchtig

unter Wasser gesetzt hatte. Den in Anspruch genommenen Werkunternehmer traf aber kein Verschulden, da er handelsübliche Teile verwendet und eingebaut hatte (vgl. *BGH* NJW 1978, 1157 = *Schäfer/Finnern/Hochstein,* Rechtsprechung zum privaten Baurecht, 1993–1998, § 278 Nr. 2; *OLG Brandenburg* NZBau 2001, 322; *OLG Karlsruhe* NJW-RR 1988, 405; siehe auch *Werner/Pastor* Rn. 2011); diese Differenzierung wird häufig übersehen, auch hier sieht man: der Gutachter hilft zwar dem Gericht, entscheidet aber nicht den Rechtsstreit.
Ist der Sachverständige hingegen gerade bestellt worden, um die Frage der Verantwortlichkeit für einen Mangel aufzuklären, so ist auch insoweit seine Feststellung kritisch zu würdigen.

c) Die Verwertung des Gutachtens

Weiterhin stellt sich die Frage, wie ein Gutachten zu verwerten ist, d.h. ob einem Gutachten in tatsächlicher Hinsicht – stets – gefolgt werden muss? Es gibt ja bekanntlich auch weniger geeignete Sachverständige. Wann ist ein Obergutachten, somit das Gutachten eines weiteren Sachverständigen, einzuholen? Die Antworten hierauf sind in der Tat nicht einfach.

Man kann konstatieren, dass naturgemäß die Partei, zu deren Lasten das Gutachten ausgefallen ist, sich insbesondere gegen den Gutachter wendet und die Einholung eines Obergutachtens postuliert. Und genauso wird ein derartiger Antrag im Regelfall ohne Erfolg bleiben; das zeigt jedenfalls die gerichtliche Praxis: auch die Oberlandesgerichte neigen vielfach dazu, bei Anberaumung des Senatstermins zunächst und i.d.R. ausschließlich den erstinstanzlichen Sachverständigen zu laden und ihn, soweit es erforderlich erscheint, ergänzend zu befragen. Es gibt aber auch die andere Praxis, zum mündlichen Berufungstermin von vornherein den anerkannten „senatseigenen“ Gutachter zu laden.

Das Problem besteht darin, dass das Gericht selbst nicht die erforderliche Sachkunde zur Ermittlung der relevanten Tatsachen hat; auch für den Sachverständigenbeweis gilt aber der Grundsatz der freien Beweiswürdigung. Das Gericht muss jedenfalls beurteilen können, ob das Gutachten überzeugend ist. Das setzt voraus, dass sich das Gericht mit dem für ihn fachfremden Gutachten ernsthaft auseinandersetzt (vgl. *BGH* NJW 2020,186)).

Das Gericht muss deshalb zunächst entscheiden – und das ist keine Frage des Sonderwissens –, ob das Gutachten widerspruchsfrei und überzeugend ist (vgl. *BGH* NJW 2001, 1787f.; vgl. auch *Pieper/Breunung/Stahlmann* S. 33). Es ist zuerst festzustellen, ob der Sachverständige bei seiner Bewertung überhaupt von den zutreffenden Anknüpfungstatsachen ausgegangen ist.

Das Gericht sollte sodann prüfen, ob das Gutachten Anlass zu Zweifeln gibt; das muss keine Frage von „richtig oder falsch“ sein: dies wird ein Gericht redlicherweise häufig gar nicht feststellen können. Vielmehr ist zu fragen, ob das Gutachten gedanklich nachvollziehbar und in sich stimmig begründet ist oder ob es gedankliche Brüche in der Argumentation gibt; sind gewissermaßen offene Stellen vorhanden, die eine Begründung jedenfalls auf Nachfrage erfordern, aber tatsächlich nicht liefern? Nachzuprüfen ist jedes Gutachten auch auf seine Vereinbarkeit mit den Denkgesetzen. In Betracht kommen hier vor allem fehlerhafte Berechnungen, Widersprüche zwischen Antworten auf verschiedene Fragen und dergleichen.

Jedes Gutachten muss somit selbstständig nachgedacht und kritisch gelesen werden; es muss gedanklich nachvollziehbar sein. Es ist deshalb auf Vollständigkeit und Widerspruchsfreiheit der Begutachtung zu achten. Die Tatsachengrundlage muss feststehen und den Parteien zugänglich sein. Denn selbstredend sind auch die Parteien und Parteivertreter gefragt; ihren Einwendungen muss das Gericht nachgehen und sich, i.d.R. durch eine ergänzende schriftliche Stellungnahme des Sachverständigen oder nach mündlicher Befragung des Gutachters im Verhandlungstermin, ein Bild davon machen, ob der Gutachter diesen Angriffen gewachsen ist und sein Gutachten nachvollziehbar verteidigt oder aber – auch das ist kein Qualitätsmangel (!) – ggf. sein Ergebnis unter Berücksichtigung neuer Fakten und Argumente korrigiert.

Ist somit ein Gutachten unklar, unverständlich, zweideutig oder lückenhaft, so ergibt sich Erläuterungsbedarf. In all diesen Fällen muss der Gutachter ergänzend schriftlich befragt oder mündlich angehört werden (*BGH* NJW 1997, 1446; so auch *BGH* NJW 1981, 2009). Es kommt durchaus vor, dass Fachleute manchmal Gedankenglieder auslassen, die ihnen so selbstverständlich sind, dass sie damit keinen Dritten „behelligen" möchten. Dann ist das Gutachten in sich schlüssig, nur fehlt ein Teil des Denkweges in der Niederschrift. Bei Zweifeln ist eine Verständigung mit dem Sachverständigen und die Ergänzung oder Klarstellung des Gutachtens nötig.

Der einzig richtige Weg ist somit, eigene Bedenken durch Erörterung mit dem Sachverständigen auszuräumen. Dies ist der im Gesetz vorgesehene Weg (§ 411 Abs. 3 ZPO). Wird er beschritten, dann sind die Ergebnisse abzusehen: entweder räumt der Sachverständige die Bedenken des Gerichts aus oder korrigiert auf die kritische Wertung des Gerichts hin sein Gutachten. Auch ein Gutachter ist nicht vollkommen und kann durchaus Tatsachen übersehen oder unzureichend gewürdigt bzw. falsch eingeschätzt haben. In der mündlichen Erläuterung kann sich eine andere Faktengewichtung ergeben. Eine Ergebniskorrektur ist kein Zeichen der Schwäche des Gutachters, sondern zeigt vielmehr seine Souveränität, auf (neue) Sachverhalte angemessen zu reagieren. Natürlich kann sich auch im Einzelfall herausstellen, dass ein Sachverständiger überfordert ist, dann muss ein weiteres Gutachten eingeholt werden.

Deshalb sollte schnellstmöglich terminiert und der Gutachter angehört bzw. befragt werden. Nur dadurch wird das Verfahren effizient gefördert, wenn die klärungsbedürftigen Fragen unmittelbar in Gegenwart sämtlicher Prozessbeteiligten im Gespräch thematisiert werden; es kommt zudem nicht selten vor, dass sich weiterer Nachfragebedarf ergibt, der in der mündlichen Verhandlung unmittelbar erfolgen kann.

Zudem hat die mündliche Anhörung den Sinn – das ist bei guten Gutachtern immer wieder eindrucksvoll festzustellen –, dass der Sachverständige die Einwände im unmittelbaren Frage-Antwort-Spiel überzeugend entkräftet, gewissermaßen weiteren Nachfragen, häufig auch Spekulationen, den Boden entzieht und auf diese Weise letztlich den Weg für vernünftige Vergleichsvorschläge bzw. Fall-Lösungen eröffnet. Auch die Parteien erkennen häufig, ja sogar nahezu regelmäßig, dass sie auf einen Fachmann treffen, der ihnen nichts Böses will, sondern über überlegenes Fachwissen verfügt. Das erleichtert auch den Anwälten nachhaltig das Leben, die ja ihren Parteien das Prozessergebnis nachvollziehbar vermitteln müssen.

Ich habe es auch schon erlebt, und zwar nicht nur als seltene Ausnahme, dass nach den mündlichen Ausführungen des Gutachters, der alle Argumentationsversuche der beklagten Partei, die Handwerkerleistung als mängelbehaftet darzustellen, überzeugend widerlegt hat, der Klageanspruch schließlich anerkannt worden ist.

Der beste und auch die Parteien am meisten überzeugende Weg ist der, Bedenken gegen ein Gutachten mit dem Sachverständigen im Termin in Gegenwart sämtlicher Beteiligten zu erörtern. Entweder kann er die Bedenken klar ausräumen bzw. sein Gutachten entsprechend überzeugend modifizieren oder aber es zeigt sich – i.d.R. dann auch sehr deutlich – durch nicht nachvollziehbare Begründungsversuche ohne stichhaltige Argumente, dass er überfordert ist. Die im Termin gegebene „Begründung" eines Sachverständigen, den ich unlängst befragte: „Ein Fachmann sieht das"(!), zeigt dann eindrucksvoll dessen fachliche Überforderung.

Würde man hingegen nicht terminieren, sondern zunächst eine ergänzende schriftliche Stellungnahme des Sachverständigen einholen, träte zumindest eine zeitliche Verzögerung ein; überdies löste auch die schriftliche Gutachtenergänzung i.d.R. weitere Nachfragen der mit dem Gutachtenergebnis unzufriedenen Partei aus. Nur dann, wenn sich von vornherein eine Vielzahl von Nachfragen ergibt, die erkennbar berechtigt sind, macht es Sinn, den Gutachter diese zunächst noch einmal schriftlich aufarbeiten zu lassen.

d) Das Privatgutachten

Es kommt auch vor, dass der Gutachter mit einem **Privatgutachten** einer Partei konfrontiert wird; auch insoweit ist festzustellen, ob er den anderen Erkenntnissen des Privatgutachters eine wiederum nachvollziehbare Begründung entgegenzusetzen vermag (vgl. *Pieper/Breunung/Stahlmann* S. 32). Die formale (Standard-)Begründung, die Ausführungen des gerichtlich bestellten Sachverständigen seien überzeugend, das Privatgutachten stehe als bloßer Parteivortrag nicht entgegen, reicht nicht aus (*BGH* NJW-RR 1993, 1022/23). Es gibt keinen natürlichen Vorrang des Gerichtssachverständigen vor dem Privatgutachter. Das Gericht muss vielmehr das gerichtlich beauftragte Gutachten ergänzen lassen oder ggf. einen zweiten Gutachter beauftragen. Es muss sich mit den gutachterlichen Feststellungen umfassend auseinandersetzen (vgl. *BGH* zfs 2018, 150f.). Um nicht missverstanden zu werden: Das Gericht darf durchaus das Privatgutachten im Ergebnis verwerfen und dem von ihm bestellten Sachverständigen folgen, muss aber im Einzelnen begründen, warum es ihm in dem von dem Privatgutachten abweichenden Fragen folgt; dies gilt auch dann, wenn zwei Gerichtsgutachter zu voneinander abweichenden Feststellungen gelangen (vgl. *BGH* DAR 1980, 244). Wer entscheiden will, muss auch das bzw. die Gutachten verstehen; andernfalls muss man nachfragen und offene Punkte klären!

In Betracht kommt auch der umgekehrte Fall, dass das Gericht ein Privatgutachten schon allein für sich für überzeugend erachtet. Auch in diesem Fall ist die Einholung des gerichtlichen Sachverständigengutachtens **nicht** entbehrlich (*BGH* VersR 1981, 576). Widerspricht nämlich eine Partei der Verwertung des Privatgutachtens und beantragt die Einholung eines gerichtlichen Sachverständigengutachtens, so ist dem zu entsprechen.

Hiervon ist der *BGH* in **einem** Fall – allerdings in einer Entscheidung aus dem Jahre 1955 (*LM* § 286 ZPO E Nr. 7) – abgewichen: Das Gericht brauche kein weiteres Gutachten einzuholen, wenn es das gesamte ihm vorliegende Beweisergebnis für ausreichend erachte, um die Beweisfrage zuverlässig zu beurteilen. Die Verwertung des Privatgutachtens erfolge im Wege des Urkundenbeweises. Diese Entscheidung dürfte aber doch alleinstehen und ist auch zu recht vehement kritisiert worden (vgl. *Schneider* Arbeitstechnik Rn. 1447). Es entspricht wohl aktuell herrschender Auffassung, dass eine Verwertung des Privatgutachtens als Urkundenbeweis nur erfolgen darf, wenn nicht eine Partei ein gerichtlich eingeholtes Sachverständigengutachten fordert (*Schneider* Arbeitstechnik Rn. 1452). Der „Trick", den Privatgutachter zum Gerichtssachverständigen zu bestellen, dürfte im Regelfall ebenfalls nicht ausreichend sein, es sei denn, die Gegenpartei wäre hiermit einverstanden (vgl. *BGH* BauR 1994, 524, 525, aber ohne nähere Erläuterung zur Zulässigkeit).

Ebenso wenig ist es zulässig, dass das Gericht nach Einholung eines Gerichtsgutachtens nunmehr zugunsten des Privatgutachtens gegen das Gerichtsgutachten entscheidet. In diesem Fall ist der Gerichtsgutachter ergänzend zu befragen, um den Widerspruch aufzuklären (vgl. *BGH* NJW-RR 1993, 1022/23); ggf. ist nunmehr ein weiteres Gutachten einzuholen (*BGH* VersR 1981, 576).

Durch ein von einer Partei eingeholtes Privatgutachten kann zwar kein Sachverständigenbeweis geführt werden; jedoch handelt es sich hierbei um substantiierten Parteivortrag gemäß § 286 ZPO. Überdies kann ein Privatgutachten durchaus die Überprüfung des Sachverständigengutachtens erleichtern, weil es die zu beurteilenden Fragen aus einer anderen, aber eben auch sachverständigen Sicht betrachtet. Enthält das Privatgutachten Ausführungen, die zu begründeten Bedenken gegen ein gerichtlich beauftragtes Sachverständigengutachten Anlass geben, so kann das dazu führen, dass das Gericht das Sachverständigengutachten ergänzen lässt oder einen zweiten Sachverständigen beauftragt (s.o.).

e) Gerichtlich eingeholte Gutachten aus anderen Verfahren

Gerichtlich eingeholte Sachverständigengutachten können sich auch in anderen – beigezogenen – Akten befinden. Sie sind nunmehr gemäß § 411a ZPO verwertbar; eine Begutachtung muss jetzt nicht mehr zwingend wiederholt werden. Dies gilt auch in dem Fall, dass die Beweisfragen nicht ganz übereinstimmen (vgl. BLHAG/*Gehle* ZPO § 411a Rn. 3–5). Selbstredend haben die Parteien aber auch insoweit das Recht, Einwendungen gegen das Gutachten zu erheben; insoweit ist der Sachverständige ergänzend zu befragen. Der Vorteil besteht aber darin, dass das Gericht auch in diesem Fall nunmehr den gemäß § 355 ZPO erforderlichen „unmittelbaren" Sachverständigenbeweis erhebt und nicht nur ein „Fremd"-Gutachten im Urkundenbeweis verwertet.

f) Die Einholung eines weiteren Gutachtens

Schließlich stellt sich die Frage, wann ein ***Obergutachten,*** letztlich somit nichts anderes als ein weiteres Sachverständigengutachten, einzuholen ist. Die Partei, zu deren Nachteil das Gutachten ausgegangen ist, erhebt ja bekanntlich häufig den Ruf nach dem Obergutachten. Es liegt auf der Hand, dass die bloße Unzufriedenheit mit dem Ergebnis des Gutachtens noch keinen Anspruch auf die Einholung eines weiteren Gutachtens begründet. Vielmehr handelt es sich um einen wirklichen Ausnahmefall (*BGH* NJW 1986, 1928).

§ 412 Abs. 1 ZPO begründet die Möglichkeit der Einholung eines neuen Gutachtens, wenn das Gericht das Gutachten für ungenügend erachtet. Das erstattete Gutachten muss somit entweder besonders grobe Mängel aufweisen (*BGH* DAR 1980, 244) oder aber derartig schwierige Fragen und Problemstellungen betreffen, die durch eine ergänzende Stellungnahme nicht geklärt werden können (*BGH* DAR 1980, 244; NJW 1986, 1928/1930f.). Dies gilt auch bei nicht ausgeräumten Widersprüchen im Gutachten, insbesondere wenn Nachfragen einer Partei nicht zufrieden stellend beantwortet oder Stellungnahmen von Privatgutachtern nicht widerlegt werden konnten (vgl. auch *BGH* VersR 1981, 576, für den Fall, dass das Gericht dem Privatgutachten folgen möchte).

Dies gilt weiterhin, wenn der Gutachter von anderen Tatsachen ausgeht, als sie das Gericht in dem Beweisbeschluss zugrunde gelegt hat, schließlich auch in dem Fall, in dem der Sachverständige erkennbar nicht über die erforderliche Sachkunde verfügt oder – so in einem Verfahren vor meiner Kammer – nicht in der Lage ist, im Ergebnis vermutlich durchaus zutreffende Ergebnisse verständlich auszudrücken, weil die zur Nachvollziehbarkeit erforderlichen Begründungen der Feststellungen fehlen. Im Regelfall hingegen wird somit kein weiteres Gutachten eingeholt. Hält das Gericht selbst das von ihm erhobene Sachverständigengutachten für ungenügend, dann muss es jedoch, wo die eigene Sachkunde fehlt, ein neues Gutachten einholen; andernfalls wäre die Aufklärungspflicht verletzt. Liegen einander widersprechende Gutachten vor, ohne dass die Widersprüche, denen der Richter nachgehen muss, aufzuklären sind, so ist ein weiteres Gutachten einzuholen (*Pieper/Breunung/Stahlmann* S. 32).

g) Die Einwendungen gegen das Gutachten

Um Verzögerungen durch die Gutachteranhörung zu vermeiden, sollte den Parteien eine Ausschlussfrist gesetzt werden, ihre Einwände gegen das Gutachten geltend zu machen. Ich verweise auf §§ 411 Abs. 4 ZPO i.V.m. 296 Abs. 1 und 4 ZPO. Im strengen Sinne handelt es sich nicht um eine „automatische" Ausschlussfrist, gleichwohl kann aber eine Zurückweisung des ergänzenden Parteivorbringens wegen Verspätung erfolgen; deshalb sollten Anwälte rechtzeitig Fristverlängerung beantragen, wenn die Frist ausnahmsweise nicht eingehalten werden kann.

Wendet eine Partei substantiierte Beanstandungen gegen ein Gutachten ein, dann wird das Gericht den Sachverständigen von sich aus anhören **müssen** und ihn gegebenenfalls ein schriftliches Ergänzungsgutachten erstatten lassen. Das Recht der Parteien, an einen gerichtlich bestellten Sachverständigen Fragen zur Erläuterung seines Gutachtens zu stellen, gilt nicht zugleich für einen Privatgutachter, da dessen Gutachten grundsätzlich nur als Parteivorbringen zu werten ist.

Gemäß § 411 Abs. 4 ZPO sind die Einwendungen und Ergänzungsfragen dem Gericht schriftlich mitzuteilen; eine abschließende Ausformulierung ist jedoch nicht erforderlich (Zöller/*Greger* ZPO § 411 Rn. 7).

Im Regelfall sollte – soweit die Ergänzungsfragen überschaubar sind – sofort Termin zur mündlichen Verhandlung mit Ladung des Sachverständigen zum Zwecke der ergänzenden Befragung anberaumt werden.

Lässt sich – auch – auf diese Weise keine hinreichende Klarheit gewinnen, dann ist – ausnahmsweise (!) – die Einholung eines weiteren Gutachtens geboten (vgl. bereits unter → c)).

Wer Einwendungen der Parteien abschneidet und den Gutachter nicht zum Termin lädt oder ergänzend schriftlich Stellung nehmen lässt, riskiert Urteilsaufhebung und Zurückverweisung (vgl. Zöller/*Heßler* ZPO § 538 Rn. 28).

Insgesamt ist festzustellen, dass der Beweiswert des Sachverständigengutachtens ungleich höher als der Wert des Zeugenbeweises ist. Zwar gibt auch der Sachverständige oft Wahrnehmungen wieder, die er im Auftrage des Gerichts gemacht hat, zum Beispiel bei der Besichtigung eines Bauwerkes. Jedoch sind insoweit die Fehlerquellen einer Zeugenaussage nicht zu befürchten. Der Sachverständige macht die notwendigen Wahrnehmungen gewissermaßen „dienstlich", zudem fachmännisch. Persönlich ist er uninteressiert, sachlich ist seine Aufmerksamkeit auf Grund entsprechender Berufserfahrung sowie Sachkenntnis von der zu begutachtenden Materie gesteigert.

h) Die Beweiswürdigung

Aus all dem folgt, dass ein Gericht bei entsprechend sorgfältiger Arbeit unter Berücksichtigung der vorgenannten Kriterien i.d.R. durchaus beurteilen kann, ob ein Gutachten brauchbar oder aber ein weiteres Gutachten einzuholen ist.

Aus dem Inhalt der Beweiswürdigung muss sich ergeben, dass alle entscheidungserheblichen Umstände in die Würdigung miteinbezogen worden sind (*BGH* VersR

1981, 352). Der Tatrichter ist verpflichtet, die wesentlichen tatsächlichen Grundlagen, an die die Schlussfolgerungen eines Gutachtens anknüpfen, und die Art dieser Folgerungen wenigstens insoweit im Urteil mitzuteilen, als dies zum Verständnis des Gutachtens und zur Beurteilung seiner gedanklichen Schlüssigkeit erforderlich ist.

i) Die Bedeutung des selbstständigen Beweisverfahrens gemäß §§ 485 ff. ZPO

Da der Sachverständige nicht den Rechtsstreit entscheidet, sondern – lediglich – den streitigen Sachverhalt aufklären, d.h. Tatsachen als Vorfragen der juristischen Entscheidung fixieren soll, macht es häufig für die Parteien Sinn, die relevanten Tatsachen vorab klären zu lassen, und zwar im Wege des sog. **selbstständigen Beweisverfahrens** nach §§ 485 ff. ZPO. Leider wird immer noch in vielen Fällen – z.T. sogar nach anwaltlicher Beratung – zunächst teures Geld in ein Privatgutachten investiert, statt unmittelbar den Weg der „gerichtsfesten Beweismittelbeschaffung" zu wählen. Dabei wird offensichtlich verkannt, dass auch das beste Privatgutachten (nur) Parteivortrag bleibt, nicht mehr und nicht weniger, mag dieser auch – dank der Privatgutachterhilfe – eindrucksvoll substantiiert sein. Ein halbwegs substantiiertes Bestreiten des Gegners führt aber bereits faktisch zur vollständigen Entwertung des Parteigutachtens als Beweismittel: das Gericht muss nunmehr im Wege der Beweisaufnahme ein gewissermaßen eigenes Gutachten einholen. Eine reine Plausibilitätsprüfung des Privatgutachtens bzw. eine bloße Befragung des Privatgutachters reicht nicht aus; dies wäre bei einem vorangegangenen selbstständigen Beweisverfahren ohne weiteres möglich. Zudem ist das Gericht häufig erfahrener in der Frage, welcher Gutachter sinnvollerweise auszuwählen ist. Parteien sind immer wieder enttäuscht, wenn das Gericht ihrem Gutachter nicht so recht zu folgen vermag. Deshalb erfolgt bereits im selbstständigen Beweisverfahren die Auswahl durch das Gericht selbst. Auch der junge Richter sollte somit ein selbstständiges Beweisverfahren nicht als lästig und zeitraubend verstehen, sondern gerade die besondere Bedeutung zur Streitvermeidung erkennen und deshalb bemüht sein, auch auf eine hinreichend präzise Fragestellung durch die Parteien zu achten, um eine größtmögliche Gutachtenqualität zu erzielen.

5. Die Parteivernehmung

Die Bedeutung der Parteivernehmung in der richterlichen Praxis wird regelmäßig unterschätzt.

Grundsätzlich zulässig und beachtlich ist der Antrag auf Parteivernehmung des Gegners gemäß § 445 Abs. 1 ZPO; wenn andere Beweismittel nicht vorhanden sind oder wenn sie keinen Beweis für eine Behauptung erbracht haben, kann die beweispflichtige Partei beantragen, den Gegner über die von ihr zu beweisende Tatsache zu vernehmen. Sinnvoll ist das allerdings nicht; wer keine besseren Beweismittel als den Prozessgegner aufzubringen vermag, der ja den geltend gemachten Anspruch bestreitet und i.d.R. auch vorprozessual schon bestritten hat, sollte grundsätzlich die Finger von dem Zivilprozess lassen. Denn er wird nur ohne jeden Erfolg Geld verschleudern: dass nämlich eine Partei, nunmehr förmlich als Partei vernommen, etwas anderes bekundet als sie vorprozessual sowie im Verlaufe des Rechtsstreits erklärt, dürfte allenfalls eine statistische Ausnahme darstellen.

Die Vernehmung der beweispflichtigen eigenen Partei wäre da sicherlich deutlich vorteilhafter; insoweit liegt der Haken aber an § 447 ZPO, wonach der Gegner in diesem Fall zustimmen muss; warum sollte er dies tun und sich seinen Rechtsstreit „zerstören"?

Realistisch und praxisrelevant ist schließlich nur die dritte Variante, nämlich die Parteivernehmung von Amts wegen gemäß § 448 ZPO. Hiervon wird zu selten Gebrauch gemacht.

Es kommt immer wieder vor, dass eine Partei den erforderlichen „Vollbeweis" für ihre Behauptung(en) nicht führen kann, deshalb den Rechtsstreit zu verlieren droht, obwohl – über das bloße Rechtsgefühl hinaus – durchaus gewichtige Argumente bzw. manche Anzeichen für die Richtigkeit des Parteivortrags sprechen, die beweispflichtige Tatsache somit zumindest „anbewiesen" ist. In diesem Fall sollte stets eine Parteivernehmung von Amts wegen gemäß § 448 ZPO angedacht werden (vgl. *OLG Jena* BeckRS 2012, 073888). Insoweit kommt es nicht darauf an, welche Partei die Beweislast trägt. Der Richter kann vielmehr, wenn die Voraussetzungen des § 448 ZPO gegeben sind, auch die an sich beweispflichtige Partei vernehmen und ihr glauben; stehen sich die Behauptungen der Parteien jedoch völlig beweislos gegenüber, so ist für eine Anordnung nach § 448 ZPO selbstredend kein Raum.

Ergibt sich jedoch aus dem Sachverhalt, dass bereits eine auf feststehenden Tatsachen beruhende Wahrscheinlichkeit für die Behauptungen der beweisbelasteten Partei spricht, somit der sog. „Anbeweis" geführt worden ist, dann sollte eine Parteivernehmung von Amts wegen (als ultima ratio) erfolgen; andernfalls ist in den Entscheidungsgründen auszuführen, warum gleichwohl – Ermessensentscheidung (!) – von einer Parteivernehmung abgesehen worden ist (*BGH* NJW 1990, 1721); das ist m. E. kaum sinnvoll zu begründen.

Für die Parteivernehmung von Amts wegen in den „anbewiesenen" Fällen spricht zudem, dass die Partei als Aussageperson den unbestreitbaren Vorzug hat, über die streitigen Vorgänge regelmäßig am besten Bescheid zu wissen und somit häufig die „anbewiesenen Tatsachen" nachvollziehbar verifizieren oder aber ernsthaft relativieren bzw. negieren zu können!

Dies sollen einige **Beispiele** aus der Praxis belegen.

a) Aufgrund der besonderen Bedeutung für die Würdigung von Parteierklärungen einschließlich der Überlegung, die beweisbelastete Partei von Amts wegen zu vernehmen, soll noch einmal der schon unter § 8 II. 7. dargestellte **Beispielsfall** zur Wiederholung und Ergänzung herangezogen werden:

Der 86 Jahre alte K verklagt seinen Neffen B auf Rückzahlung von zwei Darlehensbeträgen über 5.000,– EUR. K behauptet, dem B die Gelder ausgezahlt zu haben. Schriftliche Verträge existierten nicht, ebenso wenig gebe es Zeugen, B habe den Erhalt der Gelder zwar quittiert; er – K – könne die Quittungen aber nicht mehr auffinden.

B bestreitet, von K Gelder empfangen zu haben und weist die behaupteten Zahlungen an ihn einschließlich etwaiger Quittierungen „empört" zurück: K leide offenbar unter Senilität.

Im Verlaufe des Rechtsstreits findet K eine Quittung des B über den Erhalt einer Zahlung i. H. v. 5.000,– EUR. B beruft sich nunmehr darauf, diesen Betrag bereits seit längerem zurückgezahlt zu haben. Deshalb sei der Klageabweisungsantrag weiter richtig.

Dieser Rechtsstreit scheint für den beweisbelasteten K zunächst ziemlich aussichtslos zu sein: wie soll er den Beweis der Darlehenshingabe führen können?

Auch das (Prozess-)Verhalten einer Partei kann aber durchaus im Einzelfall dazu führen, auch ohne weiteres Beweismittel oder Indiz von einem „Anbeweis" auszugehen. Wenn sich etwa der Tatsachenvortrag schon in anderen Punkten als richtig erwiesen hat, der Gegner hingegen sein Einlassungsverhalten jeweils der aktuellen Prozesslage „anpasst", dann kann das Gericht, das ja auch den Sachvortrag und das Prozessverhalten in die Beweiswürdigung einzubeziehen hat (Zöller/*Greger* ZPO

§ 286 Rn. 14), insbesondere nach einer „erfolgreichen" Parteivernehmung, von dem Vollbeweis ausgehen, weil sich keine Anhaltspunkte für die Unrichtigkeit der Parteierklärung ergeben und auch ihre weiteren Erklärungen sich als richtig herausgestellt haben, während im Gegensatz hierzu der Gegner z.B. eine mehrfach wechselnde Erklärung abgegeben hat.

Unter Würdigung des Erklärungs- und Prozessverhaltens der Parteien ergibt sich vorliegend kein ernsthafter Anhaltspunkt, an der Richtigkeit der Erklärung des K zu zweifeln. Er ist in seinem Erklärungsverhalten konstant geblieben; jedenfalls ein Teil der Aussage ist durch die Vorlage der Quittung umfänglich bewiesen worden, während B seinen Vortrag entsprechend „angepasst" hat: erst gab es überhaupt kein Darlehen, dann ist es bereits getilgt, also „erfüllt" worden. Damit ist – zumindest – der für die Parteivernehmung von Amts wegen gemäß § 448 ZPO erforderliche „Anbeweis" erbracht worden. Überzeugt K in der Parteivernehmung, so ist der Vollbeweis auch im Hinblick auf das andere Darlehen geführt!

Vertretbar erscheint es aber auch, allein auf Grund der Würdigung der Parteierklärungen den B ohne Parteivernehmung antragsgemäß zu verurteilen (vgl. → § 8 II. 7.); die Parteivernehmung ist aber der prozessual „sicherere" Weg.

b) Die minderjährige K verlangt von B Schmerzensgeld wegen sexueller Nötigung. B ist im Strafverfahren auf Grund seines schließlich abgegebenen Geständnisses rechtskräftig zu einer Freiheitsstrafe von 10 Monaten auf Bewährung verurteilt worden. Im Zivilprozess leugnet B die Tat; das Geständnis sei in der Drucksituation des Strafverfahrens abgegeben worden, zudem als Zweckgeständnis, um eine milde, zur Bewährung ausgesetzte Strafe zu erhalten.

Die K – im Strafverfahren noch Zeugin – ist nunmehr Partei. Wie soll sie den Beweis der sexuellen Nötigung führen?

Auch hier kommt die Parteivernehmung der K von Amts wegen in Betracht. Denn durch die rechtskräftige Verurteilung des B, zudem auf Grund seines im Strafprozess abgegebenen Geständnisses, ist jedenfalls wiederum der erforderliche „Anbeweis" erbracht; überzeugt K in der Parteivernehmung, dann hat ihre Schmerzensgeldklage Erfolg!

c) Der Handwerker K verlangt von B Werklohn; B beruft sich auf Erfüllung und behauptet, er habe mit K zusammen Bargeld von seiner Hausbank abgeholt und es ihm noch in der Bank ausgehändigt. K bestreitet nicht, in der Bank sowie bei der Abhebung dabei gewesen zu sein, wohl aber die Aushändigung des Geldes an ihn.

Insoweit ist K zunächst zu fragen, welchen Grund es denn für ihn gab, B zur Bank zu begleiten, bei der Barabhebung anwesend zu sein, ohne das Geld – das B ihm ja schuldete – in Empfang zu nehmen. Soweit nicht eine plausible Erklärung folgt, ist auch hier die Parteivernehmung des B von Amts wegen in Erwägung zu ziehen. Denn es spricht kein vernünftiger Grund dafür, mit seinem Handwerker als Gläubiger gemeinsam zur Bank zu fahren, Geld abzuheben, es sodann dem K aber nicht auszuhändigen.

d) Unter dem Aspekt des fairen Verfahrens und der prozessualen „Waffengleichheit" ist eine Parteivernehmung von Amts wegen in Betracht zu ziehen, wenn z.B. ein Vier-Augen-Gespräch aufzuklären ist und ein Teilnehmer Zeuge, der andere Partei ist (vgl. *EGMR* NJW 1995, 1413; Thomas/Putzo/*Seiler* ZPO § 448 Rn. 4; kritisch Zöller/*Greger*, § 448 Rn. 4a).

Das gilt auch bei Verkehrsunfällen, wenn etwa ein Unfallbeteiligter – nur – Partei, der andere hingegen Zeuge ist, weil z.B. der Halter eines in den Unfall verwickelten Fahrzeugs den unfallbeteiligten Fahrer des anderen Pkw verklagt, selbst aber den unfallbeteiligten Fahrer seines Fahrzeugs als Zeugen präsentieren kann.

e) Auch in anderen Fällen ist zu prüfen, ob sich aus den äußeren Umständen, aus Indizien oder aus dem Parteiverhalten selbst hinreichende Anhaltspunkte für die Richtigkeit der Behauptung einer Partei ergeben, ob somit die beweisrelevanten streitigen Tatsachen zumindest „anbewiesen" sind. Deshalb sollte man nicht vorschnell eine Beweislastentscheidung treffen – diese mag prozessual in Ordnung sein, entspricht aber nicht der materiellen Gerechtigkeit, wenn sich **konkrete** Anhaltspunkte für die Richtigkeit eines Sachvortrags ergeben. Erst wenn keine reale Aufklärung möglich ist und keine hinreichenden Anhaltspunkte für oder gegen eine Partei sprechen, darf die Entscheidung allein nach Beweislastregeln erlassen werden.

f) Auf der anderen Seite darf die Parteivernehmung natürlich auch nicht überbewertet und als Standardlösung jeden Falles herangezogen werden. Die obigen Beispiele sollen lediglich verdeutlichen, dass ein ungerechtes, untragbares Ergebnis durchaus im Einzelfall mittels der Parteivernehmung von Amts wegen „korrigiert" werden kann; aber sie ist kein Allheilmittel. Es ist stets – auch – zu berücksichtigen, dass derjenige, der in eigener Sache auszusagen hat, auch bei größter Wahrheitsliebe nur selten in der Lage sein wird, eine objektive Schilderung zu geben. Jedoch ist dasjenige, was eine Partei zu ihren Gunsten aussagt, naturgemäß weit weniger beweiskräftig als das, was sie zu ihren Ungunsten bekundet. Zu ihrem Nachteil sagt eine Partei jedenfalls bewusst nicht so leicht falsch aus.

g) Von der Parteivernehmung ist die Anhörung einer Partei gemäß § 141 ZPO zu unterscheiden. Sie dient nur der Aufklärung des Sachverhaltes. Die Anhörung soll keinen Beweis erbringen, sondern den noch nicht durchsichtigen Sachverhalt klären helfen. Deshalb darf die bloße Anhörung nicht als Parteivernehmung gewürdigt werden; aber natürlich ist auch die bloße Parteierklärung insgesamt im Rahmen des § 286 ZPO zu würdigen (vgl. Zöller/*Greger* ZPO § 286 Rn. 14), so dass auch dieser Anhörung durchaus Beweiswert zukommen kann (vgl. Thomas/Putzo/*Seiler* ZPO § 448 Rn. 4; *BGH* NJW 2013, 2601 Rn. 11; 1999, 363; ZIP 2003, 594; vgl. → § 8 II. 4. und 7.).

6. Der Freibeweis

Der Freibeweis ist nach der Neuregelung des § 284 S. 2 ZPO – nur – zulässig, wenn die Parteien einverstanden sind, überdies in Verfahren vor den Amtsgerichten, wenn der Streitwert 600,– EUR nicht übersteigt (Zöller/*Herget* ZPO § 495a Rn. 10). Auf dem Gebiet des Strengbeweises wird der Freibeweis in der Praxis keine besondere Bedeutung erlangen, da abgesehen von den Verfahren geringen Streitwerts die Parteien auf Grund des Verlustes der Unmittelbarkeit des Beweismittels i.d.R. ihre Zustimmung nicht erteilen dürften (vgl. Zöller/*Greger* ZPO § 284 Rn. 1); eine Beschleunigung des Verfahrens, eine Vereinfachung der Beweisaufnahme bzw. eine Verdrängung des unmittelbaren Strengbeweismittels ist deshalb nicht zu erwarten. Er wird letztlich – überwiegend – auf die Klärung prozessualer Fragen beschränkt bleiben. So erstreckt er sich z.B. auf Feststellungen über die Partei- und Prozessfähigkeit, über die Unterwerfung unter die deutsche Gerichtsbarkeit, über die Unbekanntheit des Aufenthaltsorts einer Partei, über die Wahrung der Rechtsmittelfristen, über die genügende Entschuldigung eines ausgebliebenen Zeugen (§ 381 ZPO), über die Ermittlung ausländischen Rechts usw.

Auch der Freibeweis muss mit dem für § 286 ZPO erforderlichen Gewissheitsgrad geführt werden, er ist aber „frei" von der geschlossenen Zahl der Beweismittel (Augenschein, Zeuge, Sachverständiger, Urkunde, Partei): er kann in anderer Weise geführt werden, etwa durch eine eidesstattliche Versicherung (die in der Praxis allerdings nicht überbewertet werden sollte) oder durch eine telefonische **Auskunft** bzw. durch Einholung einer schriftlichen **Erklärung;** hierbei dürfte es sich um die häufigsten Varianten des Freibeweises in der Praxis handeln. Ihrer Form nach ähneln sie dem Urkundenbeweis; der Strengbeweis hingegen würde die unmittelbare Anhörung des Zeugen oder Sachverständigen erfordern. Auch wenn Anwälte z.T. schriftsätzlich Beweis antreten durch „Auskunft der Sparkasse N.N.", werden solche Beweisanträge nicht durch § 273 Abs. 2 Nr. 2 ZPO gedeckt. Amtliche Auskünfte nichtamtlicher Stellen einzuholen ist dem Gericht von Gesetzes wegen nicht erlaubt. Das in der Praxis übliche Verfahren, auf Antrag solche Auskünfte an Stelle der Partei einzuholen, dient nur der Vereinfachung.

Die Eigenart des Freibeweises – soweit er zulässig ist – liegt also letztlich darin, dass er das Gericht bei unverminderter Anforderung an den Gewissheitsgrad von den förmlichen Vorschriften der Prozessordnung über das bei der Beweisaufnahme zu beachtende Verfahren und den Mitwirkungsrechten der Parteien freistellt. Auch in diesen Fällen muss den Parteien aber rechtliches Gehör gewährt werden; sie sind über alle Maßnahmen des Gerichts und deren Ergebnisse zu unterrichten und müssen Gelegenheit haben, dazu Stellung zu nehmen.

§ 9. Bemerkungen zur Urteilstechnik

I. Das Absetzen des Urteils

Wer im Referendariat Relationstechnik gelernt hat, wem das Gefüge und der gedankliche Aufbau einer Entscheidung und deren Werdegang klargeworden ist, wird auch bei der Abfassung eines Urteils keine unüberwindbaren Schwierigkeiten haben.

Das Absetzen der Urteile macht einen wesentlichen Teil der richterlichen Arbeit aus. Umso mehr sollte jeder Richter darauf bedacht sein, sich diesen Teil seiner Tätigkeit arbeitstechnisch möglichst zu erleichtern. Dazu gehört zunächst einmal, dass er seine Entscheidungsentwürfe regelmäßig nicht mit der Hand niederschreibt, sondern diktiert. In den meisten Fällen ist dies möglich, da ein ordentliches Votum als Grundlage für Tatbestand und Entscheidungsgründe herangezogen werden kann. Zur Abfassung eines einwandfreien Diktates ist eine sehr gründliche Bearbeitung des Aktenstückes in tatsächlicher und rechtlicher Hinsicht unerlässlich; i. d. R. sollte diese Arbeit bereits im Votum zur Terminsvorbereitung erfolgt sein.

In Einzelfällen, wenn besonders umfangreiche bzw. schwierige Urteile abzusetzen sind, mag es allerdings für die Qualität und zum Zwecke der Vollständigkeit von Vorteil sein, diese mit der Hand bzw. selbst per PC zu schreiben. Es ist nämlich wenig zeitsparend, wenn nach einem Urteilsdiktat zahlreiche Änderungen bzw. Ergänzungen vorgenommen werden müssen. Dies ist im Einzelfall dank PC natürlich immer noch möglich, nicht selten führt das letztlich aber zu einer Zeitverdopplung auf Grund der faktisch erneuten Urteilsabfassung. Gleiches gilt, wenn man während des Diktats gewissermaßen den „roten“ Faden verliert und das Urteil nicht mehr zu strukturieren weiß. Aber die Mehrzahl der durch Voten gut vorbereiteten Urteile kann man relativ problemlos diktieren; das schafft Zeit! Aber eben nur dann, wenn man die Entscheidung vor dem Diktat durchdenken und hierzu auf ein strukturiertes Votum zurückgreifen kann. So vermeidet man es am besten, zeitraubend nur „Unreines“, gedanklich Unstrukturiertes zu diktieren bzw. ständig Korrekturen anbringen zu müssen. Der grundsätzlichen Schwierigkeit, Tatbestand und Entscheidungsgründe an Hand einiger Notizen oder eines (Kurz-)Votums frei zu diktieren, begegnet man im Übrigen nur durch permanente Übung!

II. Das Rubrum

Ein Urteil dient dazu, ggf. vollstreckt zu werden. Erweist sich dies später als nicht oder nur nach Beseitigung von Hindernissen möglich, so hat die Entscheidung im Erkenntnisverfahren ihren Zweck ganz oder teilweise verfehlt. Diese Zweckverfehlung kann bereits durch einen Fehler im **Rubrum** eintreten. Die Parteien sind deshalb so präzise zu bezeichnen, dass eine Zwangsvollstreckung durchführbar ist. Das setzt die Angabe der ladungs- und vollstreckungsfähigen Anschrift voraus. Das bedeutet weiterhin, dass die juristische Person zusammen mit ihrem Vertreter bezeichnet wird, der rechtlich und tatsächlich für sie auftreten kann. Für die GmbH ist deren Geschäftsführer mit ladungsfähiger Anschrift anzugeben, für die OHG und die KG die persönlich haftenden Gesellschafter, für die GmbH & Co. KG die Komplementär-GmbH (als persönlich haftende Gesellschafterin), für diese wiederum der

Geschäftsführer. Der kaufmännische Inhaber einer Einzelfirma kann sowohl mit seinem Privatnamen und seiner ladungsfähigen Anschrift als auch mit seinem im Rechtsverkehr verwendeten Firmennamen – wiederum mit ladungsfähiger Anschrift – bezeichnet werden (vgl. § 17 Abs. 2 HGB).

III. Der Tenor

Gleichermaßen ist auf die richtige **Tenorierung** zu achten. Der Tenor wird insbesondere von Referendaren, aber auch häufig noch von Berufsanfängern chronisch unterschätzt, dabei stellt er die Essenz des Urteils dar. Er drückt das Ergebnis des Rechtsstreits, die Entscheidung, aus und stellt damit zugleich die Arbeitsgrundlage der Urteilsverwirklichung, der Zwangsvollstreckung dar. Alle weiteren Bestandteile des Urteils dienen letztlich nur der Begründung der im Tenor dokumentierten Entscheidung des Gerichts. Der Tenor muss in sich klar, vollständig und ohne Zusatz aus sich selbst heraus verständlich sein. In ihm müssen die gestellten Anträge der Parteien umfassend „abgearbeitet" werden, bitte deshalb nicht vergessen: Wenn der Klage nur zu einem Teil stattgegeben wird, ist sie wegen des restlichen Teils abzuweisen. Denn wenn ein Gericht das Klagebegehren nur zur Hälfte oder zu einem anderen Bruchteil für begründet erachtet, so muss es zwangsläufig auch über die Unbegründetheit der anderen Hälfte oder des anderen Bruchteils erkennen; andernfalls läge lediglich eine die Instanz noch nicht abschließende Teilentscheidung vor; was entscheidungsreif ist, muss aber nach §§ 300, 308 ZPO beschieden werden. Soweit bereits Titel vorliegen, etwa ein Vollstreckungsbescheid oder ein Versäumnisurteil erlassen worden ist, ist neben der Entscheidung in der Sache zugleich deren Aufrechterhaltung bzw. Aufhebung zu tenorieren. Auch die häufig übersehenen Feststellungsanträge sind zu entscheiden und zu tenorieren. Es ist deshalb stets darauf zu achten, dass das Gericht wirklich sämtliche Sachanträge der Parteien beschieden und dies auch im Tenor zum Ausdruck gebracht hat. Besondere Aufmerksamkeit ist auch dem Ausspruch über die vorläufige Vollstreckbarkeit zu widmen. Die §§ 708, 711 sowie 709 ZPO enthalten überaus differenzierte Regelungen, die in der Praxis vielfach nicht beherrscht werden. Da aber die jeweils zu erbringende Sicherheitsleistung zur Ermöglichung oder auch Abwendung der Zwangsvollstreckung in die wirtschaftlich/finanzielle Situation der jeweiligen Partei eingreift, und zum Teil durchaus massiv, ist große Sorgfalt bei der Abfassung dieses Entscheidungsausspruches geboten. Die Bestimmung der Sicherheitsleistung belastet die Partei im Einzelfall durchaus mehr als ein feinsinnig formulierter Tatbestand oder eine fundierte Argumentation in den Entscheidungsgründen. Dieser Verantwortung sollte man sich bei der Abfassung des Tenors bewusst sein; ein guter Tenor braucht Zeit, in einer Minute ist dieser – von Ausnahmen abgesehen – nicht zu formulieren. Gerade wenn die Sicherheitsleistungen bzw. die Abwendungsbefugnisse für beide Parteien zu bestimmen sind, etwa bei Teilstattgaben bzw. -abweisungen der Klage/Widerklage, zudem unterschiedlich, erfordert ein vollständig und zutreffend ausformulierter Tenor nicht selten mindestens eine ganze Seite des Urteils (vgl. die Tenorierungsfälle bei *van den Hövel* Tenorierung a.a.O.).

IV. Der Tatbestand

Im **Tatbestand** ist stets die Chronologie der Ereignisse zu beachten; nur auf diese Weise werden Sinn und Struktur in die Darstellung gebracht. Überdies ist sauber zu differenzieren, welches Vorbringen unstreitig und welches streitig ist. Insoweit wiederum sind aber nur die rechtlich relevanten Tatsachen im unstreitigen Teil sowie die rechtlich relevanten Behauptungen in der Kläger- bzw. Beklagtenstation wiederzugeben, d.h. nur diejenigen, die auch in den Entscheidungsgründen zu erörtern sind; soweit es um streitige Tatsachen (Behauptungen) geht, finden sich diese entweder im Rahmen der Beweiswürdigung oder aber in der Darstellung wieder, dass die beweisbelastete Partei keinen Beweis für ihre (erhebliche) Behauptung angetreten hat.

Nimmt man Bezug auf Aktenblätter oder zitiert gar auszugsweise eine rechtlich relevante Vertragsklausel, sollte man sich die Fundstellen zuvor notieren, um ohne Suchen einen schnellen Zugriff zu ermöglichen; all dies ist aber sinnvollerweise bereits Arbeit für das Votum. Der Richter braucht dann nur in der schon vorher von ihm festgelegten gedanklichen Reihenfolge in freier Rede und in knapper, konzentrierter Fassung zu diktieren.

Der Tatbestand sollte kurz, aber zugleich so prägnant gefasst sein, dass sich aus ihm die rechtliche Lösung, jedenfalls der Lösungsweg – für den geschulten Juristen – schon ableiten lässt; insbesondere der Aufbau des streitigen Vortrags der Parteien sollte dem rechtlichen Aufbau der Entscheidungsgründe entsprechen. Lediglich die Beweiswürdigung selbst lässt sich in der Regel dem Tatbestand allein durch die Mitteilung streitiger Tatsachen noch nicht entnehmen. Der Anfänger hüte sich deshalb davor, im Tatbestand ins Erzählen zu geraten. Er muss darauf bedacht sein, den „Kern" eines Rechtsfalles nachvollziehbar in „Kernsätzen" herauszuarbeiten. Die Qualität eines Richters ist nicht an der Länge, sondern an der Qualität seiner Urteile zu erkennen. Kriterien sind Verständlichkeit und Nachvollziehbarkeit. Es geht nicht darum, jeden Vortrag des Anwalts in das bekannte Schema (Unstreitiger Sachverhalt, Klägerstation, Anträge, Beklagtenstation, Replik) zu „pressen", sondern den wesentlichen (!) Tatsachengehalt des Rechtsstreits herauszuarbeiten, so dass der Leser versteht, um was und warum die Parteien streiten. Kurz formuliert: Warum klagt der Kläger gegen den Beklagten, und warum in dieser Höhe? Warum will der Beklagte diesen geltend gemachten Anspruch nicht bzw. nicht in dieser Höhe erfüllen? Das muss man verstehen, nicht mehr und nicht weniger! Von Ausnahmen abgesehen sind gerade die kurzen, aber prägnanten Urteile die qualitativ hochwertigen.

V. Die Entscheidungsgründe

Auch der Aufbau der **Entscheidungsgründe** im Diktat ist in der Regel problemlos zu gestalten, wenn bereits das Votum eine systematische, nachvollziehbare Prüfung der Rechtslage enthält, mag diese auch noch eher im Gutachten- als im Urteilsstil erfolgt sein.

Letztlich hat dann lediglich eine Umformulierung zu erfolgen, ggf. verbunden mit der Würdigung der erfolgten Beweisaufnahme. Insoweit ist die Reihenfolge bzw. Wertigkeit der Beweismittel zu beachten:

Es kommt vor, dass erhebliche Tatsachen durch Urkunden bewiesen oder durch Indizien „anbewiesen" werden, aber, um letzte Zweifel auszuräumen, noch die Parteivernehmung des Beweisführers beschlossen und durchgeführt wird. In solchen Fällen muss man auch im gedanklichen Aufbau des Urteils berücksichtigen, dass die Parteivernehmung sekundär ist. Sie ist von Amts wegen nach § 448 ZPO nur zulässig, „wenn das Ergebnis der Verhandlungen und einer etwaigen Beweisaufnahme nicht ausreicht, um seine (des Gerichts) Überzeugung von der Wahrheit oder Unwahrheit einer zu erweisenden Tatsache zu begründen". In der Beweiswürdigung ist also vorweg der Urkundenbeweis abzuhandeln und sodann unterstützend und ergänzend das Ergebnis der Parteivernehmung des Beweisführers zu verwerten.

Hat eine Partei den ihr obliegenden Beweis nicht erbracht, so stütze man die Entscheidung auf diese Beweislastfrage, nicht aber „überschießend" auch noch auf den u. U. erbrachten Beweis des Gegenteils! Zur Darstellung einer Beweiswürdigung konträr bekundender Zeugen vgl. → § 8 II. 17.

Im Übrigen ist auf Übersichtlichkeit zu achten, namentlich wenn Zahlen(reihen) zu präsentieren sind. Es empfiehlt sich, die einzelnen Positionen übersichtlich darzustellen und auf der rechten Blattseite einen Rand freizulassen, der nur die jeweiligen zugesprochenen Beträge aufnimmt. Der dazu gehörende Sachtext wird so geschrieben, dass der Zahlenrand rechts frei bleibt. Auf diese Weise ermöglicht man es den Parteien, den Richtern des höheren Rechtszuges und auch sich selbst, das Urteil zusammenhängend zu lesen. Werden nämlich alle diese zu addierenden Zahlen ohne Ausrückung nach rechts in den Text der Entscheidungsgründe eingesetzt, so erschwert das Fehlen der optischen Übersicht auch das Verständnis. Man kann ein solches Urteil rechnerisch nur überprüfen, indem man sich auf einem besonderen Zettel die einzelnen Zahlen notiert und schließlich die Endsumme errechnet. Ein Zivilurteil sollte aber von vornherein so aufgebaut werden, dass jeder Leser es möglichst rasch nachvollziehen kann.

Beispiel einer unübersichtlichen Darstellung:

Die Reparaturkosten des Pkw belaufen sich ausweislich der Rechnung vom 12.1.2013 auf 2.346,86 EUR. Das Sachverständigengutachten hat 635,32 EUR gekostet. Für Taxifahrten während der Reparaturzeit sind dem Kläger Ausgaben in Höhe von 159,50 EUR entstanden. Für die Reinigung der beschädigten Kleidung hat er insgesamt 20,86 EUR ausgegeben. Weiterhin verlangt er eine allgemeine Kostenpauschale in Höhe von 25,– EUR. Überdies begehrt er für die erlittene Halswirbelprellung ein Schmerzensgeld i. H. v. 1.800,– EUR abzüglich bereits von der Versicherungsgesellschaft gezahlter 350,– EUR.

Beispiel einer übersichtlichen Darstellung:

Der Kläger verlangt mit der Klage von dem Beklagten Zahlung in Höhe von **4.637,54 EUR.** Im Einzelnen handelt es sich um folgende Positionen:

Die Reparaturkosten belaufen sich ausweislich der Rechnung vom 12.1.2013 auf	2.346,86 EUR.
Das Sachverständigengutachten hat gekostet.	635,32 EUR
Für Taxifahrten während der Reparaturzeit sind dem Kläger Ausgaben in Höhe von entstanden.	159,50 EUR
Für die Reinigung der beschädigten Kleidung hat er insgesamt ausgegeben.	20,86 EUR
Weiterhin verlangt er eine allgemeine Kostenpauschale i. H. v.	25,– EUR.
Insgesamt macht der Kläger somit einen Sachschaden in Höhe von geltend.	3.187,54 EUR
Überdies begehrt er für die erlittene Halswirbelprellung ein restliches Schmerzensgeld i. H. v.	1.450,– EUR.

Er erachtet insgesamt zwar einen Betrag von 1.800,– EUR für angemessen; hierauf hat die Versicherungsgesellschaft aber vorprozessual bereits 350,– EUR gezahlt.

Die zweite Darstellung ist inhaltlich mit dem ersten Beispiel nahezu identisch, erschließt sich dem Leser aber auf den ersten Blick!

Überhaupt sollte bereits der Anfänger Bedacht darauf nehmen, seine Entscheidungsgründe nicht künstlich aufzublähen. Tragfähige Argumente gewinnen nicht durch Länge, im Gegenteil. Auch Hilfserwägungen relativieren eher die guten und tragfähigen Argumente als diese bzw. das gefundene Ergebnis zu bekräftigen. Die Partei gewinnt in diesen Fällen nämlich häufig sogar den Eindruck, durch das Erschüttern der schwächeren Argumente das Ergebnis des Rechtsstreits vielleicht doch noch „drehen" zu können!

„Abgedrehte" Erwägungen, rein juristische „Gedankenspielchen" sind wegzulassen; die Parteien verstehen sie ohnehin nicht, können folglich von ihnen auch nicht überzeugt werden. Diese erwecken nur den Eindruck einer wirklichkeitsfremden Justiz, die sich nicht allgemeinverständlich ausdrücken kann. Welche Meinung gewinnt der Laie, wenn die simpelsten und belanglosesten Einzelfälle zu einer wissenschaftlichen, aber unverständlichen Abhandlung in Urteilsform aufgebläht werden? Gerade der Laie als Partei soll aber doch jedenfalls „seinem" Rechtsstreit folgen können und den Kern der Begründung verstehen, vermag er auch möglicherweise die Argumentation im Einzelnen nicht nachzuvollziehen.

Gerade der Berufsanfänger hat häufig die Befürchtung, sich durch jedes Urteil profilieren zu müssen, und neigt deshalb nicht selten zu überlangen, überdifferenzierten Ausführungen; Kleinigkeiten und Selbstverständlichkeiten werden zum Problem stilisiert und möglichst akademisch manieriert dargestellt.

Ein solches Urteil mag vordergründig eine gewisse Wirkung akademischer Intellektualität erzielen, aber: es wird von den Parteien bzw. sonstigen Dritten kaum verstanden, überdies auch von einem selbst nicht mehr, wenn man nach einiger Zeit den Aktenfall nicht mehr vollständig im Kopf hat.

Das Urteil ist kein wissenschaftlicher Aufsatz, sondern die Darstellung der **konkreten** Entscheidung eines **konkreten** Falles durch das Gericht – wer abstrakt Rechtsfragen thematisieren will, der soll Aufsätze und Monografien veröffentlichen.

Deshalb sollte man sich möglichst schnell klarmachen, durch nichts besser sein Leistungsvermögen in Urteilstechnik darstellen zu können als durch ein klares, nachvollziehbares und leicht verständliches Urteil, das sich auch dann noch problemlos „lesen" und verstehen lässt, wenn man nach einiger Zeit den konkreten Aktenfall schon vergessen hat. Es muss – auch sprachlich – dem Fall der Praxis gerecht werden. Dass das Urteil inhaltlich in tatsächlicher und rechtlicher Hinsicht „richtig" sein sollte, versteht sich von selbst. Der vorstehende Hinweis bezieht sich nur auf die Art der Darstellung und die – durchaus nicht leichte, vielmehr überaus anspruchsvolle – Aufgabe, gerade eine komplizierte Materie verständlich darzustellen; hierzu gehört häufig auch die Erkenntnis, Wichtiges von Unwichtigem zu unterscheiden. Die „Kunst" der Wissenschaft besteht nämlich gerade darin, sie auch anderen, fachfremden Personen leicht verständlich präsentieren zu können; das ist häufig schwierig, weil man selbst seinen eigenen Fachjargon abstrahieren muss – aber: man sollte sich um größtmögliche Verständlichkeit bemühen, weil auch das Urteil nicht akademischer, wissenschaftlicher Selbstzweck ist, sondern im konkreten Fall konkreten Personen helfen soll.

Jedes Urteil ist die Entscheidung über **Anträge** der Parteien; diese stellen den konkreten „Arbeitsauftrag" an den Richter dar, sind zugleich Grundlage des juristischen Arbeitens – streng antragsbezogen (vgl. § 308 Abs. 1 ZPO)! Somit ist penibel darauf zu achten, sämtliche Anträge der Parteien juristisch umfassend „abzuarbeiten", auch den Zinsantrag! Nicht immer werden Zinshöhe und Zinsbeginn nachvollziehbar begründet. Darauf zu achten ist gerade aus arbeitstechnischer Hinsicht lohnend. Es besteht stets die Gefahr, dass ein Berichterstatter, der den Fehler in der

Zinsbegründung des Votums nicht erkennt, ihn erst während der Abfassung des Urteils bemerkt, wenn er diktiert: „Der Zinsanspruch ist nach §§ ... begründet“. Er muss dementsprechend seinen Tenor abändern und den Eingang der Entscheidungsgründe. Es ist ärgerlich, da unnötig zeitaufwändig, wenn man im Nachhinein in seinem Urteil nur wegen eines verfrühten Zinsbeginns oder wegen eines Prozentes zu viel verlangter Zinsen die Klage zum Teil abweisen und einen aufwändigen Berichtigungsbeschluss erlassen muss (soweit dieser überhaupt für zulässig gehalten wird!).

Auch das Diktieren ist übrigens eine Technik, die erlernt sein will. Achten Sie vor allem darauf, Ihre Schreibkraft nie in die Irre zu führen! Wenn Sie ein Wort buchstabieren wollen, kündigen Sie es vorher an, damit sonst der Name nicht bereits falsch geschrieben ist, ehe die richtige Schreibweise diktiert wird. Auch dies spart die Zeit ihrer Mitarbeiter!

Nach Abfassung des Urteils sollte stets umgehend – von Amts wegen – der Streitwert festgesetzt werden; dann können zügig Gerichts- und Anwaltsgebühren abgerechnet werden und man vermeidet unnötige Wiedervorlagen der Akten. Die Kostenbeamten pflegen nämlich nur ungern den Wert selbst zu bestimmen. In diesem Fall legen sie meist die Akten dem Gericht erneut vor mit der Bitte, den Streitwert festzusetzen.

Wer nach dem Assessorexamen die richterliche Arbeit aufnimmt, muss insbesondere die Tätigkeit in der Praxis erlernen und auch die Bedürfnisse der Parteien erkennen. Diese wollen eine plausible, begreifbare Erörterung des Sach- und Streitstands und schließlich eine jedenfalls nachvollziehbare Entscheidung. Der junge Richter meint dann nicht selten, je gründlicher das Literaturstudium sei, mit dem er sein Urteil vorbereite, umso besser gerate die Entscheidung. Diese Auffassung ist jedenfalls für eine Vielzahl zivilrechtlicher Entscheidungen unzutreffend: die Klärung der tatsächlichen Voraussetzungen, gute Beweisaufnahmen und saubere Beweiswürdigungen sind weitaus wichtiger als bibliothekarische Studien. Die Zeit, die der Anfänger für einen gewöhnlichen Rechtsfall in der Bibliothek des Gerichts verbringt, wird er im Zweifel nützlicher verwenden, wenn er in dieser Zeit den Inhalt des Aktenstückes in tatsächlicher und wirtschaftlicher Hinsicht durchdenkt. Viele Fälle weisen mehr tatsächliche als rechtliche Probleme auf; deren Zahl ist in der Regel recht limitiert. Insoweit ist natürlich ein kurzer Blick in die einschlägigen Kommentare und die Erfassung der fallrelevanten Rechtsprechung erforderlich; wenig sinnvoll und nur Zeitverschwendung ist hingegen das Herausarbeiten einer endlosen Rechtsprechungskasuistik, wenn diese letztlich das relevante (Kern-)Problem des Falles nicht trifft oder allenfalls streift. I. d. R. erfordert dieser Literaturaufwand nur einen Bruchteil der Arbeit, die für die Sachverhaltserfassung und Erarbeitung einer pragmatischen, interessengerechten Lösung verwendet werden sollte, namentlich für die Konzeption eines auch die wirtschaftlichen Aspekte eines Falles einbeziehenden Vergleichsvorschlages.

§ 10. Über das Beschlussverfahren

Wer die Urteilstechnik beherrscht, hat auch mit der Vorbereitung und Abfassung von Beschlüssen keine Schwierigkeiten. Denn in der Regel ist das Beschlussverfahren nach der Zivilprozessordnung den weniger bedeutenden Nebenentscheidungen vorbehalten. Entsprechend der in der Regel geringeren Bedeutung der Beschlusssachen sollte man sie auch umfangmäßig möglichst knapp absetzen. Die Wiedergabe des Sachverhaltes erübrigt sich weitgehend. Die Gründe brauchen nur die tragenden Kernsätze zu enthalten.

Beim Absetzen von Formalbeschlüssen, aus denen nicht unmittelbar vollstreckt wird, z. B. bei Hinweis-, Auflagen- und Beweisbeschlüssen, bei Streitwertbeschlüssen, beim Setzen von Ausschlussfristen, bei Ergänzungen eines Beweisbeschlusses und dergleichen, kann man sich das vollständige Rubrum ersparen. Es genügt zu schreiben:

Beschluss

In Sachen Gold ./. Silber

....

Nur Vollstreckungstitel müssen Kläger und Beklagten bzw. Gläubiger und Schuldner genau bezeichnen. Man sollte immer überlegen, wie man unnötige Schreibarbeit vermeiden kann. Selbst in denjenigen Fällen, in denen ein volles Rubrum unerlässlich ist, beispielsweise in Beschlüssen, durch die eine Erinnerung beschieden wird, braucht der Berichterstatter diese Schreibarbeit nicht zu leisten. Es genügt der Hinweis im Beschluss, dass das volle Rubrum einzusetzen sei. Das sieht dann etwa so aus:

Beschluss

(v. R.) (= volles Rubrum)

Das Bemühen um kurze Beschlüsse darf jedoch nicht dazu führen, in anfechtbaren Entscheidungen die Begründung ganz wegzulassen. Immer dann, wenn eine Entscheidung beschwerdefähig ist, ist selbstredend eine kurze, aber tragfähige Begründung der Beschlussformel erforderlich.

Zu beachten ist, dass auch Beschwerdeentscheidungen grundsätzlich eine Kostenentscheidung erfordern. Diese richtet sich grundsätzlich nach §§ 91 ff. ZPO, soweit überhaupt eine Kostenerstattungspflicht zwischen den Parteien begründet wird. Insoweit sind auch spezielle Regelungen zu beachten, die im Einzelfall hiervon abweichende Bestimmungen treffen, z. B. in § 118 Abs. 1 S. 4 ZPO oder in § 66 Abs. 8 S. 2 GKG sowie § 68 Abs. 3 S. 2 GKG.

Bei der Abfassung von Beschwerdeentscheidungen sollte nicht vergessen werden, zugleich auch den **Beschwerdewert** festzusetzen. Diesbezüglich ist das Interesse des Beschwerdeführers an der Beschwerde zu bewerten. Bei den nicht seltenen Beschlüssen nach **§ 91a ZPO** – im Fall der übereinstimmenden Erledigung des Rechtsstreits in der Hauptsache (vgl. aber auch § 91a Abs. 1 S. 2 ZPO) – ist das Kosteninteresse festzustellen, d. h. die Höhe der Gerichts- und Anwaltskosten, um deren Kostentragungspflicht die Parteien streiten.

Bei den in erster Instanz häufig vorkommenden **einstweiligen Verfügungen** sollte die eindeutige und sehr sinnvolle Vorschrift des § 937 Abs. 2 ZPO berücksichtigt werden. Die Entscheidung darf danach (nur!) „in dringenden Fällen" ohne mündliche Verhandlung ergehen. In den meisten Fällen schadet eine mündliche Verhandlung aber nicht nur nicht, sondern ist sogar außerordentlich hilfreich: die kurzfristig angesetzte mündliche Verhandlung ist hervorragend geeignet, Streit und Missverständnisse zwischen den Verfügungsparteien bereits in einem sehr frühen Stadium ohne erhebliche weiteren Kosten auszuräumen und in einem Vergleich umfassend zu regeln. Vorschnell erlassene einstweilige Verfügungen ohne mündliche Verhandlung bringen nämlich nur scheinbar eine Zeitersparnis. Kommt der zu erwartende Widerspruch, dann zeigt sich in der Regel, dass es richtiger gewesen wäre, von vornherein auf Grund mündlicher Verhandlung zu entscheiden – und dann wäre es vielleicht gar nicht mehr zu einer Entscheidung gekommen, sondern die Sache wäre einverständlich beigelegt worden. In aller Regel ist ein Verfügungsbegehren nicht derartig eilig, dass ihm ohne Anhörung des Gegners entsprochen werden müsste. In aller Schnelle sollte man niemals entscheiden; der Versuch, „blitzschnell" den Sachverhalt vollständig zu erfassen und die vielleicht komplizierte rechtliche Beurteilung vorzunehmen, scheitert häufig. Es ist oft viel besser, wenn der Berichterstatter die Akte einen Tag mit nach Hause nimmt und den Fall in Ruhe überdenkt.

Ein wichtiges Beschlussverfahren ist schließlich das **Prozesskostenhilfe**(prüfungs-) verfahren. Man sollte sich dabei zum Grundsatz machen, besonders sorgfältig vorzugehen, weil die Entscheidung über die Bewilligung oder Ablehnung der Prozesskostenhilfe die Hauptsache präjudiziert. Zu warnen ist aber vor einer manchmal erkennbaren Neigung, die Probleme des Hauptprozesses in das Bewilligungsverfahren zu verlagern, dort Beweis zu erheben, gar Sachverständigengutachten einzuholen und dergleichen. Dazu ist das PKH-Prüfungsverfahren nicht bestimmt. In ihm ist nur zu klären, ob die beabsichtigte Rechtsverfolgung oder Rechtsverteidigung der hilfsbedürftigen Partei „hinreichende Aussicht auf Erfolg" hat. Es hat somit eine reine Schlüssigkeitsprüfung für den antragstellenden Kläger sowie eine reine Erheblichkeitsprüfung für den antragstellenden Beklagten zu erfolgen. Es ist darüber hinaus darauf zu achten, dass die beweisbelastete antragstellende Partei für ihre Behauptung(en) jeweils zumindest ein sinnvolles Beweismittel anbietet; andernfalls bleibt ihr Vortrag, mag er noch so schlüssig bzw. erheblich sein, zwingend erfolglos, so dass PKH nicht zu bewilligen ist. Beweisprognosen sind aber grundsätzlich nicht zu stellen, die Beweisaufnahme und deren Ergebnis sollte nun einmal dem Hauptsacheverfahren vorbehalten bleiben. Etwas anderes gilt jedoch in den Fällen, in denen bei vernünftiger, realistischer Betrachtung ein Erfolg in der Beweisaufnahme ausgeschlossen werden kann, etwa wenn sich die beweisbelastete Partei, um sich „in die PKH zu retten", nur auf die Parteivernehmung des Gegners beruft, der den Tatsachenvortrag aber bestreitet. Dies dürfte ebenfalls in dem Fall gelten, dass sich eine Partei ohne nähere Angabe von Gründen auf einen Zeugen beruft, der in einer früheren Vernehmung zu ihren Lasten ausgesagt, d. h. ihren Vortrag gerade nicht bestätigt hat.

Ebenfalls abzulehnen ist die PKH, wenn eine reiche Partei den geltend gemachten – i. d. R. problematischen – Anspruch an eine arme Partei abtritt, um die Möglichkeit zu erhalten, mit einer PKH-Bewilligung „risikofrei" auf Kosten der Landeskasse zu prozessieren; eine derartige Rechtsverfolgung erscheint „mutwillig" i. S. d. § 114 ZPO.

Auch schwierige Rechtsfragen sollten der Klärung im Hauptverfahren vorbehalten bleiben; wenn ein PKH-Gesuch nicht erkennbar aussichtslos ist, sondern ernsthaft zum Nachdenken über die Erfolgsaussicht zwingt, spricht schon viel für die Bewilligung. Eine präzise Prüfung ist allerdings im Hinblick auf die Erklärung über die persönlichen und wirtschaftlichen Verhältnisse geboten: auch der Berufsanfänger sollte genau darauf achten, nur der wirklich bedürftigen Partei Prozesskostenhilfe zu bewilligen, nicht aber auch derjenigen, die sich Vermögen schafft, sich hierfür freiwillig verschuldet, nominell arm zu sein scheint und sodann die Auffassung vertritt, nunmehr „auf Staatskosten" prozessieren zu können.

§ 11. Die Arbeit in der Berufungsinstanz

Auch der Proberichter hat gelegentlich die Möglichkeit, in der Berufungsinstanz zu arbeiten, regelmäßig in einer Berufungskammer des Landgerichts; er sollte sich deshalb auch mit den wesentlichen Voraussetzungen des Berufungsrechts vertraut machen. Angst oder Panik vor der neuen Aufgabe als Berufungsrichter ist aber in keinem Fall geboten; der Rechtsmittelrichter hat es grundsätzlich leichter als der Richter erster Instanz.

Die wichtigste, richtungsweisende Entscheidung fällt in der ersten Instanz. Hat diese gut gearbeitet, so ist es häufig sogar die einzige Entscheidung, die streitig ergeht. Der Richter erster Instanz trägt deshalb die größte Verantwortung. Die gesamte schwierige Arbeit am Sachverhalt lastet primär auf ihm. Gerade in umfangreichen Sachen ist es seine besondere Mühe, aus dem Wust des schriftsätzlichen Vorbringens, den Beiakten und Unterlagen, aus der Korrespondenz usw. die entscheidungserheblichen Fakten herauszufiltern. Er muss den vollständigen Beweis erheben. Er hat es häufig in der Hand, durch eine sachgemäße Vorbereitung des Falles den Streit zeitnah und endgültig zu bereinigen, das Anfallen hoher Kosten zu verhindern und ein Rechtsmittel überflüssig zu machen.

Dem Rechtsmittelgericht werden hingegen bereits durchgearbeitete und „durchgedachte“ Aktenfälle vorgelegt. Die Summe der erstinstanzlichen Arbeit ist bereits in einem Urteil gezogen worden. Zwar muss das Rechtsmittelgericht den Fall von vorne aufrollen. Das ändert aber nichts daran, dass es weitgehend eine Kontrollfunktion ausübt, insbes. nach Schaffung des neuen Berufungsrechts der ZPO und der weitgehenden Präklusion neuen Tatsachenvortrages, vgl. insbesondere §§ 529 Abs. 1, 531 Abs. 2 ZPO.

„Überprüfen“ ist stets leichter als voraussetzungslos zu arbeiten, d. h. den Rechtsstreit originär zu entscheiden. Genau das ist jedoch die Aufgabe der ersten Instanz. Darüber hinaus gelangen nicht wenige erstinstanzliche Urteile in den höheren Rechtszug, die richtig entschieden und hieb- und stichfest begründet sind.

Auch die Anwälte haben in der Berufungsinstanz die leichtere Arbeit: nunmehr ist das Urteil bekannt und es wird dadurch erkennbar, was in rechtlicher oder tatsächlicher Hinsicht – vorbehaltlich § 531 Abs. 2 ZPO – vorgetragen werden muss, was in dem Urteil eben nicht oder aber anders als von der Partei gewollt berücksichtigt worden ist. Es ist gewissermaßen leichter, nach Kenntnis des Urteils „den Finger in die Wunde zu legen“ und seine Berufungsbegründung auf etwaige oder vermeintliche Schwachstellen der erstinstanzlichen Entscheidung zu stützen.

Hinzukommt, dass das Berufungsgericht auch durch weniger Sachen mehr Zeit hat, den Sachverhalt „en detail“ auszuschöpfen und Rechtsfragen eingehend zu prüfen, minutiöser als dies der erstinstanzliche Richter zu leisten imstande ist, der sein hohes Aktenpensum irgendwie erledigen muss und nicht jeden einzelnen Fall als wissenschaftliche Herausforderung verstehen kann. Dadurch ist die Gefahr, dass etwas übersehen oder verkannt wird, in der Berufungsinstanz sicherlich deutlich reduziert. Hätten die erstinstanzlichen Richter im Jahr eine ähnliche Anzahl von Fällen zu bearbeiten wie die Berufungsinstanz, so würden sich ihre Urteile hinsichtlich der Ausschöpfung des Sachverhaltes und der rechtlichen Beurteilung wohl kaum von denen der Rechtsmittelgerichte unterscheiden. Nachdem heutzutage die meisten Anwälte auch in der Berufungsinstanz (beim OLG) postulationsfähig sind, ergibt sich auch insoweit zwischen den Instanzen kein qualitativer Unterschied mehr in der anwaltlichen „Vorarbeit" der Akten durch ihre Schriftsätze. Vielmehr sind zunehmend die spezialisierten Kanzleien mit ihren Experten bereits in erster Instanz tätig; insoweit – dies sei am Rande bemerkt – ist auch die Spezialisierung der ersten Instanz unerlässlich, um auf Augenhöhe mit den spezialisierten Großkanzleien zu bleiben. Umgekehrt tritt nunmehr auch der „Allgemein-Anwalt" in allen Instanzen auf, ohne dass der vielbeschworene Qualitätsverlust der Rechtsprechung durch unzureichende Parteivorträge ernsthaft eingetreten wäre.

Das Berufungsgericht hat überdies manche Möglichkeiten, einen Rechtsstreit ohne Urteil zu erledigen, die dem erstinstanzlichen Richter fehlen. Häufig lässt sich eine Partei nur deshalb nicht vom erstinstanzlichen Gericht überzeugen, weil sie von der vagen Hoffnung getragen wird, man habe ja noch die Berufung und könne damit doch noch ihr Begehren – vollständig oder jedenfalls teilweise – durchsetzen. Der Berufungsrichter verfügt natürlich über das „starke Argument" – vorbehaltlich § 543 Abs. 2 ZPO – des sich i.d.R. über ihm wölbenden blauen Himmels; die Parteien erkennen aber nach erneuter Erörterung der Sach- und Rechtslage durch das Berufungsgericht häufig, nunmehr ihre Argumente ausgereizt zu haben, auch die Berufungsrichter nicht überzeugen zu können, und sind dann eher bereit, sich doch im Vergleichswege zu verständigen, nicht selten übrigens auf nahezu identische Beträge, wie sie bereits in erster Instanz vorgeschlagen worden sind.

Eine weitgehend ungenützte Möglichkeit, einem Berufungskläger bereits in einem frühen Verfahrensstadium klarzumachen, was von seinem Rechtsmittel zu halten ist, ergibt sich manchmal bei Anträgen auf „einstweilige Einstellung der Zwangsvollstreckung" nach §§ 707, 719 ZPO. Es ist grundverkehrt, derartigen Einstellungsanträgen kurzerhand formularmäßig stattzugeben. Die formularmäßige Einstellung ist völlig unnötig, da das erstinstanzliche Urteil i.d.R. ohnehin gemäß § 709 S. 1, 2 ZPO nur gegen Sicherheitsleistung vorläufig vollstreckbar ist bzw. eine Abwendungsbefugnis der Zwangsvollstreckung gemäß § 711 ZPO enthält. Richtig ist der umgekehrte Weg, nämlich in erster Linie an die Interessen derjenigen Partei zu denken, die ein obsiegendes Urteil erstritten hat. Dass ihr die vorläufige Zwangsvollstreckung möglich sein soll, hat der Gesetzgeber ausdrücklich vorgesehen (§ 704 Abs. 1 ZPO). Deshalb sollte grundsätzlich keine einstweilige Einstellung ohne Anhörung des Gegners und ohne Vorliegen der Berufungsbegründung erfolgen.

Muss somit über den Einstellungsantrag entschieden werden, dann ist es zu empfehlen, sich die Akten nach Möglichkeit so gründlich anzusehen, als wenn für die Sitzung votiert würde. Dazu muss die sachliche Aussicht des Rechtsmittels geprüft werden, weil nur so ein Urteil darüber gewonnen werden kann, ob der Schuldner der Gefahr unrechtmäßiger Vollstreckung ausgesetzt ist. Ergibt sich dabei, dass die Berufung ohne Erfolgsaussicht ist, dann ist das kurz in den Gründen des ablehnenden Einstellungsbeschlusses aufzunehmen. Der Berufungskläger weiß dann, womit er zu rechnen hat. Entweder nimmt er die Berufung zurück oder er geht nunmehr noch schriftsätzlich auf die Kernfragen ein und fördert damit den Erfolg der demnächst stattfindenden mündlichen Verhandlung.

Die vorgenannten Grundsätze gelten insbesondere auch für den Hinweis des Berufungsgerichts an den Berufungsführer, gemäß § 522 Abs. 2 und 3 ZPO zu verfahren und zu beabsichtigen, die Berufung einstimmig zurückzuweisen. Die Absätze dieser Norm lauten wie folgt:

(2) Das Berufungsgericht soll die Berufung durch Beschluss unverzüglich zurückweisen, wenn es einstimmig davon überzeugt ist, dass
1. die Berufung offensichtlich keine Aussicht auf Erfolg hat,

2. die Rechtssache keine grundsätzliche Bedeutung hat,
3. die Fortbildung des Rechts oder die Sicherung einer einheitlichen Rechtsprechung eine Entscheidung des Berufungsgerichts nicht erfordert und
4. eine mündliche Verhandlung nicht geboten ist.

Das Berufungsgericht oder der Vorsitzende hat zuvor die Parteien auf die beabsichtigte Zurückweisung der Berufung und die Gründe hierfür hinzuweisen und dem Berufungsführer binnen einer zu bestimmenden Frist Gelegenheit zur Stellungnahme zu geben. Der Beschluss nach Satz 1 ist zu begründen, soweit die Gründe für die Zurückweisung nicht bereits in dem Hinweis nach Satz 2 enthalten sind. Ein anfechtbarer Beschluss hat darüber hinaus eine Bezugnahme auf die tatsächlichen Feststellungen im angefochtenen Urteil mit Darstellung etwaiger Änderungen oder Ergänzungen zu enthalten.

(3) Gegen den Beschluss nach Absatz 2 Satz 1 steht dem Berufungsführer das Rechtsmittel zu, das bei einer Entscheidung durch Urteil zulässig wäre.

Nachdem in der Vergangenheit von der Möglichkeit der einstimmigen Zurückweisung der Berufung umfangreich Gebrauch gemacht wurde, überdies der Beschluss unanfechtbar war, stellt die Neuregelung klar, dass dieses Verfahren nur ausnahmsweise bei erkennbar – offensichtlich – aussichtslosen Rechtsmitteln in Sachen ohne allgemeine Bedeutung, in denen auch die mündliche Verhandlung keine weiteren Erkenntnisse verspricht, zur Anwendung gelangen soll. Der Anreiz, eine unanfechtbare Entscheidung zu treffen, ist nach § 522 Abs. 3 ZPO entfallen. Jedenfalls bei einer Beschwer von über 20.000 EUR steht die Nichtzulassungsbeschwerde offen. Gemäß § 522 Abs. 2 S. 2 ZPO sind unter Einräumung einer Stellungnahmefrist die Gründe der Aussichtslosigkeit des Rechtsmittels darzulegen; dieser Hinweis sollte die für das Berufungsgericht tragenden Gesichtspunkte enthalten, und zwar **kurz und knapp, aber prägnant.** Nur dann wird er auch von den Parteien verstanden. Es ist zu beachten, dass der Hinweis kein antizipiertes (Berufungs-)Urteil ist und auch nicht sein soll. Die Grundlage eines Urteils ist und bleibt die mündliche Verhandlung, von der systemfremden, „merkwürdigen" Ausnahme des § 341 Abs. 2 ZPO einmal abgesehen.

Die Vorschrift des § 522 ZPO dient vielmehr dazu, das Berufungsverfahren in den Fällen zu vereinfachen, in denen auf Grund der eindeutigen und vollständigen Aussichtslosigkeit letztlich eine eingehende Erörterung der Sach- und Rechtslage in der mündlichen Verhandlung nicht erforderlich erscheint, weil die entscheidenden Gründe – eben auf Grund ihrer Kürze und Klarheit – auch in einen entsprechend prägnanten Hinweis gefasst werden können; dieser ist folglich kein Surrogat der mündlichen Verhandlung. Das grundsätzlich auf dem Prinzip der mündlichen Verhandlung basierende Berufungsrecht bleibt bestehen.

Ist die Sach- und Rechtslage nämlich derart komplex, dass eine dezidierte, ja seitenlange Begründung der Aussichtslosigkeit der Berufung erfolgen müsste – gelegentlich ist ein derartiger Übereifer mancher Berufungsrichter festzustellen –, so ist zu terminieren. Andernfalls wird der Zweck des § 522 ZPO, jedenfalls in der Neufassung, vollständig verfehlt. Zum einen liegt keine Verfahrensvereinfachung vor, im Gegenteil hätte es vermutlich mehr Sinn gemacht und Zeit gespart, die Sache zu terminieren und im mündlichen Verhandlungstermin den Parteien und Anwälten die Aussichtslosigkeit des Rechtsmittels eindringlich zu verdeutlichen; häufig führt dies nämlich dazu, dass der Berufungsführer eine klare, mündlich erteilte Begründung viel besser als den „akademischen" schriftlichen Hinweis versteht und dann sein Rechtsmittel zurücknimmt. Zum anderen überzeugt auch ein langer, aufgeblähter Hinweis nicht wirklich; er zeigt bzw. suggeriert geradezu, dass die Berufung doch nicht völlig aussichtslos zu sein scheint. Denn bedürfte es andernfalls einer derartig ausführlichen, seitenlangen Begründung? Schließlich reizt, ja zwingt der überaus lange Hinweis den Anwalt gerade dazu, hierzu erneut Stellung zu nehmen und dezidiert zu jedem Punkt vorzutragen. Der Berufungsführer hat nicht selten das trügerische Gefühl, irgendeinen der vielen Gründe schon widerlegen zu können – nicht jedes Argument ist bekanntlich gleichermaßen stark – und so seiner Berufung doch noch zum Erfolg verhelfen zu können. Wird nunmehr gleichwohl nach § 522 Abs. 2 ZPO verfahren, so ist der Beschluss, der sich ja auch mit dem neuen Vorbringen des Anwalts wiederum auseinandersetzen muss (vgl. § 522 Abs. 2 S. 3 ZPO), sicherlich vielfach länger als ein Urteil; das Verfahren nach § 522 Abs. 2 ZPO, als Vereinfachung für die – erkennbar – aussichtslosen Rechtsmittel gedacht, wird ad absurdum geführt.

Und deshalb sollte gerade der Berufsanfänger beachten: Das kurze, klare Argument ist immer das Beste. Langatmige Ausführungen helfen auch nicht ernsthaft bei etwaigen Profilierungsgedanken weiter. Gerade die Klarheit des Gedankens zeigt seine Stärke, ihn zu erkennen und zu formulieren die des Richters (vgl. → § 9.). Und deshalb noch einmal: der Hinweis über die beabsichtigte, eindeutige, da einstimmig zu beschließende Berufungszurückweisung sollte sich auf treffende Kernargumente beschränken, statt auf diverse, hochdifferenzierte Gedankengänge zurückgreifen zu müssen. Ist die Sache nämlich tatsächlich derart vielschichtig zu betrachten, gehört sie in die Erörterung der mündlichen Verhandlung.

Der **Berichterstatter,** der i. d. R. die Terminsverfügung vorzubereiten hat, sollte intensiv § 273 ZPO beachten. In diesem Zeitpunkt obliegt ihm die erste erschöpfende Befassung mit dem Aktenstück. Er sollte schon in der Terminsverfügung die erforderlichen Maßnahmen nach § 273 ZPO treffen, etwa Urkunden anfordern oder Zeugen vorbereitend laden. Auch klärende Anfragen bei den Prozessbevollmächtigten – ggf. auch fernmündlich – sowie kurze, aber prägnante Hinweise können jetzt rechtzeitig hinausgehen. Werden diese Möglichkeiten nicht genutzt, dann kommt man unter Umständen im Verhandlungstermin nicht weiter und muss die Endentscheidung durch einen Auflagen-, Hinweis- und/oder Beweisbeschluss verzögern. Das erfreut keinen Vorsitzenden. Spätestens bei der Abfassung des Votums sollte man ggf. derartige verabsäumte Maßnahmen noch treffen; vielfach lässt sich z. B. ein für die Entscheidung unerlässlich zu hörender Zeuge auch noch kurzfristig zum Termin laden.

Bei der Abfassung der Berufungsbegründung wird die Vorschrift des § 520 Abs. 3 Nr. 1 bis 4 ZPO nicht immer genügend berücksichtigt. So zeigt sich immer wieder, dass z. B. zur erstinstanzlichen Zinsverurteilung kein Wort gesagt worden ist, obwohl ein Angriff dagegen Erfolg versprechend gewesen wäre. Auch manche Schadensposten bleiben oft in der Berufungsbegründung unerwähnt. Dann ist es verfehlt, in den Urteilsgründen irgendetwas dazu zu schreiben. Es genügt der lapidare Satz, insoweit sei das erstinstanzliche Urteil nicht angegriffen worden.

Das erstinstanzliche Urteil gelangt immer in der Originalfassung zu den Akten. Ist es mit der Hand geschrieben oder stark verbessert, so liegt meist eine Reinschrift bei. Diese zu lesen, ist angenehmer. Ratsam ist es jedoch, stets wenigstens auch den Urteilstenor der Originalfassung zu lesen, um auszuschließen, dass sich in die Reinschrift ein bloßer Übertragungsfehler eingeschlichen hat.

Als Berufungsrichter sollte man auch beachten, fair mit der Vorinstanz umzugehen und sich nicht selbst zu überschätzen, nur weil man plötzlich ein Berufungsurteil fertigen darf. Es fällt nicht in die Kompetenz des Berufungsrichters, den erstinstanzlichen Richter zu belehren oder gar zu tadeln. Aufgabe des Berufungsrichters ist es nicht, das erstinstanzliche Urteil wie ein Schulmeister zu korrigieren, sondern den Rechtsstreit sachgerecht – mit den ihm nunmehr vorliegenden Parteivorträgen – zu entscheiden. Er hat sein eigenes Urteil zu fällen und zu begründen – mehr nicht. Jede abwertende Redensart, jede stilistische Degradierung des erstinstanzlichen Richters ist eine Ungehörigkeit, die allein auf den Verfasser des Urteils zurückfällt. Soweit der Berufungsrichter eine abweichende Entscheidung trifft, sollte er diese sachlich in den Entscheidungsgründen darlegen, ohne Polemik gegenüber der ersten Instanz. Es sollte auch nicht vom Erst- oder Vorderrichter gesprochen werden; vielmehr sind die gesetzlichen Bezeichnungen zu verwenden. So hat das Amts- oder Landgericht – hier auch die „Kammer" entschieden; treffendere Bezeichnungen gibt es nicht.

Das Berufungsgericht verfügt auch über keine genauere Waage der Gerechtigkeit als der erstinstanzliche Richter. Deshalb sollte es sich davor hüten, in Rechenkünste zu verfallen, die nur zu einem Kopfschütteln führen können. Ein Berufungsgericht etwa, das eine vom erstinstanzlichen Gericht bewertete Haftungsquote von „80 zu 20" in „75 zu 25" abändert oder den Wert des bei dem Unfall beschädigten Kleidungsstücks mit 180,– EUR statt 200,– EUR schätzt, ist nicht souverän oder besonders weise, sondern lediglich bemerkenswert kleinkariert.

Aber auch der erstinstanzliche Richter sollte sich kollegial verhalten und seine „Hausaufgaben" machen; dazu gehört auch, eine als notwendig erachtete Beweisaufnahme selbst durchzuführen und nicht auf die Berufungsinstanz in der Hoffnung zu setzen, diese werde den Rechtsstreit schon nicht zurückverweisen, sondern ihn – vermutlich – vergleichen. Es gilt das Prinzip, wie übrigens immer und überall im Leben: wechselseitige Kollegialität hilft auch wechselseitig.

§ 12. Die Erprobung als Voraussetzung einer Beförderung – Der Hilfsrichter

Will ein Richter das Eingangsamt verlassen und in ein höheres Richteramt am Landgericht bzw. Oberlandesgericht befördert werden, dann muss er „erprobt" sein: vor der Beförderung des Richters steht somit das sog. Dritte Staatsexamen. Das ist vorbehaltlich anderer Möglichkeiten der „Ersatzerprobung" – etwa im Justizministerium – grundsätzlich die Erprobung als sogenannter „Hilfsrichter" an einem Oberlandesgericht. Man mag die Erprobung beklagen oder als echte Herausforderung zur Feststellung der zur Beförderungsreife erforderlichen erheblich überdurchschnittlichen Leistungsfähigkeit begrüßen – die Erprobung ist nun einmal zwingende Beförderungsvoraussetzung für Richter, die Beförderungsstellen am LG, OLG etc. bekleiden wollen: der BGH hat als Dienstgericht des Bundes die Wirksamkeit der in Nordrhein-Westfalen – nur – in der AV des Justizministerium vom 19.1.1972 vorgeschriebenen Erprobungsregelung ausdrücklich festgestellt und jeden Eingriff in die richterliche Unabhängigkeit verneint (*BGH* NVwZ 2005, 1223 ff.; so bereits *DGH NRW (Hamm)* NVwZ-RR 2005, 74 ff.).

Wohl jeder Richter im Eingangsamt, dessen Zeit zur Erprobung nach einigen Jahren der Planmäßigkeit und sich kontinuierlich verbessernder Beurteilungen gekommen ist, wird sich deshalb wohl auch zukünftig Gedanken darüber machen, ob er sich diesem – durchaus nicht unproblematischen – dritten Examen unterziehen soll.

Dass es sich um eine physisch und psychisch äußerst belastende „Dauer-Prüfung" über einen Zeitraum von neun Monaten handelt, kann nicht ernsthaft wegdiskutiert werden. Es wird zudem dadurch belegt, dass man die „Erprobung" wiederholen kann, wenn es beim ersten Mal nicht geklappt hat. Außerdem erhält man eine gesonderte Beurteilung über die Erprobung, die mit einer bestimmten „Note" endet, die nichts anderes als das „Ob" und „Wie" der Beförderungswürdigkeit ausdrückt.

Ob tatsächlich das Leistungsbild eines Hilfsrichters in der Erprobung zutreffend erfasst wird, ist sicherlich überaus fraglich. Die Leistung eines Richters am Landgericht bestimmt sich in all den Jahren nach der Qualität seiner täglich erbrachten Arbeit im Kollegium. Welche Bewertungsmaßstäbe dabei maßgebend sind und ob alle Kammern und Senate denselben Maßstäben unterworfen sind, ist eine offene Frage.

Es kann vorkommen, dass eine Erprobung scheitert, weil der Kandidat menschlich nicht mit den Mitgliedern des Senats, namentlich mit dem Vorsitzenden, zurechtgekommen ist. Insoweit besteht neben der Bereitschaft und Fähigkeit, erheblich überdurchschnittlich zu arbeiten, ein wesentlicher Teil der Erprobung in Anpassungsbereitschaft und Konfliktvermeidung. Natürlich sollte jeder in einem (Richter-) Gremium arbeitende Kollege anpassungsfähig, kollegial und als „teamplayer" einsetzbar sein; wenn das aber zu Duckmäuserei führt, lässt sich in der Erprobung kaum erkennen, ob der Hilfsrichter neben der erforderlichen fachlichen Qualifikation auch eine gestandene, i.S.d. Art. 97 GG unabhängige Richterpersönlichkeit verkörpert.

Es ist auch schon vorgekommen, dass ein Hilfsrichter mit seiner ersten Arbeit den Anforderungen – noch – nicht gerecht wurde, bereits zu diesem Zeitpunkt aber – unterschwellig oder auch offen artikuliert – in Ungnade gefallen ist, so dass eine Beurteilung im oberen Bereich kaum noch erreichbar ist.

Allerdings sollte auch keine Panik geschoben werden: inzwischen dürfte die Anzahl der Erprobungssenate mit menschlich vernünftigen Vorsitzenden, die sich der Schwierigkeiten der Erprobung bewusst sind und – neben aller Arbeit, die auf einen Hilfsrichter wartet, der sich in die Spezialmaterie des jeweiligen Senates einarbeiten muss – auf ein gutes Senatsklima aller Mitglieder achten sowie namentlich die fachliche und menschliche Integration des neuen Kollegen auf Zeit fördern, deutlich in der Mehrzahl sein.

Wer den Weg zur Beförderung über die Erprobung am Oberlandesgericht gehen will, der kann ihn grundsätzlich auch schaffen. Zunächst muss er allerdings für sich selbst das Problem der Angsthemmung lösen. Angst wirkt leistungshemmend, und deshalb muss sie aufgearbeitet werden. Das kann weder durch Verzicht (auf die Erprobung) noch durch Leugnen (des damit verbundenen Leistungsdrucks) noch durch Verdrängen der realen Schwierigkeiten aus dem Bewusstsein geschehen. Es gibt nur einen sinnvollen Weg: sich damit rechtzeitig denkend auseinander zu setzen.

Dass ein Richter am Amtsgericht oder Landgericht nur mit einer mehr oder minder großen Beklommenheit zur Erprobung an einen Senat geht, ist psychologisch selbstverständlich und wird auch durch die Erfahrung bestätigt. Denn der Hilfsrichter stellt sich einer Befähigungsprüfung; und er stellt sich ihr unter ungünstigen Bedingungen. Er muss nämlich in eine ihm fremde Gruppe eintreten, die sein Selbstwertgefühl auf eine harte Probe stellen kann. Diese Situation wird verschärft durch die Bedeutung, die das Abschneiden in der neuen Gruppe für die Zukunft des Hilfsrichters haben kann. Sie spitzt sich weiter zu infolge der gar nicht irrealen Annahme, dass im Einzelfall autoritäre Haltungen die Integration in die Gruppe und damit die „Bewährung“ in ihr erschweren können. Schließlich ist der Senat ihm auf Grund seiner Spezialisierung zwangsläufig fachlich überlegen: der Hilfsrichter muss sich in eine Materie einarbeiten, die ihm, jedenfalls in dieser Spezialität, in der Regel fremd sein dürfte, er muss sich somit dieselbe fachliche Augenhöhe mit seinen Senatskollegen erst hart erarbeiten. Darauf sollte das Hauptaugenmerk immer gerichtet bleiben: es kommt auf die fachliche Leistung an. Erledigt er das ihm zugewiesene Arbeitspensum ordnungsgemäß, dann sind alle zufrieden und die Erprobungszeit geht – relativ – schnell und erfolgreich zu Ende. Natürlich ist es bedauerlich, wenn es im Senat nur zu einem fachlichen Kontakt gekommen ist. Doch den menschlichen Kontakt zu erzwingen, steht in niemandes Macht. Dazu wird man im Übrigen auch nicht Hilfsrichter.

Selbstverständlich ist es angenehmer und fruchtbarer, wenn ein Hilfsrichter an einen Senat kommt, bei dem eine offene, freundliche und hilfsbereite Atmosphäre vorherrscht. Doch das ist nicht unerlässliche Bedingung dafür, das Dritte Staatsexamen zu bestehen.

Im Übrigen sollte man sich durch Flüsterparolen nicht verrückt machen lassen: so schwierig ist die Arbeit an einem Oberlandesgericht für einen richterlich erfahrenen Kollegen nicht, dort werden kein anderes BGB und keine andere Zivilprozessordnung angewendet als in den Vorinstanzen, in der Regel greift man sogar auch – jedenfalls überwiegend – auf die dem Hilfsrichter bereits einschlägig bekannten Kommentare zurück.

Eine große Hilfe ist es, wenn der Erprobungsrichter schnell guten Kontakt zu einem älteren Beisitzer gewinnt. Dieser wird ihm manchen Ratschlag geben und das vielleicht aufkommende Gefühl der Isolierung rasch nehmen können. Soweit möglich, sollte man sich insbesondere auch durch seinen Dezernatsvorgänger, den hoffentlich nunmehr erfolgreich erprobten „Hilfsrichter a. D.“ umfassend über Arbeit und Gepflogenheiten im Senat unterrichten lassen. Dies kann aus eigener guter Erfahrung nur dringend angeraten werden!

Nützlich ist es, sich frühzeitig nach den Gebräuchen im Senat zu erkundigen; in welcher Form und Weise sowie Zeit wird ein Votum erwartet, gibt es Vorberatungen zum Termin, werden Beschlüsse vorberaten oder aber erst im Umlaufverfahren zur Unterschriftseinholung bei Bedarf diskutiert? Wie lange dauert es, bis Urteile oder Voten vom Band abgeschrieben werden?

Neben der Votierung der Akten bis hin zum Abschluss durch Verfassen des Urteils stellt die **Terminsvorbereitung** eine nicht zu unterschätzende Aufgabe dar. Der Erprobungsrichter sollte sich sofort damit vertraut machen, wie die Terminsvorbereitung in *seinen* Verfahren gewünscht wird. Sollen möglichst schon alle in Betracht kommenden Zeugen und Sachverständigen geladen werden oder sieht der Senat üblicherweise davon ab? Peinlich – und vor allem vermeidbar – ist es, wenn im mündlichen Senatstermin die Entscheidungsreife nur deshalb nicht herbeigeführt werden kann, weil der Hilfsrichter z.B. vergessen hat, den einzig relevanten Zeugen zu laden. Derartige „Pannen" fördern jedenfalls nicht den Erprobungserfolg. Werden Sachverständige geladen – häufig diejenigen, die schon in erster Instanz tätig waren –, ist darauf zu achten, dass sie auch Kenntnis von den aktuellen Schriftsätzen in der Berufungsinstanz erhalten, um zu den dort angegebenen Einwendungen im Termin Stellung nehmen zu können. Auch das wäre für den Erprobungsrichter peinlich, wenn der Gutachter die schriftsätzlich schon gestellte Frage im Termin nicht beantworten kann, weil er hiervon noch keine Kenntnis hatte und sich folglich darauf nicht vorbereiten konnte.

Die wesentliche – und in der Regel auch erste – Arbeit des Hilfsrichters stellt das Votieren dar; die bereits anstehende Sitzung muss vorbereitet werden. Im Hinblick auf die Formalien des Berufungsverfahrens sollte man sich umgehend durch die senatseigenen Votenzettel vertraut machen.

Im Übrigen sollte sich der Hilfsrichter bei anderen Mitgliedern des Senats informieren, in welcher Form und in welchem Umfang Voten gewünscht werden. Am besten orientiert man sich an einigen Voten der übrigen Senatsmitglieder. In vielen Fällen legen Senatsvorsitzende durchaus Wert auf knapp abgefasste Voten. Trotzdem scheint es mir besser, „sicherer" zu sein, anfänglich lieber zu viel als zu wenig zu votieren. Das darf natürlich nicht dazu führen, dass nur Papier ohne wesentlichen Inhalt gefüllt wird. Die Länge der Ausführungen muss die Rechtfertigung schon in sich tragen, etwa in der Auseinandersetzung mit der relevanten Rechtsprechung und Literatur. Zudem muss man auch hier zeigen, wesentliches von unwesentlichem unterscheiden zu können; dies ist aber prinzipiell keine Frage der Länge, sondern der Ordnung seiner Gedankenstruktur. Wenn der „rote Faden" erkennbar bleibt, ist die Anzahl der Seiten sekundär. Man kann m.E. besser ein umfassend ausgearbeitetes Votum, das die einschlägige Literatur und Judikatur vollständig berücksichtigt, zukünftig wunschgemäß auf die kurze Wiedergabe der Berufungs-Streitpunkte bzw. der maßgeblichen herrschenden Rechtsprechung reduzieren als sich anfänglich dem Vorwurf auszusetzen, zu oberflächlich zu arbeiten und dem juristischen Niveau des Senats nicht zu entsprechen.

Sinnvollerweise beginnt man die Bearbeitung einer Akte am Berufungsgericht mit dem Studium der erstinstanzlichen Entscheidung, sodann mit der Berufungsbegründung und -erwiderung. Erst danach sollte die gesamte Akte gelesen werden. Häufig zeigt sich schon nach der Lektüre des Urteils nebst Berufungsbegründung, ob und in welchem Umfang die Berufung überhaupt Erfolg haben kann. Im Übrigen ist der Vortrag in der Berufungsinstanz darauf zu untersuchen, ob er bereits in erster Instanz geltend gemacht worden ist; im Einzelfall kann es schwierig sein festzustellen, ob neuer Vortrag überhaupt noch zuzulassen ist, § 531 Abs. 2 ZPO, bzw. ob es sich überhaupt um neuen Vortrag handelt – etwa wenn in erster Instanz einzelne Punkte des konkreten Berufungsvorbringens zwar schon einmal thematisiert worden sind, jedoch ohne nähere Substantiierung.

Im Senat ist darüber zu diskutieren, ob eine Zurückweisung der Berufung durch einstimmigen Beschluss gemäß § 522 Abs. 2 ZPO in Betracht kommt. Das in der Vergangenheit diese Entscheidungsform favorisierende Argument, ein solcher Beschluss sei nicht mehr rechtsmittelfähig, gilt seit der Neuregelung des § 522 Abs. 3 ZPO nicht mehr!

Besondere Schwierigkeiten macht dem Hilfsrichter, der nie in Berufungssachen tätig gewesen ist, das zweischichtige Denken bei der Tenorierung. Insoweit wird auf die eingehende Darstellung im Kapitel „Berufungsurteile" bei *van den Hövel* Tenorierung verwiesen.

In einem Kollegium, das offener Diskussion zugänglich ist, gibt es in der Regel kein Überstimmen, sondern nur ein Überzeugen. Dass man allerdings in der Beratung am Oberlandesgericht seine Meinung schon einmal ändern muss, ist nicht selten. Denn die beiden anderen Mitglieder des Senats haben eben auch eine Meinung. Hinzu kommt, dass intensive Beratungsgespräche keine Seltenheit sind. Dass derartige Beratungen, die in erster Instanz gelegentlich aus Zeitgründen allenfalls reduziert stattfinden, auch mehr an tatsächlicher bzw. juristischer Substanz zutage fördern, liegt auf der Hand. Derartigen Beratungen muss sich auch der Hilfsrichter stellen; er sollte es auch nicht auf sich persönlich beziehen, wenn vielleicht über seine Sachen in der Beratung mehr diskutiert wird. Senatsmitglieder arbeiten oft viele Jahre miteinander. Ihnen ist die ständige Rechtsprechung des spezialisierten Senats vertraut; sie sind sich deshalb vielfach über eine Sache schon einig, ohne lange darüber sprechen zu müssen. Bereits eine kurze Sachverhaltsschilderung kann beim Vorsitzenden dieselben Lösungsvorstellungen auslösen wie beim Berichterstatter. Der Hilfsrichter kann diese Erfahrung nicht haben. Hier wirkt sich noch seine Gruppenfremdheit aus. Das muss er deshalb einfach erleben und akzeptieren. Ein Senatsrichter, der an eine eingespielte Kammer versetzt würde, täte sich umgekehrt mit Sicherheit auch schwer. Er müsste sich dort ebenfalls einarbeiten. Ein Erprobungsrichter sollte deshalb auch nicht von dem falschen Eifer gepackt sein, die Rechtsprechung des Senats „auf den Kopf zu stellen" und dem Senat seine Meinung aufzudrängen, insbesondere wenn dieser in einem Punkt eine seit langem gefestigte andere Rechtsprechung hat. Man soll seinen Standpunkt durchaus vertreten, sich dann aber auch der herrschenden Mehrheitsmeinung im Senat beugen; auch dies zeigt die Fähigkeit, im Team zu arbeiten. Vielleicht kann man den Senat ja auch argumentativ mit seinem Votum überzeugen – das kommt im Übrigen gar nicht so selten vor, wenn es nicht gerade um schon jahrelang praktizierte und „ausgepaukte" Grundsatzfragen geht (!) Und wenn es nicht funktioniert, ist dies auch kein Beinbruch, sondern in einem Mehrheitsgremium hinzunehmen. Auch wenn man an der eigenen Auffassung festhält, sollte man sich in diesem Fall den insoweit „besseren" Argumenten der Senatsmehrheit nie verschließen, es ändert die Rechtsprechung nicht, man wird ohnehin überstimmt. Und „mit dem Kopf durch die Wand" hat noch keine Erprobung funktioniert!

Auf den Hilfsrichter kommt in der Regel eine starke Arbeitsbelastung zu. Dies liegt nicht an einer Vielzahl von Akten, sondern vielmehr darin begründet, dass er die mangelnde Routine in die spezialisierte Senatsmaterie und die fehlende Einarbeitungszeit nahezu umgehend zu kompensieren hat. Jede seiner Arbeiten soll ja dem

Niveau des Senats entsprechen. Wichtig ist es zunächst, mit dem Votieren den Anschluss zu halten. Das Dezernat verträgt es ohne weiteres, wenn weniger eilige Sachen (Prozesskostenhilfe usw.) vorerst zurückgestellt werden. Der einzige Fehler, der in einer solchen Situation droht, ist eigentlich nur derjenige, zu rotieren und in der Qualität der Arbeit nachzulassen. Wenn eine Akte für den Termin vorbereitet wird, dann muss sie eben vorher sorgfältig darauf vorbereitet worden sein, ob Zeugen und/oder Sachverständige zu laden sind; Nachlässigkeiten sind insoweit zu vermeiden, weil Termine nicht so schnell wiederholt werden wie in der ersten Instanz. Besser eine Terminsakte eine Woche zurückstellen und sachgerecht für den Termin vorbereiten als dem Vorsitzenden vorschnell eine oberflächlich bearbeitete Terminsverfügung zu präsentieren!

Dass Urteile sorgfältig abzufassen sind und das Beratungsergebnis umfassend wiedergeben müssen, bedarf keiner weiteren Begründung. Auch insoweit sollte der Hilfsrichter mehrere Urteile einsehen, um eine Vorstellung von der „Art und Güte“ der in dem Senat gewünschten Entscheidungen zu erhalten. Hier empfiehlt es sich zum Zwecke ausgefeilter Formulierung und um den „roten“ Faden stets schriftlich vor Augen zu haben, die nicht selten überaus umfangreichen Urteile selbst auf dem PC zu schreiben und nicht „blitzschnell“ herunterzudiktieren!

Wenn man diese Grundsätze beherzigt und bereit ist zu arbeiten, dann hat man gute Voraussetzungen, die Erprobung mit Erfolg zu absolvieren, so dass man nicht den Rest des Richterlebens als ewig Unzufriedener an der Ungerechtigkeit der Welt im Allgemeinen und der des Beförderungssystems im Speziellen herummäkeln muss.

§ 13. Über Ausbildung und Beurteilung von Referendaren

I. Allgemeine Grundsätze

Wenn der junge Richter eine Weile im Dienst ist, i.d.R. nach den ersten sechs Monaten, muss er damit rechnen, auch mit Aufgaben der Referendarausbildung betraut zu werden, somit einen Referendar, eine Referendarin zur Ausbildung zugewiesen zu erhalten. Auch das gehört zur richterlichen Tätigkeit gemäß § 42 DRiG. Mit der Referendarausbildung ist man im Zweifel sein ganzes Berufsleben befasst. Deshalb ist es gerechtfertigt, auch dazu einige Hinweise zu bringen.

Der Richter sollte sich Zeit für die Ausbildung nehmen. Er selbst ist auch ausgebildet worden und hat gute Ausbilder zu schätzen gewusst.

Vielfach klagen Referendare darüber, dass ihr ausbildender Richter sich ihre Urteile und sonstigen Arbeiten nicht gründlich genug oder erst nach Monaten durchgelesen habe. Das ist für mich ein völlig inakzeptabler Zustand! Es gehört zu den Dienstpflichten des Richters gemäß § 42 DRiG, und sollte zudem selbstverständlich sein, dem Referendar geeignete Akten zu geben, überdies die Bearbeitungen (Relationen, Voten, Urteile und Beschlüsse) gründlich und mit Bedacht durchzuarbeiten, sorgfältig und nachvollziehbar zu bewerten, schließlich diese eingehend zu besprechen, um dem Referendar anschaulich zu vermitteln, was richtig und was falsch war und ihm die Note verständlich zu machen. Dies ist schon allein deshalb geboten, weil auch ein Referendar ein „Kollege" ist, zudem Ausbildung des juristischen Nachwuchses eine Ehrenpflicht sein sollte. Es gehört sich also, dass man seine Arbeit respektiert. Nach Abschluss der Ausbildungszeit muss der Richter ein Zeugnis schreiben, das die Leistungen des Referendars umfassend würdigt und einzeln beurteilt, überdies mit einer Gesamtnote abschließt.

Im Übrigen sollte man bedenken, dass der Referendar an einer Arbeit i.d.R. zwei oder drei Wochen intensiv arbeitet. Es ist für ihn deprimierend, wenn er erkennen muss, dass seine ganze Arbeit nicht einmal des gründlichen Überprüfens für wert befunden worden ist. Er wird deshalb vielleicht gegen seinen Ausbilder eingenommen sein; denn dieser hat sich mit seiner Oberflächlichkeit etwas vergeben.

Es ist in aller Regel nicht schwierig, mit auszubildenden Referendaren gut auszukommen. Man muss sie nur als vollwertige Kollegen behandeln und ihnen diejenigen Freiheiten einräumen, die auch ein Richter hat. Auf keinen Fall sind Referendare dazu da, dem Richter das Absetzen der Urteile abzunehmen. Wohl sind sie mit eigener Verantwortung zu belasten. Sie müssen das Gefühl haben, nützliche Arbeit zu leisten, die zudem ausbildungs- bzw. examensrelevant ist. Im Übrigen werden Referendare nicht für Dienststunden oder reine Präsenz „bezahlt"; es genügt, dass sie den Richter dann aufsuchen, wenn dies verabredet ist oder wenn sie sonst wie Anlass dazu haben, etwa Fragen stellen oder Ablieferungsfristen klären wollen und dergleichen. Allerdings sollten sie – in ihrem eigenen Interesse – an allen Sitzungsterminen teilnehmen; besser und leichter kann man die Praxis nun einmal nicht lernen und überdies Problembewusstsein entwickeln. Das bloße Durcharbeiten von Lehrbüchern kann diese praktische, auch für das Examen überaus wichtige Erfahrung nicht kompensieren, weil insoweit das Problembewusstsein nicht entsprechend aufgebaut wird!

Für die ihnen übertragenen Arbeiten ist den Referendaren so viel Zeit einzuräumen, dass sie sich trotz der Arbeitsgemeinschaften und der Examensvorbereitung noch gründlich damit befassen können, ohne samstags und sonntags über Akten sitzen zu müssen. Ausnahmen mögen die Regel bestätigen. Ihre Gedanken und Vorschläge sind ernst zu nehmen und mit ihnen zu diskutieren. Stets sollte der Richter aufgeschlossen und bereit sein, sich mit der Argumentation eines Referendars auseinanderzusetzen; dies kann zudem für die Falllösung durchaus hilfreich sein.

Akzeptiert man die Mitarbeit eines Referendars in dieser Weise und lässt man ihn wissen, dass er zu Beginn der Ausbildung alles falsch machen darf, wenn er bereit ist zu lernen und seinen Leistungsstand zu verbessern, dann ist alsbald ein Vertrauensverhältnis hergestellt, das i.d.R. sehr tragfähig ist. Ein Referendar, dem der ausbildende Richter Freiheit zu selbstverantwortlicher Arbeit lässt, der wird nach meiner Erfahrung auch mit Freude und Engagement, zudem verantwortungsbewusst arbeiten. Die wenigen Ausnahmen fallen nicht ins Gewicht.

Auch eine schwache Referendararbeit hat im Zweifel noch positive Ansätze; bei diesen hat der ausbildende Richter anzusetzen, um den Referendar zu fördern. Auch die Fehler haben den Vorteil, dass der Referendar aus ihnen lernt, wenn man ihm diese verständlich und verständnisvoll erläutert und durch Darstellung der richtigen Lösung auf diese Weise Problembewusstsein schafft. Kritik allein ohne konstruktiven Ansatz vernichtet hingegen, statt aufzubauen, ist folglich pädagogisch und psychologisch verfehlt, zudem überheblich. Wer so schnell damit zur Hand ist, die Leistungen eines Referendars zu kritisieren, der sollte sich und seine eigenen Leistungen gleichermaßen kritisch analysieren; (juristisch) unfehlbar ist niemand! Permanente Kritik an anderen ist häufig ein Zeichen eigener Schwäche, nicht eigener Souveränität. Um nicht missverstanden zu werden: natürlich soll man den Referendar auf Fehler hinzuweisen, nur sollte die Kritik eben konstruktiv und nachvollziehbar sein! Und gute bzw. jedenfalls juristisch vertretbare Leistungen sollten entsprechend positiv gewürdigt werden. Gerade der junge Richter sollte sich darauf besinnen und im Umgang mit Referendaren besonders tolerant sein, an seine eigenen Anfangsschwierigkeiten denken und nicht in den Fehler verfallen, seinen derzeitigen Wissensstand als das Maß aller juristischen Dinge anzusehen.

II. Die Ausbildung

Es ist mir wichtig, darauf hinzuweisen, dass sich jeder richterliche Ausbilder seiner Verantwortung bewusst sein sollte. Häufig hat man die Vorstellung, die Referendare würden in der Arbeitsgemeinschaft ausgebildet und liefen im Rahmen der Einzelausbildung „nur so mit“, um ein wenig die Praxis kennen zu lernen, die Bearbeitung der Akten sei eher von sekundärer Bedeutung. Dieser Eindruck ist völlig falsch. Selbstverständlich soll die Arbeitsgemeinschaft das theoretische, examensrelevante Wissen vermitteln, und zwar möglichst umfassend; auch dies gelingt in der Regel nicht vollständig. Was aber die Arbeitsgemeinschaft aufgrund ihrer permanent wechselnden Themenfolge und -vielfalt überhaupt nicht ansatzweise leisten kann, ist den Referendaren die äußerst wichtige „Übung“ der gelernten Materie zu vermitteln. Gerade hieran scheitern aber Referendare im Examen; es ist in der Regel nicht die fehlende Kenntnis eines theoretischen Einzelproblems, sondern die Unzulänglichkeit fängt bei Mängeln der Tenorierung an, erstreckt sich auf den Tatbestand, der nicht hinreichend klar strukturiert und geordnet ist, folglich kein präzises Bild des relevanten Sach- und Streitstandes vermittelt, sondern lediglich – mehr oder weniger geordnet – alles wiedergibt, was sich irgendwo in dem Aktenauszug findet, und schließlich auf eine sprachlich und gedanklich unzureichende, nicht stringente

Darstellung der Entscheidungsgründe. Man muss es noch einmal betonen: All diese täglich feststellbaren Probleme sind nicht im mangelnden (Detail-)Wissen begründet, sondern in der fehlenden Praxis; den Referendaren fehlt überwiegend schlicht die „Übung". Hierfür verbleibt in der Arbeitsgemeinschaft zu wenig Zeit, da diese mit der bloßen Vermittlung des umfangreichen Stoffes schon partiell überfordert ist. Und genau an diesem Punkt muss (!) die gute Einzelausbildung einsetzen! Hier kann der Referendar an der konkreten Akte üben, Tatbestandstechnik erlernen, die gerade bedeutet, Wichtiges von Unwichtigem zu unterscheiden sowie auszufiltern und den relevant verbleibenden Teil strukturiert darzustellen. Weiterhin kann er die Kunst der Ordnung und Formulierung der Entscheidungsgründe üben. Das bedeutet: die praktische Ausbildung ist kein „Anhängsel" der Ausbildung, sondern eine Stage von elementarer Wichtigkeit! Übung macht – auch – den juristischen „Meister"!

Und damit stellt sich die nächste Frage: welche Akte ist denn entsprechend geeignet? Häufig formulieren die mit der Referendarausbildung konfrontierten Richter und Richterinnen die Sorge, keine ausbildungsadäquate, hinreichend anspruchsvolle Akte in ihrem Bestand zu haben. Diese Befürchtung ist immer unzutreffend!

Denn: jede einfache, aber zweiseitige Sache, in der sich eben Kläger und Beklagter *kontrovers* äußern, ist grundsätzlich für die Referendarausbildung geeignet. Auch in einfachsten Fällen, denen ein überschaubarer, praktisch gut nachvollziehbarer Sachverhalt zugrunde liegt, reicht ja das bloße Bestreiten schon *einer* Tatsache aus, um den Referendar zu sinnvoller Übung zu veranlassen: Er muss den Sachverhalt strukturieren, Wichtiges von Unwichtigem trennen, Streitiges von Unstreitigem sauber herausarbeiten und dies in den Stationen des Tatbestandes zutreffend sprachlich darstellen. Entsprechend der Beweislast sollte die streitige Tatsache als Behauptung gerade der beweisbelasteten Partei dargestellt werden usw. Er muss überlegen, ob weiteres Vorbringen hierzu in die „Primär-Stationen" aufzunehmen oder aus Gründen der Verständlichkeit eine Replik erforderlich ist, usw. In den Entscheidungsgründen ist das Ergebnis der Beweisaufnahme sprachlich zutreffend und mit inhaltlich überzeugender Beweiswürdigung aufzunehmen, der Urteilsstil ist darüber hinaus anzuwenden und zu üben (vgl. *van den Hövel* Zivilrechts-AG-Trainer S. 101 ff.) All diese wichtigen Übungen können schon mit vermeintlich einfachen Aktenstücken hervorragend gelingen. Und nichts spricht dagegen, im Laufe der Ausbildung die Anforderungen, etwa im Hinblick auf die rechtliche Problematik, zu steigern. Aber: das rechtliche Einzelproblem sollte nicht im Vordergrund stehen; viel wichtiger ist gerade in der Anfänger-Stage das Erlernen der wiederkehrenden Aufbaufragen. Die Routine, die der Referendar gerade im Rahmen der Einzelausbildung erlangen kann, wird ihm lebenslänglich beruflich weiterhelfen – und im Examen gerade die kostbare Zeit schenken, die er für die Bearbeitung der rechtlichen Probleme dringend benötigt. Häufig allerdings bleibt Referendaren für die eigentliche rechtliche Problematik viel zu wenig Zeit, ihre Bearbeitung folglich oberflächlich, weil die Essentials zu wenig beherrscht werden bzw. zu viel Zeit kosten. Mit etwas mehr Zeit für die eigentliche (Klausur-)Thematik aber dürften die meisten juristische Einzelprobleme zumindest strukturiert sowie vertretbar gelöst werden können.

Inzwischen dürfte die sog. elektronische Akte (E-Akte) zunehmend an Bedeutung gewinnen, weg vom Papier hin zur Bildschirmpräsentation des Akteninhalts über den dem Referendar ausgehändigten USB-Stick. Besser und z. T. schon praktiziert wird es, die E-Akte dem Referendar auf einem speziellen online-Portal einzustellen, so dass die Akte dort – via Bildschirm – von ihm bearbeitet, aber nicht zugleich heruntergeladen werden kann. Dies trägt den Anforderungen an intensivierten Datenschutz Rechnung. Der Vorteil dieser Arbeitsweise liegt gerade auch für den Ausbilder auf der Hand: es muss keine Papierakte mehr weggegeben werden, die in der Zeit der Bearbeitung durch den Referendar nicht greifbar ist, sondern der Ausbilder behält den jeweiligen Zugriff nebst der Möglichkeit der Aktualisierung durch neue e-Schriftsätze der Parteien bzw. Verfügungen durch das Gericht. Damit kann er die Akte flexibel – jederzeit – für sich bearbeiten und muss nicht erst auf die Rückgabe der Papierakte warten.

Die sich nach der Zur-Verfügung-Stellung der Akte – in welcher Form auch immer diese besteht – anschließende Frage, welche Aufgabe der Referendar mit der Akte erledigen soll, ist im Hinblick auf die Abfassung eines Urteils – im Fall der Entscheidungsreife – schon angesprochen worden. Entsprechend kann auch ein Beschluss (nach § 91a ZPO) zu formulieren sein. Aber gleichermaßen empfiehlt sich die Anfertigung eines Votums zur Terminsvorbereitung, in seltenen, aber geeigneten Fällen mag auch weiterhin die etwas „antiquierte" Relation in Betracht kommen; sie sollte allerdings nicht nur in bloß erweiterter Schreibarbeit bestehen, in der Regel dürfte das Votum besser geeignet sein, da das relationsmäßige, dreistufige Denken (vom Kläger zum Beklagten und in die Beweisstation) auch insoweit erforderlich ist, aber häufig – bei der Verneinung eines Tatbestandsmerkmals – sinnvoll abgekürzt werden kann, da die vorgenannte Prüfung eben „sofort" bei jedem Tatbestandsmerkmal erfolgt und somit häufig langatmige weitere, letztlich aber unergiebige Prüfungen vermieden werden können. Ist eine Sache noch nicht entscheidungsreif, grundsätzlich aber gut zur Urteilsabfassung geeignet, so kann der Richter durch Vorgaben, wie z.B. ein Zeuge aussagen wird, die für die Urteilsabfassung erforderliche Entscheidungsreife auch fingieren oder den Referendar etwa eine Entscheidung nach der Beweislast schreiben lassen (bei Unterstellung unergiebiger Beweisergebnisse).

Kennt der Referendar „seine" Akte, kann er durchaus auch weitere (kleinere) Arbeiten hiermit erledigen, etwa eine Verfügung konzipieren – zur Terminierung einer mündlichen Verhandlung oder zur Ladung von Zeugen bzw. des Sachverständigen oder einen Prozesskostenhilfe-Beschluss verfassen, etc. All dies zeigt, dass er auch tatsächlich relevant praktisch arbeiten darf – wenngleich unter Aufsicht; in aller Regel wird diese Erfahrung, dass seine Arbeit nicht nur theoretischer Selbstzweck ist, seine Motivation deutlich erhöhen.

Jede Bearbeitung des Referendars findet ihren Abschluss in der Bewertung, die nachvollziehbar zu begründen ist; der Referendar soll ja aus seinen Fehlern lernen und verstehen, welche Schwächen (noch) eine bessere Bewertung hindern.

Damit lassen sich im Hinblick auf die schriftlichen Arbeiten für den richterlichen Ausbilder als Merkhilfe die **4 Fragen mit A** ableiten:

1. Welche **A**kte ist für den Referendar geeignet?
2. Welche **A**ufgabe soll der Referendar damit erfüllen?
3. Welche weiteren **A**rbeiten kommen insoweit in Betracht?
4. Welche **A**bschlussbewertung erhält der Referendar für seine Aktenarbeit?

Der Referendar soll aber nicht nur die ihm zur Verfügung gestellten Akten schriftlich bearbeiten, sondern auch an mündlichen Verhandlungen teilnehmen – so oft wie möglich: nirgends lässt sich die Rechtspraxis besser und einfacher erfahren und erlernen. Aber es sollte sich um eine aktive Teilnahme handeln, nicht nur um ein bloß passives Absitzen der Zeit der mündlichen Verhandlung. Soweit der Referendar selbst in einer terminierten Akte gearbeitet, etwa ein Votum erstellt hat, sollte er hierüber berichten, also eine Art Aktenvortrag halten; gerade das Kollegialsystem des Landgerichts lebt in der Praxis davon, dass der Berichterstatter den dritten Kollegen über den Sach- und Streitstand kurz informiert. Dies kann auch von dem Referendar verlangt werden, eine bessere und mehrfach wiederholbare Übung für den ja im Examen zu haltenden Aktenvortrag gibt es nicht. Insoweit sollte dem Referendar auch die Angst des Vortrags vor dem Kammer-Kollegium bzw. vor einer etwaigen schlechten Note genommen werden unter Hinweis auf die nicht zu unterschätzende Übungsqualität und eine Benotung nur im Fall einer ansprechenden Leistung, also: der Referendar muss kein „mangelhaft" fürchten, selbst wenn er anfänglich den berühmten Faden verlieren sollte.

In jedem Fall sollte der Referendar einmal eine mündliche Verhandlung, wenn möglich mit einer Beweisaufnahme, selbstständig leiten. Natürlich darf dies nur unter der Aufsicht des Richters erfolgen (vgl. § 10 GVG). Die Sache sollte geeignet sein, auch insoweit empfiehlt sich ein in tatsächlicher und rechtlicher Hinsicht einfacher, schnell erfassbarer Fall. Es ist darüber hinaus ratsam, sich zuvor das Einverständnis der Anwälte einzuholen und diese „mit ins Boot zu nehmen". Nach meiner Erfahrung sind hiermit nahezu alle Anwälte einverstanden – der Richter bleibt ja eingreifbereit – und unter der Voraussetzung, dass man vorher ihr „Einverständnis" eingeholt hat, deutlich konzilianter und dem Referendar wohlgesonnen, auch wenn die Verhandlung aufgrund der Anfängerschwierigkeiten sicherlich etwas länger dauern dürfte.

Nach dem Ende der mündlichen Verhandlung sollte der Referendar sodann mit der Kammer oder auch mit dem Einzelrichter die Fälle aktiv beraten und seine Meinung offen einbringen. Dies fördert zum einen nachhaltig die Motivation des Referendars, wenn er mitberaten und mitdiskutieren darf – und ernst genommen wird –, und zum anderen haben auch Referendare häufig durchaus brauchbare Ideen, die jedenfalls nachdenkenswert sind.

In eigenen Sachen schließt sich dann im besten Fall die abschließende Bearbeitung der Akte durch den Referendar an, etwa die Abfassung des Urteils nach der gerade erlebten mündlichen Verhandlung und Beweisaufnahme.

Damit lassen sich im Hinblick auf die mündliche Verhandlung für den richterlichen Ausbilder als Merkhilfe weitere **4 Fragen, nunmehr mit B,** ableiten:

Welche Aktenfälle soll der Referendar ...

1. **b**erichten? (Aktenvortrag)
2. **b**eweisen? (Leitung der Beweisaufnahme /mündlichen Verhandlung)
3. **b**eraten? (nach der mündlichen Verhandlung)
4. **b**earbeiten? ([Schluss-]Entscheidung, Urteil, Beweisbeschluss, etc.)

Wer diese leicht zu merkenden 4 Fragen mit A und B beherzigt, macht sich verdient um die Ausbildung des juristischen Nachwuchses, der Anspruch auf gute Ausbildung hat. Diese zu gewährleisten, sollte für jeden bereits im Richterberuf stehenden Ausbilder, der ja auch einmal als Anfänger begonnen hat, eine Selbstverständlichkeit sein. Motivierte Referendare haben mich – auch bei großen Arbeitspensen – noch nie gestört!

III. Die Beurteilung

Die Verantwortung, die dem Richter durch die Referendarausbildung zugewiesen ist, zeigt sich namentlich – auch – in der Abfassung des abschließenden Zeugnisses.

Es ist nicht einfach, einen anderen, mit dem man monatelang zusammengearbeitet hat, in konzentrierter schriftlicher Form fachlich und menschlich zu beurteilen.

Es gibt keine Zeugnis-Schablonen, um einen Referendar zu bewerten. Die Stagenzeugnisse fallen deshalb vielfach nach Form, Inhalt und Umfang äußerst unterschiedlich aus, beinhalten nicht selten nichtssagende Floskeln, die letztlich kein präzises Bild über den Leistungsstand des Referendars vermitteln. Nicht selten fallen Zeugnisse auch zu wohlwollend aus; dies liegt in der Natur der Sache, wenn man die zu beurteilende Person nicht nur in einem Prüfungsmoment kennenlernt, sondern mit ihr über einen längeren Zeitraum zusammenarbeitet und einen persönlichen Kontakt aufbaut. Fast immer fällt das Ergebnis des Assessorexamens schlechter aus als die Beurteilungen des Kandidaten während der Ausbildung. Wohlwollen ist gut und akzeptabel, aber man sollte auch erkennen, dass eine Leistung zu benoten ist und eine Verteilung guter Noten ohne entsprechendes Leistungsäquivalent zur Entwertung derartiger Beurteilungen führt. Referendare, die nicht derart positiv beurteilt werden, werden benachteiligt und dem zu gut beurteilten Referendar hilft man letztlich mit einer überzogenen „Überbewertung“ auch nicht weiter, sondern verhindert nur, dass er seine eigene Leistungsstärke gerade im Hinblick auf das Examen realistisch einschätzen kann. Schon mancher hat im Examen eine bittere Enttäuschung erlebt, weil er sich selbst überschätzt hat; ich höre immer wieder von vielen Referendar-Repetenten die Klage, eine realistische Benotung während der Stagen hätte ihnen dazu verholfen, viel eher den Ernst der Lage zu erkennen und intensiver zu arbeiten.

Andererseits sollte aber auch nicht übersehen werden, dass die Benotung von Juristen – gerade im Vergleich zu Prüfungsergebnissen in anderen Wissenschaften – außerordentlich schlecht ausfällt, die Prüfungen zudem schwierig sind, weil der Kandidat nicht nach eigenen Vorgaben wissenschaftlich arbeiten kann, sondern im Rahmen einer Falllösung einen schon vorgedachten Weg möglichst genau finden und nachvollziehen muss. Dieses Prüfungs- und Leistungssystem kann der junge Richter nicht revolutionieren, aber: wenn ein Referendar eine gute oder sehr gute Leistung abliefert, dann sollte man auch keine Scheu haben, diese entsprechend anerkennend zu würdigen und mit „gut“ oder „sehr gut“ zu bewerten! Auch die Beurteilung der Referendarleistung in dieser Form zeigt, dass der Richter honoriert, dass diese Leistung eben nicht dem bloßen Durchschnitt entspricht. Aber dies gilt gleichermaßen für den umgekehrten Fall: die wirklich schlechte, nachlässige Arbeit, die die Probleme verkennt, namentlich die Bereitschaft vermissen lässt, sich in den Fall intensiv, d. h. „fleißig“ einzuarbeiten – was man auch von schwächeren Kandidaten erwarten kann –, verdient kein „schwaches ausreichend“, sondern ein „mangelhaft“. Eine solche Note, zur „rechten Zeit“ erteilt, löst nämlich häufig als Signalwirkung durchaus eine nicht unerhebliche Motivationssteigerung aus. Der Referendar erkennt, dass er mit der bisherigen Arbeitseinstellung nicht weiterkommt – und gelegentlich bedarf die Überwindung der Faulheit bzw. Nachlässigkeit eines derartigen eindringlichen Anstoßes in Form der Schlechtbenotung. Es gilt somit, mit Gespür und Augenmaß zu urteilen, und dies stets in einer für den Referendar konstruktiven Weise.

Wer leistungsschwach ist, sich aber intensiv bemüht und zu arbeiten bereit ist, verdient es, dass sich der Richter ernsthaft als Ausbilder versteht und sich Zeit nimmt, dem Referendar durch geduldige Erklärung zu helfen, Defizite zu überwinden.

Die Abfassung eines Referendarzeugnisses bereitet namentlich dem Anfänger Schwierigkeiten; natürlich kann man anhand von „Katalog-Kriterien“ ein vermeintlich differenziertes Zeugnis erstellen (vgl. hierzu *Schneider* Arbeitstechnik S. 113, 114); m.E. droht aber insoweit immer die Gefahr der Scheinrationalität. Es dürfte besser sein, seinen Gesamteindruck, den man immerhin über einige Monate hinweg gewonnen hat, frei zu formulieren, um eine authentische, individuell auf den Referendar zugeschnittene Beurteilung zu erhalten. Dabei sollten die Leistungskriterien natürlich im Einzelnen aufgeführt werden.

Es empfiehlt sich dringend, neben der **individuellen** Beurteilung der Referendarleistung – was fiel besonders auf (?) – im Zeugnis regelmäßig

1. die schriftlich erbrachten Arbeiten zu benennen (Voten, Relationen, Urteile, Beschlüsse) und nach Qualität, aber auch praktischer Brauchbarkeit **einzeln** zu benoten, und zwar mit einer kurzen Angabe der Schwerpunkt-Problematik (in prozessualer und/oder materiell-rechtlicher Hinsicht);
2. die mündlichen Leistungen (Vortrag vor der Kammer, Aktenvorträge, Durchführung einer Beweisaufnahme; Teilnahme an Beratungen = Qualität der Beiträge, etc.) zu bewerten; insoweit steht namentlich die praktische Verwertbarkeit der Arbeitsleistung im Vordergrund. Schildert der Referendar anschaulich und nachvollziehbar, vernimmt er Zeugen und Sachverständige zu den wesentlich streitrelevanten Fragen? Setzt er die Antworten im Diktat authentisch um (?);
3. eine – eher resümierende – Wertung über die Fähigkeit zu treffen, den Sach- und Streitstand zu erfassen und die rechtliche Lösung herauszuarbeiten, allgemein formuliert: tatsächlich präzise und juristisch strukturiert zu denken und das Wesentliche des Falles zu erfassen;
4. schließlich Fleiß, Interesse und Arbeitsbereitschaft zu würdigen;
5. abschließend eine Gesamtnote – ggf. mit Abstufungen – anzugeben, durchaus auch mit möglichen Tendenzen (nach oben oder unten).

Ein **Beispiel** für ein Einzelzeugnis, das diese Gesichtspunkte auswertet, könnte derart aussehen:

Frau Referendarin N. N. war mir in dem Zeitraum vom ... bis ... zur Ausbildung in der ... Zivilkammer zugewiesen.
Sie ist in die Geschäfte der täglichen richterlichen Arbeit eingeführt worden und hat an den mündlichen Verhandlungsterminen der Kammer und des Einzelrichters regelmäßig teilgenommen.

Frau Referendarin N. N. fertigte sechs schriftliche Arbeiten mit unterschiedlichen materiellrechtlichen sowie prozessualen Problemschwerpunkten an, im Einzelnen:

2 Voten	
– Verkehrsunfall, Widerklage –	gut
– Werkvertrag, Problem der vorbehaltlosen Abnahme, Versäumnisurteil ergangen –	vollbefriedigend
2 Urteile	
– Kaufpreisanspruch, Zurückbehaltungsrecht wegen eines Nacherfüllungsanspruches –	befriedigend
– Auskunft im Erbrecht, Stufenklage –	vollbefriedigend (+)
1 Beschluss	
– Erledigung nach § 91a ZPO –	vollbefriedigend
1 Relation	
– Bürgschaft, Hilfsaufrechnung, verspätetes Vorbringen –	gut

Die schriftlichen Arbeiten zeigten überwiegend, dass Frau N. N. in der Lage ist, in Zivilrechtsfällen den Sach- und Streitstand gut herauszuarbeiten, insbes. im Hinblick auf die wesentlichen, streitentscheidenden Tatsachen, überdies die rechtlichen Probleme geordnet darzustellen und rechtlich gut vertretbar zu würdigen.

Frau N. N. beherrscht die Urteils- und Relationstechnik in erfreulicher Weise; anfängliche Längen in ihren schriftlichen Arbeiten und zu breite Darstellungen des Meinungsstands in Literatur und Rechtsprechung hat sie im Laufe der Ausbildung rasch zu vermeiden gewusst; nur vereinzelt hätte die Formulierung noch prägnanter erfolgen können.

Frau N. N. hat in ihren Sachen auch vor der Kammer mündlich vorgetragen; im Regelfall hat sie den Sach- und Streitstand zutreffend, klar und geordnet wiedergeben, so dass auch die nicht mit der Akte vertrauten Kollegen sich schnell und zutreffend in den Tatbestand des Falles einfinden konnten. Ihre rechtliche Lösung hat sie anschaulich, inhaltlich nachvollziehbar und juristisch zumindest vertretbar, überwiegend sogar überzeugend, referiert. Zudem hat sie an den Kammerberatungen aktiv und engagiert teilgenommen; sie vermochte dem Vortrag des jeweiligen Kammermitglieds zu folgen und eigene konstruktive Beiträge zur Förderung des Rechtsstreits beizusteuern.

Sie hat überdies eine Beweisaufnahme selbstständig geleitet, die Zeugen ordnungsgemäß belehrt, sodann sachgerecht zu den wesentlichen streitentscheidenden Beweisthemen befragt und die Aussagen zutreffend protokolliert.

Die Referendarin zeigte nach den üblichen, auf mangelnder Erfahrung beruhenden Anfangsschwierigkeiten schon nach kurzer Zeit, dass sie in der Lage ist, praxistauglich, zudem auf hohem juristischen Niveau, in der Kammer zu arbeiten.

Die Referendarin zeigte sich überaus interessiert an den ihr gestellten Aufgaben. Die Zusammenarbeit mit ihr war erfreulich. Ihre Leistungen lagen – namentlich zum Ende der Ausbildung hin – schon erheblich über dem Durchschnitt.

Insgesamt bewerte ich die Leistungen der engagierten Referendarin, die sich erfreulich kontinuierlich gesteigert hat, schon mit

knapp gut (13 Punkte).

All diese Empfehlungen sind keine Dogmen, jeder muss seinen eigenen Weg auch in der Referendarausbildung finden; sie sollen aber dazu dienen, sich der eigenen Verantwortung für die Ausbildung bewusst zu sein. Und der gut ausgebildete und motivierte Referendar, der sich Mühe gibt und zudem auch freundlich ist, macht einem selbst das Leben auch leichter. Ausbildungsbereite Referendare zu fördern wird deutlich weniger als „Last“ empfunden als sich mit frustrierten, da nicht hinreichend geförderten „Volljuristen in spe“ zu beschäftigen.

§ 14. Der Check vor der mündlichen Verhandlung

I. Das Verhandlungsprotokoll

Gerade dem Berufsanfänger bereitet die Leitung der Ersten mündlichen Verhandlung(en) häufig erhebliches Kopfzerbrechen, die ungewohnte Situation macht nervös. Nicht selten beschleicht einen das Gefühl, weder die wegen des möglicherweise sehr angespannten Verhältnisses zwischen den Parteien konfliktträchtige Situation im Sitzungssaal noch die Zivilprozessordnung richtig „im Griff zu haben"; man hat vor allem Angst, in der ungewohnten Rolle des Vorsitzes in der mündlichen Verhandlung, ja vielleicht gar in der Hektik des Termins, falsch zu reagieren, prozessuale Fehler zu begehen bzw. zu vergessen, etwas Wichtiges zu protokollieren. Deshalb sollte man sich anfänglich durchaus einen „Verhandlungsplan" überlegen (vgl. *Schellhammer* Rn. 492 ff.). Man kann sich viel Nervosität und Hektik ersparen, wenn man von vornherein beherzigt, in jedem Fall ohne voreiligen, nicht hinreichend durchdachten „Schnellschuss" zu entscheiden; das bedeutet, dass man jeden ungewohnten Antrag, ja jede überraschende prozessuale Situation zum Anlass nimmt, die Verhandlung zu unterbrechen, um in der Ruhe des Dienstzimmers ungestört den weiteren Fortgang des Verfahrens zu überlegen (vgl. *Schellhammer* Rn. 511). So vermeidet man Unsicherheiten im Auftreten mit Anwälten und Parteien; hat man – ggf. auch nach Beratung und Rücksprache mit erfahrenen Kollegen – eine Lösung gefunden, so setzt man die mündliche Verhandlung fort und verkündet klar und unmissverständlich seine Entscheidung. Ein erfahrener Kollege hat es einmal etwas überpointiert, aber sehr trefflich formuliert: „Nach außen tritt man stets souverän, entschlossen und konsequent auf, innerlich kann man zittern wie Espenlaub!"

Zunächst ist zu klären, ob eine mündliche Verhandlung im klassischen Sinne stattfinden soll oder ob man von der Möglichkeit der Videokonferenz gemäß § 128a Abs. 1 ZPO Gebrauch machen möchte. Ich empfehle dringend, jedenfalls beim ersten mündlichen Verhandlungstermin am Modell der „Live-Veranstaltung" festzuhalten; die unmittelbare Ansprache, aber auch die Möglichkeit der Parteien, ihr Herz auszuschütten, ist in Realpräsenz höher als virtuell am Bildschirm. Ggf. können Folgetermine – wenn keine tatsächliche Sachverhaltsaufklärung und ebenso wenig eine Einigung zu erwarten ist -, als Videokonferenz stattfinden.

Abschließend soll insoweit der „Schnell-Check" ein wenig weiterhelfen. Im Übrigen gilt: Gerade am Anfang im Zweifel eher zu viel als zu wenig protokollieren. Wenn einem etwas wichtig erscheint, sollte man dies auf jeden Fall in das Protokoll mitaufnehmen; es schadet nichts! § 160 Abs. 2 ZPO statuiert ja gerade die wenig präzisierte Verpflichtung, „die wesentlichen Vorgänge der Verhandlung" in das Protokoll aufzunehmen. Langwierige Diskussionen mit Anwälten darüber, „ob" ein Vorgang, eine Erklärung pp. „wesentlich" in diesem Sinne, folglich in das Protokoll mitaufzunehmen ist, sind zu vermeiden, da sie vollständig unsinnig, vor allem zeitraubend sind. Man nimmt den Vorgang auf, und das Problem löst sich gleichermaßen in Sekundenbruchteilen eo ipso auf. Manche Anwälte „testen" auch gelegentlich gerne junge, noch unerfahrene Richter aus, wollen gerade bei einem für sie ungünstigen Prozessverlauf den Berufsanfänger mit dem Spiel auf der zivilprozessualen Klaviatur verunsichern, etwa durch die Stellung diverser (Beweis-)Anträge und beantragen überdies nicht selten, manche ihrer Erklärungen bzw. ihrer Partei oder auch Zeugenaussagen – exakt wörtlich – in das Protokoll aufzunehmen, um deren Wichtigkeit und Bedeutung für die Entscheidung des Rechtsstreits zu unterstreichen. Nicht selten lässt sich gerade der Berufsanfänger hiervon beeindrucken und zu der Auffassung verleiten, in der Tat müsse diese Erklärung wortlautgenau in das Protokoll aufgenommen werden, andernfalls drohe schon die Aufhebung des Urteils in der Berufungsinstanz wegen eines wesentlichen Verfahrensfehlers i.S.d. § 538 Abs. 2 Nr. 1 ZPO.

Neben dem Sach- und Streitstand des zu verhandelnden Falles sollte man zwar auch die Vorschriften der §§ 160ff. ZPO beherrschen; wenn man sich im Einzelfall aber nicht sicher ist, ob ein Vorgang wirklich entscheidungsrelevant bzw. auf Grund seiner Wichtigkeit für den Ausgang des Rechtsstreits zu protokollieren ist, sollte die Devise stets lauten, den Anträgen auf Aufnahme in das Protokoll – vgl. § 160 Abs. 4 S. 1 ZPO – im Zweifel zu entsprechen, um jeder unnötigen Diskussion über die Relevanz des Vorgangs bzw. das Absehen von der Aufnahme – vgl. § 160 Abs. 4 S. 2 ZPO – rasch den Wind aus den Segeln zu nehmen. Zudem vermeidet das auch unnötige Schärfen während der Verhandlung; im Übrigen wäre es ärgerlich, von der beantragten Protokollierung gemäß § 160 Abs. 4 S. 2 ZPO abzusehen, um später nach der Verhandlung, gewissermaßen „in der Ruhe nach dem Sturm" im vertrauten Dienstzimmer, festzustellen, dass ein Vorgang tatsächlich „wesentlich" war und dementsprechend hätte protokolliert werden müssen.

Nur wenn ein Anwalt sich in seinem Redefluss gar nicht mehr stoppen lässt und zahllose, evident sinnlose Anträge auf Protokollierung völliger Belanglosigkeiten stellt, sollte man mit kurzer, knapper **mündlicher** Begründung (vgl. BLHAG/*Bünnigmann* ZPO § 160 Rn. 20) – es reicht ein Satz – von der Aufnahme absehen; der Beschluss über das Absehen von der Protokollierung ist unanfechtbar und in das Protokoll mitaufzunehmen, § 160 Abs. 4 S. 3 ZPO. Einer schriftlichen Begründung bedarf er nicht! Ebenso wenig muss die abgelehnte Feststellung im Protokoll inhaltlich wiedergegeben werden (Zöller/*Schultzky* ZPO § 160 Rn. 15; a.A. Stein/Jonas/*Roth* ZPO § 160 Rn. 32, wonach der Inhalt im groben Umriss mit kurzer Begründung der Ablehnung zu protokollieren sei).

Protokolliert man nämlich gewissermaßen seitenlang auch offensichtlich unerhebliche Vorgänge, untergräbt man seine eigene Autorität als Richter, der ja die Verhandlung zu leiten hat; und das wirkt dann wenig souverän, wenn man auf jeden Unsinn hereinfällt, denn man sollte auch nicht das Gefühl vermitteln, alles – auch ohne Sachbezug und erkennbare Bedeutung für den Rechtsstreit – mit sich machen zu lassen.

II. Die Überprüfung der Formalitäten

Die Terminsvorbereitung sollte immer auch darauf gerichtet sein, kurz nachzuprüfen, ob die Formalitäten in Ordnung sind, insbesondere, ob die Ladungen ordnungsgemäß erfolgt sind – andernfalls kann z.B. kein Versäumnisurteil gegen die säumige Partei ergehen –, ob die Fristen ordnungsgemäß gesetzt und eingehalten worden sind, ob die säumige Partei zutreffend über den Anwaltszwang (im Verfahren vor dem Landgericht) und die Folgen der Säumnis (einschließlich der möglichen Entscheidung über die Kosten gemäß § 91 Abs. 1 ZPO und die vorläufige Vollstreckbarkeit gemäß § 708 Nr. 2 ZPO) belehrt worden ist (vgl. § 276 Abs. 2 S. 2 ZPO i.V.m. § 335 Abs. 1 Nr. 4 ZPO).

III. Die Anordnung des persönlichen Erscheinens der Parteien

Wichtig ist, dass sich auch der junge Richter sofort einprägt, stets das persönliche Erscheinen der Parteien zum Termin anzuordnen, vgl. § 278 Abs. 3 ZPO. Wer als Richter einen Rechtsstreit rasch erledigen will, wird dies insbesondere im Rahmen eines Vergleiches (vgl. → § 5) i.d.R. nur erfolgreich schaffen, wenn auch die Parteien im mündlichen Verhandlungstermin anwesend sind und die Erörterungen des Gerichts mitverfolgen können. Manchmal scheut sich gerade der Berufsanfänger, insbesondere wenn er beim Amtsgericht tätig wird, für jeden „kleinen" Fall mit geringem Streitwert die Parteien zum Gericht zu zitieren; weit gefehlt: Wer als Partei einen Rechtsstreit führt, will ja gerade etwas von einem anderen, auch wenn es sich möglicherweise nur um eine wirtschaftlich eher unbedeutende Sache handelt. Der Beklagte hingegen will seinerseits aber auch diesem möglicherweise nur geringfügigen Begehren nun gerade nicht entsprechen; deshalb ist es in jedem Fall angemessen, die Parteien dann auch zur Beilegung, jedenfalls zur Klärung und Entscheidung des Rechtsstreits, zum Termin erscheinen zu lassen. Für den Fall der Verhinderung einer Partei ist es durchaus ratsam, schon in der Terminsladung, jedenfalls aber unmittelbar nach der Mitteilung, an der persönlichen Teilnahme verhindert zu sein, die telefonische Erreichbarkeit anzuordnen; denn im Zeitalter des Handys ist ja nahezu jeder jederzeit erreichbar, jedenfalls während der üblichen Arbeitszeiten, zu der ja auch die Verhandlung stattfindet. Zumindest kann i.d.R. eine fernmündliche Erreichbarkeit – via Handy – eingerichtet bzw. sichergestellt werden. Schon häufig ist es nämlich vorgekommen, dass der Anwalt eine wichtige Frage jedenfalls fernmündlich mit seiner Mandantschaft abklären oder aber den vom Gericht im Verhandlungstermin unterbreiteten Vergleichsvorschlag via Telefon besprechen und den Vergleich sodann wirksam und ohne Widerruf abschließen konnte.

Da das Gericht die Parteien überzeugen möchte, ist hierzu das direkte Gespräch in der mündlichen Verhandlung stets wesentlich besser geeignet als jeder schriftlich verfasste Beschluss oder gar ein Urteil! Gerade auch Vergleichsüberlegungen sollte man zweckmäßigerweise immer den Parteien unmittelbar gegenüber darlegen, wenn sie akzeptiert werden sollen.

Auch für den Anwalt ist es wesentlich angenehmer, mit seiner Partei einen Vergleichsvorschlag noch direkt im Gericht während der Verhandlung bzw. in der Verhandlungspause besprechen zu können: beide haben die Auffassung des Gerichts gerade gehört, die Argumente für den Vergleich sind noch nicht verklungen, sondern präsent; insoweit fällt die Entscheidung, sei sie pro oder contra Vergleich, i.d.R. deutlich leichter. Schließt der Anwalt hingegen ohne seine Partei allein in der mündlichen Verhandlung ggf. einen Vergleich auf Widerruf ab, so muss er sodann in seinem Büro in einem ggf. zeitraubenden Mandantengespräch mühsam versuchen, seiner Partei den Vergleichsabschluss schmackhaft zu machen, jedenfalls wenn er diesen selbst für vernünftig hält. Der Mandant, der die eigentliche Verhandlung und die Erläuterungen des Gerichts im Verhandlungstermin ja gar nicht mitbekommen hat und zudem i.d.R. die Rechtslage nicht überblickt, versteht hingegen häufig nicht, warum er nunmehr Abstriche von seinem Begehren hinnehmen soll. Sein Anwalt muss ihm gegenüber die tragenden Argumente der Verhandlung deshalb gewissermaßen wiederholen; auch das kostet unnötige Zeit.

Kann der Anwalt hingegen bereits in der Verhandlungspause den Vergleichsvorschlag mit seinem – zum Termin persönlich geladenen – Mandanten besprechen, dann kann rasch eine endgültige Lösung herbeigeführt werden; entweder man nimmt den gerichtlichen Vorschlag an bzw. unterbreitet ein eigenes, modifiziertes Vergleichsangebot oder aber es wird ohnehin klar, dass man den Rechtsstreit streitig entscheiden lassen und ggf. in die Berufung gehen will. Jedenfalls muss sich auch der Anwalt nicht gegenüber seiner Partei rechtfertigen.

IV. Der Terminsbeginn und die vorgeschaltete Güteverhandlung

Zu Beginn des Verhandlungstermins sind zunächst die Erschienenen (Anwälte, Parteien, Zeugen, Sachverständige) festzustellen und in das Protokoll aufzunehmen.

Grundsätzlich ist zunächst eine Güteverhandlung zu führen, § 278 Abs. 2 S. 1–3 ZPO, und zwar nicht nur vor dem frühen ersten Termin, sondern auch vor dem Haupttermin nach dem schriftlichen Vorverfahren, auch wenn dieses schon streitig geführt worden ist! Entbehrlich ist der Gütetermin hingegen bei erkennbarer Aussichtslosigkeit, § 278 Abs. 2 S. 1 ZPO. Diese von dem Gericht zu prüfende Voraussetzung ist nicht zu begründen, das Absehen von der Güteverhandlung überdies nicht rechtsmittelfähig (zutreffend Zöller/*Greger* ZPO § 278 Rn. 23). In der Regel erfolgt die streitige mündliche Verhandlung im unmittelbaren Anschluss an den Gütetermin; es wäre nicht prozessökonomisch, hierfür zwei Termine anzuberaumen. Deshalb erfolgt in der Praxis eine „Verbindung" beider Verfahrensarten zu einem Termin; üblicherweise kann man verfügen, „Termin zur mündlichen Verhandlung mit vorgeschalteter Güteverhandlung wird anberaumt auf den ...".

Wird eine Güteverhandlung geführt, vgl. § 278 Abs. 2 ZPO, so wird dies im Protokoll vermerkt. Auch in der Güteverhandlung wird der Sach- und Streitstand mit den Parteien erörtert, § 278 Abs. 2 S. 2 ZPO. Ein nennenswerter Unterschied zur streitigen mündlichen Verhandlung ergibt sich nicht; auch diese ist – weiterhin – darauf angelegt, die Parteien zu einer gütlichen Beilegung des Rechtsstreits zu führen, § 278 Abs. 1 ZPO. Über den Sinn, besser Unsinn, des Güteverfahrens könnte an anderer Stelle viel geschrieben werden; hier reicht es, wenn der Berufsanfänger beachtet, für den Fall, dass eine vergleichsweise Einigung nicht in Betracht kommt bzw. scheitert, das Scheitern der Güteverhandlung sowie die Überleitung in das streitige Verfahren in das Protokoll aufzunehmen. Weiter ist zu beachten, dass auch im Verfahren vor dem Landgericht, das grundsätzlich dem Anwaltszwang gemäß § 78 Abs. 1 S. 1 ZPO unterliegt, ein Vergleich mit anwaltlich nicht vertretenen Parteien geschlossen werden kann; nach § 278 Abs. 5 ZPO kann das Gericht die Parteien für die Güteverhandlung vor einen Güterichter verweisen. Insoweit ist der Anwaltszwang aufgehoben, § 78 Abs. 3 ZPO, nunmehr kann ein wirksamer Vergleich geschlossen werden. Diese Möglichkeit wird häufig übersehen, das Gericht steht vor der vermeintlichen Schwierigkeit, den Rechtsstreit wegen der fehlenden anwaltlichen Vertretung einer Partei nicht im Vergleichswege beenden zu können; insoweit hilft das Güteverfahren in der Tat weiter. Ob diese Regelung, die ja gerade den durch den Anwaltszwang beabsichtigten Schutz der rechtsunkundigen Partei in diesem Fall aufhebt, wirklich Sinn macht bzw. „parteifreundlich" ist, darf hingegen bezweifelt werden.

V. Die streitige mündliche Verhandlung

Scheitert die Güteverhandlung, endet folglich nicht mit einem Vergleich, so wird das Verfahren in das streitige Verfahren übergeleitet. Nach dem entsprechenden, in das Terminsprotokoll aufzunehmenden Hinweis, dass eine Güteverhandlung gescheitert ist, sollte zunächst die vollständige Aufnahme der korrekt gestellten **Anträge** erfolgen; das Gericht hat auf sachdienliche Anträge der Parteien hinzuwirken, § 139 Abs. 1 S. 2 ZPO. Der Hinweis dient der Klarstellung schlecht formulierter oder unpräziser, missverständlicher, nicht hinreichend bestimmter Anträge (Thomas/Putzo/*Seiler* ZPO § 139 Rn. 9); es ist zu klären, welche Reichweite ein Antrag haben soll (Stein/Jonas/*Leipold* ZPO § 139 Rn. 48). Mit hinein wirkt der prozessökonomische Zweck, durch klare, umfassend gestellte Anträge möglichst weitere Rechtsstreitigkeiten zu vermeiden. Selbstredend darf keine Rechtsberatung durch den Richter erfolgen; die Grenze bleibt die Pflicht zur richterlichen Unparteilichkeit (Thomas/Putzo/*Seiler* ZPO § 139 Rn. 10).

Erst anschließend – wenn durch die Stellung der widerstreitenden Anträge klar geworden ist, dass die Parteien streitig verhandeln wollen – erfolgt die mündliche Verhandlung, d. h. die ebenfalls in dem Terminsprotokoll zu vermerkende Erörterung der Sach- und Rechtslage (vgl. Thomas/Putzo/*Seiler* ZPO § 137 Rn. 1; *BAG* NJW 2016, 3248). Ohne zuvor gestellte Anträge findet im eigentlichen Sinne keine mündliche *Verhandlung* statt (zutreffend Stein/Jonas/*Leipold* ZPO § 137 Rn. 2; a. A. MüKoZPO/*Fritsche* § 137 Rn. 2). Es empfiehlt sich somit, **sofort** – vor Beginn der Erörterung der Sach- und Rechtslage – die Anträge stellen zu lassen. Zum einen entspricht dies § 137 Abs. 1 ZPO; zum anderen vergisst man in der Hektik der Verhandlung am Ende häufig die Aufnahme der Anträge. Schließlich ist es auch prozessual nicht geboten, eine Partei am Ende einer umfangreichen Erörterung in die Säumnis flüchten zu lassen; selbstredend davon unabhängig ist die Frage, ob einer Partei eine Schriftsatzfrist gemäß § 139 Abs. 2, 5 ZPO zu den richterlichen Hinweisen einzuräumen ist.

VI. Die richterliche Hinweispflicht

Die Frage, ob, wann und in welcher Weise den Parteien ein richterlicher Hinweis zu erteilen ist, bereitet gerade dem Berufsanfänger Schwierigkeiten: kann die grundsätzlich entscheidungsreife Sache am Schluss der Sitzung tatsächlich durchentschieden werden oder muss dem i. d. R. gestellten Antrag des bzw. der Prozessbevollmächtigten auf Einräumung einer Schriftsatzfrist zu dem Vorbringen des Gegners, vor allem aber zu den richterlichen Hinweisen im Termin, stattgegeben werden? Muss überdies noch ein schriftlicher Hinweis erteilt werden? Riskiert man ohne derartigen Hinweis nebst Bewilligung einer Schriftsatzfrist gar die Aufhebung und Zurückverweisung des Urteils durch das Berufungsgericht?

Pauschalantworten sind naturgemäß schwierig, letztlich ist jede Entscheidung eine solche des konkreten Einzelfalles.

In Kürze formuliert, braucht auf solche Gesichtspunkte nicht hingewiesen zu werden, die ohnehin zwischen den Parteien schon verhandelt bzw. schriftsätzlich erörtert worden sind, arg e § 139 Abs. 2 ZPO: es liegt in diesem Fall eben kein „erkennbares Übersehen" vor (vgl. Zöller/*Greger* ZPO § 139 Rn. 6 ff.). Stellt man hingegen auf völlig andere Gesichtspunkte ab oder bewertet diese abweichend, so ist den Parteien ein entsprechender Hinweis zu erteilen und zudem Gelegenheit zur Stellungnahme einzuräumen; diese kann insbesondere zu Rechtsfragen aber auch schon im Verhandlungstermin erwartet werden. Den häufig gestellten Anträgen der Prozessvertreter, zu der geäußerten Rechtsauffassung des Gerichts noch schriftsätzlich vorzutragen, ist jedenfalls dann nicht zu entsprechen, wenn die Parteien in der mündlichen Verhandlung in zeitlicher Hinsicht hinreichende Gelegenheit zu rechtlichen Ausführungen haben.

Handelt es sich allerdings um schwierige, bislang von den Parteien nicht erörterte Rechtsfragen, die man sich selbst auch erst zeitintensiv erarbeitet hat, sollte man dieses Recht auch den Anwälten durch Einräumung einer Schriftsatzfrist zugestehen.

Soweit neuer bzw. weiterer Tatsachenvortrag einer Partei erforderlich ist, darf man grundsätzlich von der Partei – soweit sie anwesend ist (!) – diesen noch im mündlichen Verhandlungstermin erwarten; etwas anderes gilt aber in dem häufig anzutreffenden Fall, dass eine Partei nachvollziehbar darlegt, unmittelbar im Termin zu einer entsprechenden Erklärung auf den Vortrag des Gegners nicht in der Lage zu sein, etwa weil das exakte Datum einer Besprechung, eines Vertragsabschlusses etc. in dem zu Hause befindlichen Kalender vermerkt ist oder aber substantiierter Vortrag erst nach dem Studium von Akten, Gutachten, Kalendern, Protokollen, Vertragsurkunden etc. sinnvoll erfolgen kann. In diesem Fall gebietet schon der Grundsatz des fairen Verfahrens die Bewilligung einer Schriftsatzfrist; diese sollte man mit der Anberaumung eines Termins zur Verkündung einer Entscheidung – i. d. R. drei Wochen nach Fristablauf – verbinden. Letztlich kommt es somit immer auf die konkreten Umstände und Anforderungen nach § 282 Abs. 1 ZPO an (Zöller/*Greger* ZPO § 139 Rn. 14–14d), vgl. § 139 Abs. 5 ZPO.

Ändert man hingegen seine zuvor den Parteien mitgeteilte Rechtsansicht oder beurteilt gar erst in der Ruhe nach der Sitzung den Fall in rechtlicher und/oder tatsächlicher Hinsicht anders als noch zuvor im Termin mündlich vorgetragen, so ist auch das kein unlösbares Problem; es kommt durchaus vor, dass man in der Nacharbeit, nach nochmaligem Aktenstudium oder in der Reflexion über Parteierklärungen sowie Zeugen- und Sachverständigenvernehmungen, etc. einen Sachverhalt anders beurteilt als ursprünglich angenommen. Ebenso ist es denkbar, dass ein als bislang unklar oder jedenfalls nicht bedeutsam eingestufter Umstand nunmehr nach dem Verhandlungstermin, ggf. nach entsprechender Erläuterung durch Anwälte oder Parteien, Bedeutung erlangt bzw. rechtlich anders zu beurteilen ist. In diesem Fall entspricht es der Souveränität des Gerichts, in einem Hinweisbeschluss die geänderte bzw. nunmehr vertretene (Rechts-)Auffassung darzulegen und den Parteien Gelegenheit zur Stellungnahme einzuräumen: dann kann sich niemand mit Aussicht auf Berufungserfolg beschweren.

VII. Einige typische prozessuale Situationen

– Erkennt der Beklagte den Klageanspruch an, so ist das Anerkenntnis zu protokollieren, § 160 Abs. 3 Nr. 1 ZPO. Sodann ist die Anerkenntniserklärung vorzulesen, § 162 Abs. 1 S. 1 ZPO; wird die Erklärung auf Tonträger vorläufig aufgezeichnet, so ist sie abzuspielen, § 162 Abs. 1 S. 2 ZPO. Die Erklärung muss genehmigt werden; im Protokoll ist das Vorlesen (bzw. Abspielen) und die Erteilung der Genehmigung zu vermerken, § 162 Abs. 1 S. 3 ZPO. In der Regel erfolgt dies durch das Protokollkürzel „v. u. g." – vorgelesen und genehmigt.

Das Gericht hat sodann entsprechend dem Anerkenntnis ein Anerkenntnisurteil zu erlassen, und zwar auch ohne ausdrücklichen Antrag einer Partei, § 307 S. 1 ZPO. Bei einem schriftlichen Anerkenntnis braucht nicht terminiert zu werden, das Anerkenntnisurteil kann im schriftlichen Verfahren, ohne mündliche Verhandlung, erlassen werden, § 307 S. 2 ZPO.

– Die o. g. Verfahrensweise der Protokollierung gilt gleichermaßen für den Anspruchsverzicht des Klägers und den Abschluss des Vergleichs (→ § 5), § 160 Abs. 3 Nr. 1 ZPO i. V. m. § 162 Abs. 1 ZPO.

– Nimmt der Kläger die Klage ganz oder teilweise zurück, so ist auch diese Erklärung gemäß § 160 Abs. 3 Nr. 8 ZPO zu protokollieren, sodann zu verlesen (bzw. abzuspielen) und von der Partei bzw. ihrem Prozessbevollmächtigten zu genehmigen, § 162 Abs. 1 S. 1–3 ZPO. Weiterhin ist § 269 Abs. 1 ZPO zu beachten: nach dem Beginn der streitigen Verhandlung kann die Klage nur noch mit der Zustimmung des Beklagten zurückgenommen werden. Auch diese oder aber die Ablehnung ist im Protokoll festzustellen (Zöller/*Schultzky* ZPO § 160 Rn. 12; *Franzki* DRiZ 1975, 97f.). In aller Regel stimmt die beklagte Partei der Klagerücknahme zu und stellt einen Kostenantrag nach § 269 Abs. 4 i. V. m. 3 S. 2 ZPO. Üblicherweise nimmt man bei der vollständigen Klagerücknahme sofort den – beantragten – Kostenbeschluss in das Protokoll auf:

„Dem Kläger werden die Kosten des Rechtsstreits auferlegt, nachdem er die Klage zurückgenommen hat, § 269 Abs. 3 S. 2 ZPO."

– Sind nach Rechtshängigkeit Teilzahlungen auf die Klageforderung erfolgt – das kommt recht häufig vor –, so ist keine schwierige Berechnung einschließlich der Zinsen vorzunehmen, sondern, ausgehend von dem ursprünglichen Klageantrag, pragmatisch zu protokollieren:

„Der Kläger(vertreter) stellt den Antrag aus der Klageschrift, Bl. 2 der Gerichtsakten, abzüglich am … gezahlter 3.000,– EUR.
Insoweit erklärt er den Rechtsstreit in der Hauptsache für erledigt.
Der Beklagtenvertreter schließt sich der Erledigung an (bzw.: nicht an) und beantragt im Übrigen, die Klage abzuweisen."

– Änderungen der Anträge (teilweise Klagerücknahme bzw. Änderungen/Erweiterungen der Klage) sind gemäß § 160 Abs. 3 Nr. 2 ZPO stets in das Protokoll aufzunehmen; um spätere Missverständnisse auszuschließen, sollten sie sicherheitshalber immer noch einmal in Ruhe vorgelesen und sodann genehmigt werden. Im Übrigen empfiehlt es sich, die Vorschriften über das Sitzungsprotokoll gemäß §§ 159–165 ZPO vor der Verhandlung noch einmal mit Sinn und Verstand zu lesen; daraus ergibt sich letztlich der zu dokumentierende Ablauf der mündlichen Verhandlung.

„Der Kläger(vertreter) stellt den Antrag aus der Klageschrift, Bl. 2 der Gerichtsakten, mit der Maßgabe, dass die Klage in Höhe von 3.000,– EUR nebst anteiliger Zinsen zurückgenommen wird
– v. u. g. (= vorgelesen und genehmigt) –,
im Übrigen abzüglich am … gezahlter 2.000,– EUR.
Insoweit erklärt er den Rechtsstreit in der Hauptsache für erledigt.
Weiterhin stellt er den Herausgabeantrag zu 1.) aus dem Schriftsatz vom …
v. u. g.
Der Beklagte stimmt der teilweisen Klagerücknahme zu, stellt insoweit Kostenantrag, schließt sich der Erledigung an (bzw.: nicht an) und beantragt im Übrigen, die Klage abzuweisen."

– Parteierklärungen nach § 141 ZPO, die den Sachverhalt tatsächlich aufklären, somit Bedeutung für die Entscheidung des Rechtsstreits haben, sind als wesentlicher Vorgang der Verhandlung gemäß § 160 Abs. 2 ZPO in das Protokoll in möglichst wörtlicher Rede aufzunehmen:

„Der Kläger, persönlich gehört, erklärt: …
Der Beklagte, ebenfalls persönlich gehört, erklärt hierzu: …"

– Ist eine Partei säumig, so ist im Protokoll festzustellen, dass sie „ausweislich der Zustellungsurkunde vom …" (oder beim Anwalt: „ausweislich des Empfangsbekenntnisses vom …") ordnungsgemäß geladen worden ist. Nach der Aufnahme des Sachantrags der erschienenen Partei ist der Antrag auf Erlass eines **Versäumnisurteils** aufzunehmen.

§ 15. „Kurz“-Exkurs: Die Hauptverhandlung in Strafsachen

Der junge Richter muss auch damit rechnen, beim Amtsgericht ein Strafdezernat – häufig auch als „Misch“-Dezernat mit anderweitigen Zuständigkeiten – übernehmen zu müssen. Erfahrungsgemäß bereitet die Dezernatsarbeit in Strafsachen weniger Sorge und Probleme als die Leitung der Hauptverhandlung mit ihren Unwägbarkeiten. Das Strafverfahren ist deutlich formalisierter als der Zivilprozess, der weitgehend jeden Fehler gemäß § 295 ZPO heilt, wenn nicht ausnahmsweise ausdrücklich entsprechende Rügen erhoben werden. Darüber hinaus ist der Strafprozess auch deutlich „kämpferischer“, jedenfalls wenn vollstreckbare Freiheitsstrafen drohen.

I. Die Gestaltung der Hauptverhandlung

Der Gang der Hauptverhandlung in Strafsachen sollte minutiös geplant werden, am besten unter Zuhilfenahme und Vorbereitung eines Merkzettels, der die wesentlichen Förmlichkeiten beinhaltet. Damit begegnet man der Gefahr, wesentliche Förmlichkeiten zu „vergessen“ und überdies können die Förmlichkeiten, entsprechend vorbereitet, auch rasch ohne nennenswerten Zeitaufwand abgearbeitet bzw. in das Hauptverhandlungsprotokoll diktiert werden. Überdies sollte man auf dem Zettel auch zum raschen Auffinden die wesentlichen Aktenbestandteile notieren, somit die Fundstelle der Einlassung des Angeklagten, ggf. die wesentliche Kernaussage mit einem aussagekräftigen Stichwort kennzeichnen. Ebenso sollten die Fundstellen der (wesentlichen) Zeugenvernehmungen schnell auffindbar sein, die jeweilige Kernaussage sollte auch insoweit kurz skizziert werden. Ebenso rasch notiert sind die Seitenzahlen zum Auffinden der relevanten Urkunden und Arztberichte; dies spart wertvolle Zeit, wenn man nicht während der laufenden Hauptverhandlung hektisch nach Fundorten in der Akte suchen muss; im Übrigen kann man rasch auf Eingaben, Erklärungen, Behauptungen der Verfahrensbeteiligten reagieren und entsprechende Vorhalte aus dem Akteninhalt der dort dokumentierten bzw. verzeichneten Urkunden sowie der protokollierten Aussagen machen. Das verleiht zudem Souveränität, verhindert manche sinnlose Einwendung und erleichtert insgesamt fundamental den straffen Ablauf innerhalb des avisierten Zeitplans.

Beigefügt ist ein Formular für den Prozess vor der Strafkammer des Landgerichts, das aber auch für das Verfahren vor dem Amtsgericht unproblematisch „angepasst“ werden kann.

Ich arbeite in jedem, auch großen Verfahren hiermit, es hat mir schon unschätzbare Dienste erwiesen.

Der Verfahrensablauf im Strafverfahren:

E i n t r a g e n: Personalien des Angeklagten;
Name des Verteidigers, Kanzleisitz

1. **Aufruf der Sache**

2. **Eröffnung der Hauptverhandlung**
   (ggf.: Vereidigung von Schöffen)

   Ich schwöre,
   die Pflichten eines ehrenamtlichen Richters
   getreu dem Grundgesetz für die Bundesrepublik Deutschland,
   getreu der Verfassung für das Land … (Nordrhein-Westfalen),
   und getreu dem Gesetz zu erfüllen,
   nach bestem Wissen und Gewissen
   ohne Ansehen der Person zu urteilen
   und nur der Wahrheit und Gerechtigkeit zu dienen,
   (so wahr mir Gott helfe).

3. **Anwesenheit: Für das Protokoll:**
   Es erscheint:
   - (vorgeführt) der/die Angeklagte(n) ……………………………………………………
     ……………………………………………………………………………………
   - als Verteidiger Rechtsanwalt ……………………………… aus ……………………………
     und Rechtsanwalt ………………………………………… aus ……………………………
   - als Vertreter der Staatsanwaltschaft ……………………………………………………
   - als Nebenkläger/in ……………………………………………………………………
   - als Nebenklägervertreter/in ……………………………………………………………
   - als Nebenbeteiligte/r/ …………………………………………………………………
   - als Dolmetscher ………………………………………………………………………
     Sie schwören (Sie bekräftigen),
     dass Sie treu und gewissenhaft übertragen werden.
     (Ist Dolmetscher im Allgemeinen beeidigt:
     Berufung auf den geleisteten Eid)
   - als Sachverständiger …………………………………………………………………
   - als Zeugen ……………………………………………………………………………
     ……………………………………………………………………………………
   - als Vertreter der Finanzbehörde …………………………………………………………
     (vom Finanzamt für Steuerstrafsachen und Steuerfahndung Bochum)

4. **Bekanntgabe der Gerichtsbesetzung**
   Schöffen ………………………………………………………………………………
   ……………………………………………………………………………………
   Berufsrichter …………………………………………………………………………
   ……………………………………………………………………………………
   ……………………………………………………………………………………

5. **Ablehnungsanträge = sind zuzulassen!**
   Anträge gem. § 25 Abs. 1 S. 1 (i. V. m. § 243 Abs. 2 S. 2) StPO.

6. **Vernehmung des Angeklagten zur Person**
   (allein Identitätsfeststellung, keine Vorstrafen):
   Die Personalien des Angeklagten werden festgestellt wie Bl.… GA.

7. *Der Vertreter der Staatsanwaltschaft verlas den Anklagesatz vom ………………………, (Bl.… GA).*

8. *Es wurde festgestellt, dass die Kammer durch Beschluss vom ………….. die Anklage zugelassen und das Hauptverfahren eröffnet hat, Bl.… GA.*

9. **Verständigung (I)**
   Es haben zwischen dem Gericht, der StA und dem Verteidiger (bislang keine) Erörterungen zur Vorbereitung einer Verständigung stattgefunden.

- *Diese blieben ergebnislos.*
- *Diese hatten folgendes Ergebnis:*
  Es soll eine Verständigung in der Hauptverhandlung
  - *nach Maßgabe noch zu führender Gespräche*
  - *nach Maßgabe eines von der Kammer näher zu unterbreitenden Vorschlags)*

  erstrebt werden.

10. Vernehmung des Angeklagten zur Sache

Allg. Hinweis: Es steht Ihnen frei, sich zu den Beschuldigungen zu äußern oder nicht zur Sache auszusagen.

Jetzt noch erhobene Zuständigkeitsrügen sind zuzulassen! Vgl. §§ 6a, 16 StPO.

Er erklärte: ...

a) Lebenslauf

Familie, Kindheit, Schule, Beruf, eigene Familie.
(Der Angekl. machte Angaben zu seinem Lebenslauf.)

b) Vorstrafen

Auf Anordnung des Vorsitzenden:
Der Auszug aus dem Bundeszentralregister vom ... soll gem. § 249 Abs. 1 StPO verlesen und als Anlage zum Protokoll genommen werden.
- *Die Anordnung wurde ausgeführt.*

Der BZR-Auszug wurde mit dem Angeklagten im Einzelnen erörtert.
Er erklärte sich dazu.

c) Haftzeiten

d) Tatgeschehen

Der Angeklagte ließ sich zur Sache ein.
(Anklagesatz ev. wiederholen, Vorhalte)

e) Übersichten

Die Kammer/Das Gericht hat ...
(aufgrund der Angaben des Angeklagten/der Anklageschrift)
Übersichten bzgl. der Berechnung der angeklagten Steuerhinterziehungen erstellt, die als Anlage ... zu Protokoll genommen wurden.

Dem Angeklagten, seinem Verteidiger, der StA, der Finanzbehörde und den Mitgliedern des Gerichts wurden Kopien dieser Übersichten ausgehändigt (mit der Bitte, diese bis zur nächsten Sitzung [oder bis zum Ende der Beweisaufnahme auf ihre Richtigkeit zu Überprüfen]).

Der Angeklagte räumte die in der Übersicht aufgeführten Taten ein.

11. Ablehnungsanträge

Der Antrag muss nicht sofort, aber am selben Hauptverhandlungstag entgegengenommen werden (*Meyer-Goßner/Schmitt* StPO § 25 Rn. 9).
Zu einem Aufschub der Hauptverhandlung führt der Antrag nicht (mehr), § 29 Abs. 2 StPO. Zu beachten ist (lediglich) die Zweiwochenfrist, § 29 Abs. 3 StPO.

12. Rechtliche Hinweise

Der Angeklagte und sein Verteidiger wurden darauf hingewiesen, dass auch eine Verurteilung wegen ... in Betracht kommt.
Es wurde ihnen auch insoweit Gelegenheit gegeben, ihre Verteidigung hierauf einzurichten. Auf die Verlesung der Vorschriften wurde allseits verzichtet.

13. Einstellungen, Beschränkungen

a) BESCHRÄNKUNG gemäß §§ 154, 154a StPO

Die Frage der Beschränkung des Strafverfahrens wurde erörtert.
Auf Antrag (§ 154) /
Mit Zustimmung (§ 154a) der Staatsanwaltschaft
nach Anhörung des Angeklagten und seines Verteidigers
b. u. v:
Die Strafverfolgung der mit der Anklageschrift vom ...
angeklagten Taten wird gem. §§ 154 Abs. 2 und 1; 154a Abs. 2 und 1 StPO auf den Vorwurf eines Vergehens/Verbrechens ... gem.... beschränkt ... oder:
auf die in der Übersicht aufgeführten ... Taten ... beschränkt.
Die Kosten des Verfahrens werden – soweit die Einstellung erfolgt ist – der Landeskasse auferlegt.

Die notwendigen Auslagen des Angeklagten werden nicht erstattet.
Rechtsmittelbelehrung bzgl. der Kostenentscheidung wurde erteilt.
Es erfolgte Rechtsmittelverzicht.
(Kostenentscheidung nur, wenn nach § 264 StPO Taten ausscheidbar)

b) Einstellung wegen Geringfügigkeit, § 153 StPO

Mit Zustimmung der StA, des Angeklagten und seines Verteidigers
b. u. v.:
Das Verfahren wird gem. § 153 Abs. 2 StPO eingestellt.
Die Kosten des Verfahrens trägt die Landeskasse, seine notwendigen Auslagen trägt der Angeklagte selbst (§ 467 Abs. 1, 4 StPO).
(Die Auslagen des Nebenklägers werden gem. § 472 Abs. 2 StPO dem Angeklagten ganz od. teilweise auferlegt.)

c) Einstellung gem. § 153a StPO

Mit Zustimmung der StA, des Angeklagten und seines Verteidigers
b. u. v.:
1) Das Verfahren wird gem. § 153a StPO vorläufig eingestellt.
2) Dem A. wird aufgegeben, einen Geldbetrag in Höhe von an die Staatskasse zu zahlen.
Ein Teilbetrag ist sofort fällig. Der Restbetrag ist in … monatlichen Teilbeträgen von … zu zahlen, beginnend mit dem … .

14. Beweisaufnahme
(Zeugen geladen und erschienen, belehren, ev. § 55 StPO:

a) Zeugen

aa) Zur Person
Name, Vorname, Alter, Beruf Wohnort
(evtl.: *Dem Zeugen wird auf dessen Antrag auf Anordnung des Vorsitzenden gestattet, seinen gegenwärtigen Wohn- u. Aufenthaltsort nicht anzugeben, § 68 Abs. 2 StPO*)
mit dem Angeklagten nicht verwandt und nicht verschwägert
(ansonsten über Zeugnisverweigerungsrecht bzw. Auskunftsverweigerungsrecht nach § 55 StPO belehren).

bb) Zur Sache …

cc) Nicht erschienen – KAMMER-Beschluss:
Gegen den zum heutigen HvT gemäß ZU vom … ordnungsgemäß geladenen, aber unentschuldigt nicht erschienenen Zeugen … ergeht ein Ordnungsgeld von …, ersatzweise … Tage Ordnungshaft.
Zugleich hat er die durch sein Ausbleiben entstandenen Kosten des Verfahrens zu tragen.
Die polizeiliche Vorführung zum HvT vom … wird angeordnet.

dd) Vereidigung?
… ANTRÄGE?
- Vors.:
  b. u. v.: Der Zeuge bleibt gem. § 59 Abs. 1 StPO unvereidigt.
  - (Soweit Kammerbeschluss nach § 238 Abs. 2 StPO: auch ohne Begründung (*Meyer-Goßner/Schmitt* StPO § 59 Rn. 11).
  - oder: b. u. v.: Der Zeuge soll vereidigt werden.

  Sie schwören (bei Gott dem Allmächtigen und Allwissenden),
  dass Sie nach bestem Wissen die reine Wahrheit gesagt und nichts verschwiegen haben.
- *Zeuge: Ich schwöre es (so wahr mir Gott helfe).*
  Der Zeuge leistete mit/ohne … religiöse – Beteuerungsformel den Eid.

b) Sachverständiger (Belehrung wie ein Zeuge; §§ 57; 72 StPO)

- Vors.:
  Sie schwören,
  (bei Gott dem Allmächtigen und Allwissenden),
  dass Sie Ihr Gutachten unparteiisch und nach bestem Wissen und Gewissen erstattet haben.
- SV: *Ich schwöre es (so wahr mir Gott helfe).*
  oder: Ist SV im Allgemeinen vereidigt: Berufung auf den geleisteten Eid)
  oder: b. u. v.: Der SV bleibt gem. § 79 Abs. 1 StPO unvereidigt.
  (Ermessen des Gerichts, § 79 StPO)

c) Weitere Beweismittel

(Urkunden, Vernehmungen Augenscheinseinnahmen:
Auf Anordnung des Vorsitzenden:
Das Gutachten des … vom … , Bl.…, soll gem. § 256 StPO verlesen werden.
Die Anordnung wurde ausgeführt.

15. Verständigung (II)

- *Eine Verständigung hat nicht stattgefunden.*
- *Der Vors. gibt bekannt, welchen Inhalt eine Verständigung haben könnte:*
  Für den Fall des Geständnisses in den Fällen … gibt die Kammer unter freier Würdigung aller Umstände des Falles sowie der allgemeinen Strafzumessungserwägungen eine Untergrenze der Strafe von … und eine Obergrenze der Strafe von … an.
  Der Angeklagte wurde gemäß § 257c Abs. 5 StPO über die Voraussetzungen des Wegfalls der Bindung an eine Verständigung (§ 257c Abs. 4 StPO) belehrt.
  Die Verfahrensbeteiligten erhalten Gelegenheit zur Stellungnahme.

Der Angeklagte (und sein Verteidiger) und die StA stimmen dem Vorschlag der Kammer zu. Damit ist die Verständigung zustande gekommen, § 257c Abs. 3 S. 4 StPO.

16. Abtrennungen, Verbindungen

a) *Das Verfahren wird hinsichtlich der Vorwürfe des Anklagesatzes zu Ziffer … zur gesonderten Verhandlung und Entscheidung abgetrennt. Es erhält das Az.: … .*

Das Verfahren gegen … Az.… wird auf Antrag der StA nach zustimmender Anhörung des A. und seines Verteidigers mit dem Verfahren … Az. verbunden. Das Verfahren … führt.

b) *b. u. v.:*
Das Verfahren gegen den Angeklagten …
wird zur gesonderten Verhandlung und Entscheidung abgetrennt.
Es erhält das Az.: …
Insoweit wird das Verfahren am … fortgesetzt.
Der A.… und sein Verteidiger verließen den Sitzungssaal.

b. u. v.:
Das Verfahren gegen den A.… wurde fortgesetzt.
Die Sache wurde erneut um … aufgerufen.

17. Einziehung

Der Angeklagte erklärte: Ich bin mit der außergerichtlichen Einziehung der bei mir sichergestellten Gegenstände einverstanden Ich verzichte ausdrücklich auf die Rückgabe der sichergestellten Gegenstände. v. u. g.

18. Schließung der Beweisaufnahme

b. u. v.: Die Beweisaufnahme wurde im allseitigen Einverständnis geschlossen.

19. Schlussvorträge

a) Nunmehr erhielt der Vertreter der Staatsanwaltschaft/Nebenklage zu seinen Ausführungen und Antragen das Wort.
b) Alsdann erhielt der Verteidiger des Angeklagten zu seinen Ausführungen und Anträgen das Wort.
c) Der Vertreter der StA wurde gefragt, ob er erwidern wolle.
d) Sodann erhielt der Angeklagte das letzte Wort.

20. Urteilsverkündung

Haftentscheidung, § 268b StPO (Fortdauer?)
Bewährungsbeschluss mit Belehrung, § 268a StPO
Fahrverbot mit Belehrung, § 268c StPO
Vorbehalt der Sicherungsverwahrung mit Belehrung, § 268d StPO

21. Rechtsmittelbelehrung wurde erteilt – einschließlich § 35a S. 3 StPO

Sie können gegen dieses Urteil das Rechtsmittel der REVISION einlegen,
binnen einer Woche ab heute schriftlich oder zu Protokoll der Geschäftsstelle.
Wenn Sie Revision einlegen, wird Ihnen das Urteil zugestellt: binnen eines Monats ab Zustellung muss die Revision durch Ihren RA begründet werden; Sie können die Revisionsbegründung nicht selbst fertigen, sie aber zu Protokoll der Geschäftsstelle erklären.
Durch die zuvor getroffene Verständigung bleiben Sie in jedem Fall in Ihrer Entscheidung frei, ein Rechtsmittel einzulegen.

Ggf.: Der Angeklagte erklärte nach Rucksprache mit seinem Verteidiger:
Ich nehme das Urteil an und verzichte auf die Einlegung von Rechtsmitteln.
v. u. g.
Der Vertreter der StA erklärte ebenfalls Rechtsmittelverzicht.

II. Die Behandlung von Anträgen

Gerade der junge, noch wenig erfahrene Kollege hat häufig „Angst“ vor diversen Anträgen des Verteidigers, weil er nicht genau weiß, wie er mit diesen prozessual umgehen soll, vor allem: vor den sogenannten unaufschiebbaren Befangenheitsanträgen, die nach neuer Rechtslage jetzt nicht mehrt zum Aufschub der Hauptverhandlung führen, § 29 Abs. 2 StPO. Grundsätzlich aber hat man als Berufsanfänger vor unerwarteten Anträgen durchaus „Respekt“, weil man befürchtet, dass diese die gesamte Zeitplanung des Sitzungstages, der vermutlich auch engmaschig „durchterminiert“ ist, auf den Kopf stellen.

Blockieren diese Anträge etwa die Vernehmung der in dieser Sache geladenen Zeugen? Es gibt durchaus Anwälte, die diese Unerfahrenheit junger Kollegen auszunutzen versuchen, indem sie massenhaft Anträge androhen und ggf. auch stellen und insoweit den zeitlichen Rahmen zu sprengen versuchen, wenn das Gericht nicht die Verteidigungslinie mitmachen und etwa trotz massiver Vorbelastung des Angeklagten eine Bewährungsstrafe mehr verhängen will.

Die oberste Regel lautet: man lässt sich weder provozieren noch einschüchtern.

Auch das kann zuweilen nämlich gerade beabsichtigt sein, um aus Verärgerung und/oder Überforderung resultierende unbedachte Äußerungen des jungen Richters bzw. der jungen Richterin gezielt zu provozieren und – vermeintliche – Befangenheitsgründe erst zu schaffen.

Deshalb gilt:
Man bleibt ruhig und regt sich nicht auf.
Aufregung vernebelt den Verstand und hilft nicht weiter.

Man muss sich klar machen: der Verteidiger darf nach der Strafprozessordnung Anträge stellen – auch wenn diese sinnfrei erscheinen, der Sache in keiner Weise förderlich oder jedenfalls unbegründet sind. Und wenn man selbst akzeptiert, dass er diese Anträge stellen darf, ist der größte Teil des zunächst durchaus nachvollziehbar entstehenden Ärgers schon verpufft. Entscheidend ist nämlich nicht der Umstand der Antrag*stellung,* sondern ihrer *Bescheidung,* somit, wie souverän man mit diesen Anträgen umgeht!

Außerdem ist wichtig:
Keine voreilige, nicht hinreichend bedachte Entscheidung treffen!
Wer zu schnell entscheidet, macht – vermeidbare – Fehler. Deshalb gilt:
Man entscheidet nicht während der Hauptverhandlung, sondern in aller Ruhe; ggf. beraumt man eben einen zweiten bzw. einen weiteren Hauptverhandlungstermin an, indem man seine nunmehr gut durchdachte und sorgfältig formulierte Entscheidung verkündet. Wenn Verteidiger merken, dass sie mit ihren Anträgen weder beeindrucken noch erschrecken und überdies auch noch erfolglos sind, rücken sie in aller Regel von diesen „Spielchen“, die durchaus als „Testprogramm“ für junge Kollegen gepflegt werden, ganz schnell wieder ab – von einigen wenigen unbelehrbaren Anwälten abgesehen, deren Argumentationsresistenz man einfach ertragen muss.

Deshalb reicht es im Regelfall völlig aus, den Antrag zu protokollieren und sodann in der eigenen Gestaltung und Planung der Hauptverhandlung fortzufahren. Insbesondere sollte man sich nicht das Konzept etwa der Beweisaufnahme und Befragung von Zeugen und Sachverständigen zerstören lassen. Wenn man Zeit hat, bescheidet man den Antrag; dies darf man natürlich nicht vergessen – wichtig ist nur die Erkenntnis, dass solche Beschlussfassungen in aller Regel nicht sofort erfolgen müssen, Verteidigeranträge folglich ihre Bedeutung als „Störfeuer" des avisierten Hauptverhandlungsprogramms rasch verlieren.

Der am häufigsten gestellte Antrag eines Verteidigers dürfte der **Beweisantrag** sein; dessen Abarbeitung muss und sollte nach den oben dargestellten Grundsätzen auch nicht sofort erfolgen – es sei denn, ihm könnte umgehend unproblematisch entsprochen werden –, sondern bedarf der sorgfältigen Überlegung, Bearbeitung und Begründung, denn die Vorschrift des § 244 StPO ist die wohl komplizierteste Regelung der Strafprozessordnung. Verstöße gegen diese Vorschrift, in der Regel durch fehlerhafte Ablehnung von Beweisanträgen, machen das Urteil nicht nur angreifbar, sondern im Ergebnis wertlos, da jedenfalls Revisionsinstanzen derartige Verstöße durch Aufhebung des Urteils „korrigieren". Es empfiehlt sich deshalb, sich mit den einzelnen Begründungsmöglichkeiten insbes. der Absätze 3 bis 6 des § 244 StPO eingehend (!) zu beschäftigen. Deshalb: keine voreilige Bescheidung, sondern in Ruhe überlegen!

Als „Faustformel" sollte insoweit gelten:

Wenn einem Antrag problemlos entsprochen werden kann, etwa durch Ladung des ortsnah wohnenden Zeugen oder durch Vernehmung des bereits präsenten Zeugen oder durch Verlesung der Urkunde, sollte dies auch geschehen, auch wenn es nicht unbedingt erforderlich erscheint; das ist in der Regel nämlich der weitaus einfachere Weg als eine ausgefeilte und arbeitsintensive Begründung eines Ablehnungsbeschlusses auszuarbeiten, die überdies angreifbar ist. Vielleicht meint das Revisionsgericht in abgeklärter Entscheidung ja doch, dass der benannte Zeuge hätte gehört werden müssen! Warum sich also diesem Risiko aussetzen? Wenn man dem Beweisantrag entspricht, entzieht man dem Verteidiger die Rüge unzureichender Aufklärung; und die Beweiswürdigung bleibt ohnehin originäre richterliche Tätigkeit, salopp formuliert: keine Angst, den vermeintlichen „Alibi"-Zeugen antragsgemäß zu hören; dass man ihm auch glaubt, kann der Verteidiger hingegen nicht erzwingen!

Im Übrigen sind die Anforderungen an die Zulässigkeit eines Beweisantrags durch die Neuregelung des § 244 Abs. 3 StPO erhöht worden. Es reicht nicht aus, den Alibizeugen aus Übersee zu benennen, sondern es ist darzulegen, weshalb dieser Angaben zu der behaupteten Tatsache machen kann ((Konnexität), vgl. *Meyer-Goßner/Schmitt* StPO § 244 Rn. 21a ff.)

WICHTIG: man sollte sich niemals durch angedrohte Anträge von seinem Kurs abbringen lassen. Ich habe es erlebt, dass ein Verteidiger äußerte, für den Fall der Bewährungsstrafe könne die Beweisaufnahme geschlossen werden, ein entsprechendes Urteil werde umgehend akzeptiert, könne somit rechtskräftig werden. Andernfalls müsse noch ein bereits vorbereiteter Antrag auf Einholung eines Sachverständigengutachtens gestellt werden. Auch hier gilt es, die Ruhe zu bewahren, sich nicht zu ärgern und nicht auf ein Strafmaß oder auf eine im Einzelfall nicht vertretbare „Bewährung" herunterhandeln – „nötigen" – zu lassen. Das sollte dem eigenen richterlichen Selbstverständnis fundamental widersprechen. Dann muss man es eben hinnehmen, den Verteidiger seinen Antrag stellen zu lassen! Möglicherweise kann er schnell ablehnend beschieden werden; andernfalls kann es nicht schaden, etwa den Gutachter zu beauftragen bzw. mündlich in einem zeitnah anberaumten Termin nach Übermittlung des Akteninhalts zu hören. Da muss man dann durch. Wenn man in diesem Sinne „standhaft" bleibt, verlieren die Verteidiger regelmäßig die

Lust, weitere sinnlose Anträge zu stellen. Wenn aber der Antrag sinnvoll ist, braucht man sich auch darüber nicht zu ärgern!

Es gibt allerdings auch Anträge, die die Zulässigkeit einer gerade begonnenen oder beabsichtigten Maßnahme betreffen und deshalb der sofortigen Entscheidung bedürfen. Viele davon sind unproblematisch, etwa der Antrag auf Beiordnung als Pflichtverteidiger. Diesen Antrag bescheidet man in der Regel sofort und gibt ihm üblicherweise auch durch die beantragte Beiordnung statt. Zuständigkeitsrügen (vgl. §§ 6a, 16 StPO) sind rechtzeitig ins Protokoll aufzunehmen (vor der Vernehmung des Angeklagten zur Sache) und sollten – im eigenen Interesse der Klärung – zeitnah beschieden werden.

Auch Anträge auf Vereidigung des Zeugen sollten unverzüglich beschieden werden, ggf. nach einer Kurzpause; in aller Regel sind derartige Anträge heutzutage nur noch ganz selten begründet; hier empfiehlt es sich, ein gewisses „Standard-Repertoire“ an Begründungen zu kennen, etwa, dass durch den Eid nicht zu erwarten sei, dass der Zeuge eine andere Aussage mache, etc.

Dies gilt sinngemäß auch für gelegentlich gestellte Anträge auf wörtliche Protokollierung der Beweisaufnahme oder sogar der gesamten Hauptverhandlung.

Auch hier hilft in aller Regel der Verweis auf die Vorschriften der §§ 273 Abs. 1; 272 StPO, wonach nur die „wesentlichen“ Verfahrensvorgänge zu protokollieren sind und es auf den exakten Wortlaut etwa der Wiedergabe einer Zeugenaussage nicht ankommt, solange diese nicht Auswirkungen auf die Bedeutung hat. Insoweit müsste der Verteidiger substantiiert darlegen, warum es – ausnahmsweise – auf den genauen Wortlaut und nicht nur auf die Erfassung der Bedeutung der Aussage ankommt; diese Darlegung gelingt erfahrungsgemäß nur im seltenen Ausnahmefall. Insoweit reicht es regelmäßig aus, derartige Anträge mit der Begründung zurückzuweisen, es sei nicht ersichtlich, dass es über den Inhalt der Aussage hinaus auf den exakten Wortlaut ankomme.

Sonderfall: Der Befangenheitsantrag

Die meiste Sorge macht in der Praxis insbesondere jungen Kollegen/innen der Befangenheitsantrag. Gelegentlich reicht schon die Androhung durch den Verteidiger, um das Gericht in die gewünschte Richtung zu bewegen.

Das darf nicht sein!

Natürlich soll und muss man alles vermeiden, was den Anschein bzw. die Besorgnis der Befangenheit begründet; aber das darf nicht dazu führen, dass man „einknickt“ und von dem als gerecht erkannten Urteil – eben nur aus Furcht vor diesem Antrag – abweicht; ebenso wenig darf es hindern, auch deutliche Worte und Vorhalte zu formulieren. Wichtig ist, dass ein Gericht berechenbar ist und deutlich wird, dass bis zum Urteil alle Bewertungen **vorläufige** sind, etwaige Vorhalte sich aus dem Akteninhalt ergeben, dessen Ergebnis bis zum Abschluss der Beweisaufnahme aber eben kein abschließendes ist und das Gericht selbstredend für Argumente und Verteidigungsvorbringen offenbleibt. Man muss wahrlich nicht alles glauben, was gesagt wird, aber man muss es – in der Tat: vorurteilsfrei – zur Kenntnis nehmen und in seine Entscheidung einfließen lassen. Was abstrus ist, darf man benennen, aber man muss eben **sachlich** begründen, warum man einem Verteidigungsansatz nicht folgt. Schädlich ist es nur, sich von Emotionen bzw. Ärger leiten zu lassen, mögen diese auch noch so verständlich bzw. sogar gerade bewusst provoziert worden sein. Wenn man dies beherzigt, braucht man keine Angst vor Befangenheitsanträgen zu haben. Wichtig ist, ruhig zu bleiben und zu wissen, wann man sich mit ihnen in welcher Weise zu befassen hat.

Wichtig ist zunächst der Blick in § 25 Abs. 1 S. 1 StPO. Der Ablehnungsantrag ist grundsätzlich nur bis zum Beginn der Vernehmung des ersten Angeklagten über seine persönlichen Verhältnisse zulässig. Hiermit ist nicht etwa der Beginn der Einlassung des Angeklagten zur Person und Sache, sondern lediglich – zu Beginn der Hauptverhandlung – die Feststellung der Personalien des Angeklagten gemäß § 243 Abs. 2 S. 2 StPO – noch vor der Verlesung der Anklageschrift – gemeint (*Meyer-Goßner/Schmitt* StPO § 25 Rn. 2; vgl. das Schema zum Verfahrensablauf unter Ziff. 5.)! Diesen rechtzeitig angekündigten Antrag muss man hinnehmen, der Verteidiger darf ihn stellen; insoweit ist das Verfahren nach neuer Rechtslage gemäß § 29 Abs. 2 StPO nicht mehr solange gestoppt bis über den Antrag entschieden worden ist. Allerdings kann auch zunächst die Entscheidung über den Befangenheitsantrag abgewartet werden, bevor man „richtig" in die Hauptverhandlung „einsteigt", eine Verlegung bleibt auch nach neuer Rechtslage weiterhin möglich (*Meyer-Goßner/Schmitt* StPO § 29 Rn. 12).

Da muss man durch, entweder sich gemäß § 29 Abs. 2 StPO nicht aufhalten lassen oder – zur Klimaverbesserung – erst nach der Befangenheitsentscheidung mit der eigentlichen Hauptverhandlung so richtig beginnen (mit der Verlesung der Anklageschrift). Also: professionell damit umgehen, die Anklage wird dann eben in einem späteren Termin verlesen, das ist kein Untergang. Und im Anschluss daran ist die Situation auch zeitlich deutlich entspannter, weitere nennenswerte, neue Verhandlungstermine erfordernde zeitliche Verzögerungen muss man aus den nachfolgenden Gründen nicht mehr zulassen.

Jedenfalls aber durch etwaige nach diesem vorgenannten Zeitpunkt des § 25 Abs. 1 S. 1 StPO angekündigte Befangenheitsanträge wegen „neuer" Gründe sollte man sich nicht mehr aus seinem Konzept bringen lassen, sondern unter Berufung auf § 29 Abs. 2 StPO sein avisiertes Programm abspulen und die Beweisaufnahme in der geplanten Weise durchführen.

Zudem reicht es, die Stellung des angekündigten „unaufschiebbaren" Antrags nicht in dem Moment der Ankündigung zuzulassen, sondern erst am Ende des Sitzungstages, nachdem man sein Konzept ruhig und gelassen (!) umgesetzt und z.B. die Zeugen sämtlich mit der hierfür erforderlichen Zeit vernommen hat.

Kündigt der Verteidiger somit einen „unaufschiebbaren" Antrag an, so lässt man diesen Antrag „jetzt" nicht zu und verweist ihn auf das Ende des Sitzungstages; das ist zulässig, dann allerdings muss der Verteidiger spätestens Gelegenheit haben, den Antrag zu stellen (vgl. *Meyer-Goßner/Schmitt* StPO § 25 Rn. 9). Merkt der Verteidiger, dass man völlig ruhig bleibt und sich in seinem Konzept in keiner Weise stören lässt, lässt die Neigung, derartige Anträge zu stellen – jedenfalls, wenn sie inhaltlich sinnlos sind –, im Regelfall spürbar nach. In diesen Fällen hat man dann Zeit, innerhalb der Zweiwochenfrist des § 29 Abs. 3 StPO in aller Ruhe seine dienstliche Erklärung gemäß § 26 Abs. 3 StPO abzugeben und eine Entscheidung der berufenen Richter über den Antrag herbeizuführen, §§ 29 Abs. 3 i.V.m. 27 StPO. Soweit zeitlich möglich, wenn etwa der weitere Verhandlungstermin eine Woche später stattfindet, empfiehlt es sich, bereits bis zum nächsten Verhandlungstag darüber entscheiden zu lassen, um nicht in dem „Schwebezustand" bis zur Entscheidung in der Sache verhandeln zu müssen. Liegt allerdings der nächste Verhandlungstag so zeitnah an dem vorherigen und ist für diesen ein entsprechendes Beweisprogramm bereits geplant und durch Ladung von Zeugen, Sachverständigen, etc. bereits vorbereitet, so sollte durchaus in der oben dargestellten Weise verfahren werden. Ist man nämlich nicht befangen, schadet die Verhandlung nicht; wäre man hingegen tatsächlich befangen, wäre das Verfahren in dieser personellen Konstellation ohnehin nicht zu retten. Da hilft dann auch keine Verhandlungspause von mehreren Tagen bzw. Wochen!

Sollte man in der Hektik des Geschehens tatsächlich einmal verbal über das Ziel sachlicher, unvoreingenommener Verhandlungsführung hinausgeschossen sein, so lassen sich die meisten sprachlichen Entgleisungen in der dienstlichen Stellungnahme auch wieder korrigieren. Wer eine unbedachte Äußerung, die jedem in der „Hitze des Gefechts" passieren kann, entsprechend richtigstellt und sich entschuldigt ohne den Versuch zu unternehmen, kunstvoll den Sachverhalt zu „drehen" und sich selbst herauszuwinden, zeigt Größe und Souveränität und eliminiert dadurch – in aller Regel – wirksam die Besorgnis der Befangenheit. Das Verfahren kann fortgesetzt werden. Zu beachten ist für die gemäß § 27 StPO zur Entscheidung berufenen Richter, dass auch die dienstliche Stellungnahme dem Verteidiger zur (ergänzenden) Stellungnahme zuzuleiten ist (*Meyer-Goßner/Schmitt* StPO § 26 Rn. 16) und erst nach Setzung einer – zur Vermeidung von Verfahrensverzögerungen durchaus kurz bemessenen – Frist über das Gesuch zu entscheiden ist. Es empfiehlt sich, die dienstliche Stellungnahme kurz (!) zu halten und sich ohne Emotion nur auf die sachlich notwendigen Punkte zur Klarstellung des Sachverhalts zu beziehen; man muss selbst keine Argumente gegen den Vorwurf der Befangenheit anführen, etwa um die Entscheidung in der Sache vorbereitend zu begründen; die Stellungnahme ist nämlich gerade keine Entscheidung in der Sache! Die wird ausschließlich von dem gemäß § 27 StPO zuständigen Spruchkörper getroffen!

Es gilt somit: Man schafft keine Befangenheitsgründe – unbedachte, ausschließlich emotional gesteuerte Äußerungen und Handlungen sollte man stets vermeiden, jedenfalls umgehend richtigstellen –, lässt sich in seinem Programm der Hauptverhandlung aber nicht beirren! Dies konsequent umgesetzt ist der beste Garant, derartige Anträge zukünftig zu vermeiden.

Sachregister

Die Verweise beziehen sich auf die Gliederungsebenen der einzelnen Paragraphen.